贸易 · 政治 · 全球化译丛

大衰退年代

宏观经济学的另一半与全球化的宿命

辜朝明（Richard C. Koo） 著

杨培雷 译

上海财经大学出版社

图书在版编目(CIP)数据

大衰退年代:宏观经济学的另一半与全球化的宿命/(美)辜朝明(Richard C. Koo)著;杨培雷译. —上海:上海财经大学出版社,2019.5
(贸易·政治·全球化译丛)
书名原文:The Other Half of Macroeconomics and the Fate of Globalization
ISBN 978-7-5642-3261-0/F·3261

Ⅰ.①大… Ⅱ.①辜…②杨… Ⅲ.①宏观经济学-研究 Ⅳ.①F015

中国版本图书馆CIP数据核字(2019)第070577号

图字:09-2019-322号

The Other Half of Macroeconomics and the Fate of Globalization

Richard C. Koo

□ 责任编辑 李成军
□ 封面设计 贺加贝

大衰退年代

——宏观经济学的另一半与全球化的宿命

辜朝明 (Richard C. Koo) 著
杨培雷 译

上海财经大学出版社出版发行
(上海市中山北一路369号 邮编200083)
网 址:http://www.sufep.com
电子邮箱:webmaster@sufep.com
全国新华书店经销
上海华业装璜印刷厂有限公司印刷装订
2019年5月第1版 2024年8月第16次印刷

710mm×1000mm 1/16 20.5印张(插页:3) 301千字
印数:37 001—41 000 定价:78.00元

总　序

如果说2019年是“黑天鹅”事件频出之年，那么，“黑天鹅”与“灰犀牛”齐舞的2020年，可以说是极其不平凡的一年。这一年中，新冠疫情全球大流行，进一步加剧世界经济复苏乏力、收入不平等、增长不确定和不稳定等“老生常谈”的问题。这场疫情对跨地区、跨区域布局的全球产业链产业安全产生了严重冲击，特别是正值选举年的美国，贸易摩擦已经沦为政治选举的工具，美国单方面发起的贸易保护主义行径，已经从关税保护措施跃升至管制技术出口、封杀诋毁外企和限制留学签证，全球保护主义蔓延势头不断上升。与此同时，全球累积的地缘政治风险已经在中东、西亚等地区引发了多次局部性军事冲突，从美伊冲突、土俄在利比亚和叙利亚的角力到印度与巴基斯坦的克什米尔冲突、阿塞拜疆与亚美尼亚的纳卡冲突等，进一步加剧了区域和平发展的不确定性。

可以说，我们正处在一个愈发不确定、不稳定的时代，全球处于百年未有之大变局中，世界进入动荡变革期。第二次世界大战后美国主导的世界经贸规则体系，是世界和平稳定、经济繁荣发展以及全球经济一体化的重要保障机制和驱动力。但从世界经济发展和全球化趋势看，2008年金融危机以来全球政治经济格局出现显著的调整趋势，涌现出“逆全球化”思潮和贸易保护主义，现有规则体系中的矛盾逐渐累积放大，全球化发展已经陷入前所未有的调整和矛盾。

从更深层次来看，当前世界经济的不确定性和不稳定性来源于以下四大冲击：

第一大冲击来自2019年末爆发并蔓延至全球的新冠疫情。突如其来的新冠疫情在全球蔓延，以极高的传染性使其成为首个真正意义上的“全球化疫情”。在全球化发展深陷泥潭的背景下，新冠疫情阻碍了社会经济活动的正常运行，也进一步影响了国际经贸合作的正常开展，对全球经贸一体化造成了结构性深层次的冲击。同时，新冠疫情还造成了产业安全维度的冲击，包括跨国企业产业链全球布局模式，供应链产业安全等受到空前挑战，航空、旅游等高度依赖外部市场的行业受到外需急剧下降的严重冲击，要素流动严重受阻。此外，新冠疫情还可能对社会经济发展模式产生深远的影响。基于互联网的经济模式以及机器自动化产业在此次疫情期间得到了快速发展，在潜移默化中改变了部分行业乃至社会的运作模式，可能对传统的经济活动方式和就业结构产生长期甚至具有变革意义的影响。

第二大冲击来源于单边及保护主义对全球经贸治理体系的冲击。经验和理论都表明，全球经济一体化是不可避免的发展趋势。但是，受制于全球化本身的结构性不平衡以及由此带来的各种保护主义思潮阻碍了全球化自身的健康发展，第二次世界大战以来建立的现有国际经贸治理体系不断受到挑战与质疑。将“美国优先”作为宗旨的美国特朗普政府，将单边保护主义和民粹主义演绎到极致，从退出《巴黎气候协定》到阻挠世贸组织争端解决机构的正常运作，甚至退出世界卫生组织，这种破而不立的方式显然不利于现有全球治理体系发挥其功能，对全球经贸规则的重构也不会带来任何积极意义。即使美国大选后可能跳出单边主义路线，西方国家中普遍存在的保护主义思潮同样也值得关注。中国等新兴市场经济体通过融入国际分工体系和经济全球化得以快速崛起，这导致新兴经济体的利益诉求、国际地位、权利和义务等发生了重要变化，与发达经济体之间的合作关系和地位也发生了深层次变化。如果发达经济体坚持用保护主义来应对这种格局变化，不仅不利于缓解当前国际治理体系中的南北矛盾，也不利于全球经贸合作的进一步深化。

第三大冲击是中美经贸冲突对全球产业链和分工体系的冲击。美中两国作为全球最大的两大经济体和贸易实体，是全球经贸繁荣和稳定增长的重要压舱石。但是，在特朗普上台后，美国对华政策已经逐渐从特定进口产品的惩罚性关税扩大至惩罚性关税清单，并不断升级至高科技产品出口禁令和恶意抹黑打压中国企业等全方位措施。中美贸易摩擦逐渐转变为中美经贸冲突，对双方乃至区域和全球的经济、贸易和产业发展造成了极大的冲击。美国试图切割、孤立早已同全球产业链深度融合的中国，这不仅提高了全球产业链的运营成本，而且其政策的不确定性对产业安全构成了实质冲击。

第四大冲击是政治军事冲突对区域发展条件造成的冲击。区域和全球和平发展始终是区域经贸发展的重要条件，但近年来不断涌现的政治对立和军事冲突事件对其产生了巨大影响。自 2019 年以来，先后爆发了巴勒斯坦和以色列的加沙地带冲突、印度和巴基斯坦的克什米尔冲突、土耳其先后出兵叙利亚和利比亚、土耳其和希腊的边境冲突、阿塞拜疆和亚美尼亚之间爆发的纳卡冲突等一系列军事冲突。政治军事冲突在西亚和南亚地区呈现出常态化的发展态势，地缘政治正逐渐取代区域经济一体化的地位，这既不利于地区的和平稳定，也不利于区域经济一体化发展。

上述四大冲击不仅反映出如今世界经济发展态势和国际治理体系面临的高度不确定性和不稳定性，也深刻反映出我们正处于世界百年未有之大变局中。从本质上看，国际外部环境的百年未有之大变局体现在，发展中经济体已经更多参与到世界治理体系之中，并由此导致国际政治格局产生变化。对百年未有之大变局，我们有以下几大问题值得关注：

一是全球增长问题。新冠疫情迫使我们深入思考世界经济的增长问题，因为全球化发展难以进一步深化，世界经济已经陷入"长期停滞格局"；新冠疫情对世界经济和全球需求产生短期冲击，以及新冠疫情模式下新技术、新业态将对全球产业结构和产业链造成中长期冲击。同时，2008 年以来各国为应对全球金融危机而普遍采用的货币、财政双宽松的非常态货币政策刺激，在造成全球房地产、股市等资产价格高速膨胀的同时，对经济增长的边际激励效应已呈现出明显的疲软态势。是应当维持非常态货币政策，还是返回常态货币政策，抑或探索其他政策工具？此外，“逆全球化”思潮也是研究全球增长问题不可回避的问题。主流经济学理论可以推定，经济全球化本身体现的国际分工深化、自由贸易发展、全球技术进步和生产力发展，通过市场的相互开放使得各方实现利益最大化。但是在现实中，推动全球化的主体主要来源于发达经济体的跨国企业，而反对全球化的声音也此起彼伏。全球化发展中出现的不同生产要素在国际分工中的收益存在巨大差异问题日益突出；而且，全球化发展中也存在产业转移导致的产业空心化、失业加剧和世界经济层面的“储蓄—消费”结构性失衡问题。这些问题都是全球化进一步深化亟待解决的问题。

二是不平等问题。在现有国际经贸规则体制的有效作用下，随着全球经济的发展，收入不平等问题在全球范围普遍存在，而且呈现加剧的可能。一方面，各经济体间收入不平等的问题愈发突出。虽然以中国为代表的新兴经济体在全球一体化进程中取得了高速发展的经济成就，但是在剔除中国等少数发展中经济体后，大多数发展中经济体与发达经济体的经济发展差距呈现出进一步拉大的趋势。这不仅是因为发展中经济体难以顺利融入全球化一体化发展进程，还因为当前国际治理体系下，发展中经济体缺乏基础设施建设等公共产品，难以跨越“马尔萨斯陷阱”以及所谓的“中低收入陷阱”。另一方面，经济体内部的收入差距扩大也是值得关注的问题。正如法国经济学家托马斯·皮凯蒂在《21世纪资本论》中所论证的，自由市场经济在财富分配不平等问题上存在市场失灵，较高的资本回报率导致贫富差距的扩大，可能导致一系列社会问题以及长期经济增长难以为继。

三是全球化趋势问题。第二次世界大战以来，以中国—西亚—美欧为核心的全球生产中心、全球能源中心、全球消费中心的“三角稳态格局”开始被打破，全球供应链、产业链、价值链面临重构。一方面，即便美国政权更迭后放弃单边主义，美欧等西方经济体已经愈发重视国内产业空心化和失业问题，由此导致部分产业回归成为必然趋势。而中国等新兴经济体的企业为提高自身在全球价值链中的地位和扩大市场，扩大对外投资以及参与全球资源要素配置势在必行，将调整当前由发达经济体跨国公司主导的全球产业链的布局结构。另一方面，中国等新兴经济体的收入水平上升，带动了国内消费市场规模的扩大，这将对美欧国内需求市场疲软起到一定的补充作用，进而形成以发展中经济体内需市场为核心的区域性经贸一体化新格局。

四是国际经贸规则问题。数十年来，以 GATT/WTO 为代表的多边贸易体制面临多方面的挑战。多边体制的多数谈判停滞不前，拉大了现有多边经贸规则体系与现代全球经贸模式之间的差距。在发达经济体和发展中经济体谈判矛盾无法调和的情况下，多边体制"协商一致"的原则被认为缺乏必要的政策灵活性。在普遍认同国际经贸规则急需改革的背景下，如何改革便成为十分突出的问题。"协商一致"是否有必要妥协和修改？是放任更具灵活性的双边和区域贸易体制，还是通过诸边体制"曲线救国"？与此同时，美国在部分双边贸易协定中设置的"毒丸条款"体现出极大的负外部性。此外，在互联网、大数据等新科技快速发展的背景下，数字贸易已经成为不可忽视的重要经贸模式，特别是科技企业往往体现出较强的垄断性和产业边界模糊性，对现有监管模式和监管政策也提出了严峻的挑战。

五是全球经济治理问题。第二次世界大战以来的现有全球治理体制主要由发达经济体主导，但是在经济发展和科技进步等因素下，该体制存在问题和缺陷是发达和发展中经济体的共识。但是，各方对于如何解决这些问题缺乏共识。国际经贸规则需要的究竟是重构还是修正？同时，对于以中国为代表的发展中大国的崛起，如何避免陷入"修昔底德陷阱"和"金德尔伯格陷阱"，是当前各界亟待破解的问题。

这五大世界经济问题是全球性问题，既需要我们开展全面深入的前瞻性、战略性思考和研究，也需要我们放眼全球，分析和借鉴海内外优秀学者的最新研究成果，发挥他山之石的启迪和作用。

也正因为如此，由上海财经大学出版社选编出版此套"贸易·政治·全球化译丛"。译丛共包含八本著作，大致分为三个领域，分别是世界贸易体系研究、美国贸易政策研究和自由贸易思想史研究。

《世界贸易体系中的政治经济学：WTO 及未来》(原书第三版)是兼具通识

性和专业性的专著。作者用严谨的逻辑和翔实的资料,系统论述了当前世界贸易体系制度设计的历史背景、经济学原理和内外政治因素。例如,自世贸组织成立以来,国际贸易体系呈现亦步亦趋的发展形势。该书始终将以WTO为代表的多边贸易体制作为核心,不仅详细梳理了其谈判历程和背后政治格局,而且着重分析了该机构作为各贸易经济体协商贸易政策的重要平台作用。对于区域贸易等当前全球化所面临的诸多问题与挑战,作者也予以客观介绍和理性探讨。这有助于读者更好地判断未来世界贸易体系的发展趋势。

继创造"资产负债表衰退"概念之后,辜朝明在《大衰退年代:宏观经济学的另一半与全球化的宿命》中再次提出了全新概念——"被追赶经济体"。有别于"马尔萨斯陷阱""中等收入陷阱"等聚焦发展中经济体发展问题,本书以全新的理论分析当今发达经济体出现的经济增长停滞和收入不平等问题,可以理解为高收入水平阶段发展陷阱的研究力作。作为日本著名的经济学家,作者对当前发达经济体所面临的经济与政治困境的核心驱动因素做出界定,并试图跳出当前财政货币双宽松的发展思路,提出可行的发展思路,体现了其敏锐的洞察力和思想力。

《军事实力、冲突和贸易:军事开支、国际贸易和大国竞争》是本译丛中唯一一部专注于第一次世界大战前国际经贸体系研究的著作。作者将军事冲突和国际贸易的关系作为研究对象,是国际贸易领域中较为冷门的选题,对国际贸易和国际政治领域研究起到了重要的补充作用。尤其是,作者建立大国关系估计模型,从军事力量与商业合作的角度研究大国之间的竞争合作关系,研究角度新颖且具有创新性。同时,联想到当下复杂的国际形势,不禁令人引发对国际和平局势和趋势变化的遐想。

《国强国富:第二个千年的贸易、战争和世界经济》是一部经济史巨著。作者引用了大量的当代经济学研究成果和经验证据,系统分析了过去一千年以来重大历史事件对国际贸易和地缘政治格局的影响,以及贸易、殖民地在西方世界的崛起及其现代经济增长进程中发挥的作用,有助于读者更好地理解当今世界经济体制。本书从历史的角度,诠释过去一千年来世界各区域的贸易模式及其演进、全球范围的长期经济和政治发展趋势，以及这两者之间的相互作用。相比众多传统国际贸易和世界经济研究著作，本书的侧重点放在区域经济和地缘政治上。这不仅体现在作者将世界七大区域作为研究单元，而且体现在作者强调地缘政治与国际贸易互为因果的关系。此外，作者还突出分析了军事在国际贸易中的作用。

《四处行销的保护主义：〈斯穆特—霍利关税法案〉和大萧条》一书只有四个章节的篇幅，却对《斯穆特—霍利关税法案》的前因后果做出了权威描述。这部被誉为美国史上最臭名昭著的法案，通常被认为是引发 20 世纪 30 世纪大萧条和第二次世界大战前世界贸易秩序崩溃的导火索，也是国际贸易学者热衷于引用的经典反例。作者首次全面阐述了该法案背后的美国政治背景以及后续引发的经济后果、国际反响和遗留问题。本书的意义不仅在于警示贸易保护主义在历史上所造成的全球性损害，还在于帮助读者更好地理解美国贸易保护主义思想背后的政治和经济背景。此外，作者采用了新版序言，其中的故事可以视为如今美国政府再兴单边贸易保护主义政策的宝贵教训。

《国家财富：美国贸易政治史》是一本系统研究美国贸易政策及贸易政策背后政治因素的著作，具有很强的学术性和可读性。作者将美国的贸易政策发展脉络分为三个重要阶段，分别是美国贸易保护主义的兴衰、自由经济秩序的建立以及贸易保护主义的复活。本书还选取美国历史上具有转折意义的历史人物，生动刻画出美国贸易政策转变的政治背景和政治决定因素，以便读者更深入地理解美国政治与贸易政策的关系。

《贸易战：国际贸易政策的激进主义和政治化》一书则专注于目前美国最重要的区域贸易安排——《北美自由贸易协定》。相比其他侧重于政府利益角度的研究，作者还利用大量档案材料和数据，着重分析了工会、环境活动家等美国社会政治团体对该协定产生的影响，有助于读者更全面地了解不同利益团体在国际贸易政策中扮演的角色。本书有助于读者更好地理解在《北美自由贸易协定》中纳入劳动和环境保护等条款的政治因素，也有助于理解民间组织在制定国家政策方面的作用。

《自由贸易思想史》对自由贸易思想史的梳理具有重要的学术价值和借鉴意义。其学术价值不仅在于梳理出自由贸易学说的发展脉络，而且在于整理和对比主要贸易保护理论，从侧面对自由贸易学说的必要性、严谨性、可行性进行了支撑性论述。这有助于我们加深理解自由贸易的理念和意义，也有助于进一步理解为何中国始终坚持对外开放原则和高举自由贸易旗帜。

本套译丛无论是专题的编排还是书目的挑选，都体现出上海财经大学出版社的用心良苦和高瞻远瞩。一方面，译丛所选著作均出自国际顶尖学府的著名经济学家之手，书目的内容体现出极高的学术权威性，其中一本著作更是荣获ASA 2019年"查尔斯·蒂利杰出图书奖"(Charles Tilly Distinguished Book Award)。另一方面，本套译丛包含了翔实的资料和夯实的数据，十分有利于读者全面和系统地掌握世界经济的发展历史。同时，本套译丛突出了世界经济研究中政治经济学和国际政治研究的地位，顺应了当前全球化发展进程中政治要素影响愈发突出的趋势，有利于国内读者更好地理解国际经贸发展的态势。

本套译丛的翻译和出版工作具有重要的现实意义和学术价值。在面对百年未有之大变局之际，通过前瞻性分析、经贸史学研究等方法，我们可以更加深入理解之前百年的格局，更有助于正确掌握事物变化的客观规律，准确判断未来百年的世界变局。特别是如今经济全球化发展中愈发突出国际政治因素介入的影响，对世界经济的研究已经脱离不了从国际政治角度的研究。同时，译丛中多本译著为国内读者提供了全面而系统的美国政治资料，有助于国内学界更好地把握美国贸易政策变动的趋势。

权　衡

于上海市淮海中路六二二弄

2020年12月

大道至简　悟在天成
——译者的话

译毕《大衰退年代:宏观经济学的另一半与全球化的宿命》一书,总感觉如鲠在喉,不吐不快。首先想说的是不太重要的,就是该书原作者的姓名 Richard C. Koo 的翻译很让我犯愁。从姓名字面来看,原作者为一位日裔美国学者,按照原义应将原作者的姓名翻译为"理查德·C. 今野",可是,在中国大陆已经存在的翻译皆为"辜朝明",且是一位有着中国台湾出生背景的华人,为了让读者对作者有一致性了解,随大流而将 Richard C. Koo 译为辜朝明。其次,想说的是,在本书的"前言"中作者提到"在 2008 年出版的《大衰退:宏观经济学的圣杯》(*The Holy Grail of Macroeconomics:Lessons from Japan's Great Recession*, *Wiley*,2008,该书已经由东方出版社翻译出版)中,介绍了阴阳商业周期的概念,第一次使用'宏观经济学的另一半'的词语来描述私人部门追求债务最小化的世界"。并且说,"作者还尝试不去重复前面三本书中(日语版本是八本)提出的观点"。于是,为了更好地呈献给读者本书的汉译本,我寻找并认真阅读了作者所说的"前面三本书",即《资产负债表衰退:日本与未特许经济学的斗争及其全球影响》(*Balance Sheet Recession: Japan's Struggle with Unchartered Economics and Its Global Implications*,*Wiley*,2003)、《大衰退:宏观经济学的圣杯》和《摆脱资产负债表衰退和量化宽松陷阱:一条世界经济的危险之路》(*The Escape from Balance Sheet Recession and the QE Trap: A Hazardous Road for the World Economy*,Wiley,2014)以及一系列关于资产负债表衰退与宏观经济分析的论文。我不得不说,我被作者简明的表述所吸引,并折服于作者化繁为简的研究分析能力，正如作者在本书的后记中坦陈："我把经济学看成日常生活的科学，这是相当认真的看法。我很认真地持有这个观点，因为我相信，如果一个时代的经济学家弄懂了真正发生的事情并建议正确的政策因应，许多人类的悲剧就可以避免。在这个意义上，经济学家理解周遭世界的优或劣常常直接影响人们的生存质量。这激励着我写书，与普通公众一起分享我关于我们的经济体向何处去，以及发展对我们的日常生活意味着什么的思想。"这恰恰反映了一位有责任的学者的责任感和道德良心，绝非为了一份职业而取"五斗米"的作为。尤其是，当我翻译该书的时候，深深感到作者对复杂宏观经济问题的洞察与分析能力，夸张一点说，两个基本概念（资产负债表问题与刘易斯拐点）就解决了分析基础，面对自然发生的事实深入剖析，形成了逻辑自洽的系统性分析。于是，道家的一句话出现在我的脑海，成为这里的主标题"大道至简 悟在天成"，所谓真理是简单明了的，感悟来自自然自在，绝非来自故弄玄虚，更非来自自以为是的数理逻辑架构。以此为题，写出以下"译者的话"，一方面谈一谈作为译者的读书体会，另一方面向广大读者推介这本不可多得的、极具可读性和启发性的"真实世界的"宏观经济学。

一、其人其作

辜朝明是野村证券研究院（Nomura Research Institute）的首席经济学家，负责向日本最大的证券公司野村证券及其客户提供独立的经济和市场分析报告。在1984年加入野村证券之前，作为美国公民的辜朝明先生是联邦储备银行纽约分行的经济学家（1981～1984）。此前，他是美联储理事会的博士后研究人员（1979～1981）。除了从事金融市场研究，他还曾经向几任日本首相提出如何最佳应对日本的经济和银行问题的建议。除了作为第一位非日籍人士参与制定日本的五年经济计划外，在1999～2011年间他还是仅有的一位日本防卫厅的防卫战略研究会的非日籍成员。目前，他是战略和国际研究中心（华盛顿特区）的高级顾问。他还是新经济思维研究院（纽约）的顾问委员会成员，并经常在华盛顿特区的《国际经济杂志》上发表文章。

他是许多关于日本经济著作的作者，他的《大衰退：宏观经济学的圣杯》已经被译成六种不同的语言并发售。辜朝明先生于加利福尼亚大学伯克利分校获得政治学和经济学学士学位(1976)，于约翰·霍普金斯大学获得经济学硕士学位(1979)。从1998年到2010年，他是东京早稻田大学的访问教授。金融圈日经金融排名涵盖了日本100位经济学家，1995年、1996年和1997年辜朝明先生均排名第一，在1998年《机构投资者》杂志的排名中，辜朝明先生排名第一。他还是1998年、1999年和2000年《日经债券与货币通讯》排名第一的经济学家。2001年，他获得了全美商业经济学会(华盛顿特区)授予的艾布拉姆森奖(Abramson Award)。

到目前为止，辜朝明先生围绕宏观经济问题的著述颇丰，其中，按照他自己的陈述，具有代表性的著作有四本，分别是"前三本书"，即《资产负债表衰退：日本与未特许经济学的斗争及其全球影响》《大衰退：宏观经济学的圣杯》《摆脱资产负债表衰退和量化宽松陷阱：一条世界经济的危险之路》以及本书。本书应当是作者前期所有著述的集大成，正如作者在"前言"中所言"作者还尝试不去重复前面三本书中(日语版本是八本)提出的观点，但是，在第2章中重复了关于资产负债表衰退概念的一些内容，考虑的是第一次接触这个概念的读者需要。在第7章中重新考察了欧元区面对的挑战，因为，尽管一些欧洲国家比过去做得更好，但是，这个体制的根本缺陷仍然没有得到解决"。同时，作者在本书中呈现了宏观经济学的全新理论，不仅作为资产负债表衰退概念的创造者，成就了"真实世界的"宏观问题分析的坚实基础，而且"本书中介绍了具有洞见的最新概念——被追赶经济体。这个概念表明，随着经济体进入不同的发展阶段，货币政策和财政政策的有效性发生变化。本书还界定了当前发达国家面临的经济与政治困境的核心驱动因素并为这些国家在新全球环境下向前发展指明了道路"。

二、本书导读

1. 问题的提出

经济学家们经常会说，经济学的研究首先要讲好故事、发现问题、研究问题并得出结论。但是，本书作者并没有花时间“讲故事”，因为故事就是“真实世界”，这个故事就在每个人的面前。关键在于“发现问题”，发现真正问题之所在。

正如作者所言，“今日之发达国家面对非正常的经济环境，零利率或负利率以及宽松货币政策释放的天文数字的货币量无法生成有活力的经济，无法实现通货膨胀目标水平”。20 年前，本书作者用日本的资产负债表衰退（balance sheet recession）概念来解释为什么后泡沫经济时期要承受多年的停滞以及为什么在这样的衰退中传统的货币政策措施很大程度上是无效的。这个概念的关键出发点是未来形成一种认识，并非像教科书式的经济学假设，私人部门并非总是追求利润最大化的。事实上，面对棘手的资产负债表挑战时，私人部门会选择债务最小化。一旦传统宏观经济学的这个根本假设被推翻，债务最小化的可能性被接受，建立在原有假设基础上的一切——包括诸多标准政策建议——也必将被重新审视。同样的看法可以用来解释历史上的长期经济停滞，因为，商界无法发现具有吸引力的投资机会，足以提供借贷和投资的理由，促使私人部门追求债务最小化，或者说，尽管利率非常低，私人部门仍克制借贷。当商界无法找到投资项目时，他们就取向债务最小化（税负考虑说反对这样的观点，可为例外）。而投资机会的缺乏可能存在两个的原因。第一，缺乏技术创新或科技突破，故而难以发现可行的投资项目。这可以用来解释 18 世纪 60 年代工业革命之前几个世纪的经济停滞。有些人也将发达经济体的经济下滑归因于缺乏创新的、梦寐以求的、“畅销的”产品。第二个原因是海外资本收益率较高，促使商界投资于国外，而不是在国内投资。对于发达国家的公司来说，20 世纪 60 年代的日本崛起和 90 年代新兴经济体的崛起改变了投资的地理中心。为了满足股东对资本高收益的期望，商界继续进行投资，但是，大量的投资，尤其是创造就业机会的制造业投资，不再发生于自己的母国。这可以解释在过去的 20 年到 30 年里发达国家经济停滞和生产能力缓慢成长的情况。尽管所有发达国家都承受两个问题，经济学家们依然基于私人部门追求利润最大化的假设，继续建议采用诸如货币宽松和平衡预算的政策。但是，若此招有效，则私人部门必须拥有低负债资产负债表和大量可行的国内投资机会。今天，没有哪一个假设条件成立了。一旦知晓了停滞和传统经济政策失败的根源，那么，救治办法就显然呈现在我们的面前。然而，事已至此，我们必须抛弃关于货币政策和财政政策的传统理念，那是在发达经济体既没有面对资产负债表问题也没有面对新兴市场经济体挑战的时期发展起来的理念。问题是，宏观经济学原理是第二次世界大战后建立起来的，那时，私人部门的资产负债表是原始形态的资产负债表，而且，从电视机到洗衣机等各种类型的新产品一个接着一个被带到市场。这样的情况导致经济学家相信，私人部门只有一个行为模式(modus operandi)，就是追求利润最大化。由于经济学原理明确的假定私人部门以追求利润最大化为特征，让那些信奉经济学原理的人们接受私人部门有时会采取不同的行为已经被证明是具有挑战性的任务。但是，这个宏观经济学的“另一半”描述私人部门追求债务最小化的世界。尽管在学校里讲授的经济学并非是错误的，但是，仅在私人部门拥有低债务资产负债表和富有吸引力的投资机会充分的情况下是适用的。当这些情况不能够满足时，我们必须看到不是基于这两个假设的宏观经济学的另一半。

2. 分析框架

本书分为 10 章，分则各自成篇，合则成为体系。在第 1 章中，作者首先呈现出一个事实，即“供职于政府、学术机构和私人部门的绝大多数经济学家既未能预测 2008 年后大衰退，也未能预测其严重程度，从而出现了对于经济学家职业的严重的信任问题。关于如何应对衰退，这些‘专家’提出了大量不同观点，加之，应对通货膨胀或实现增长目标，中央银行和其他政策制定者出现一次又一次的失败，还有，实际操作的天文数字的货币安排，不能不让公众对已有的理论建树和经济学家们产生怀疑”。那么，为什么会出现理论界和政策制定者的被动局面？如何应对这种被动局面呢？正如作者所言，“宏观经济学原理建立于 20 世纪 40 年代后期，基于的假设是私人部门总是追求利润最大化。在宏观经济学的短暂历史中，仅仅重视了实际经济生活两阶段中的一个阶段。完全被忽视的另一个阶段是私人部门追求债务最小化的阶段，这个阶段有助于解释为什么经济陷入较长的停滞时期以及为什么导致议论纷纷的量化宽松、零利率甚至负利率政策无法达到预期结果”。作者基于“合成谬误”“节俭悖论”“通货紧缩螺旋”(私人部门“1 000 美元—900 美元—810 美元—730 美元的通货紧缩”造成的衰退)、借款人缺失等概念的递进式剖析，提出了“宏观经济学的另一半”(相对于凯恩斯理论框架而言)，即下表中的状态 3 和状态 4。

借款人与出借人——四种可能状态

<table>
<tr><td colspan="2" rowspan="2"></td><td colspan="2">借款人(=投资人)</td></tr>
<tr><td>有</td><td>没有</td></tr>
<tr><td rowspan="2">出借人
(=储蓄者)</td><td>有</td><td>1</td><td>3(发达国家几乎都处于这种状态)</td></tr>
<tr><td>没有</td><td>2</td><td>4</td></tr>
<tr><td colspan="2"></td><td>教科书的世界(私人部门追求利润最大化)</td><td>被忽视的宏观经济学的另一半(私人部门追求债务最小化)</td></tr>
</table>

注释:1. 出借人和借款人都有充足的数量(教科书的世界)→正常利率。2. 由于出借人面对不良贷款问题(金融危机，信用紧缩)，有借款人，但是没有出借人→贷款利率远远高于政策利率。3. 由于借款人面对资产负债表问题以及/或缺乏投资机会(资产负债表衰退，“长期”经济停滞)，有出借人，但是，没有借款人→超低利率。4. 由于借款人面对资产负债表问题，出借人面对不良贷款问题(泡沫破灭之后)，出借人和借款人都缺乏→超低利率，仅向信用评级高的借款人提供借款。

在第 2 章中，作者首先提出，“一个经济体之所以会处在宏观经济学的‘另一半’描述的状态，没有了借款人，存在两个主要原因。第一，在本国，他们无法发现具有吸引力的投资机会；第二，他们的财务健康状况受损到一定的临界点，他们不能借钱，直到修复好他们的资产负债表”。作者指出，“今天，绝大多数发达国家面临上述两个因素的影响，造成了借款人数量下降。自 2008 年房地产泡沫崩溃以来，资产负债表问题如此严峻，以致在某种程度上，资产负债表问题可以快速毁掉经济”。作者基于日本、欧洲主要发达国家以及美国的经济史实，运用大量的统计资料，确立了资产负债表衰退概念，并对这些主要经济体解决这个经济病进程的介绍，提出了在资产负债表衰退中，货币政策(量化宽松、零利率甚至负利率)失去作用，并提出“在资产负债表衰退中，政府支出是重要的，因为，出于资产负债表的原因，私人部门最小化债务，所有的收入都将被用于偿还债务。虽然这比其他方式更有助于私人部门很快回复到资产负债表的健康状态，但是，无助于消除经济体中的通货紧缩缺口。如果任由经济陷入通货紧缩螺旋，收入与资产价格都将进一步下跌，从而使私人部门修复资产负债表的任务更加难以实现。所以，政府最高的优先选择应该是停止通货紧缩螺旋。如果能够成功地避免经济收缩，私人部门就会有收入，用来清偿债务，最终修复资产负债表”。然而，“在西方社会的和平时期，保持财政刺激是困难的”。这是一个具有挑战性的政策命题。

在第3章中，作者首先提出了“如果说借款人缺失的原因是企业无法发现具有吸引力的投资机会，那么，这就是工业革命之前世界经历了数个世纪经济停滞的原因，解决问题需要截然不同的思维模式。由此出发，就能够得出经济发展各个阶段呈现问题的各种原因，而每一个阶段的问题都需要不同的政策加以应对”。“在工业革命之初，增长的约束条件包括不充足的社会基础设施（比如，运输系统）、为投资提供资金的储蓄不足、没有文化的劳动力以及缓慢的技术创新。但是，有些约束条件很快被转化为投资机会，比如，铁路和其他公用事业”。因此，“从宏观经济视角来看，家庭储蓄也变为具有道德的行为而不是邪恶的行为”。而“每一个因素的重要性还决定于一国经济发展的阶段”。作者基于“刘易斯拐点”（刘易斯拐点指的是这样一个点，城市工厂最终吸收了全部剩余劳动力）概念，将工业化过程分为“三个阶段”，“工业化过程的三个阶段分别是：城市化经济阶段，在这个阶段中，经济还没有达到刘易斯拐点；成熟经济阶段，在这个阶段中，经济已经跨越了刘易斯拐点；被追赶的经济阶段，在这个阶段中，海外的资本收益率高于国内”。作者基于日本等国家的经验，具体分析了工业化进程三个阶段的特征及其存在的问题，值得关注的是作者对中国所处的发展阶段所做出的判断，作者指出，“现在的中国处在刘易斯拐点后的工业化成熟阶段”，并断言，“像其他国家一样，中国注定逃避不了城市化、工业化和全球化的法则。事实上，中国大约在2012年就跨越了刘易斯拐点，现在正在经历工资水平显著上升阶段。这意味着，这个国家正处于黄金时代，或者说，刘易斯拐点后的成熟阶段。可是，由于担心罢工、劳资纠纷以及其他类型的公共事件，中国政府一直通过每年安排提高工资水平，并通过地方政府出台指导意见，要求企业提高工资。在一些地区，为了防止劳资纠纷，工资水平呈两位数的增长率。这样自上而下的策略是否能够代替劳资双方面对面、相互理性预期对方要求的机制，依然有待观察”。并且，“现在，中国较高的工资水平导致中国的企业和外国的企业将工厂迁移至工资水平较低的国家，比如，越南和孟加拉国，从而激起了人们的担心：中国将陷入所谓的‘中等收入陷阱’”。这些论断发人深思。

在第4章中，作者首先分析了“经济发展三阶段的消费者行为”，“在刘易斯拐点前的工业化阶段，绝大多数工人所得很少。工人有限的产出所得份额成为消费约束，并且，他们的低收入也阻碍了更多储蓄”。“一旦经济跨越了刘易斯拐点，工资水平快速增长，消费者的理念开始变化。随着未来一片光明，他们开始需要高质量的产品和奢侈品，而在刘易斯拐点前的时期，这些是他们做梦才能想到的。基于他们所拥有的财富，许多人开始展开竞争，在美国这个现象有个别称，即‘赶上琼斯家’（攀比的意思——译者注）”。“可是，一旦经济进入了刘易斯拐点后的被追赶阶段，不受限制的收入增长预期消失，消费者被迫重新安排其消费的优先次序。由于收入增长放缓，甚至根本没有增长，消费者被迫追问能否得到货币收入”。接着，作者分析了“经济发展各个阶段中企业、工人和消费者行为的这些变化对于影响经济增长和通货膨胀的货币和财政政策具有根本影响”。关于货币政策，作者的结论是“利率保持中性，利率水平不会因为经济活动而提高或降低。在刘易斯拐点前的阶段利率稳定在低水平，在黄金时代利率显著升高，而当经济体进入刘易斯拐点后的被追赶阶段利率再一次下降。所以，人们在运用早些年提出的货币政策工具的弹性和乘数时，必须小心翼翼，因为，当前，它们会不相干了”。关于财政政策，作者指出，“财政政策的重要性和有效性，或者，政府借款与支出的重要性和有效性，也会随着经济发展不同阶段的变化而变化。刘易斯拐点前的城市化阶段，财政政策不仅有效，而且在提供关键基础设施以利于吸引私人部门投资进入与扩大方面常常起到关键作用”。“可是，当经济体处于黄金时代，除了资产负债表处于衰退中，财政政策刺激经济的作用就有限了，因为，它会‘挤出’私人部门在增进生产力和生产能力的设备投资”。“一旦经济体进入刘易斯拐点后的被追赶阶段，既然私人部门的资金需求变弱，财政政策就不可能诱发挤出效应。所以，与黄金时代相比，财政政策变得更有效果”。作者提出，“对于被追赶经济体的政策制定者来说，最重要的宏观经济挑战是发现能够带来社会收益率大于超低政府债券收益率的基础设施项目”。并且通过一个合理的机制加以实施。“一个政治上独立的、国家最好的且最明智的人员构成的委员会对于确保被建议的项目自负盈亏，至关重要”。

在第 5 章中，作者开宗明义，明确指出不要试图回到失去的黄金时代，处在被追赶时代的发达经济体应当着手去做自负盈亏的财政政策工程，以保持宏观经济稳定，同时，进行增加本国资本收益的微观政策设计，并抵御追赶者。只有这样，才能保持发达经济体的地位。抵御追赶者，政府至少在两个领域需要实施结构性变革。第一，必须最大化人们的创新潜能，从而，国家才能保持在最新技术发展的前沿。第二，必须提高经济体的柔性(灵活性)，这样，当后进者追赶时，国家才能采取“规避动作”。这些都是被追赶状态下的国家面对的特有挑战。作者具体分析了“美国是如何应对日本挑战的”，分析了日本与中国台湾的税制等政策措施，明确指出“如果希望维持发达经济体的地位，被追赶的发达经济体必须跑得更快。正是不循规蹈矩的思想者，他们创造创新和突破，保证了这些国家处于发展进程的前沿。所以，处在刘易斯拐点后的被追赶阶段的国家微观经济政策第一位的优先选择应当是，执行最大化创新和国内投资机会的税收激励和其他相关措施”。

在第 6 章中，作者指出“从未考虑过私人部门转向追求债务最小化可能性的正统经济学家们继续主张依赖货币政策，而他们设计的货币政策只能用以解决出借人缺失(状态 1 和状态 2)引起的问题”。“直升机上撒钱”是量化宽松货币政策的形象比喻，存在四个版本，而“量化宽松与直升机上撒钱所有版本的最大问题是，当经济恢复时，中央银行在解除这些政策时最终面对的困难”。作者对此基于美国和日本案例进行了深入分析，并分析了面对美国货币政策的调整，中国直面的挑战。作者得出的结论是“货币宽松政策，比如零利率政策、负利率政策、量化宽松政策、超前指导以及通货膨胀目标都没有在支持者规划的时间内达到效果。对于经济学家们来说，是时候质疑这些失败的政策背后的关键假设条件了，是时候寻找货币领域之外的政策了，那些政策才可能真正起到作用”。

在第7章中，作者指出“自2016年下半年以来，一些欧洲经济体已经显现出经济活力，与此同时，许多国家极右翼政党的崛起令人震惊。甚至，更令人担心的是，发生这种事情的经济环境非常类似于20世纪30年代相同的政治集团出现时的普遍的经济环境”。作者以大量的事实为基础，分析了欧洲国家的资产负债表衰退。作者指出，“随着众多像纳粹那样的政党在忍受资产负债表衰退的国家中取得优势，但是，对此无能为力，皆因为错误设计的《马斯特里赫特条约》，因此，让欧洲人民尽快地认识到这个经济病，就显得紧迫了。如果对这个经济病没有正确的理解，有些成员国会发现他们的经济危机将伴随着民主危机”。基于欧盟显示的分析，作者提出诺贝尔经济学奖获得者，自由市场、货币政策和小政府的捍卫者米尔顿·弗里德曼至少存在三点错误。第一，他的假设。他假设私人部门追求利润最大化驱动的市场从不会走向错误的方向。而事实上常常出现方向性错误。第二，他认为，货币政策——中央银行提供流动性并降低利率——应当被启动以应对衰退。但是，一旦为了修复资产负债表，私人部门最小化债务，经济体处在状态3和状态4，货币政策就不再有效了。第三，他强烈反对运用财政刺激去应对衰退。财政刺激基本上就是政府借钱和花钱。但是，在资产负债表衰退过程中，政府必须承担起最后借款人角色。没有其他任何办法能够维持经济体不陷入通货紧缩螺旋并带给私人部门偿还债务以及重建其资产负债表所需的收入。

在第8章中，作者分析了“当泡沫破灭时，经济体的典型特征就是出现面对既缺乏出借人又缺乏借款人的局面(状态4)。出借人从市场上消失，是因为他们借钱给了泡沫参与者，当泡沫破灭时，许多人已经不具有清偿能力。不良贷款提高的后果侵蚀了银行资本，使银行无力出借资金。事实上，许多出借人会发现自己实际上已经破产”。在分析欧洲主要国家的银行问题、日本的银行问题、美国的商业银行问题基础上，作者指出“货币创造过程不会使社会更富裕。货币供给增加相伴的是借钱购买汽车和家具的那些人的债务增加。所以，财富的净增加是0。如果借来的钱被用于可行的投资项目，创造价值，最终，社会将更富裕，但是，这是明智地使用资金的结果，而不是货币创造的结果”。

在第9章中，作者毫不隐讳地指出“唐纳德·特朗普，一个彻彻底底的政治素人，当选了总统，至少部分原因是他的立场，他关于自由贸易和其他社会政策的立场”。“发达国家痛苦和反对全球化的一个原因是这些国家正在经历刘易斯拐点后的被追赶阶段，这是历史上的第一次”。“事实上，在一些被追赶国家社会逆流的规模是如此之大，不仅威胁了自由贸易，而且威胁了民主之基”。作者分析贸易保护主义和反全球化的主要原因在于贸易和贸易利益的不平衡，提出“不解决资本流动问题，就解决不了 WTO 问题”。“今天所使用的‘全球化’术语实际上有两个组成部分：自由贸易与资本自由流动”。当金融市场自由化后，资本运动均等化了所有市场的预期收益。一定程度上，国内需求强劲的国家比国内需求较弱的国家利率水平更高，货币会从后者流向前者。这样的流动会强化前者的货币，而弱化后者的货币。由于利率低于人们预期，这还增进了前者已经强劲的投资活动，同时，由于利率比预期利率更高，后者本已薄弱的投资活动更受压制。一定程度上，国内需求强劲的国家趋于贸易逆差，国内需求较弱的国家出现贸易顺差。资本流动推动了逆差国家的货币升值以及顺差国家的货币贬值，进而加剧了二者的贸易不平衡。换句话说，资本流动不仅不符合单个国家的最大利益，也破坏了国家之间的贸易平衡。于是，贸易不平衡的扩大增强了逆差国家贸易保护的呼声。作者主张，“鉴于如此多的被追赶国家的日益增长的贸易保护主义威胁，应当立即发起这项研究。政策制定者和学者必须重新检验资本市场不受限制开放的成本与收益，而不是闭着眼睛假设任何增进私人部门自由的事情都有利于经济体”。

在第10章中，作者指出，发现宏观经济学的另一半之前，对于用基于私人部门追求利润最大化的传统框架无法解释的现象，经济学家不得不想出各种解释。这些现象包括长期经济停滞与失业，提出的解释包括暗指结构性问题、预期(通货紧缩预期)、长期停滞以及“外部冲击”。在某种程度上,这些解释类似于哥白尼认识到地球围着太阳转而非太阳围着地球转之前天文学家给出的关于地球运动的解释。

关于“是结构问题还是资产负债表问题”,作者指出,因为罗纳德·里根和玛格丽特·撒切尔让公众意识到了结构问题或供给侧问题的重要性,所以,经济学家倾向于关注结构问题。形成鲜明对比的是,资产负债表问题或投资机会短缺问题从没有在(大学里的)经济学系或商学院讨论过,直至最近(情况才发生了变化)。因为主流权威近乎排斥性地专注于结构改革,在过去的 20 年里日本在这项政策上浪费了大量的政治资本和宝贵的时间,在过去的 8 年里欧洲也做了同样的事情。同时,美国在全球金融危机的头两年里,政策制定者就已经明白国家实际上承受着资产负债表问题,而不是结构问题。

关于萨默斯的长期停滞理论,作者指出,2013 年拉里·萨默斯第一次讨论长期停滞的时候,美国已经处在资产负债表衰退之中,零利率条件下私人部门储蓄超过了 GDP 的 7%。后来,他指出,西方国家的资本收益于 20 世纪 70 年代就开始下降了,2008 年爆发全球金融危机之前已经存在很长时期。显然,自 2008 年以来西方经济体突然失去经济动能,因为住房泡沫破灭后,他们承受着严重的资产负债表衰退。德国的历史经验表明,1938 年战胜了资产负债表衰退的德国不再承受此类衰退,这表明了,资产负债表衰退实际上就是“长期停滞”的主要驱动力。

关于“外部冲击”是否伪命题,作者指出“经济学家还喜欢使用‘外部冲击’这个术语来描述 2008 年之后发生的事情。意思是事件源自经济体外部,所以,无法预测(‘冲击’)”。作者提出“当心‘外部冲击’伪命题”,认为“一旦泡沫破灭,金融系统中杠杆融资的惊人数量意味着经济体必然陷入资产负债表衰退。在这个意义上,2008 年后发生的事情内在于这个金融系统:并非不可预测的外部因素诱发的”。除了类似于“9·11”事件,经济学家们不应当使用“外部冲击”术语来掩盖对冲击前经济体所发生的事情的无知。

关于“预期”暗示是否伪命题,作者提醒警惕“预期”暗示伪命题。他指出,在资产负债表衰退的环境下，中央银行宣布的2%的通货膨胀目标是没有影响力的，因为，CEO们认识到这样的目标是达不到的。既然逃离负的净资产状况是企业生存的关键，他们别无选择，只能继续去杠杆，直到他们的资产负债表得到修复。但是，如果他们继续去杠杆，就不会有信用增长，也没有通货膨胀。由于存在资产负债表问题，银行也不被允许放贷给企业。于是，中央银行通货膨胀目标之"箭"最终脱靶，又强化了CEO们对经济体的认识，同时，颠覆了推动实现这些目标的货币当局和经济学家们的可信度。"这里的观点是，不要将'预期'看成政策制定者可以玩弄的某种变量，经济学家们应当发现为什么人们会按照某种方式去行为"。"一旦理解了人们行为的这些根本驱动力，与今天他们所做的相比较，将来经济学家们应当做出更少的预期暗示"。

关于"重新思考宏观经济学"，作者认为"宏观经济学仍然是一门年轻的科学。她始于凯恩斯，凯恩斯认识到经济体中存在着合成谬误问题，于20世纪30年代提出了总需求概念"。但是，作为一门年轻的科学，经济学仅能解释有限的经济现象。经济学领域的不成熟还被呈现出来的事实放大了。这些事实是，仅有少数经济学家预见到即将到来的大衰退，甚至没有经济学家预见到多长时间经济能够复苏。绝大多数经济学家没有预见到零利率、大规模的量化宽松以及无法在预期的时间内达到通货膨胀目标。这些根本性的错误源自这样的事实：过去85年里发展起来的绝大多数宏观经济理论和模型都有这样的假设，即私人部门主体总是拥有具有吸引力的投资机会和干净的资产负债表(也就是说，他们追求利润最大化)。所以，如果中央银行降低真实利率的幅度足够大，他们就愿意借款。换句话说，这些经济学家的心理定式依然处在黄金时代，那时，经济体的典型特征是状态1和状态2。他们没有认识到今天绝大多数发达经济体不仅处在被追赶时期，而且经历着资产负债表衰退，也就是说，他们确定无疑地处于状态3和状态4。作者还指出，迷恋数学戕害了宏观经济学的可信度。当主流经济学家对数学模型变得迷恋(或狂热)时，对普遍可替代性的依赖就变得至关重要。今天，经济学领域的许多人不认为那些不用数学表达的东西(比如本书)是严肃的经济学。但是，要是数学公式有用(即可微)，模型必须假设普遍可替代性，这样，经济主体的行为变化保持平滑与连续。相应地，因为关注资产负债表或其他问题，当家庭和企业被迫做出突然变化甚或逆转他们的行为时，这些模型就毫无用处了。作者主张，经济学中没有什么是人类认知经验之外的东西。经济学中的每一个问题，包括家庭和企业行为问题，必须是用平直的语言可以解释的。正如阿尔弗雷德·马歇尔所说的，经济学是关于日常生活的科学。关于政策主张，作者认为，基于经济发展阶段，经济主体的行为和宏观经济政策效果也会发生变化。相应地，经济发展的不同阶段对通货膨胀、增长以及货币政策或财政政策的恰当形式具有重大影响。因此，经济学不墨守成规，才能提出合理的政策主张。政策制定者还应当认识到，早些年存在大量的唾手可得的投资机会且没有追赶者，早年恰当的税收与监管体制不再恰当，此时，那些投资机会已经用尽，并且，国家必须拿出新产品和新服务，才能领先于追赶者。作者还强调经济学研究"需要更好的借款人调查和资金流数据"，这个主张很符合"大数据时代"的要求，但是，是否"大数据"也会出现"合成谬误"，是值得审视的。

3. 分析技术路线图

作者基于对宏观经济的深刻洞察，运用最简明的语言，从基本概念和事实中提炼出核心概念，形成简明的分析框架，剖析主要经济体的经验事实，评价政策实施的后果，最后，反思传统经济学，从而构建了独特的、逻辑自洽、具有解释力的逻辑体系。本书的分析技术路径可以运用下图简单呈现。

三、余言

人们常说，人生中得两三好友足矣。而寻找好书，对于读书人来说何尝不是如此，读书人能读到两三本好书足矣。对于爱好研究和思考宏观经济问题的读者来说，本书就是一本好书，值得一读。

我初读这本书的英文版之后，便深感受益匪浅，确信是一本难得的宏观经济分析的好书。原因有三，其一，作者凭借自己理论与实践相结合的职业背景，

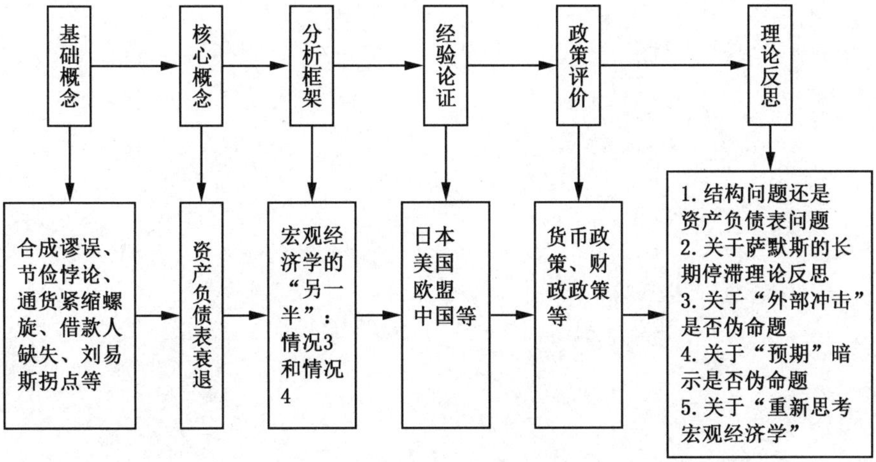

图 0.1　本书分析技术路径

用最平直的语言，解析了最复杂的宏观经济问题。其二，作者凭借不到 10 个纯学术性的基本概念和 1 个自己提出的核心概念——资产负债表衰退，无需宏观经济分析惯用的方程与数学模型，构建了一个线索清晰、鞭辟入里、逻辑严整的分析体系。其三，作者基于大量的经验事实，提出自己的独到见解，富有启发，发人深思。因此，我向经济学学者、学生、政策制定者以及广大社会读者推荐这本书。

本书的翻译与出版得到了上海财经大学出版社的大力支持，得到了李成军编辑的大力帮助，深表谢意。由于本人的水平所限，本书的汉译本难免有很多不准确、不恰当甚或错误的地方，敬请读者批评指正。

杨培雷

2019 年冬于一心斋

前 言

今日之发达国家面对非正常的经济环境，零利率或负利率以及宽松货币政策释放的天文数字的货币量无法生成有活力的经济，无法实现通货膨胀目标水平。在资本主义体制内，仅仅试图理解零利率或负利率意在何为就会让人晕头转向。有人不解地发问，卡尔・马克思*或托马斯・皮凯蒂**会如何解释负利率。

20年前，本书作者用日本的资产负债表衰退(balance sheet recession)概念来解释为什么后泡沫经济时期要承受多年的停滞以及为什么在这样的衰退中传统的货币政策措施很大程度上是无效的。这个概念的关键出发点是未来要形成一种认识，并非像教科书式的经济学假设那样，私人部门并非总是追求利润最大化的。事实上，面对棘手的资产负债表挑战时，私人部门会选择债务最小化。一旦传统宏观经济学的这个根本假设被推翻，债务最小化的可能性被接受，建立在原有假设基础上的一切(包括诸多标准政策建议)也必将被重新审视。

近来，本书作者认为同样的看法可以用来解释历史上的长期经济停滞时期，因为存在另外一个原因促使私人部门追求债务最小化，或者说，尽管利率非常低，私人部门仍克制借贷。原因是商界无法发现具有吸引力的、值得借贷和投资的机会，且无论如何，商学和经济学不存在任何理论能够保证总是能够获得这样的机会。当商界无法找到投资项目时，他们就趋向债务最小化(税负考

---

* 1867年出版了《资本论》。——译者注

** 2013年出版了《21世纪资本论》。——译者注

虑说反对这样的观点，可为例外），因为若无债务负担，则企业长期生存的可能性就会显著提高。

相应地，投资机会的缺乏可能存在两个原因。第一个原因是缺乏技术创新或科技突破，故而难以发现可行的投资项目。这可以用来解释18世纪60年代工业革命之前几个世纪的经济停滞。有些人也将发达经济体的经济下滑归因于缺乏创新的、梦寐以求的、“畅销的”产品。

第二个原因是海外资本收益率较高，促使商界投资于国外，而不是在国内投资。对于发达国家的公司来说，20世纪60年代的日本崛起和90年代新兴经济体的崛起改变了投资的地理中心。为了满足股东对资本高收益的期望，商界继续进行投资，但是，大量的投资，尤其是创造就会机会的制造业投资，不再发生于自己的母国。这可以解释在过去的20～30年里发达国家经济停滞和生产能力缓慢成长的情况。

1990年的日本和2008年西方的债务融资泡沫破灭诱发更多的借款人消失，这些经济体陷入了资产负债表衰退。因此，今日之发达国家受到两种病的折磨，二者都不鼓励商界在母国借贷和投资。

然而，直到最近，经济学界的同行仍无视私人部门资产负债表问题的宏观经济影响。从来没有想到世界已经如此：因为海外资本收益较高，企业界不再投资于国内。

尽管所有发达国家都受到两个问题的影响，经济学家依然基于私人部门追求利润最大化的假设，继续建议采用诸如货币宽松和平衡预算的政策。但是，若如此是有效的，则私人部门必须拥有低负债资产负债表和大量可行的国内投资机会。如今，没有哪一个假设条件成立。

事实是，绝大多数发达国家在相同的时间正经历着同样的停滞问题，与此同时，新兴经济体继续吸引来自全世界的资本，这也表明，当经济体经历不同的发展阶段时，货币政策和财政政策的有效性会改变。这意味着，前几十年有效的政策到今天许多已经无效或不恰当了。

由于被承诺的经济复苏远远超过预期，许多承诺根本没有成为现实，因此公众对现有政治党派的能力失去信心，开始将选票投给党外人士或极端主义者，而这是社会中的危险信号。虽然说与 20 世纪 30 年代相比，一个更加完善的社会保障体系意味着今日之西方社会更能够从衰退中重新振作起来，但是在底层人民仍受痛苦时，如果中间偏左的领导人和中间偏右的领导人继续采用具有根本缺陷的经济政策，那么，西方社会难以存续。

一旦知晓了停滞和传统经济政策失败的根源，那么，救治办法就显然呈现在我们的面前。然而，事已至此，我们必须抛弃关于货币政策和财政政策的传统理念，那是在发达经济体既没有面对资产负债表问题也没有面对新兴市场经济体挑战的时期发展起来的理念。

问题是，宏观经济学原理是战后建立起来的，那时，私人部门的资产负债表是原始形态的资产负债表，而且，从电视机到洗衣机等各种类型的新产品一个接着一个被带到市场中。这样的情况导致经济学家相信私人部门只有一个行为模式（modus operandi），就是追求利润最大化。由于经济学原理明确的私人部门以追求利润最大化为特征，让那些信奉经济学原理的人们接受私人部门有时会采取不同的行为已经被证明是具有挑战性的任务。

但是，这个"宏观经济学的另一半"的再发现不像原理创立那么艰难了。宏观经济学原理的根在凯恩斯的总需求概念，这个概念是在大萧条期间提出的，那时私人部门激进地进行债务最小化。

在 2008 年出版的《大衰退：宏观经济学的圣杯*》中，本书作者介绍了阴阳商业周期的概念，第一次使用"宏观经济学的另一半"的词语来描述私人部门追求债务最小化的世界。这个术语之所以被选作本书的标题，是因为其相关意义远远超越了后泡沫时代的资产负债表问题。

几个世纪以来，物理学和化学演进的新现象向被发现的既有理论提出了挑战。在诸如此类的众多案例中，最终认识到他们所知晓的人们之所想并非错误的，而是更大的真理的一部分。同样，在学校里讲授的经济学并非是错误的，但

---

* 圣杯指的是基督教传说中的圣杯，耶稣在最后晚餐中使用的酒杯。意思是众人追求的最高目标。——译者注

是，其仅在私人部门拥有低债务资产负债表和享有充分的富有吸引力的投资机会的情况下是适用的。当这些条件不能够满足时，我们必须看到宏观经济学的另一半，而其并非基于这两个假设。

本书的第二部分本应是与我的兄弟约翰·今野(John Koo)合作的。他是一位著名的皮肤科医生，他对运用科学方法分析宗教和道德演化以及文化向何处去有着自己的真知灼见。遗憾的是，参与治愈银翘病新药的研制使他未能完成本书中他所承担的部分。但是，因为本书最初确定的目标读者是非专业人士的大众读者，因此作者尽可能少用专业经济术语，以便很少接受经济学训练的读者依然能够理解书中的观点。此外，作者相信任何经济现象或理论必须能够用平常的语言加以解说，因为经济现象的行为人都是平凡的人，经济理论关注的就是平凡人的日常生活。

作者还尝试不去重复前面三本书中(日语版本是八本)提出的观点，但是，在第2章中重复了关于资产负债表衰退概念的一些内容，考虑的是第一次接触这个概念的读者的需要。在第7章中重新考察了欧元区面对的挑战，因为尽管一些欧洲国家比过去做得更好，但是，这个体制的根本缺陷仍然没有得到解决。

时代已经变化，每个人，包括经济学家，必须解放思想、扩大视野，去理解正在发生的事物。因应变化也存在正确的方法和错误的方法。作者希望本书能够解释为什么过去作用很好的政策今天不再起作用，以及为什么怀念“过去美好时光”解决不了未来的问题。一旦发现和理解了变化的关键驱动力，个人和政策制定者就能对今日之新环境做出正确反应，不再将时间浪费在不相干的政策措施上。

目　录

第 1 章

“宏观经济学的另一半”导论

宏观经济学原理建立于20世纪40年代后期，基于的假设是私人部门总是追求利润最大化。在宏观经济学的短暂历史中，仅仅重视了实际经济生活两阶段中的一个阶段。完全被忽视的另一个阶段是私人部门追求债务最小化的阶段，这个阶段有助于解释为什么经济陷入较长的停滞时期以及为什么导致议论纷纷的量化宽松、零利率甚至负利率政策无法达到预期结果。随着经济增长和工资增长缓慢已经成为许多发达国家的压倒性问题，对于经济学家来说，是时候离开他们的“舒适地带”*，诚实面对宏观经济学的另一半了。

供职于政府、学术机构和私人部门的绝大多数经济学家既未能预测2008年后大衰退，也未能预测其严重程度，从而出现了对于经济学家职业的严重的信任问题。关于如何应对衰退，这些“专家”提出了大量不同观点，加之应对通货膨胀或实现增长目标，中央银行和其他政策制定者出现一次又一次的失败，还有实际操作的天文数字的货币安排，不能不让公众对已有的理论建树和经济

---

* 这里指经济学家熟练掌握的传统宏观经济学分析框架。——译者注

学家们产生怀疑。

本书试图阐释经济学丢失的东西以及经济学领域需要做出怎样的变化，以应对今日之经济挑战。一旦作为后泡沫现象经济学和后工业化阶段经济学的宏观经济学的另一半被理解，政策制定者就有可能设计出正确的政策措施，克服今日发达国家面对的困境，包括停滞与通货紧缩。

据说，5000多年前文明在中国、埃及和美索不达米亚出现时，人类的进步就已经开启。13世纪肇始于欧洲的文艺复兴加速了对物理世界深入理解的探究，同时，加速了对政府更完美形式的探究。但是，几个世纪以来，得益于人类进步的仅是少数人，他们有吃有闲，可以思考世事。18世纪的大众生活与文艺复兴开始的13世纪的大众生活相比，几乎没有任何改善。在《21世纪资本论》中，托马斯·皮凯蒂指出，在这个时期，经济增长基本上是停顿的，平均年增长率仅为0.1%。①

今天，则是另一番情景，经济增长被认为是理所当然的，几乎所有经济学家仅仅谈论"重新回到（增长）趋势"，而不是首先问问"（增长）趋势是如何确立的"。为了理解我们如何摆脱了几个世纪的经济停滞，达到今天我们认为"理所当然的经济增长"，我们需要回顾经济特定的基本特征以及经济是如何运行的。

宏观经济学的基础知识：一个人的支出就是另一个人的收入

一个人的支出就是另一个人的收入。千百万次的思索，这就是收入与支出之间不变的关联，并且是家庭和企业的互动关系，这使得经济研究既有趣又特别。因为家庭和企业的思考和反应之间的互动关系创造了一种情景，即1加1未必等于2。例如，因为未来的不确定性，为了更多地储蓄，A决定从B那里买得少一些，那么，B就会有较少的收入，并用较少的支出向A购买东西。这样，A的收入降低，相应地也就降低了A的储蓄。

---

① Piketty, Thomas (2014) *Capital in the Twenty-First Century*, Cambridge, MA: Harvard University Press.

支出与收入的这种相互关系还意味着，在国家层面，如果一个群体储蓄，另一个群体必须反向行为——“去储蓄”——从而保持经济运行。在绝大多数情况下，这种“去储蓄”的行为是寻求扩大经营的企业以借款的形式出现的。如果每个人都储蓄，没有人通过借钱而“去储蓄”，所有的储蓄都将从国民经济的收入流中漏出，导致全体国民的收入减少。

例如，一个拥有1 000美元的人花掉900美元，节约100美元。花掉的900美元变成了其他人的收入，并继续在经济中循环。节约下来的100美元被储蓄于金融机构，比如银行，然后，银行将它借给需要用钱的其他人。当这个人借到并花掉100美元时，经济生活中的总支出达到了900美元加上100美元，等于初始收入1 000美元，于是，经济向前运动。

在标准经济学中，储蓄人和借款人的匹配就是金融行业的功能，利率的高低变动决定于借款人的多少。如果借款人太多，则利率会升高，有人借不到钱。如果借款人太少，利率就会下降，就会刺激原本旁观的潜在借款人举步向前。

政府还有两种类型的政策，就是人所共知的货币政策和财政政策，用来通过匹配私人部门的储蓄和借款，有助于稳定经济。货币政策是更为频繁使用的政策，通过提高或降低利率，支持匹配机制。既然借款人超量通常与强劲的经济状态相关，那么，为了避免经济过热和通货膨胀，采取较高的政策性利率措施则是正确的。同样，借款人不足通常与疲软的经济状态相关，那么，为了逆转经济衰退和通货紧缩，采取较低的政策性利率措施则是必要的。

运用财政政策，即政府自己借钱，并将钱花在社会公共项目上，比如高速公路、机场和其他社会设施。中央银行行长以及他/她的伙伴们可以很快做出货币政策决定，而在和平时期的西方社会，财政政策就非常难以操作，因为被选举出来的代表们必须就借多少钱以及钱花在哪里达成一致。由于这些决策的政治性质和实施所需要的时间，因此，绝大多数近来经济波动的应对问题都是中央银行运用货币政策加以解决的。

借款人消失的两个原因

现在，我们已经回顾了宏观经济学基本知识，试想在一个经济体中，每一个人都想储蓄，但没有人想借款，甚至在接近零利率的条件下，也没有人要借款。出现这样的情况，至少存在两种环境背景。

第一种环境背景是，私人部门的企业无法发现获得回报的投资机会。当且仅当他们确信能够偿还有息债务时，私人部门才会借款。无法保证这样的机会总是存在的。事实上，这样的机会出现很大程度上取决于科学发现与技术创新，二者是高度非常规的，并且很难预测。

在开放经济体中，企业还会发现海外投资机会比国内可得的投资机会更具吸引力。例如，如果新兴经济体的资本收益率较高，来自股东的压力将迫使企业更多地在海外投资，降低在本国的借款和投资。在现代全球化的经济中，这种来自股东的、投资于资本收益率最高的地方的压力比任何技术突破所起到的作用都要大得多，或者说，在国内借款和投资的决策就不复存在了。

第二种环境背景是，私人部门的借款人持续出现巨额损失，被迫重建储蓄，偿还债务，恢复财务健康。继大部分私人部门参与借款的全国范围的资产泡沫破灭之后，这种情况就会出现。泡沫破灭留给借款人的是巨额负债，资不抵债。面对悬在头上的巨额债务，这些借款人别无选择，无论利率水平高低，为了恢复他们的资产负债表，只能偿还债务，或增大储蓄。

即使经济状态良好时，因为经营决策不善，总会有一些经受财务困境的或走向破产的企业。但是，全国范围的资产泡沫破灭之后，这样的企业数量会呈爆炸式增加。

对于企业来说，负资产净值或资不抵债意味着获得任何类型的融资都将有潜在的损失，包括商业信用。最坏的情况是，既然无论任何时候，没有供应商或债权人愿意对一个寻求破产保护的实体提供信用，所有的交易都必须现金清算。为了保障储户的存款安全，政府监管部门会禁止许多银行和其他类型的储蓄机构向不具清偿能力的借款人延展贷款期限或提供贷款。对于家庭来说，负资产净值意味着他们不再有为了退休生活或应对不时之需的储蓄了。无论是企业还是家庭都将对这样的生存威胁做出回应，无论利率水平高低，他们都将致力于恢复财务健康，直至生存不受威胁。

基于上述的一个或两个原因，借款人消失时，会有什么情况发生呢？在上面的例子中，尽管利率为零，如果没有借款人借入 100 美元的储蓄，经济生活中的总支出就会下降到 900 美元，放在金融机构或席梦思床垫下的 100 美元储蓄未被借出。经济总量实际上收缩了 10%，从 1 000 美元下降到 900 美元。现在，900 美元变成他人的收入。如果这个人决定储蓄 10%，同时，依旧没有借款人，仅仅花掉了 810 美元，导致经济收缩到 810 美元。这样的循环会不断重复，如果借款人依然旁观，经济会收缩到 730 美元。这样的收缩过程被称为“通货紧缩螺旋”。

放在金融部门的 100 美元依然可以被投资于各种资产。随着时间的推移，某类资产中甚至可能生成小泡沫。但是，在实体经济中没有借款人，这笔资金绝不可能离开金融部门、支持增加 GDP 的交易(资产的所有权变更并不增加 GDP)。

一旦人们变得贫穷而无法储蓄，收入流中储蓄驱动的漏出也就结束了。既然如此，前面描述的通货紧缩过程就不会永远持续下去。例如，若一个人收入 500 美元，不可能有任何数量的货币用于储蓄，全部 500 美元会被花掉。同样情况下，一个人得到了 500 美元的收入，她也花掉了全部数额。结果是，经济最终稳定在 500 美元，我们称之为通货紧缩。

作为合成谬误(Fallacy of Composition)的节俭悖论

凯恩斯对这种情势加以命名，在这样的情势下，每个人都想储蓄，但是，难以办到，因为没有人愿意借钱。他称之为节俭悖论。这是一个悖论，因为如果每个人都储蓄，其结果是无人能够储蓄。

个人的正确行为导致集体不良结果的现象作为“合成谬误”为人所知。一个例子是，一位农场主种植更多的作物，努力增加收入。如果所有的农场主都这样做，他们合成的努力导致粮食产量暴增，粮食价格下跌，结果是所有农场主得到了比最初预期的收入低得多的收入。

节俭悖论就是这样的一个合成谬误问题，但是，宏观经济学充斥着这类例子。事实上，研究宏观经济学的真正原因完全不同于研究微观经济学和企业管理的理由，研究宏观经济学能够界定（反直觉的）合成谬误问题，比如节俭悖论，以便避其隐患。

换句话来说，如果 1 加 1 总是等于 2，那么，一个人仅需要将单个家庭和单个企业的行为加总，就能够得出总体结果。但是，当不同行为人之间的互动和反馈造成合成谬误时，1 加 1 未必总是等于 2，因此，宏观经济学原理（相悖于微观经济结果的简单加总）就发挥作用了。在这个意义上，宏观经济学可以被看成一门"互动科学"，而微观经济学将外部世界给定。

诚然，在凯恩斯提出总需求概念之前，绝大多数人认为 1 加 1 未必总是等于 2，并且，没有宏观经济学。当经济生活处于所谓"宏观经济学另一半"的状态时，也就是说，因资产负债表问题或缺乏国内投资机会时，合成谬误问题就变得尤其突出。

2008 年后最终被关注的借款人消失问题

直到 2008 年，经济学界才重视由于出其不意地出现了借款人缺失导致的紧缩均衡（500 美元经济现象）。仅有的距今最近的例子是 1929 年 10 月因股市崩溃而触发的大萧条。在大萧条期间，美国失去了 46％的名义 GDP。1990 年日本资产泡沫破灭，尽管日本也陷入了类似的困境，但是，其中的教训几乎被整个经济学界完全忽视，直到 2008 年出现了雷曼兄弟倒闭的冲击。①

---

①　一个例外是华盛顿特区的商业经济学家协会（the National Association of Business Economists），该协会因本人的一篇文章而将艾布拉姆森奖授予了我，文章的题目是"资产负债表衰退中的日本经济"（The Japanese Economy in Balance Sheet Recession），发表于 2001 年 4 月出版的《商业经济学》（*Business Economics*）杂志。

经济学家之所以没有重视借款人不足的情况，是因为当宏观经济学作为一个独立的学术理论在20世纪40年代出现时，西方企业界拥有充分的投资机会。新型“必备”家用设施从洗衣机到电视机一个接着一个地被研发出来。随着企业界努力开始或扩大这些新产品的生产，私人部门的借款人是充沛的，并且利率相当高。

由于从来没有出现过借款人短期供给短缺，经济学家非常强调储蓄的可得性以及正确运用货币政策，保证企业界以足够低的利率获得他们所需要的资金，从而保证他们继续投资。经济学家还轻视财政政策，即政府借贷与支出。20世纪70年代通货膨胀成为问题，他们担心公共部门无效的政治拨款项目会浪费私人部门的宝贵储蓄。

在这个时期，经济学家还假设金融部门能够确保所有储蓄资金自动被借入和支出，相对于储蓄人来说，存在太多的借款人，利率会变高；当出现过少的借款人时，利率会走低。正是因为这个假想的自动机制，以至于2008年前提出的绝大多数宏观经济理论与模型不包含金融部门。

可是，1990年日本和2008年西方大衰退的突然爆发表明，私人部门的借款人一起消失了，即使在零利率或负利率时期也是如此，债务融资泡沫破灭后，他们面对的是棘手的财务问题。无论是1990年后的日本，还是2008年后的西方经济体，由于出现类似的事件，借款人消失了。

所有问题皆缘起于希望快速致富，人们在资产价格泡沫中加杠杆。例如，如果一年内一套住房现金全款购买的价值从100万美元上升到120万美元，购房人就享有了20%的收益。但是，如果同样这个购房人拿出10%的首付款，其余则是借款，她会将首付款为10万美元的初始投资增加到30万美元，从而实现了200%的收益。如果90万美元的利率是5%，她可以将20万美元减去45 000美元的利息成本，变成收益，或者说，收益为155 000美元，年收益率为155%。一个人的钱轻易翻两倍或翻三倍的期望导致众人在泡沫时期通过借款和更多的投资加杠杆。

然而，当泡沫破灭和资产价格崩溃时，这些人所拥有的是巨额债务，并且资不抵债。在上述的例子中，如果住房价值出现30%的跌幅，价值为70万美元，但是，购房人仍然承担抵押贷款90万美元，财产缩水20万美元。如果没有其他类型的资产，她实际上就将破产。资产负债表处于水深火热中的人们别无选择，只能偿还债务，或重建储蓄，以恢复财务健康。

由于财务困境生死攸关，他们不准备去借款，即使利率降低为0。也不会有许多贷款人，尤其是，当贷款人自己存在资产负债表问题时，这种情况在泡沫破灭后经常发生。这意味着，一旦他们面对清偿能力约束，这些家庭和企业就会转变其优先选择，即从利润最大化转变为债务最小化。既然资产泡沫可以突然破灭，私人部门向债务最小化的转变也可以突然发生。

尚无术语界定私人部门债务最小化驱动的衰退

虽然对非经济学专业的读者来说会感到震惊，但是，(诚然)直到最近，经济学界还没有想到这是一场私人部门债务最小化驱动的衰退。换句话说，1 000美元—900美元—810美元—730美元的通货紧缩是由过度使用杠杆的借款人对资产负债表的关注助推的，这是从来没有被讨论过的。经济学家忽视了整个金融健康问题以及重建金融健康问题，在建立宏观经济学理论和模型时，他们假设私人部门总是追求利润最大化的。

但是，私人部门追求利润最大化必须满足两个条件：必须拥有清洁的资产负债表；必须存在具有吸引力的投资机会。通过给定私人部门总是追求利润最大化，经济学家大多数时候总是无意识地假设这两个条件总能够得到满足。这也是事实，情况存在了数十年，直到1990年日本和2008年西方经济体资产泡沫破灭。当资产泡沫破灭时，百万个私人部门的资产负债表被损害，不仅导致借款人消失，而且导致许多借款人不管利率多么低(也不会借款)，集中精力开始清偿债务。

发达国家资金流动数据真实地显示了2008年前后私人部门行为的巨大转变(见表1.1)。资金流数据显示出经济体的一个部门是资金的净供给者或资金的借款人，看一看该部门金融资产与金融负债的变化便知。

表 1.1　　2008 年后私人部门[1]储蓄行为的巨大变化：

私人部门年均财务盈余(＋)或赤字(－)占 GDP 的百分比

	2008 年第三季度之前 5 年	2008 年第四季度到目前[4]	最近 4 个季度
英国	1.63	3.38	−2.97
美国	0.48	5.21	4.12
加拿大	−0.02	−1.21[5]	−1.77
日本	7.68[2]	8.57	6.24
韩国	−1.89	4.04	4.58
澳大利亚	−7.77	0.09	0.39
欧元区	1.65	5.01	4.62
德国	8.46[3]	7.04	12.13
法国	2.54	2.36	−0.07
意大利	1.48	2.75	6.19
西班牙	−8.02	7.15	6.40
希腊	−1.53	2.64	0.64
爱尔兰	−5.41	7.28	0.40
葡萄牙	−3.97	4.42	3.61

注：基于这些国家的资金流和国民账户编制。①私人部门＝家庭＋公司＋金融部门。②日本自 1990 年以来便进入资产负债表衰退。③德国自 2000 年以来便进入资产负债表衰退。④直到 2017 年第一季度。法国、希腊和爱尔兰截止到 2016 年第四季度。⑤加拿大例外。

资料来源：野村证券研究院。

如果部门金融资产增加量超过金融负债，那么，可视为财务盈余，换句话说，该部门就是净储蓄者，或者说，经济体所需资金的净提供者。如果部门金融资产增加量少于金融负债，那么，可视为财务赤字，意味着该部门就是资金的净借款人。应该指出的是，在资金流数据中的财务盈余的概念与常用的“储蓄率”概念不同，因为后者是对影响储蓄者财富净增量的贬值因素和其他因素调整后的值。

尤其是,资金流数据将经济体区分为五个部门:家庭、非金融类公司、金融公司、政府和其他。数据的编制方式是这五个部门的加总为0。所以,数据显示了经济体内谁是储蓄人以及谁是借款人。

可是,在美国,五个部门加总不等于0。这是因为数据的编制者联邦储备委员会相信与公众共享所采集的原始数据更好,而不是通过额外的调整和估计,以保证数字的加总为0。

像许多宏观经济数据一样,这些数据常常被修正,使之成为可用的更加完善的信息。正如作者过去的著述中[①]所指出的,这些修正是非常大的。所以由于存在后期修正的可能性,每一个使用这些数据的人必须看到每一项统计数据所存在的变动自由度。本书所使用的数字是2017年8月2日互联网上可以得到的。本书所使用的“私人部门”术语是指家庭、非金融公司和金融部门的合体。

按照表1.1所显示的这些数据,自2008年第三季度以来,雷曼兄弟公司倒闭之后,利率下降到接近于0,美国整个私人部门的储蓄均值为GDP的5.21%。相应的,西班牙的整个私人部门的储蓄均值为GDP的7.15%,爱尔兰整个私人部门的储蓄均值为GDP的7.28%,葡萄牙整个私人部门的储蓄均值为GDP的4.42%。在日本,1990年泡沫破灭,并且自1997年以来利率为0,甚至为负,在雷曼兄弟倒闭前整个私人部门的储蓄均值为GDP的7.68%,后来的8年整个私人部门的储蓄均值为GDP的8.57%。在德国,相当于纳斯达克的新市场中的网络公司泡沫破灭于2000年,在雷曼兄弟倒闭前整个私人部门的储蓄均值为GDP的8.46%,后来的8年整个私人部门的储蓄均值为GDP的7.04%。

这是非常令人不解的数字,因为在目前超低的利率条件下,企业和家庭应当大量借款。情况恰恰相反,为了重建受损的资产负债表,他们所做的是大量储蓄。实际上,除了加拿大,所有发达国家的私人部门的运行都超出了教科书

---

① 例如,参见Koo,Richard (2015) *The Escape from Balance Sheet Recession and the QE Trap*,Singapore:John Wiley & Sons,Chapter 3。

式的经济学所分析的范围。

正如表1.1第3列所示，雷曼公司倒闭前到雷曼公司倒闭后的突然转变，简直令人瞠目结舌。例如，在西班牙和爱尔兰，私人部门从借款到储蓄行为的转变远远超过GDP的10%。雷曼公司倒闭前5年均值与雷曼公司倒闭后8年均值形成鲜明对照。

在许多国家，雷曼公司倒闭前与雷曼公司倒闭后私人部门行为的突然转变（从借款到储蓄行为的转变）甚至更大，超过GDP的20%。从净借款到净储蓄如此巨大而突然的转变使经济陷入衰退。在他们对财务健康状况感到满意之前，家庭和企业将不会再借款。这些令人不安的数字将不断出现在本书中。

然而，经济学家们仍继续假设（常常是不明确的）借款人是充足的，因为他们所有的理论和模型都假设私人部门追求利润最大化。基于这些理论和模型，他们关于2008年之后的增长和通货膨胀的预测出现了一致性的、不断重复的失误，因为在后泡沫的世界里，私人部门追求利润最大化不再是有效的假设。更重要的是，由于私人部门追求利润最大化是他们的理论与模型的根本假设，绝大多数经济学家无法察觉他们的模型已经被推翻，因为关于私人部门行为的基本假设已经不再有效。

米哈伊尔·戈尔巴乔夫（Mikhail Gorbachev）有个著名的论断：“你无法解决问题，直到你能够对问题正确地命名。”当2008年经济危机来临的时候，经济学界不仅无视追求在债务最小化的私人部门诱发的衰退的可能性，而且对该现象没有命名。事实上，本书作者在20世纪90年代末就给出了一个术语“资产负债表衰退”，用于描述日本背景下的这种经济病。[1] 随着2008年雷曼兄弟倒闭以及随后发生的全球金融危机，这个术语最终进入西方经济学词库。

经济学家没有能够考虑到借款人会停止借款或开始偿还债务，已经导致了一些恶劣后果，包括美国的大萧条和20世纪30年代德国纳粹主义的兴起。欧洲政策制定者没办法理解2008年以来资产负债表衰退助长了欧元区极右翼政

---

① 本书作者注意到联邦储备银行纽约分行行长前行长爱德华·弗莱德尔（Edward Frydl）先生给予他的启发。在我们讨论20世纪90年代早期的美国经济时，爱德华·弗莱德尔先生使用过“资产负债表驱动的衰退”（balance sheet-driven recession）这个术语。

治集团的出现。在第 7 章中,我们将阐释这些经济与政治命题。

工业革命之前节俭悖论是常态

可是,18 世纪 60 年代发生的工业革命之前的千万年里,由于缺乏借款人而导致的经济停滞接近于常态。正如图 1.1 所示,1760 年前,数个世纪里经济增长是可以忽略不计的。甚至那时,很多人努力储蓄,毕竟,人类总是担心不确定的未来。防老与防不测是人类本性的一个根深蒂固的方面。但是,如果仅仅是人们倾向储蓄(还不是根本问题),根本上,工业革命前数世纪的经济停滞是由于缺乏借款人而造成的。

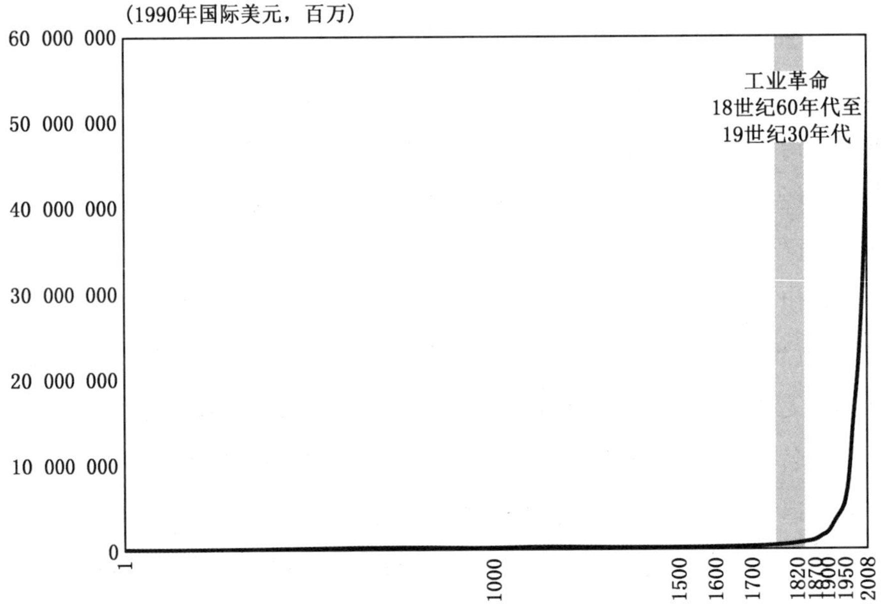

资料来源:Angus Maddison,"Statistics of the World Economy:1-2008 AD Historical", www.ggdc.net/maddison/Historical_Statistics/Verticel_file_02-2010.xls。

图 1.1 当且仅当工业革命后经济增长成为常态

私人部门必须在拥有干净的资产负债表和可信的投资机会的前提下,才愿意借款。毕竟,除非企业确信可以偿还有息债务,否则,就不会借款。但是,在出现重大技术革命的工业革命之前,几乎没有技术创新,所以,很少有投资机会能使企业的借款得到补偿。

当看不到投资机会的时候,商人会倾向债务最小化,因为减少债务能够极大地降低破产的可能性。回顾几个世纪的日本企业,正是这个原因,东京和名古屋地区的许多企业不借钱。而且,即使他们借钱,也会尽早偿还,从而使破产风险最小化。所以,在投资机会出现之前,商人正确的选择是最小化其债务,当然,税收的考量可能是例外。工业革命之前的投资机会匮乏,不难理解愿意借钱的人很少。

18世纪60年代之前的世界里,投资机会缺乏,人们努力储蓄导致经济收缩。结果是持久的节俭悖论,人们努力储蓄,但是,人们的行为和想法使国民经济保持在萧条状态。无论在东方,还是在西方,这样的状态持续了数个世纪。

有时,具有势力的统治者借入私人部门储蓄的资金,并用这些资金建设社会基础设施或纪念碑。那时,由于政府借入私人部门的储蓄(正如在上面的例子中初始储蓄为100美元)并将借款注入收入流,助推了经济快速增长,节俭悖论的恶性循环就会停止。但是,除非项目能够得到回报,并且要看到,政治家几乎不善于选择有回报的投资项目,所以,面对累积起来的债务负担的政府在某个时点会止步不前,停止投资。那么,更广泛的经济生活重新陷入停滞,呈现出节俭悖论的特征。结果是,这样的体制往往比他们建立的纪念碑延续的时间更长。在第4章中,我们将审视选择可行的公共项目这个具有挑战性的任务。

许多国家也尝试着扩大疆域即占有更多的领土,实现经济增长。土地是工业革命前的农业社会关键的生产要素。事实上,1945年前的许多世纪,人们相信,对于经济增长来说,疆域扩张是至关重要的(第3章中将其重要性加以阐释)。疆域驱动的繁荣是殖民主义和帝国主义的经济理性。但是,对于全球经济而言,二者基本上都是零和博弈,而且造成了无休止的战争与死亡。

具有讽刺意味的是,战争与毁灭以战后重建的方式提供了投资机会。在过去的那些岁月里,战争经常发生。但是,没有持续的创新,投资机会很快就会用尽,经济增长状态逐渐消失。

借款人和出借人的四种可能状态

上面的讨论表明,基于有没有出借人(储蓄者)和借款人(投资者),经济体总是处在四种可能状态的一种状态。这四种状态如下:(1)出借人和借款人都有充足的数量。(2)在高利率条件下,有借款人,但是,出借人不足。(3)在低利率条件下,有出借人,但是,借款人不足。(4)出借人和借款人都缺乏。这四种状态可以显示于表1.2。

表1.2　借款人与出借人——四种可能状态

<table>
<tr><td colspan="2" rowspan="2"></td><td colspan="2">借款人(=投资人)</td></tr>
<tr><td>有</td><td>没有</td></tr>
<tr><td rowspan="2">出借人
(=储蓄者)</td><td>有</td><td>1</td><td>3(发达国家几乎都处于这种状态)</td></tr>
<tr><td>没有</td><td>2</td><td>4</td></tr>
<tr><td colspan="2"></td><td>教科书的世界(私人部门追求利润最大化)</td><td>被忽视的宏观经济学的另一半(私人部门追求债务最小化)</td></tr>
</table>

注:1. 出借人和借款人都有充足的数量(教科书的世界)⇒正常利率。2. 由于出借人面对不良贷款问题(金融危机、信用紧缩),有借款人,但是没有出借人⇒贷款利率远远高于政策利率。3. 由于借款人面对资产负债表问题以及/或缺乏投资机会(资产负债表衰退、"长期性"经济停滞),有出借人,但是没有借款人⇒超低利率。4. 由于借款人面对资产负债表问题,出借人面对不良贷款问题(泡沫破灭之后),出借人和借款人都缺乏⇒超低利率,仅向信用评级高的借款人提供借款。

在上表所列的四种情况中,仅有状态1和状态2在传统经济学中讨论过,传统经济学隐含着这样的假设:只要利率足够低,总会有足够的借款人。或者更准确地说,经济学家们认为,假设经济处于状态1和状态2,刺激经济需要较低的利率。在这两种状态下,仅有状态1需要最少的政策干预,比如对利率的些许调节,匹配储蓄者和借款人以及保持经济运行。所以,状态1是与正常利率相联系的,可以视为理想的教科书情境。

状态2(出借人不足)出现的原因涉及宏观经济和金融因素。最重要的宏观经济因素是,为了套住通货膨胀这匹"野马",中央银行采取紧缩货币政策。信用紧缩环境下,出借人一定不愿意借出资金。可是,一旦通货膨胀得到控制,中央银行就会采取宽松货币政策,经济重新回到状态1。

一个国家也可能因为太穷或欠发达而没有储蓄。如果节俭悖论使一个国家太穷而无储蓄,就被归类为状态3或状态4,因为这些状态实际上是由于缺乏借款人导致的。

出借人承受重压的金融因素也可以将经济推向情况2。一个因素是银行系统的不良贷款(NPLs,指银行不良债权)过量,拉低了银行资本充足率,从而限制了银行出借资金。这种情况就是典型的"信用紧缩"。当局对金融机构的过度监管也能够导致信用紧缩。当许多银行同时面对不良贷款问题时,互信丧失不仅会导致信用紧缩,而且会导致银行间市场失去功能,这样的状态完全可以称为"金融危机"。

当出借人有不良贷款问题时,中央银行的政策性利率就会大大偏离银行所确定的实际利率,只有那些愿意支付高实际利率的人们才能够借钱。为了增强银行资产负债表,在特定情况下,货币政策当局也会允许这样的"厚利"。

文化习惯不鼓励储蓄,同时,收入水平(以及生产力水平)太低而不允许人们储蓄,这些都是前工业化社会发展过程中的典型现象。在一些国家由于宗教戒律造就的落后的金融体系,也会约束借钱。这些发展中问题可能需要许多年才能得以解决。

然而,在文献中,针对出借人短缺的非发展中的原因,存在人所共知的药方。例如,政府可以向银行注入资本,恢复银行的借钱能力,或者,政府能够放松阻碍金融机构作为金融中介的监管。

一旦银行间市场失去功能,中央银行可以担当起最后贷款人角色,确保清算系统继续运行。中央银行还可以采取宽松货币政策。对货币政策传统上的重视以及关注财政政策的挤出效应在状态1和状态2中是合理的,在这些状态下，有借款人，但是(在状态 2 中由于各种原因)，出借人不足。对于出借侧问题，比如信用紧缩和金融危机将在第 8 章中给出更为详细的讨论。

在状态 3 和状态 4 下，问题来了，瓶颈是借款人短缺。这就是传统经济学家们忽视的"宏观经济学的另一半"。

正如前面所指出的，为什么借款人会消失，存在两个主要原因。第一，在本国，他们无法发现具有吸引力的投资机会；第二，他们的财务健康状况受损到一定的临界点，他们不能借钱，直到修复好资产负债表。第一种原因的案例可以包括工业革命之前的世界，以及海外资本收益率远高于本国的国家，而第二种原因的案例可以在债务融资形成的资产泡沫崩溃后被观察到。

今天，绝大多数发达国家都面临上述两个因素引起的问题，造成了借款人数量下降。在某种程度上，资产负债表问题更加要紧，资产负债表问题可以使经济快速出现萧条。我们在第 2 章中首先讨论资产负债表问题。本书的重要着力点是第二种状态，我们将在第 3 章、第 4 章和第 5 章中进行探究。已经熟悉了资产负债表衰退概念以及了解主要国家资产负债表衰退问题的读者，可以直接阅读第 3 章。

第 2 章

造成借款人短缺的资产负债表问题

正如第 1 章中指出的，一个经济体之所以会处在“宏观经济学的另一半”描述的状态，没有了借款人，存在两个主要原因。第一，在本国，他们无法发现具有吸引力的投资机会；第二，他们的财务健康状况受损到一定的临界点，他们不能借钱，直到修复好资产负债表。

今天，绝大多数发达国家都面临上述两个因素引发的问题，造成了借款人数量下降。自 2008 年房地产泡沫崩溃以来，资产负债表问题如此严峻，以致在某种程度上，资产负债表问题可以快速毁掉经济。因此，首先讨论这个问题。已经熟悉了资产负债表衰退概念以及熟悉了主要经济体解决这个经济病进程的读者，可以跳过这个部分，阅读下一章。

因为在负资产净值问题没有得到解决之前，高债务资产负债表不会逆转，所以，借款人自己退场了。决定于泡沫的大小，即使在最好的环境下，这种情况也可以持续许多年。例如，如果第 1 章中所述及的借款人，其负资产净值是 20 万美元，其税后收入是 15 万美元，储蓄率为 20%，她每年的储蓄额为 3 万美元。

如果她能够指定将三分之二的数量用于解决债务高悬的问题，依然要花掉她10年时间修复资产负债表。

可是，一旦大多数人在同一时间努力修复其资产负债表，经济就会陷入危险，进入第1章中所描述的1 000美元—900美元—810美元—730美元通货紧缩循环情境。在上面的例子中，如果衰退降低了她的收入，她就用更少的钱偿还债务，所以将需要更长的时间修复资产负债表。加之，如果住房价格下跌得更厉害，则将花去她更长的时间来恢复财务健康状况。两个因素(收入下降和住房价格下跌)可以轻易使资产负债表修复的时间翻倍。

日本陷入资产负债表衰退

自大萧条以来，由于资产负债表问题，日本是第一个经历私人部门转向债务最小化的发达国家。1990年泡沫破灭之后，全国商业房地产价格下跌87%，重新回到1973年的价格水平(见图2.1)，摧毁了全国范围内企业和金融机构的资产负债表。图2.2显示了日本非金融企业从银行系统和金融市场获得的资金状况。从1985年到1990年，日本经济泡沫迅速扩大，这些企业通过借入大量资金提高了杠杆比率，投资于各类资产。日本银行(BOJ)认识到泡沫出现，经济过热，于是，为了控制泡沫，稳步提高短期利率。

当泡沫于1990年最终破灭时，资金需求快速收缩。注意，经济增长速度迅速下降，日本银行采取降低利率措施，从泡沫时期最高点8%降低到1995年时接近于0。但是，不仅没有恢复资金需求，而且事实上当年呈现出负的资金需求。资金负需求意味着日本全部公司部门在零利率条件下同时清偿债务，没有任何一家大学的经济系或商学院想到这样的世界会出现。借款人不仅停止了借款，而且开始走向相反的方向，清偿债务，并持续了整整10年，直到2005年。

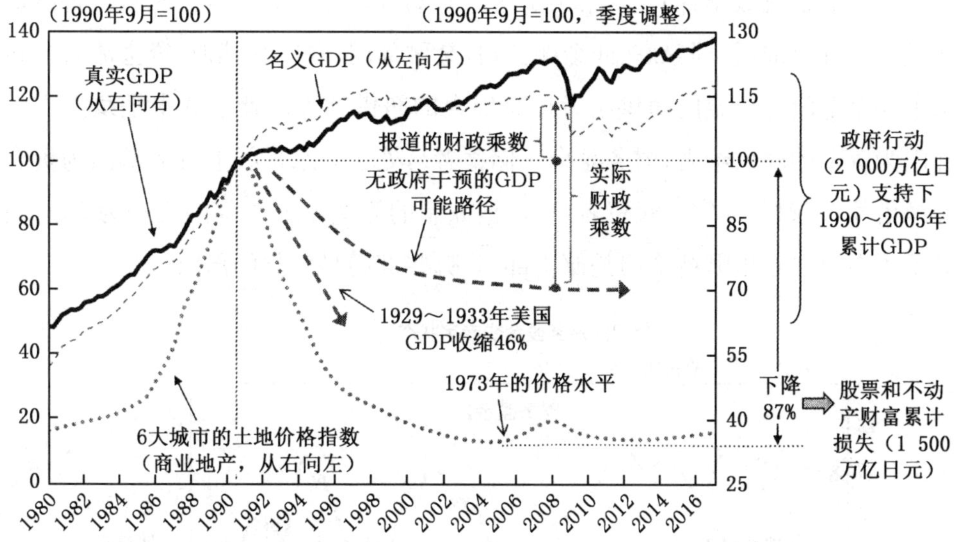

资料来源：日本内阁府(Cabinet Office)；日本房地产研究院(Japan Real Estate Institute)。

图 2.1　财富大量损失与私人部门去杠杆条件下日本 GDP 增长情况

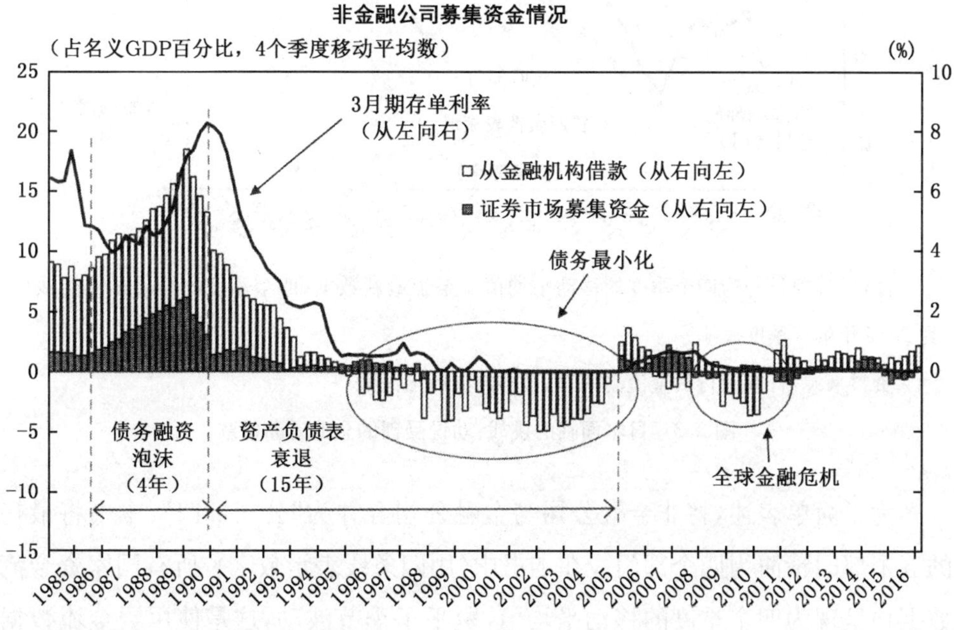

资料来源：日本银行、日本内阁府。

图 2.2　零利率条件下日本公司去杠杆持续时间超 10 年，直到 2005 年

基于资金流数据，图 2.3 给出了这个时期日本经济更总体的图景。将经济体划分为五个部门，即家庭、非金融公司、金融部门、政府和其他，资金流数据显示了一个部门是资金的净供给者还是资金的净借款人。处于 0 水平线上方的部门为资金的净供给者（财务盈余＝储蓄者），处于 0 水平线下方的部门为资金的净借款人（财务赤字＝投资者）。数据编制的方法是五个部门之和为 0，从而显示了在每一年里哪些部门是储蓄部门，哪些部门是借款的部门。

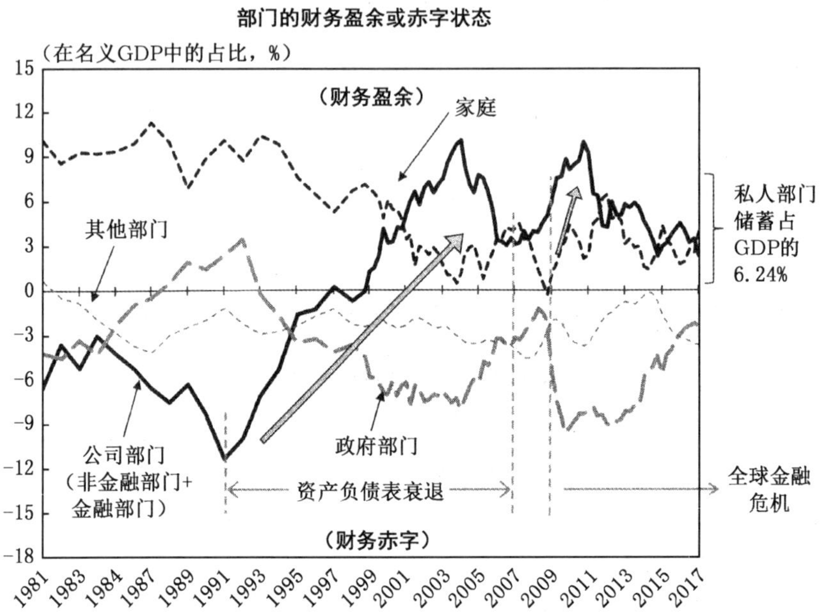

注：所有项目均为四个季度的移动平均值。至于最新数据，四个季度的移动平均值截止到 2017 年第一季度。

资料来源：日本银行资金流动账户，日本内阁府国民账户。

图 2.3　日本面临的挑战：劝说受创的企业重新借款

为了简单表述，将非金融公司与金融公司合并为“公司部门”，本书将最初的五个部门精简为四个部门。在本书中（用四条线表示数字），所有国家资金流数据均呈现为四个季度的移动平均值，熨平了季节波动，这是使用资金流数据时的通常做法。

还应当指出的是，在资金流数据中排除了金融资产内部转换或金融负债内部转换。例如，企业为了回购股票而发行债券，这对资金流没有任何影响，因为债和股都表现为金融负债。这意味着，即使公司部门的财务赤字没有变化，如果公司通过借入资金回购股票，公司的杠杆比率依然会提高。

图 2.3 显示，日本后泡沫经济事实上是受公司大规模去杠杆化驱动的（见大箭头所示）。在教科书经济学中，家庭部门储蓄，公司部门借入，但是，1999 年后的日本两个部门都变成了净储蓄者，2002 年以来，尽管日本实施零利率政策，公司部门却成了最大的储蓄者。企业从“借”转变为“储”造成的通货紧缩的影响超过了 GDP 的 20%（从 1991 年财务赤字占 GDP 的 11.4%转变为 2004 年财务盈余占 GDP 的 10.2%）。这种从利润最大化到债务最小化的公司行为的巨大转变是延长经济停滞的原因，日本这种被延长的经济停滞直到现在依然存在。泡沫破灭后整整 27 年，日本私人部门即使是负利率时期储蓄依然超过 GDP 的 6%。

西方陷入资产负债表衰退

西方经济体也经历了巨大的房地产泡沫（见图 2.4）。当 2008 年在大西洋两岸的泡沫崩溃时，数百万家庭和众多金融机构的资产负债表遭到摧毁。尽管泡沫期间的负债账面上还是初始价值，但是，财富损失达到千万亿美元。

正如表 1.1 所示，自 2008 年以来，尽管利率很低，但是，所有主要发达国家的私人部门已经开始增加储蓄，或偿付债务。根据最新数据，在截至 2017 年一季度的前 4 个季度里，在利率接近于 0 的条件下，美国私人部门的储蓄为 GDP 的 4.1%（见图 2.5）。对于西班牙而言，相应的数据为 6.4%（见图 2.6）。虽然爱尔兰的数据受到了全国金融行业波动的影响，但是爱尔兰非金融部门的储蓄为 GDP 的 2.43%（见图 2.7），而利率是零率或负。事实上，尽管面临负利率，总体而言，欧元区的私人部门储蓄是 GDP 的 4.6%（见图 2.8）。

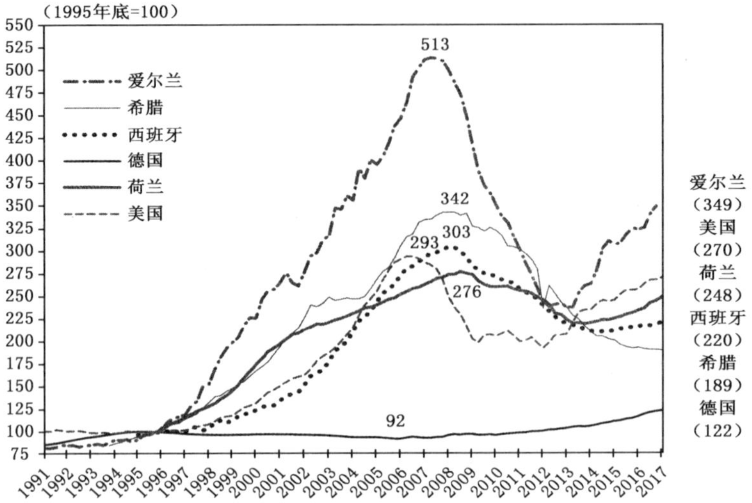

注：（1）2005 年之前爱尔兰的数据仅仅是呈现出来的住房价格；（2）希腊的数据是雅典和塞萨洛尼基（Thessaloniki）的公寓价格。

资料来源：野村证券研究院基于国际清算银行和标准普尔道琼斯数据计算而来。

图 2.4　西方（不含德国）也经历了房地产泡沫崩溃

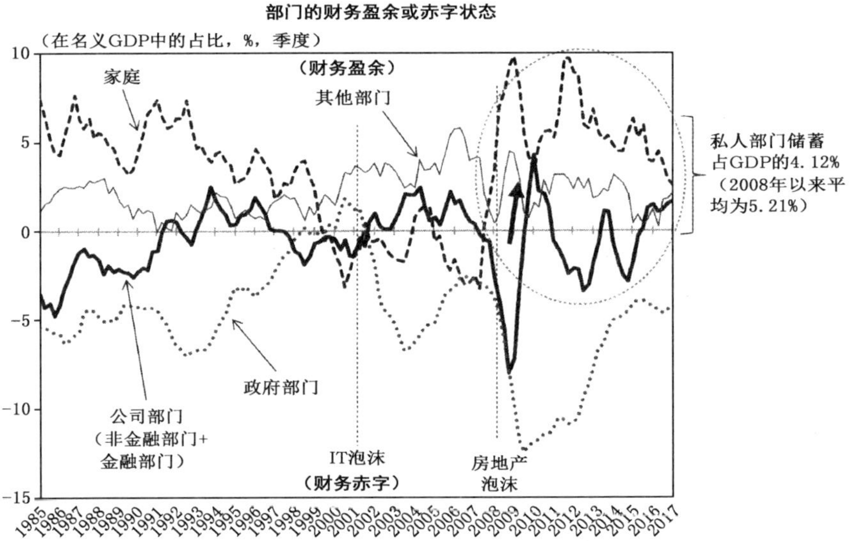

注：所有项目均为四个季度的移动平均值。至于最新数据，四个季度的移动平均值截止到 2017 年第一季度。

资料来源：联邦储备委员会、美国商务部。

图 2.5　尽管零利率，2008 年以来美国私人部门的储蓄为 GDP 的 5.21%

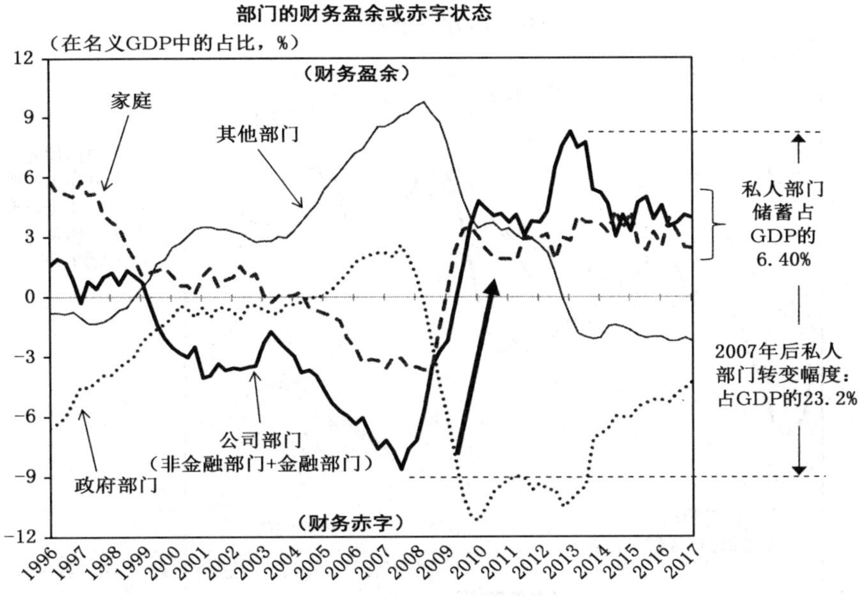

注：所有项目均为四个季度的移动平均值。至于最新数据，四个季度的移动平均值截止到 2017 年第一季度。

资料来源：西班牙银行、西班牙国家统计局。

图 2.6　网络公司泡沫后西班牙家庭部门增加借款，但是现在正在去杠杆

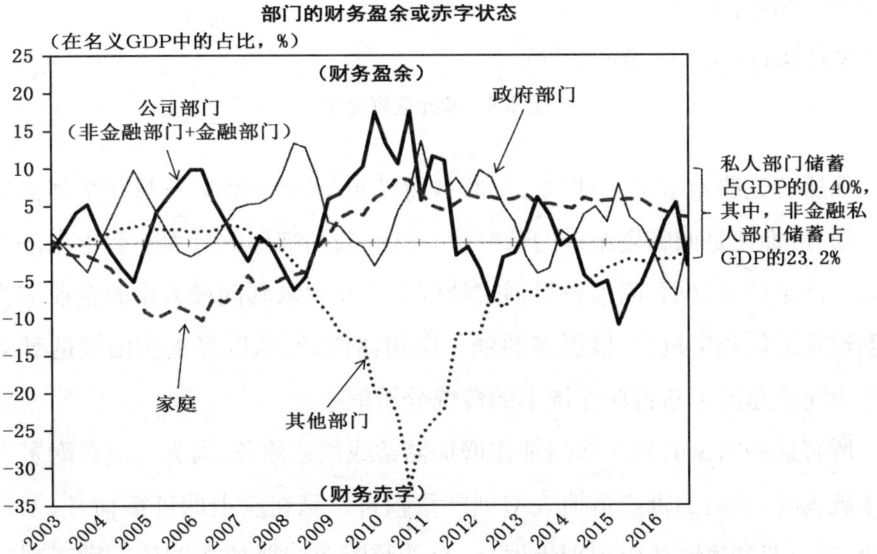

注：所有项目均为四个季度的移动平均值。至于最新数据，四个季度的移动平均值截止到 2017 年第一季度。

资料来源：爱尔兰银行、爱尔兰中央统计局。

图 2.7　网络公司泡沫后爱尔兰家庭部门增加借款，但是现在正在去杠杆

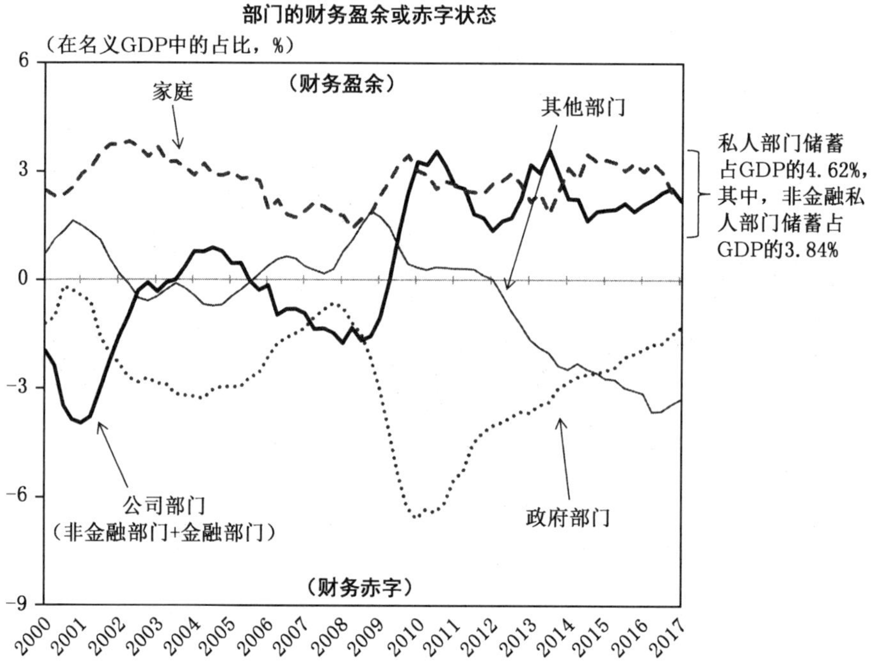

注：所有项目均为四个季度的移动平均值。至于最新数据，四个季度的移动平均值截止到 2017 年第一季度。

资料来源：欧洲央行、欧盟统计局。

图 2.8 欧元区资金流

在所有这些国家中，不仅家庭部门，而且非金融公司部门，都在增加储蓄或偿还债务，即使是面临创纪录的低利率。这些公司部门的行为一起走向了教科书式经济学的对立面，因为教科书式经济学主张追求利润最大化的企业应当抓住创纪录的低利率机会，借更多的钱。换句话说，发达世界正在出现的私人部门行为完全超出了新古典经济学的传统分析框架。

所有这些国家的私人部门都在增加储蓄或偿还债务，因为当债务融资资产泡沫破灭时，他们的资产负债表遭到严重损害。悬在头上的巨额债务，及资不抵债，使企业和家庭认识到别无选择，只能将财务问题放在首位。做不到这一点就意味着，若社会整体信用不缺失，他们就无法获得信用。正因如此，他们就要增加储蓄或偿还债务，直至他们从负资产净值状态中摆脱出来。这也意味着他们被迫转变目标:从利润最大化转变为债务最小化。

这种转变是惊人的。尽管利率处于历史上的最低水平,但是,美国私人部门的净储蓄从 2008 年四季度占 GDP 的 1.3%转变为 2010 年一季度占 GDP 的 7.6%。仅仅在 5 个季度里,美国经济不仅出现了借款人离场,而且相当于 6.3%的 GDP 的私人部门需求消失了,经济陷入严重的衰退状态。2006 年三季度到 2010 年三季度英国消失的私人部门需求等于 GDP 的 8.2%。2007 年三季度至 2010 年一季度,由于私人部门的行为转变,西班牙损失了 19.4%的 GDP,这种情况发生在创纪录的低利率时期。私人部门努力修复受损的资产负债表使全球经济陷入大衰退。

换句话说,问题始于私人部门,而不是政府部门。所有这些国家的政府部门只是对私人部门需求的崩溃导致的衰退进行回应,而私人部门需求崩溃则是向债务最小化目标的突然转变而触发的。

借款人消失的第一个受害者:货币政策

当借款人消失,经济处于状态 3 和状态 4 时,货币政策以及经济学家偏爱的货币政策工具对实体经济几乎无能为力了。若货币政策有助于刺激 GDP,必须有人愿意向金融机构借钱,并且在实体经济中花钱或投资。

图 2.9 到图 2.11 显示,2008 年之前中央银行提供的流动性即人所共知的基础货币、货币供应量增加与泡沫破灭后私人部门的信用彻底垮掉以及私人部门开始债务最小化之间的紧密关系。这里,货币供给量指的是经济体中全部银行账户、票据加流通中的货币的总和。信用指的是金融机构借给私人部门的货币数量。

这些数字明确地反映了 2008 年之前基础货币、货币供给与提供给私人部门的信用是紧密相关的,正如经济学告诉我们的那样。在这样的教科书式的世界里,中央银行增加 10%的流动性将增加 10%的货币供给和信用。这意味着,私人部门充足的借款人,借走了中央银行提供的所有资金,经济处于表 1.2 中

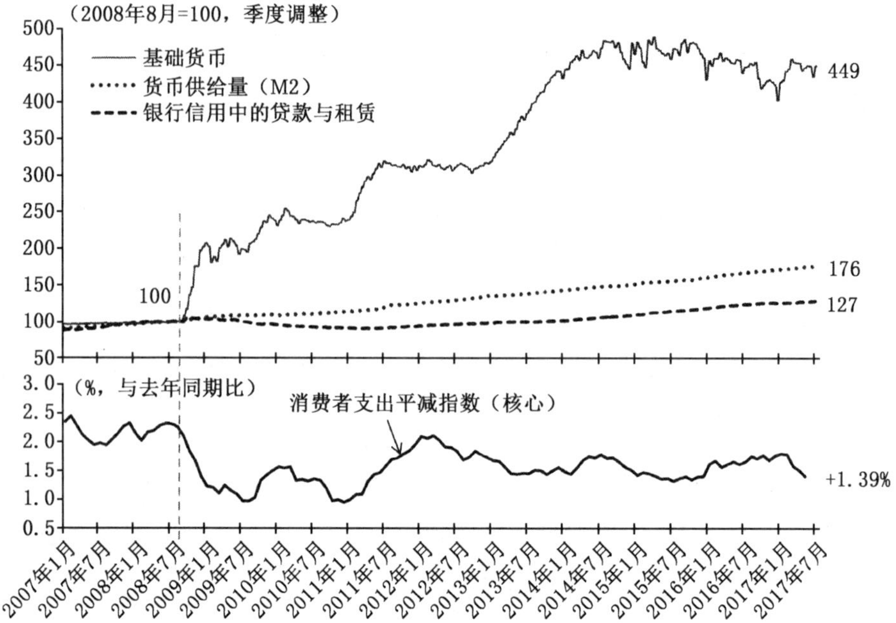

注：商业银行贷款与金融租赁，野村证券研究院针对非连续性加以调整。

资料来源：联邦储备委员会、美国商务部。

图 2.9 惊人的流动性注入结果是货币供给和信用的微小增加（Ⅰ）——美国

的状态 1。

但是，泡沫破灭后，由于泡沫的破灭迫使私人部门最小化债务，旨在修复资产负债表，中央银行安排的货币数量不能提高私人部门的借款水平。例如，在雷曼兄弟破产后，美联储将基础货币扩张了 349%，但是，货币供给增长仅为 76%，信用增长仅为 27%。超过 9 年期间，私人部门信用增长 27%，表明年均增长仅为 2.75%，接近于无增长的状态。

通过向金融机构买入资产，中央银行总是能够向银行体系注入流动性。但是，对于流动性注入实体经济来说，银行必须借出这些资金，银行不能送钱，因为这些资金根本上是储蓄者所有的。2008 年以来 27%的借贷增幅意味着，从金融部门流入实体经济的新增货币仅仅增长了 27%。换句话说，由于缺乏借款人，中央银行提供的绝大部分流动性（349%）仍然滞留在金融部门。类似的

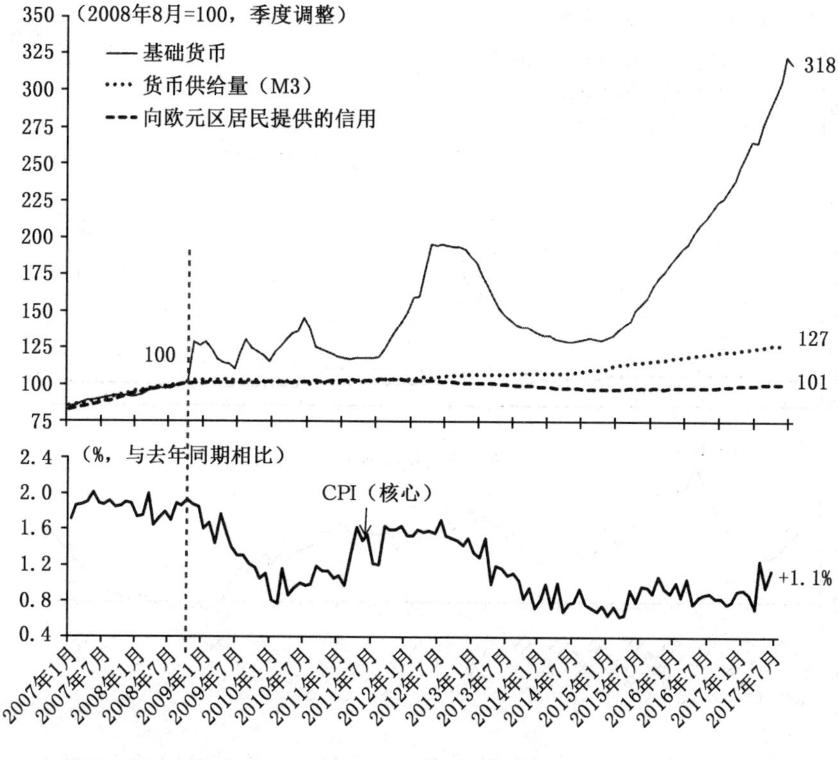

注:野村证券研究院针对基础货币数据进行了季度调整。

资料来源:欧洲央行、欧盟统计局。

图 2.10　惊人的流动性注入结果是货币供给和信用的微小增加(Ⅱ)——欧元区

脱钩现象在所有后泡沫经济体中都可观察到,包括欧元区(见图 2.10)和英国(见图 2.11)。

这说明,在发达经济体中,2008 年以来中央银行释放的天文数字的流动性注入以及零利率对通货膨胀和经济增长率毫无作用。借款人的缺乏已经表明,经济体中流通的实际货币仅有温和增长。有些经济学家认为,通货膨胀在任何地方都总是货币现象,并且,控制货币政策的中央银行能够按照自己的意愿制造通货膨胀。若如此,那么,349%的基础货币增长应该导致货币供给和信用相似比例的增长,从而驱动通货膨胀水平的飙升。但是,2008 年之后这种情况并没有发生。

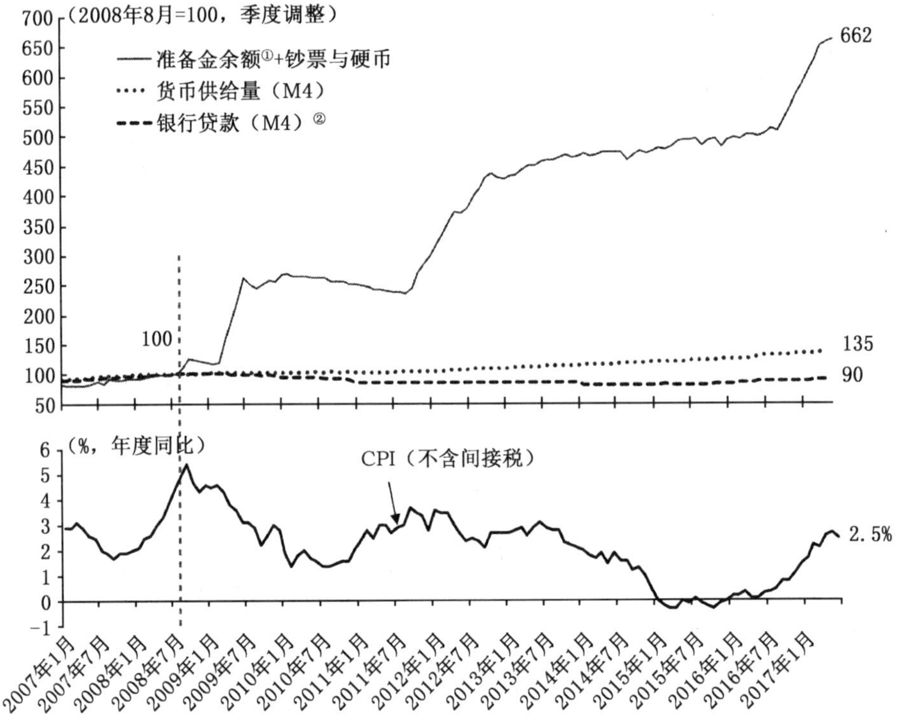

注：①季度调整后的准备金余额数据；②货币供给和银行贷款数据不含金融中介机构的数据。

资料来源：英格兰银行、英国国家统计办公室（Office for National Statistics）。

图 2.11 惊人的流动性注入结果是货币供给和信用的微小增加（Ⅲ）——英国

作为资产负债表衰退的大萧条

不要惊讶，美国 1929 年大崩溃之后出现过同样的货币总量与实体经济的脱钩现象，导致了大萧条。并且，日本 1990 年泡沫破灭后，也出现过同样的货币总量与实体经济的脱钩现象。图 2.12 描述了 1929 年 10 月股票市场崩溃前后基础货币、货币供给与提供给私人部门的信用的情况。图 2.12 显示，三者同步变动，直到出现崩溃，正如教科书告诉我们的那样，但是，此后完全脱钩，与 2008 年后经济体发生的情况一模一样。向私人部门提供的贷款线位于图 2.12

最底部，从 1929 年的峰值下跌了 54.7%，因为美国私人部门努力偿还债务，以修复受损的资产负债表。货币供给线仅仅略高于贷款线，基础货币线则位于图的顶部。

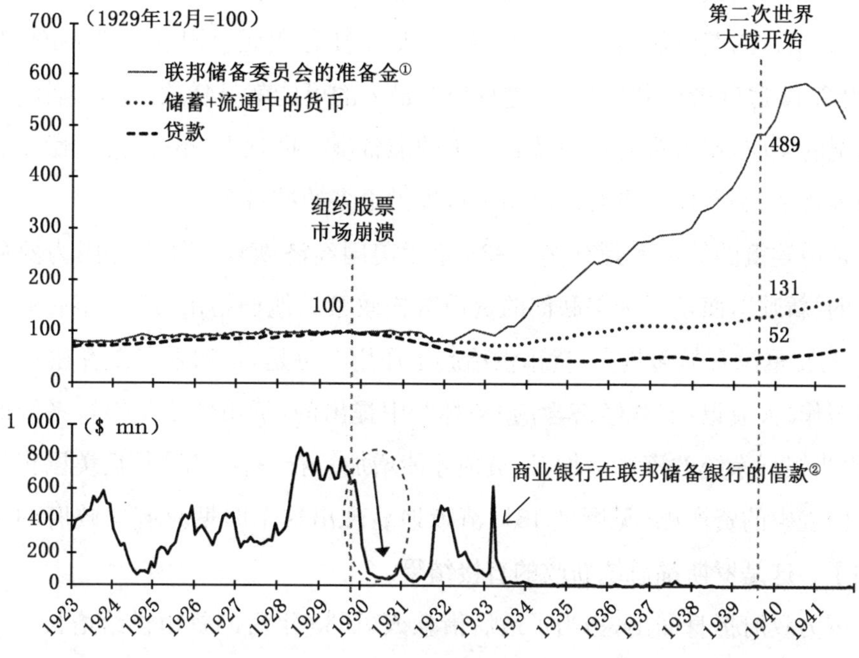

注：①储蓄＝活期存款＋其他期限的存款。②只有这个数据序列是基于排名前 101 个城市的银行数据。其他数据序列都是所有银行的数据。

资料来源：野村证券研究院基于联邦储备委员会的数据整理，见联邦储备系统(1976)：《银行与货币统计，1914—1941》(*Banking and Monetary Statistics 1914－1941*)，第 72—75 页，第 138—163 页，第 409—413 页。

图 2.12　20 世纪 30 年代被观察到的货币总量同样脱钩的情况

为了偿付债务，人们从自己的银行账户取钱，所以，这个时期的货币供给收缩了 33%。54.7%的贷款下降幅度意味着，相当的银行储蓄账户中的钱被取出，用于偿付债务。既然货币供给量的主要构成是银行储蓄额，那么，为了偿付债务，银行储蓄的大量净提取就会导致货币供给收缩。

米尔顿·弗里德曼(Milton Friedman)和其他货币政策的信奉者认为，20

世纪30年代美联储没有快速扩张基础货币(不像雷曼兄弟破产之后的行为那样),缺乏早行动造成20世纪30年代后续萧条的严重性。既然基础货币主要是银行准备金,认真看一看图2.12底部所示的准备金数据,数据显示,股票市场崩溃后,美国银行立即大量偿还美联储借出的准备金。1929年6月与1939年之间,银行向美联储借款下降了95%,从8.01亿美元急剧下降到4 300万美元(图2.12底部的环状区域)。这种情况最大的可能就是贷款需求对崩溃后破产情况的反应,银行没有理由持有借来的准备金。借款人(银行)急于偿还美联储的准备金,美联储也没有理由向银行提供更多的准备金。

货币政策的信奉者还认为,1933年后美国经济恢复可能不是因为罗斯福总统的"新政",而是因为美联储的货币宽松政策。他们指出,1933年后赤字占GDP的比重没有显著提高,货币供给起了作用。可是,正如本书作者在其2008年的著作《大衰退:宏观经济学的"圣杯"》中提出的,货币供给是银行系统的负债,仅当银行系统的资产增加时,负债才能增加。看一看1933年后美国银行资产负债表中的资产侧(见图2.13),清晰地显现出这个时期只有向政府的贷款增加了。这是罗斯福总统新政的直接结果。

因为政府挺身而出,担当了最后借款人,1933年后的货币供给增长了。现在,政府愿意借入未被借出的100美元,如前述例子所述,最终经济才能够摆脱1 000美元—900美元—810美元的通货紧缩螺旋。

实际上,向私人部门的贷款继续收缩,直到1936年(见图2.12)。由于政府借款,出现了货币供给增长与私人部门信用增长之间的缺口。所以,1933年后美国经济复苏的正确解释是,新政驱动的政府借款与支出推动了GDP和货币供给的增长。

在1990年泡沫破灭后的日本,也可以观察到货币总量脱钩的现象(如图2.14所示)。这里,日本银行同样向银行系统大量注入准备金,尤其是2013年之后,但是,无法提高私人部门的借款,或无法推动通货膨胀(如图2.14底部所示)。相反,只是政府部门的借款维持日本货币供给增长,避免1990年后的货币紧缩,而此时私人部门借款快速收缩。

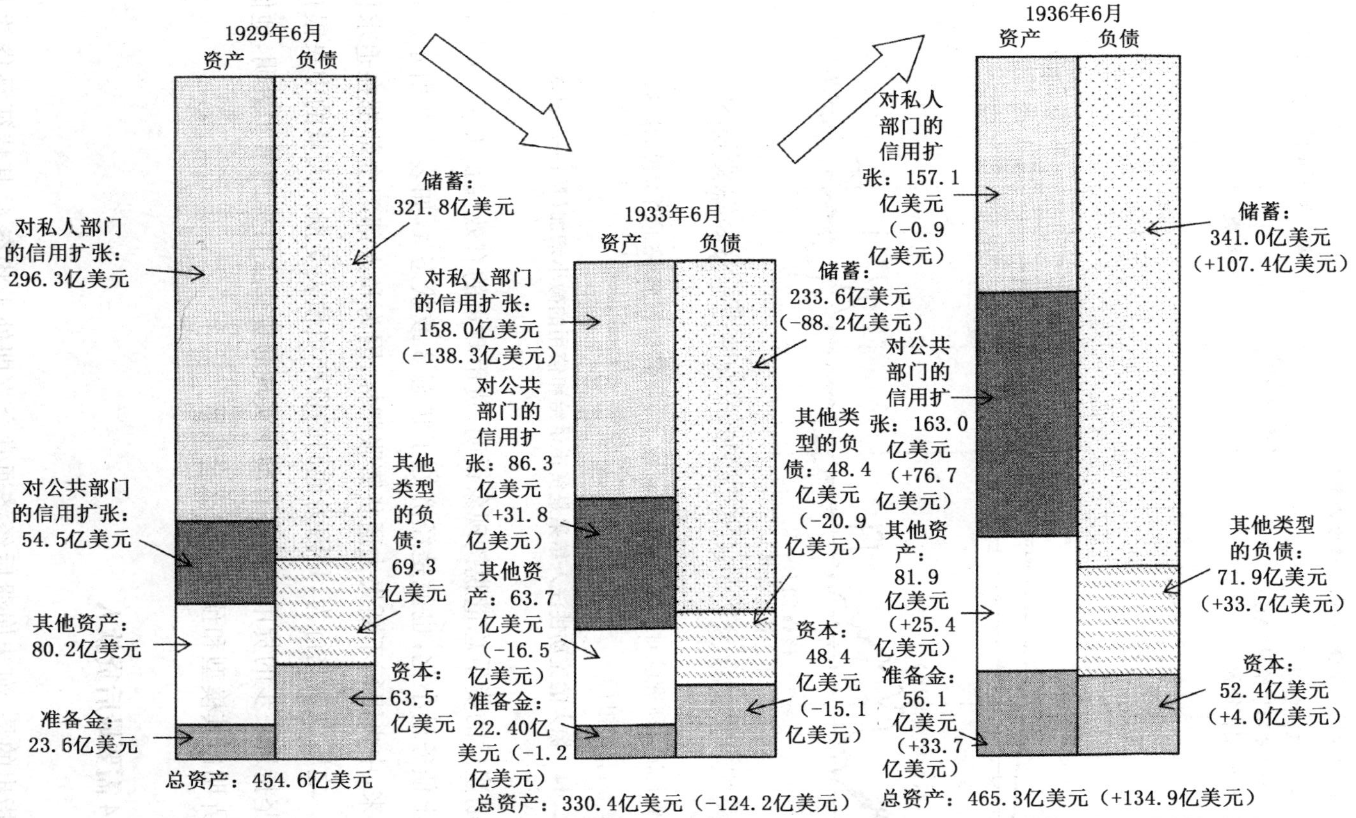

资料来源：辜朝明（2008），《大衰退：宏观经济学的圣杯》，新加坡：约翰威立国际出版公司，第112页；联邦储备系统（1978）：《银行与货币统计，1914～1941》，第72-78页。

图 2.13　再通涨学派学者无视这样的事实：美国政府新政借款使 1933 年后美国货币供给增长成为可能

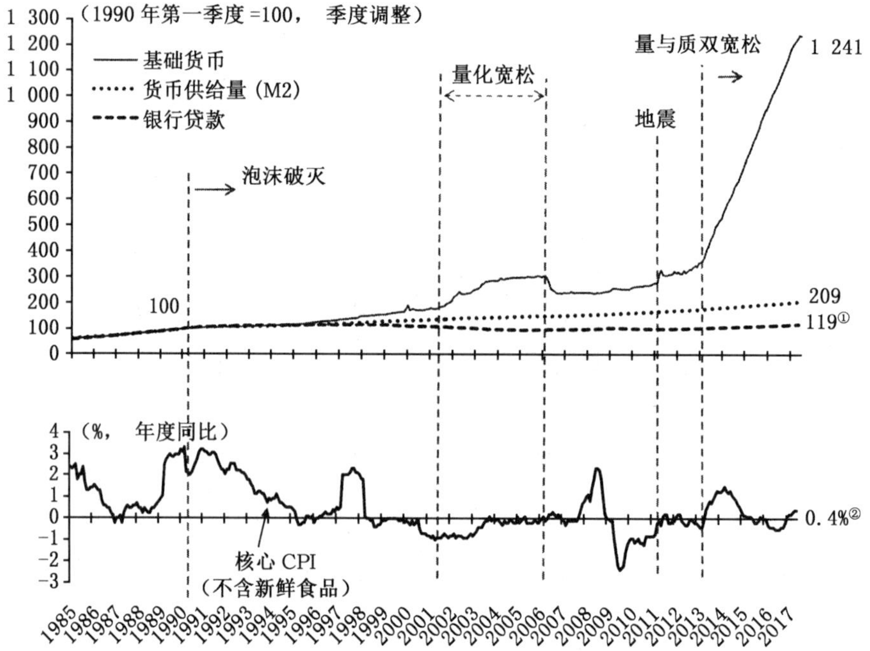

注：①野村证券研究院对银行贷款数据进行了季度调整；②排除了消费税的影响。

资料来源：日本银行。

图 2. 14　惊人的流动性注入结果是货币供给和信用的微小增加（Ⅳ）——日本

泡沫崩溃后的货币总量脱钩现象说明，货币政策的有效性丧失了，这时，私人部门追求债务最小化，也就是经济处于状态 3 或状态 4，如表 1. 2 所示。自 2008 年以来，中央银行不断失去通货膨胀靶标，因为私人部门全部都在追求债务最小化。之所以如此行为，是因为他们的资产负债表受损。大量的中央银行行长继续坚持进一步的货币宽松将有助于实现通货膨胀目标的事实表明，他们依然没有弄明白其模型和预测为什么会失败。

状态 4 需要最后贷款人

应当指出的是，泡沫崩溃后经济通常会立即处于状态 4，其特征是贷款人和借款人双方均消失。贷款人停止贷款，因为他们将货币提供给了参与泡沫膨胀的借款人，而借款人正面临技术上或实际上的资不抵债（丧失清偿能力）。当借款人无力偿还债务时，银行自身也正面临严峻的清偿能力问题。

绝大多数或全部银行同时面对不良贷款问题的概率处于高点。一旦众多银行同时面对同样的问题，相互不信任就会导致银行间市场失去功能，这种情况常常就是"金融危机"（这一点将在第 8 章给出更充分的解释）。因此，在金融危机中，中央银行必须承担最后贷款人角色，确保清算系统继续运行。

在全球金融危机出现后的短时间内，主要国家的中央银行全部承担了最后贷款人角色，旨在维持清算系统功能。所以，当贷款人因不良贷款问题而失去动力时，借助中央银行大量注入准备金的货币宽松政策对于克服金融危机是至关重要的。然而，当问题存在于借款人一方时，正如前面所描述的，对于刺激经济来说，中央银行的货币政策很大程度上失去了有效性。

在状态 3 和状态 4 下，政府必须承担最后借款人角色

一旦泡沫破灭，家庭和企业面对高悬在头上的债务，中央银行任何数量的货币宽松都无法让他们恢复借款行为，直到他们的资产负债表被完全修复。有些家庭和企业经受了多年痛苦的去杠杆，受到严重伤害，即使恢复了其资产负债表之后，也将不再借款。事实上，绝大多数经历过大萧条的美国人因为经受了这样的磨难，故不再借款。于是，经济陷入了 1 000 美元—900 美元—810 美元—730 美元的通货紧缩螺旋，如前所述，因为借款人缺乏阻碍了储蓄和去杠杆化的资金重新进入经济体的收入流。

当私人部门的借款人消失、货币政策停止运行时，避免通货紧缩螺旋的正确方式是政府借款并花掉私人部门的超额储蓄（前述例子中的 100 美元）。换句话说，当经济处于状态 3 和状态 4 时，政府应当调动财政政策并担当最后借款人。

如果政府借入并花掉私人部门未借入的 100 美元，总支出就是 900 美元＋100 美元（或者说 1 000 美元），经济就会前行。这样，私人部门就有了收入，偿

还债务或重建储蓄。政府借钱也能够避免货币供给收缩,因为通过政府借款和支出,让去杠杆化的资金重新回到经济体。这样的政策应当持续,直到私人部门准备重新借款为止。

当经济处于状态 3 和状态 4 时,任何过早的财政整顿政策都将有重新开启通货紧缩螺旋的风险。1997 年的日本(后面将讨论,参见图 2.19)和 2010 年的欧元区(第 7 章中讨论),这样的风险实实在在地出现了。

资产负债表衰退中的经济体自我矫正机制

在这种类型的衰退中,债券市场将鼓励政府承担最后借款人角色,因为这种类型的衰退推动政府债券收益下降到超乎寻常的低水平。发生这样的情况是因为在资产负债表衰退过程中,(1)政府是仅存的借款人,并且(2)由于私人部门去杠杆、新生成的家庭储蓄以及中央银行的货币宽松政策,金融部门资金泛滥。

在这种类型的衰退中,人寿保险公司和养老基金的基金经理人因其必须获得投资收益而又不被允许承担超额外汇风险或主要风险(比如,他们不能把所有的钱投资于股票或外国资产),他们别无选择,只能购买政府债券。这是因为政府是仅有的借款人,发行本国货币标价的债券。他们涌入政府债券市场,推动收益降低到令人意想不到的低水平,从而鼓励政府承担起最后借款人角色,这就是资产负债表衰退中(以及在"宏观经济学另一半"一般理论中)所谓的"经济体自我矫正机制"。

在两重意义上,这种机制是自我矫正机制。

第一,尽管利率为零或负,私人部门依然生成了超额储蓄,稳定经济的财政刺激计划需要融资,而未被借出资金已经停滞在金融机构。既然这些资金一定会流向最后借款人(即政府)发行的债券,那么,中央银行或任何其他实体担心政府赤字融资就没有必要了。换句话说,在资产负债表衰退中,政府赤字融资不再是一个问题。(遗憾的是,在欧元区并非总是如此正确,欧元区 19 个政府债券市场使用的是同一种货币。欧元区特定问题的解决方案将在第 7 章中讨论。)

第二,在第二重意义上,它是自我矫正机制:债券收益率下降到不正常的低水平,从而债券市场鼓励政府借款。超低的收益率给了政府一个信号,如果将来需要任何社会基础设施,现在是时候去建设了,因为融资成本从来没有这样低。如果政府遵从债券市场的信号,承担了最后借款人角色,不仅将支撑经济和货币供给,而且将来的纳税人负担也将最小化,因为必要的基础设施融资成本降低了。

1990 年后的日本最早出现了政府债券令人意想不到的低收益,尽管国家预算赤字和公债像火箭一样飙升。到 2009 年,日本公债已经超过了 GDP 的 200%,但是,10 年期债券的收益下降到 1.34%。就在 2013 年日本银行量与质双宽松政策(QQE)掀开盖头之前,尽管国家公债已经上升到 GDP 的 240%,10 年期债券的收益仍下滑到 0.735%。

债券收益同样惊人的下跌也在 2008 年以来西方经济体中被观察到。由于债券市场使政府以令人意想不到的低利率获得借款成为可能,对于政府来说,真正的挑战是确保:(1)借入并花掉所有被储蓄的资金;(2)这种政策维持到私人部门的财务健康得以恢复。

2008 年 11 月,恰是雷曼兄弟公司进入清算程序两个月后,在华盛顿紧急会议上,20 国集团同意实施财政刺激计划。这项决议避免了世界经济陷入通货紧缩螺旋。但是,2010 年在 20 国集团多伦多会议上,那些不明白资产负债表衰退的人们的财政正统理论再一次得到重申,会上成员国同意将财政赤字削减一半,尽管私人部门的资产负债表远未达到健康状态。结果是全球经济突然失去了前进的动能,在世界上许多地区不必要地拖延了衰退。2010 年后,那些理解了资产负债表衰退的国家做得很好,而冷眼旁观的、不理解资产负债表衰退的国家则出现了经济下降。

四家中央银行的经验记录

除了2008年11月后的财政刺激计划，美国、英国、日本和欧洲还实施了他们自己的货币宽松措施，即众所周知的量化宽松政策(QE)，如图2.9至图2.11中基础货币变动所显示的。但是，不同国家对这些政策如何运行的理解存在巨大差异，从而导致了结果的巨大差异。关于为什么美国经济比世界其他地区更好，欧洲仍有一些争论。[①]

当几乎所有人听到"量化宽松"一词时，他们想到的是米尔顿·弗里德曼教授的论断，即通货膨胀"无论何时何地都是货币现象"，其含义是，负责货币政策的中央银行应当能够控制通货膨胀率。

按照这个观点，如果中央银行开动印刷机印制足够的货币，那么，通货膨胀总是能够创造出来。在与本书作者两个小时的辩论中，保罗·克鲁格曼(Paul Krugman)教授不断强调这个观点。相关辩论内容已经发表在1999年11月日本一本著名的月刊《文艺春秋》(*Bungei Shunju*)上。[②] 2008年之后，日本、英国和欧洲的中央银行的负责人还宣称，量化宽松政策将增加贷款和货币供给，因此，可能会接近通货膨胀目标。

在英国，2009年3月6日出台量化宽松政策时，英格兰银行官员保罗·费雪(Paul Fisher)明确指出，政策意图是通过增加银行贷款和扩大货币供给，实现经济恢复。[③] 2013年4月12日，日本银行行长黑田东彦(Haruhiko Kuroda)在他任行长的第一次讲话中宣称，量化宽松政策推动了贷款，并在两年内可以

---

① Greenwood, John (2016) "Successful central banks focus on greater purchasing," *Financial Times*, May 31, 2016. https://next.ft.com/content/f7a98fb2-241f-11e6-9d4d-c11776a5124d.

② Koo, Richard & Krugman, Paul (1999) Gekitotsu Taidan: Nihon Keizai Endaka wa Akuka ("Big Debate on Japan's Economy: Is Strong Yen a Bad Thing?"), *Bungei Shunju*, November 1999, edited by Yasuhara Ishizawa, pp. 130—143.

③ Oakley, David (2009) "A bold bid to revive lending," *Financial Times*, March 7, 2009. https://next.ft.com/content/9b3fd930-0a90-11de-95ed-0000779fd2ac.

让日本银行实现 2%的通货膨胀目标。[①] 副行长岩田规久男(KIkuo Iwata)对于他所信奉的通货膨胀是货币现象[②]很是自信，他宣称，如果日本银行两年内不能够达到通货膨胀目标，他就辞去职务。类似地，欧洲央行行长马里奥·德拉吉(Mario Draghi)于 2015 年 1 月 22 日开启了欧元区的量化宽松政策，认为这个政策将“支持货币供给和信用增长，因此有助于通货膨胀率回到 2%的目标”[③]。

量化宽松政策并没有增加日本、英国和欧洲的货币供给

然而，自 2008 年(日本于 1990 年)资产泡沫破灭以来，所有这些国家仍处于资产负债表衰退之中。这些国家的私人部门都处于大规模去杠杆化的进程中，也就是说，他们出现了大量的财务盈余，尽管是在零利率或负利率条件下。并且他们还在去杠杆，因为债务融资泡沫的崩溃给他们留下的是悬在头上的巨额债务。

尽管中央银行总是能够如其所愿，通过量化宽松政策向银行部门注入大量的流动性，但是，银行必须将这些钱借出去，使之进入实体经济：他们不可以丢掉这些钱，因为钱是属于储蓄者的。但是，如果私人部门集体去杠杆，借款人的缺乏将阻碍流动性进入实体经济。流动性锁定在金融体系内部，使中央银行无

---

① Kuroda, Haruhiko (2013) “Quantitative and Qualitative Monetary Easing,”speech at a meeting held by Yomiuri International Economic Society in Tokyo, April 12, 2013. www. boj. or. jp/en/announcements/press/koen_2013/ko130412a. htm.

② Iwata, Kikuo, (2001), *Defure no Keizaigaku* (“The Economics of Deflation”), Tokyo: Toyo Keizai.

③ Draghi, Mario, (2015),“Introductory statement to the press conference (with Q&A),”ECB's press conference in Frankfurt am Main, January 22, 2015. www. ecb. europa. eu/press/pressconf/2015/html/is150122. en. html.

法向实体经济扩大货币供给。[1] 尤其是货币供给最主要的构成是银行储蓄，而银行储蓄是银行系统的债务。但是，对于银行体系来说，债务增加，资产也必须增加，也就是说，银行必须贷出更多的货币，如前所述。如果私人部门不借款，那么，银行就无法增加贷款。结果是，如图 2.9 至图 2.11 所示，在所有经济体中，货币供给和银行贷款的增长均呈现出最温和的状态。

在英国，保罗·费雪大胆地宣称不会重复日本的错误，英格兰银行将基础货币增加了 562%。但是，贷款仅增加了不到 10%，低于雷曼兄弟公司倒闭前的水平，国民经济继续在无通货膨胀时期和突发通货紧缩时期之间摇摆不定（见图 2.11），与日本的情况很像。英国脱欧公投后，英国通货膨胀提升，但是，其主要因为公投后的英镑价值突然下跌。在欧元区，2015 年德拉吉导入量化宽松政策后，基础货币扩大了 122%，但是，银行贷款仅仅增加了 3%，通货膨胀率依然保持在 0 上下（见图 2.10）。

在日本，自 2013 年实施量化宽松政策以来，黑田东彦将基础货币扩大了 227%，但是，银行贷款增量仅有 14%。这个 14%的贷款增幅表明，自其前任白川方明（Masaaki Shirakawa）以来的零周期加速度。由图 2.15 中可见，行长职位转换前后，信用和货币供给是一条连续直线。零周期加速度意味着，在黑田东彦治下，基础货币大量扩张对实体经济没有产生任何影响，通货膨胀率依然维持在 0 上下。

这有助于说明，当私人部门存在强烈的资金需求时（状态 1 和状态 2），“无论何时何地，通货膨胀都是货币现象”的观点是站得住脚的，但是，即使零利率或负利率条件下，私人部门也拒绝借款（状态 3 和状态 4），那么，事情就不是那么回事了。尽管可以认为真实的通货膨胀总是货币现象，但是，认为中央银行

[1] 从技术上来看，通过直接从非银行私人实体买入金融资产，中央银行就能够增大货币供给。可是，既然可以推断，出售资产给中央银行的非银行私人实体正以储蓄的形式持有这些资产，那么，这样的行动只能增大货币供给中的储蓄部分。转变储蓄形式，比如说，从政府债券形式转变为银行储蓄形式，不可能促使非银行私人实体增加消费。相应地，即使因中央银行这样的金融资产买入措施而增加了货币供给，货币的增加并不会带来 GDP 的增加，反而提高了通货膨胀的压力。形成鲜明对照的是，如果中央银行从非银行私人行业购买汽车和照相机，这样的购买将会增大货币供给的交易构成部分，因而促进 GDP 的增长。但是，商品和服务的公共采购常常被视为财政政策领域的事情。

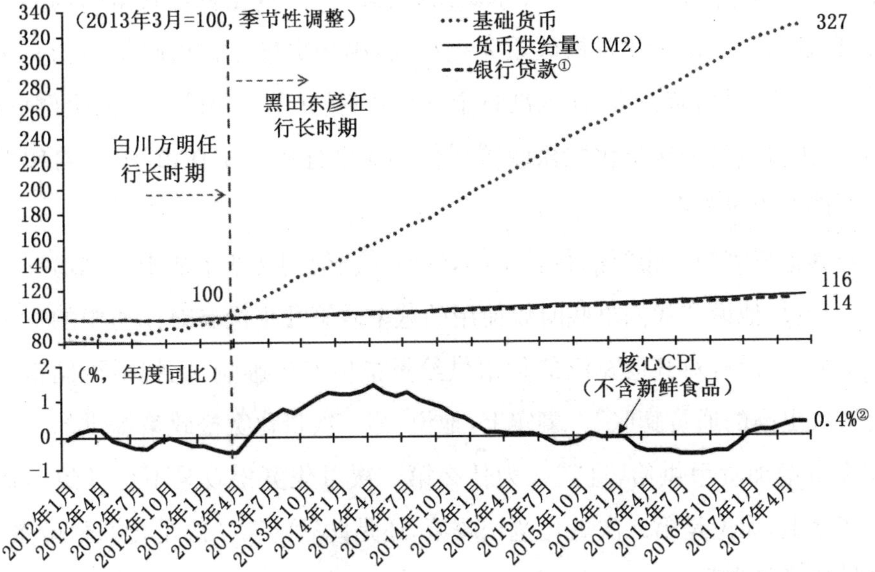

注:①野村证券研究院对银行贷款数据进行了季节性调整;②排除了消费税的影响。

资料来源:日本银行;内务与通讯部。

图 2.15　日本银行量与质双宽松政策后私人部门信用或货币供给增长并未呈现加速状态

总能够通过扩大货币供给来创造通货膨胀,就不明智了。

美联储官员并未宣称扩大货币供给可以提高通货膨胀率

另一方面,在推出量化宽松政策时,美联储官员比如前任主席本·伯南克(Ben Bernanke)和加内特·耶伦(Janet Yellen)所说的则非常不同。尽管他们也是量化宽松政策的始作俑者,但是,就本书作者所知,他们从来没有宣称扩大货币供给能够提高通货膨胀率。相反,在 2010 年 11 月 4 日发表在《华盛顿邮报》上、题目为《美联储做什么以及为什么要做:支持恢复和维持价格稳定》的文章中，伯南克持相反的观点。[1] 文章试图解释第二次量化宽松政策的功能是刺激经济，这与第一次量化宽松政策完全相反，第一次量化宽松政策最初实施的目的是，作为“最后贷款人”注入准备金，应对雷曼兄弟公司破产后的金融危机。可是，危机过后第一次量化宽松政策提供的流动性依然留在市场中，希望对经济复苏能够提供帮助。

与其他三家中央银行的行长不同，伯南克在他的文章中从未提到增加货币供给。相反，他说，“我们早些时候使用的这个政策几乎没有对流通中的货币量产生影响，也没有对其他宽泛的货币供给量指标产生影响，比如银行储蓄。也没有造成更高的通货膨胀”。事实上，他说，第一次量化宽松政策提供的全部流动性没有增加货币供给，这就是为什么第二次量化宽松政策不会导致通货膨胀。实际上，无论是第二次量化宽松政策，还是此后的第三次量化宽松政策，都不会导致通货膨胀。

伯南克用违背其老师观点的政策拯救了美国经济

伯南克明白美国经济处在资产负债表衰退之中。当第二次量化宽松政策推出时，美联储发布的资金流数据显示，尽管在零利率条件下，美国私人部门的储蓄接近 GDP 的 8%。美国企业和家庭储蓄规模如此之大，意味着私人部门的货币乘数[2]为负。换句话说，如果没有其他借款人出现，并承担借款任务，美国的货币供给就会收缩。

事实上，由于纽约证券市场崩盘(见图 2.12)，私人部门集体偿还债务，无任何人借款，1929～1933 年美国货币供给收缩了 33%。在这样的环境下，避免 GDP 和货币供给收缩的唯一办法就是政府借款和政府支出。

伯南克和耶伦都明白这一点，并且，他们都使用“财政悬崖”的表述警告国

① Bernanke, Ben S. (2010 “What the Fed Did and Why: Supporting the Recovery and Sustaining Price Stability,” *Washington Post*, November 10, 2010. www. washingtonpost. com/wp-dyn/content/article/2010/11/03/AR2010110307372. html.

② 第 8 章详细介绍这一概念。

会有关财政整顿的危险性，而财政整顿是共和党人和众多正统经济学家所支持的。伯南克对财政整顿政策的关注程度从 2012 年 4 月 25 日的新闻发布会中可见一斑。当他被问及如果国会把美国经济推到了“财政悬崖”边，美联储会做些什么时，他回应说：“美联储就不会有机会做些什么了，否则，美联储会有能力抵消其对经济的影响。”[①]伯南克明白，美联储的货币政策不仅不能够抵消财政整顿政策的负面影响，而且如果政府拒绝担当最后借款人角色，还将失去货币政策的有效性。

尽管发生了大量的事件，包括政府关门、政府自动减少支出以及债务天花板之辩，美国令人震惊地接近于从财政悬崖边坠落下来，但是由于美联储官员和奥巴马政府的努力，最终力挽狂澜，避免了这样的后果。这就是美国经济大大好于欧洲经济的原因。事实上，欧洲的每一个国家都从财政悬崖上跌落了下来。

伯南克曾经说，他是米尔顿·弗里德曼的忠实信徒，而米尔顿·弗里德曼坚决反对财政刺激。然而，最终，伯南克支持与他的老师观点完全相反的政策，将美国经济从战后最严重的经济危机中拯救了出来。简言之，他明白，经济处在资产负债表衰退的劫难之中，除非政府承担起最后借款人角色，否则量化宽松政策的影响仅限于资产组合再平衡效应[②]，远不足以抵消财政紧缩的逆向作用。他明白，当私人部门不再借款，货币政策有效性决定于最后借款人角色，即政府。美国经济表现更好，完全是因为伯南克和耶伦避免了政府失位，使政府承担了最后借款人角色。

尽管几次事件使美国几乎要从财政悬崖上掉下来，现在，美国经济表现更好，因为八年财政支持，私人部门的资产负债表越来越健康，一些家庭重新开始借款。

---

① Board of Governors of the Federal Reserve System (2012) “Transcript of Chairman Bernanke’s Press Conference,” Washington D. C., April 25, 2012. www. federalreserve. gov/mediacenter/files/FOMCpresconf20120425. pdf.

② 这个效应指的是得自较高资产价格的经济支持效应，而通过量化宽松政策，中央银行购入资产，则可以带来较高的资产价格。

这可以从图 2.16 得见。图 2.16 分别显示了美国家庭部门的金融资产和负债。在这个图中，0 线上方的白色柱形表示家庭部门正在增加其金融资产，亦即不断提高储蓄。0 线以下的白色柱形表示家庭部门正在减少其金融资产，亦即提取其储蓄。类似地，0 线以下的阴影柱形表示家庭部门增加其金融负债，亦即增加借款。0 线以上的阴影柱形表示家庭部门减少其金融负债，亦即偿还债务。折线表示的是净值。

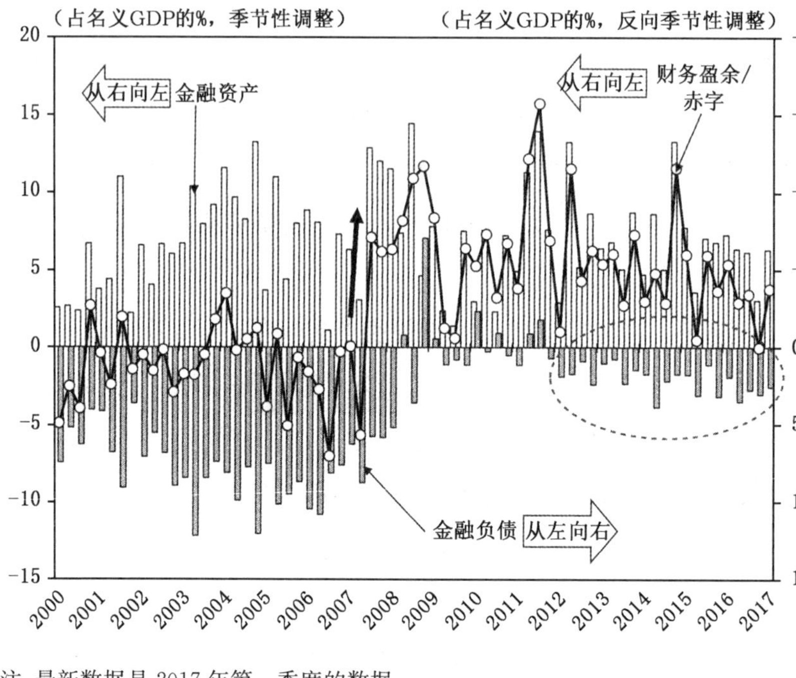

注：最新数据是 2017 年第一季度的数据。

资料来源：野村证券研究院基于美联储和美国商务部的资金流数据整理。

图 2.16　一些美国家庭开始借款

传统经济学教科书告诉我们，家庭部门应该储蓄，公司部门应该借款。但是，在泡沫时期，美国家庭部门是巨大的净借款人，如图 2.16 所示。一旦泡沫破灭，家庭部门不仅变成了巨大的净储蓄者，而且一齐停止借款，长达 4 年之久。现在，美国一些家庭已经恢复借款（见图 2.16 中的环状区域）。尽管与泡沫前时期相比，借款数量仍然很小且作为整体的一个部门继续拥有大量的财务盈余，但是，至少有些家庭已经开始重新借款了。与欧洲的情形相比，这表现出一个重大进步，而欧洲依然没有恢复借款的迹象。[①]

其他中央银行支持财政紧缩

关于"财政悬崖"的警告使美联储与日本央行、英国央行和欧洲央行分道扬镳。在英国，那时的英格兰银行行长默文・阿利斯特・金（Mervyn Allister King）公开支持戴维・卡梅隆（David Cameron）相当严格的财政紧缩措施，认为英格兰银行的量化宽松政策能够对英国经济提供必要的支持。那时，英国私人部门储蓄达到 GDP 的 9%（见图 2.17），而利率处于 300 年来的最低水平。这样的判断在卡梅隆政府的头两年里导致英国经济出现灾难性后果，促使卡梅隆政府的财政大臣乔治・奥斯本（George Osborne）要求一名加拿大人做英格兰银行行长。

日本银行行长黑田东彦也赞成提高消费税率，他相信量化宽松体系支持下的日本经济可以强大到足以应对财政紧缩的冲击。这样的作为无视下述事实：零利率时，日本私人部门的储蓄率达到 GDP 的 6.2%（见图 2.3）。加税于 2014 年 4 月执行，将日本经济重新抛向衰退，于是，全球对安倍经济学的热情彻底消失了。

在每一次新闻发布会上，欧洲央行行长马里奥・德拉吉都忠告成员国政府满足《稳定与增长公约》所提出的财政紧缩目标，尽管他自己的通货膨胀预期几乎每一次都会下调。他似乎彻底忘记了财政紧缩带来的风险。自 2008 年以来，即使零利率甚至是负利率，欧元区的私人部门储蓄已经平均达到 GDP 的 5%（见图 2.8）。

这些一致性的失败表明，这些中央银行行长们不去掌握（就默文・阿利斯特・金而言，是没有掌握）正确的经济模型。他们不仅没有认识到私人部门储蓄（或债务最小化）的严重性，而且他们还推动政府放弃作为最后借款人的作

① 第 7 章将对此详细阐释。

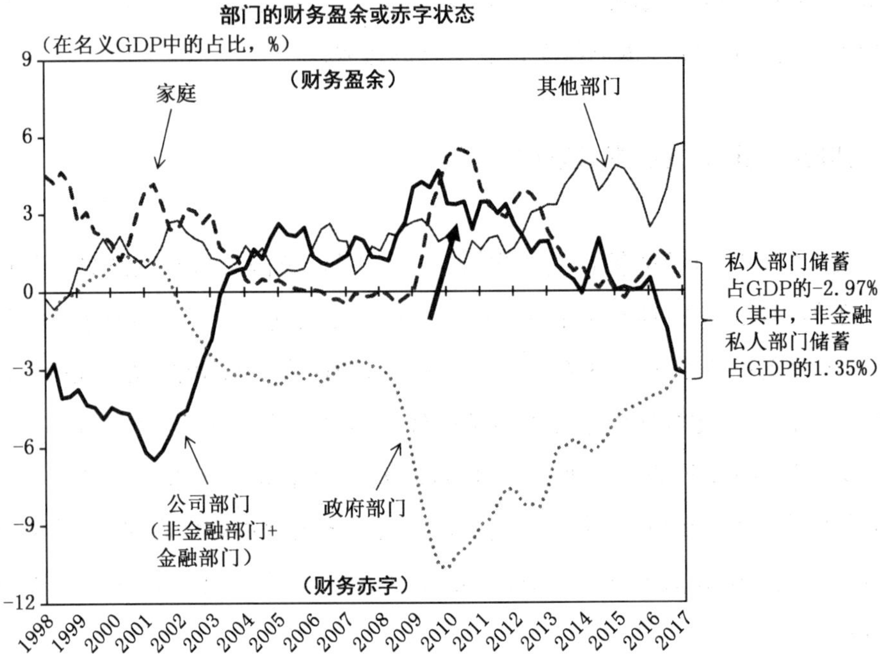

注:所有项目均为四个季度的移动平均值。至于最新数据,四个季度的移动平均值截止到2017年第一季度。

资料来源:英国国家统计办公室。

图2.17 2008年后英国私人储蓄飙升,但近来出现下降

用。与其他国家相比,美国有更佳的表现,不仅因为美国有量化宽松政策更好的版本,而且因为只有这个国家的中央银行公开反对财政紧缩。

实体经济中的人们完全意识到量化宽松毫无意义

不在稀有的央行圈子的人们是如何看待量化宽松政策的?日本、美国和欧洲实体经济中的家庭和企业要么正在修复他们的资产负债表,要么依然承受着债务灾难的后续影响。结果是,量化宽松政策没有激起他们的行为改变。如果量化宽松政策起到作用,他们就将恢复借款行为,导致银行贷款和货币供给大幅增加。

换句话说,面对资产负债表问题的家庭和企业不为弗里德曼、克鲁格曼和上面提及的三位央行行长的观点所动，这些人的观点是，只要利率足够低，总有愿意借款的人。他们知道，这样的观点对他们或面对相似的资产负债表问题的其他任何人都没有用。全国性资产泡沫破灭后，这样的群体成为社会的大部分人群。

市场参与者依然在“通货膨胀是货币现象”幻觉基础上行动

可是，外汇市场和证券市场的参与者持有完全不同的观点。实际上，他们中的大多数人基于教科书中的全球经济假设即状态 1 和状态 2，继续行动。证据来自这样的事实：中央银行每一次宣布新一轮的量化宽松政策，他们都会卖出该国货币，同时，买入该国证券。他们这样做的假设是实施量化宽松政策的国家比那些未实施量化宽松政策的国家，货币供给增加得更快，并且，快速扩张货币供给的国家的货币相对货币供给增长不那么快的国家的货币而言币值将下跌。

例如，全球金融危机发生后，美国和英国实施了量化宽松政策，美元对日元下跌了 30%，英镑下跌了 40%，二者均达到了历史新低（见图 2.18 左半图）。这些变动基于的假设是美国和英国的货币供给增长会大大超过日本，并且，美元和英镑供给量的大幅增加将弱化其对日元的汇率。

四年后，日本实施了自己版本的量化宽松政策，日元对美元和英镑下跌了 35%（见图 2.18 右半图）。这也是基于这样的假设：作为量化宽松政策的结果，货币供给增加会显著偏离正常路径。基于同样的逻辑，德拉吉宣布欧洲央行准备实施量化宽松政策时，欧元应声下跌。

可是，在真实的世界里，实施量化宽松政策的任何一个国家都没有出现信用和货币供给增加的明显加速。虽然某种程度上利差扩大了，但是，无论如何，利差也没有达到可以足以印证 30%～40%的汇率变动的程度。

正是因为在外汇市场和股票市场上有如此多的人基于教科书的错误观点而行动，以至于每次宣布新一轮量化宽松政策，证券价格和汇率都会出现巨大变动。相应地，它们的变动影响着这些国家家庭和企业的行为，使量化宽松政

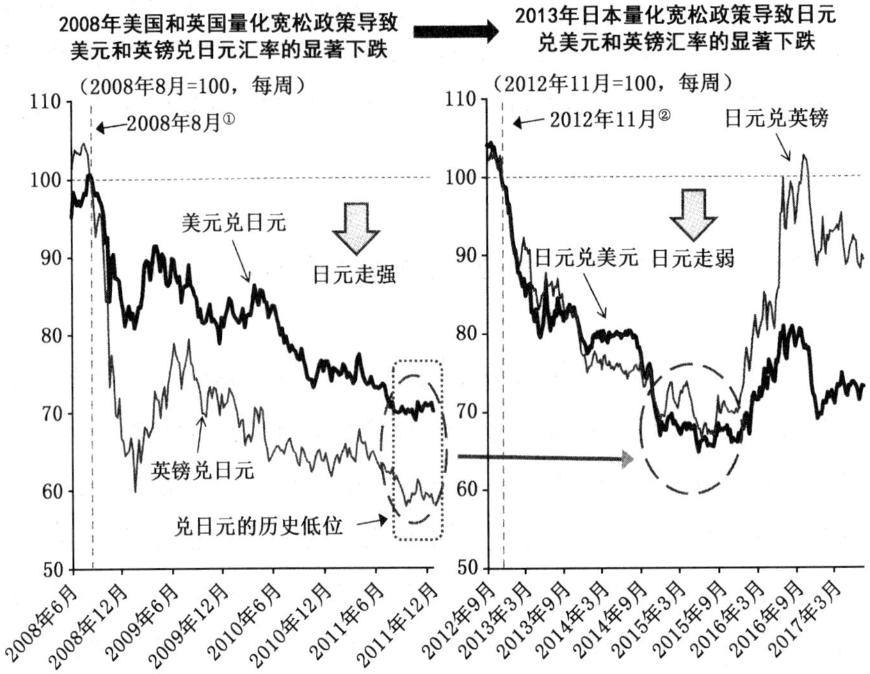

注：①雷曼冲击的前一个月；②安倍经济学开始实施前一个月。

资料来源：野村证券研究院，基于来自日本经济新闻的数据。

图 2.18 外汇市场参与者依然相信教科书的世界

策的拥护者们宣称其政策具有实际作用。

据报道，伯南克说，量化宽松政策在理论上不起作用，但是，实际上起作用。他可能指的是市场参与者的行为，对于这个世界，市场参与者继续坚持弗里德曼式的教科书观点。

值得探究的是，真实世界与市场参与者的信仰之间的脱离将持续多久。如果预期的货币供给增加与通货膨胀永远不会成为现实，那么，基于上述假设行动的市场参与者最终将被迫改弦更张。这将意味着，受益于量化宽松政策的国家会莫名惊诧。

财政政策经验记录

如果说在资产负债表衰退中货币政策的经验记录是清晰可见的，那么，财政政策的经验记录也一样清晰可见。正如前面所指出的，大萧条之后经历了资产负债表衰退的第一个国家是日本。日本的泡沫绝对是巨大的。在高涨时期，据说位于东京中心区的皇宫花园（大约方圆5平方千米）价值相当于整个加利福尼亚州。当泡沫破灭时，全国商业地产的价格下跌了87%，又回到了1973年的价格水平。在日本，既然不动产可以用来抵押借款，土地价格的崩溃摧毁了私人部门的资产负债表，经济开始坍塌。

自由民主党（LDP）政府快速实施财政刺激计划，以阻止经济坍塌。但是，这不是因为他们明白了资产负债表衰退的可怕和机制，而是因为他们认为政府支出可以“刺激经济”，并且使经济重新运行起来。

对于每一次财政刺激计划的实施，经济都做出了积极回应，但是，财政刺激计划的每一次取消，经济都会失去动能。预期的经济刺激从来都没有成为现实，因为不动产价值出现87%的下降之后，私人部门远远没有回复到财务的健康状态，企业和家庭把每一块钱节省下来，用以偿还债务。

正统财政观的鹰派人物对财政刺激计划实施的每一步都试图加以阻止，他们控制着媒体和学院派，他们认为，巨大的赤字很快就会导致利率飙升和财政危机。一旦经济呈现出活力，这些鹰派人物就迫使政治家停止刺激计划，从而引起另一次经济下滑。财政刺激计划上马又下马无法让公众对政府驾驭经济的能力充满信心。庆幸的是，自由民主党拥有足以争取到经费的政治家，维持着最低限度的经济刺激计划，因此，日本的GDP从没有低于泡沫峰值（见图2.1）。日本的失业率也没有超过5.5%。

这是一个惊人的成就，鉴于这样的事实：1995～2005年日本私人部门平均储蓄为GDP的8%，并且，日本失去了三倍于美国大萧条期间失去的财富（占GDP的比例）。由于1 000美元—900美元—810美元—730美元的通货紧缩螺旋导致的后果，日本名义 GDP 下降了 46%。

但是，在 1997 年，也就是日本 7 年衰退之后，对资产负债表衰退一无所知的 IMF 和 OECD 却开始给日本施加压力，要求削减财政赤字，原因是人口老龄化以及那些公知的道路和桥梁并没有引导经济活力。这些机构完全不能理解如果没有财政刺激计划，日本经济早就崩溃了。

遗憾的是，桥本龙太郎政府唯命是从，1997 年 4 月开始实施财政紧缩计划，数量达到 GDP 的 3%(或者说，15 万亿日元)。然而，加税和削减支出的后果是经济和银行系统面临严重的灾难。日本的 GDP 连续 5 个季度下降，不但赤字没有减少 15 万亿日元，反而实际增加了 16 万亿日元(或者，增加了 72%)。这让日本花去 10 年时间回到 1996 年的赤字水平，在此期间公共债务增加了近 100 万亿日元(见图 2.19)。成功经受住了头 7 年经济衰退的日本各家银行，最终于 1997 年末被抛弃了，接着发生了一场严重的银行危机。

桥本龙太郎于该年 12 月认识到自己的错误，开始逆转财政政策方向，向银行系统注入资本，以阻止全国范围的信用紧缩。接着，小渊惠三和森喜朗政府也实施了财政刺激计划，以维持经济运行，但是，财政政策的正统理论使小泉纯一郎政府和安倍政府的第一个任期内有所倒退，经济再次出现停滞。非常了解资产负债表衰退期间赤字支出重要性的内阁总理大臣麻生太郎实施财政刺激，但是，当雷曼兄弟公司危机爆发时，他遗憾离职，2009 年自由民主党在大选中出局。接下来的日本民主党政府没有从 1997 年的灾难中吸取教训，在财政正统理论的指引下，经济再次出现下滑。

2012 年自由民主党再次夺回政权时，麻生太郎时任财政大臣，包括财政刺激计划的第二波安倍经济学的实施，使经济再次得以向前运转。可是，2014 年众人推动提高消费税，财政正统理论回潮，这些努力受到了阻碍，经济再一次失去了前进的动能。

在美国，奥巴马政府第一任国家经济顾问委员会主席拉里·萨默斯(Larry Summers)最初认为大规模的财政刺激计划将足以为经济提供动能，正如早在 18 年前所做的那样。因此，他谈到财政刺激计划的“3 个 T”，宣称财政刺激计

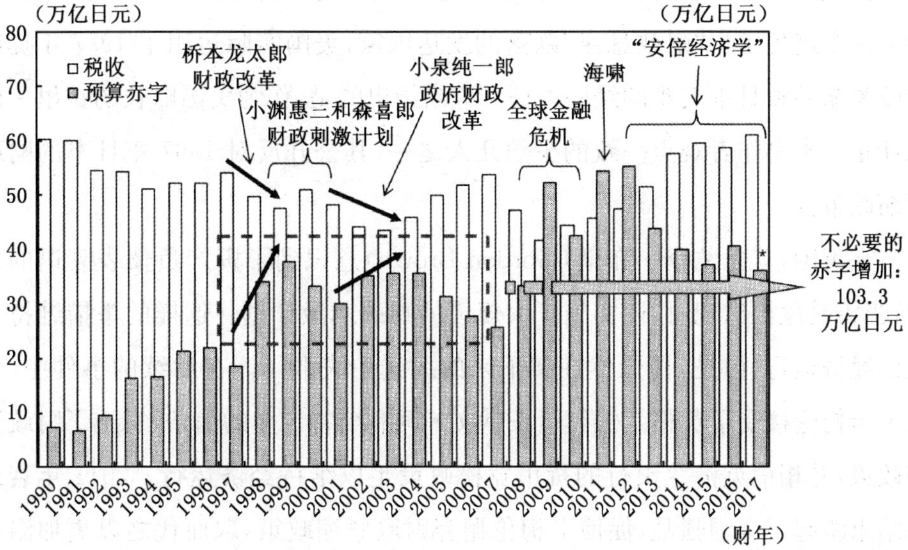

注:最新数据(＊)是财务省基于 2011 财年的数据估计的,数据涵盖了海啸后的重建税和重建债券。

资料来源:日本财务省。

图 2.19　1997 年和 2001 年日本跌落财政悬崖,经济走弱,税收降低且赤字水平提高

划应当具有及时性(timely)、目标性(targeted)和临时性(temporary)。但是,他很快便改变了想法,并开始推动"3 个 S",他说财政刺激真正需要快速(speedy)、持续(sustained)和显著(substantial)。[①] 他还认识到,美国面对的问题与日本 18 年前所面对的问题是一样的。

美联储主席伯南克也认识到,雷曼兄弟公司倒闭引发经济危机的头两年,经济将承受资产负债表衰退,财政刺激绝对是至关重要的。于是,他不断警告国会将有"财政悬崖"危险,如前所述。

虽然美联储和奥巴马政府不得不通过政府停摆、债务天花板论辩以及自动减支等方式与国会中的财政正统派做斗争,但是,他们想尽办法使美国经济远

① Summers, Lawrence, H. (2009) "Rescuing and Rebuilding the U. S. Economy: A Progress Report," remarks at the Peterson Institute for International Economics, July 17, 2009. https://piie.com/commentary/speeches-papers/rescuing-and-rebuilding-us-economy-progress-report?ResearchID=1264.

离“财政悬崖”,这就是美国比世界其他地区做得更好的原因。事实上,美国是唯一一个避免了从“财政悬崖”跌落的发达国家,美国实际运用了 1997 年提前财政紧缩导致日本灾难的经验教训。应当指出的是,作为美国财长的拉里・萨默斯是与本书作者观点一致的少数几人之一,其公开反对 1997 年日本的财政紧缩政策。

在英国,首先戈登・布朗(Gordon Brown)意识到了资产负债表衰退的危险,当雷曼危机出现时,便实施了大规模的财政刺激计划。这样的举措维持了英国经济运行,但是,他依然在接下来的大选中失败了。在后续的事件中,大卫・卡梅伦接受了英格兰银行行长默文・阿利斯特・金的信条,实施了财政紧缩政策,并相信英格兰银行的货币宽松政策足以维持经济运行。2011 年衰退的结果激起了全国骚乱,促使卡梅伦抛弃财政紧缩政策,取而代之以更加温和的财政政策。

但是,英国受益于欧元区危机,因为欧元区危机促使欧洲大陆的许多人将资金转移到英国。结果是能够吸引外资流入的伦敦和英国其他地区表现很好,而其他地区继续处在挣扎之中。这种情况从以下事实可得到印证:尽管伦敦出现了大量的外国购物者以及不动产价格飙升,但是,英国的一般通货膨胀率却下跌到接近于 0(见图 2.11 底部)。这与日本非常相像,直到脱欧公投使英镑急剧下跌。

第 7 章全部用来讨论欧元区经济后续的问题。但是,就目前而言,完全可以说《马斯特里赫特条约》创造了欧元,阻止成员国的财政赤字超过 GDP 的 3%,根本无视私人部门的储蓄水平。这样的约束阻碍了该区域正确解决资产负债表衰退问题,正如图 1.1 和图 2.8 中所示,私人部门储蓄远超 GDP 的 5%。这个事实证明了欧元区经济体所经历的长期衰退的原因。

经验表明,当私人部门的借款人消失时,为了维持经济运行,财政刺激是绝对必要的。每一次实施财政刺激,经济就会得到改善,而每一次取消财政刺激计划,经济就会出现崩溃。上述经验还表明,在西方社会的和平时期,保持财政刺激是困难的。这个论题将在第 10 章中深入讨论。

资产负债表衰退中测度财政乘数的困难

上述经验还表明，与状态 1 和状态 2——财政刺激可以挤出私人部门的投资并出现低乘数效应的后果——不同，状态 3 和状态 4 中的财政乘数则是很大的。可是，测度财政乘数存在两个困难。第一，测度必须以无财政刺激的经济状态作为起点。但是，难以确立这样的反照事实案例，因为没有过去资产负债表衰退的统计样本，从而能够建立反照事实的 GDP 路径。

第二个困难是测度必须从私人部门的目标由利润最大化转向债务最小化的时刻开始。目标转变前的数据不应被使用，即经济仍处在状态 1 和状态 2 的数据不应纳入测度指标，因为这样会低估状态 3 和状态 4 中的财政乘数。

在资产负债表衰退出现时，急需财政刺激，这两个统计局限使对财政乘数的量化几乎不可能。然而，图 2.1 给出了令人乐观的日本反事实的情景，尽管没有实施财政刺激计划，GDP 回到了泡沫前的水平(即 1985 年的水平)，但财政乘数非常大。

在这个例子中，1990～2005 年(即全球金融危机之前)实际 GDP 和反照实事的 GDP 的累积差额超过 2 000 万亿日元，同期，公共债务累积增长 460 万亿日元。换句话说，日本政府花掉了 460 万亿日元，买来了相当于 2 000 万亿日元的 GDP。这表明，财政乘数实际处于 4～5 的范围内，而不是正统财政鹰派所给出的大约为 1 的数字。底线是，在资产负债表衰退出现时，即使量化财政乘数实际大小存在困难，当私人部门不再借款，或者甚至更糟时，私人部门追求债务最小化，政府也必须承担最后借款人角色。

是减税还是增大政府支出?

我们认为，当经济处于状态 3 和状态 4 时，财政刺激是必要的。但是，存在两种类型财政刺激计划:政府支出与减税。如果经济处在资产负债表衰退中，财政刺激的正确方式是政府支出。如果经济面临国内投资机会缺乏，正确的回应是组合拳，即减税、为鼓励创新而取消管制以及增大政府开支，提高承担风险能力（这一点将在第 4 章中做更详细的讨论）。

在资产负债表衰退中，政府支出是重要的，因为出于资产负债表的原因，私人部门使债务最小化，削减的税收都将被用于偿还债务。虽然这比其他方式更有助于私人部门很快回复到资产负债表的健康状态，但是，其无助于消除经济体中的通货紧缩缺口。如果任由经济陷入通货紧缩螺旋，收入与资产价格都将进一步下跌，从而使私人部门修复资产负债表的任务更加难以实现。所以，政府最高的优先选择应该是停止通货紧缩螺旋。如果能够成功地避免经济收缩，私人部门就会有收入用来清偿债务，最终修复资产负债表。

应当指出的是，如果悬在借款人头上的债务足够小，能够被社会其他部门吸收掉，债务豁免、债转股以及直接提供流动性等工具可以用来解决问题。但是，如果社会中大部分人同时面对债务高悬的问题，这种情况通常发生在全国范围的资产泡沫破灭时，这样的举措只能将问题从社会中的一部分人转移给另一部分人，而不能解决问题。当问题广泛存在的时候，需要采取措施帮助所有借款人重建资产负债表，这个过程需要耗费时间。

资产负债表衰退过程中石油价格下跌

近来最没有被预见到的季度里，资产负债表衰退时期不采用减税措施的重要性得到了说明。2014 年后期石油价格开始下跌，绝大多数经济学家预期，运行在进口石油基础上的发达国家将出现经济增长。他们认为，石油价格的下降相当于进口国家的减税，可以提高可支配收入水平，因而可以增加消费。

虽然经济学家有这样的预期，即使石油价格下跌出乎人们的预料，这些经济体依然很脆弱。这是因为他们都处在资产负债表衰退之中，其私人部门都忙于使债务最小化。零利率或负利率时期去杠杆的事实表明，人们感到修复资产负债表的需要多么紧迫。对于许多人来说，这是实实在在的关乎生死的问题。

当“减税”以石油价格降低的形式表现出来时，绝大多数人用增加的现金去修复或增强他们的资产负债表。换句话说，从低油价中获得的绝大多数奖赏被用于存量调整（修复资产负债表），几乎没有进入流动项目，比如增加消费。这个例子说明，在资产负债表衰退中，对于经济支撑来说，减税并非特别有作用。

尽管修复了资产负债表之后，借款人依然会处于长期的、痛苦的去杠杆的创伤之中。在这样的情况下，正如美国大萧条后几十年里可以观察到的以及日本最近的情况，当局需要提供加速折旧免税政策或刺激借贷和投资的其他激励措施。可是，仅当资产负债表完全修复后并且债务伤痛仅仅是心理上的问题时，这样的减税措施才有用。在资产负债表恢复到健康状态之前，实施任何减税措施只能加快资产负债表的修复进程。

既然在和平时期的西方国家，赤字支出的政治资本是有限的，政府就应该运用基础设施建设支出的所有能量以取代减税，保障每一美元的赤字支出都能够最大限度地推动 GDP 增长。

尽管存在大量公债，财政刺激计划必须保持

与贷款侧问题形成鲜明对照的是，针对借款侧问题，无论是由于资产负债表困难导致的，还是因国内投资机会缺乏导致的，均没有快速的修复方案。处于状态 3 的经济体将保持多年，即使不是几十年，直至私人部门重新恢复财务健康以及恢复重新借款和投资需要的自信。[①]

复苏需要时间的事实意味着，财政支持计划必须做出多年安排。在许多国家中，公共债务水平已经很高，政府在更长时期里高负债运行的前景会毫无疑问地招致强烈反对，不仅来自财政鹰派，而且来自公众，他们会认为国家不能继

① 该经济阶段对应的是作者在《大衰退：宏观经济学的圣杯》中提出的阴阳经济周期的“阴态”阶段。

续花钱，不能“寅吃卯粮”。即使是认为资产负债表衰退时期政府应担当最后借款人角色的那些人，也会担心政府承担的债务过重。既然因缺乏投资机会（工业革命之前这个问题困扰人类数个世纪）造成借款人消失，而债务可持续性问题又是尤其严峻的问题（这是一个挑战性问题），在第 4 章中我们将与国内投资机会问题结合起来加以讨论。

第3章

阻退借款人的投资机会缺乏问题

如果说没有借款人的原因是企业无法发现具有吸引力的投资机会——工业革命之前世界经历了数个世纪经济停滞的原因，那么，解决这个问题需要截然不同的思维模式。由此出发，就能够得出经济发展各个阶段呈现问题的各种原因，而每一个阶段的问题都需要不同的政策加以应对。

今日之发达经济体皆出自农业社会，只是随着工业革命的到来，数世纪的节俭悖论才结束。新产品以及生产这些产品所需要的机器的发明创造了大量的投资机会，这是历史上的第一次。私人部门的企业不会去借款，除非他们确信能够偿还借款。他们发现了大量的具有投资收益的项目，于是开始借款。为了满足资金需求，金融部门也发展起来了。只要债务融资项目的收益足以偿还借款，这样的过程就会继续下去。

这样，投资创造更多的工作和收入，相应地，创造更多的储蓄，为更多的投资提供融资，良性循环开始了。与前几个世纪里最终会导致财务困难的政府投资不同，只要具有吸引力的新产品持续被引入市场，私人部门的投资就能够持续进行。随着新的家用电器、汽车、飞机和大量的其他商品被相继研发出来，缺乏投资机会很少成为经济增长的约束。结果是自工业革命以来经济的快速增长。

在工业革命之初，增长的约束条件包括不充足的社会基础设施（比如，运输系统）、为投资提供资金的储蓄不足、没有文化的劳动力以及缓慢的技术创新。但是，有些约束条件很快被转化为投资机会，比如，铁路和其他公用事业。当农业工人向城市流动并在工厂工作时，他们需要住处，仅仅人口城市化就创造了大量的投资机会。

从宏观经济视角来看，家庭储蓄也变为具有道德的而不是邪恶的行为。在经济生活中，人们感到对未来负有责任，多储蓄的经济体比那些少储蓄的经济体增长得更快。

借款人的可得性与经济发展三阶段

然而，投资机会的可得性从来没有得到保证。投资机会的可得性决定于很多因素，包括技术创新和科技突破的步伐、商人判断投资机会的能力及其借款意愿、劳动和其他投入成本、合理定价的资金可得性、知识产权保护、经济发展阶段以及经济状态与世界贸易状况。

每一个因素的重要性还取决于一国经济发展的阶段。对于已经处在技术前沿的国家而言，技术创新和突破的速度可能是更为重要的因素，而在新兴经济体中，资金可得性与知识产权保护处于同等重要的地位。

例如，当德国作为工业势力出现时，英国谴责德国剽窃了它的产品，并要求德国使用“德国制造”标识，将德国产品与英国原产地产品区别开来。日本曾经面对来自西方国家同样的谴责。同样，中国面对双重谴责：既来自西方，也来自日本。今天，许多中国企业要求政府执行更严格的知识产权保护规制，因为他们担心其研发的任何产品都将被国内竞争者快速模仿，使其研发努力丧失应有的价值。在一定程度上，经济发展的一个阶段里模仿能力具有很大的正效应，而此后便会转变为巨大的负效应。

根据投资机会的可得性，将工业化过程分为三阶段是有意义的。工业化过程三阶段分别是：城市化经济阶段，在这个阶段中，经济还没有达到刘易斯拐点(LTP)；成熟经济阶段，在这个阶段中，经济已经跨越了刘易斯拐点(LTP)；被追赶的经济阶段，在这个阶段中，海外的资本收益率高于国内。刘易斯拐点指的是这样一个点，城市工厂最终吸收了全部剩余劳动力。[在本书中，使用"刘易斯拐点"这个术语仅仅因为它是针对一国经济发展特定转折点的人所共知的表述；其用意不同于阿瑟·刘易斯(Arthur Lewis)爵士提出的经济增长模型。]

工业化出现之时，绝大多数人生活在农村。仅有数量很少、受过教育的精英拥有生产和销售商品所需要的技术知识。那些祖祖辈辈生活在萧条的农场上的家庭不具备这样的知识。所以，在工业化的早期阶段，受过教育的少数人获得了最大的收益，而其余的人只是为产业资本家提供劳动。由于农村存在大量的剩余劳动力，工人的工资水平被压制了几十年，直到达到刘易斯拐点。

图3.1基于劳动力供给与需求的视角，描述了这个特点。在到达刘易斯拐点(K)之前，劳动力供给曲线几乎是一条直线(DHK)，因为在城市寻找工作的农村劳动力的供给是无限的。只要企业主仅仅支付现行工资水平(DE)，就能够吸引任何数量的劳动力。

在图3.1中，资本所得份额由左侧纵轴、劳动力需求曲线与劳动力供给曲线所构成的三角形区域表示，而劳动力所得份额则由劳动力供给曲线下方的四边形区域表示。在劳动力需求曲线 D_1 条件下，资本所得份额是三角形 BDG 区域，而劳动所得份额为四边形 $DEFG$。在工业化的这个阶段，资本所得份额 BDG 将仅被少数人或少数家庭分享，而劳动所得份额 $DEFG$ 会被千百万工人分享。由于是受压制的工资水平，工人无法大量储蓄，绝大多数投资不得不靠资产阶级自我融资，也就是说，资产阶级的储蓄额就是他们的投资额。

为了赚到更多的钱，成功的企业继续投资。这就提高了对劳动力的需求，导致劳动力需求曲线向右移动(从 D_1 到 D_2)，劳动力供给曲线仍然保持为直线。随着劳动力需求曲线向右移动，劳动所得的总工资从 D_1 时的四边形

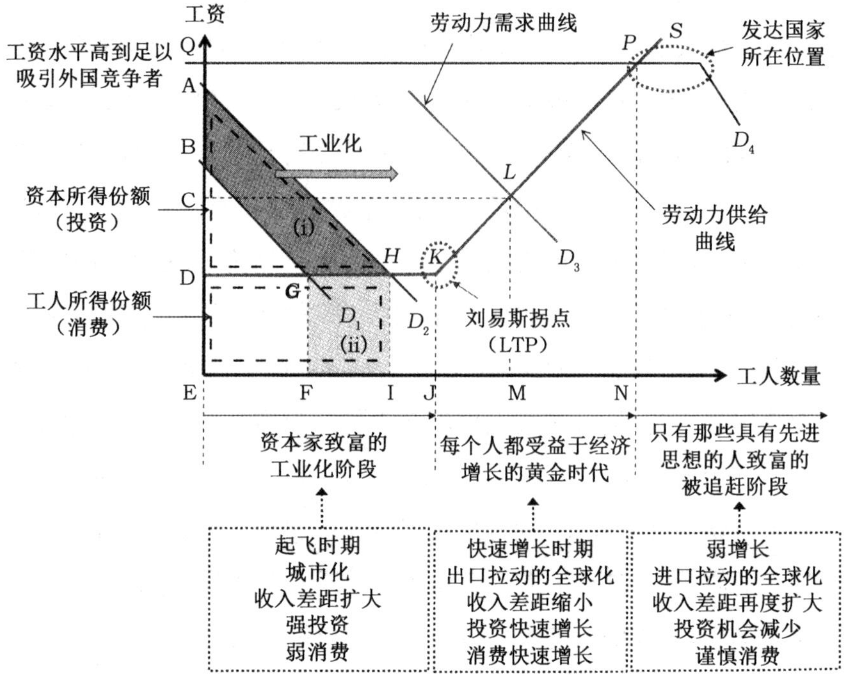

资料来源：野村证券研究院。

图 3.1　工业化/全球化的三阶段

DEFG 增加到 D_2 时的四边形 *DEIH*，如劳动力供给曲线延伸段下的四边形长度所示。可是，劳动所得的增长是线性的。与此同时，资本所得份额的增加注定要大于劳动需求曲线向右移动的线性增长率，从 D_1 时的三角形 *BDG* 区域扩大到 D_2 时的三角形 *ADH* 区域。

刘易斯拐点之前的阶段增长激化收入差距

于是，随着 GDP 增加，GDP 中归属资本家的部分一定会增加，直至达到刘易斯拐点，这样就激化了收入不平等。一个世纪前欧洲大量的家庭和企业集团以及第二次世界大战前日本财阀能够积累大量的财富的关键原因就是，他们面对平直的劳动力供给曲线（北美和大洋洲的财富积累不是这样的极端情况，因为这些经济体的特征是劳动力短缺)。出于同样的原因,在 1978 年后的中国,有些人变得极其富裕了。

在这个阶段里,通过贫富差距显示出来的收入不平等显著增大,资本家的收入份额(三角形)常常比劳动力收入份额(四边形)增长得更快。由于资本家利润丰厚,他们继续将利润用于再投资,赚更多的钱。持续高投资率意味着国内资本积累和城市化进程加快。这就是国家经济增长的起飞时期。

可是,在刘易斯拐点出现前,尽管人口从乡村向城市流动或多或少改善了人们的境况,但是,低工资水平意味着绝大多数人依然过着艰苦的生活。对于工人来说,转型并不容易,在 19 世纪末之前,每天 14 小时的工厂劳动是再正常不过的了。按照 OECD 资料,1870 年西方国家每年的工作时间平均大约 2 950 小时,或者说,相当于目前劳动时间 1 450 小时的两倍。[①] 而在这个时期,企业主积累了惊人的财富。

工业化阶段Ⅱ:后刘易斯拐点的成熟经济体

随着企业主继续创造利润,扩大投资,经济最终达到了刘易斯拐点。一旦达到刘易斯拐点,城市化就基本完成,劳动力总工资水平(到此之前仅仅是线性增长)便开始更快速增长,因为增加劳动力需求就会推动工资水平提高。换句话说,后刘易斯拐点的劳动力供给曲线呈现出显著向上倾斜的曲线。

即使劳动力需求仅为温和增加,如图 3.1 所示,从 J 到 M,而劳动力的总工资将显著提高,从 $DEJK$ 四边形区域增加到 $CEML$ 四边形区域。这意味着,相对于资本所得份额,劳动力所得份额扩大了。从这一点开始,收入不平等问题开始自我纠正。

一旦达到了刘易斯拐点,在历史上第一次出现劳动力取得要求更高工资的讨价还价能力,这将降低企业主占有的产出份额。但是,只要能够获得理想的

---

① Maddison, Angus (2006) *The World Economy: A Millennial Perspective* (*Vol.* 1), *Historical Statistics* (*Vol.* 2). Paris: OECD, p. 347.

回报,企业就会继续投资,从而导致劳动力市场进一步出现供给紧张。

在第一次世界大战之前,美国和欧洲的大部分人口依然生活在农村,正如图 3.2 所示。即使是在美国(那里与欧洲不同),工人总是短缺的,20 世纪 30 年代近半数的人口在农场生活。持续的工业化以及两次世界大战期间的人口流动推动这些经济体跨越了刘易斯拐点,普通工人的生活水平开始得到巨大改善。

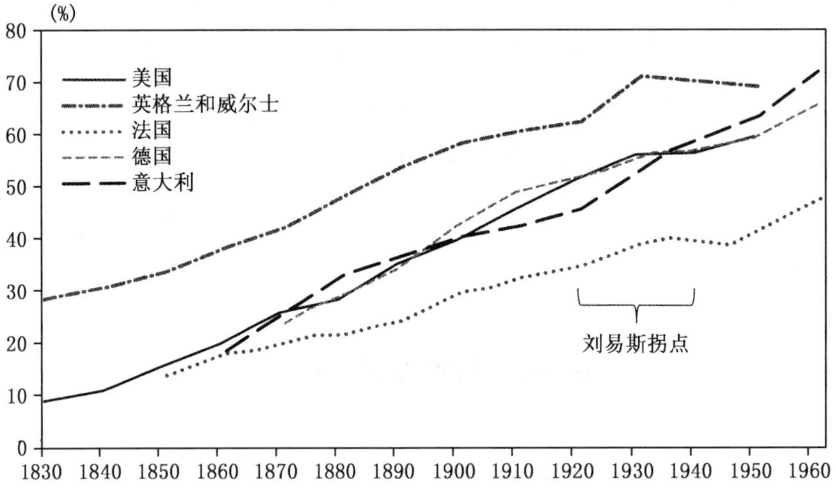

注:在英格兰和威尔士生活在城市区域的人口百分比指的是生活在 20 000 人以上城市区域的人口百分比;在意大利和法国生活在城市区域的人口百分比指的是生活在 10 000 人以上城市区域的人口百分比;在德国生活在城市区域的人口百分比指的是生活在 5 000 人以上城市区域的人口百分比;在美国生活在城市区域的人口百分比指的是生活在 2 500 人以上城市区域的人口百分比。

资料来源:U. S. Census Bureau (2012) *2010 Census*; Flora, P., Kraus F. and Pfenning W. (eds) (*1987*) *State, Economy and Society in Western Europe 1815—1975*, Frankfurt am Main: Campus Verlag。

图 3.2 20 世纪 60 年代前的西方城市化

随着劳动力所得份额的增加,消费占 GDP 的比例增加,而以牺牲投资为代价。同时,普通居民购买力爆炸式增长意味着,仅仅扩张现有的生产能力,企业就能够增大利润。结果是，消费与投资快速增长。

从这个时点开始，经济开始某种程度上“标准化”了，这是今天使用的术语。相对于资本所得份额，劳动力所得份额增加，收入不平等也递减了。在美国，出现了所谓“黄金60年代”，每一个人都从经济增长中受益。随着收入提高和不平等程度降低，进入了刘易斯拐点后的成熟阶段，可以称为经济增长的“黄金时代”。

一旦经济达到了刘易斯拐点，并且工资开始快速增长，工人就会使用刚刚被发现的讨价还价能力。从20世纪50年代到70年代，许多西方国家经历的大量的罢工反映了这个变化。

最开始资本家通过工会的捣乱分子来应对劳工运动，通过罢工的捣乱分子来应对罢工。但是，当工人队伍日益壮大时，如果要保持工厂运行，资本家必须退让，并接受工人的某些要求。这样的斗争大约经过20年后，劳资双方开始明白彼此的合理预期，一个新的秩序建立起来了。在西方国家和日本，左翼和右翼控制的当前政治秩序反映了这样的学习机制。

高工资迫使企业更加努力地寻找具有可观利润的投资机会。另一方面，获得更高工资的普通工人的购买力爆炸式增加创造了巨大的投资机会。有两个原因促进了企业投资：第一，他们努力提高工人的生产力，以至于他们能够付更高的工资。第二，他们要扩大生产能力，以满足工人日益增加的购买力。生产力和产能双增加的投资增大了劳动力和资本需求，助推了经济增长。在这个阶段，尽管工人的技术水平没有发生变化，但是，企业投资提高了个人的劳动生产力。

当西方处在技术前沿的时候，他们向世界其他地区出口消费品和资本品，也处在出口引导的全球化阶段。美国的汽车和德国的照相机曾经是其他国家渴望获得的全球标准化产品。

随着绝大多数工人生活水平的快速改善，刘易斯拐点后的成熟阶段呈现出广泛分配经济增长收益的特点。即使那些技术有限的工人也能够有好生活，尤其是，如果他们归属于一个强大的工会组织。在这个时期，政府税收也快速增加，使政府能够提供更广泛的公共服务。相应地，进一步降低了人们之间的不平等感受。在西方，这个黄金时代持续到 20 世纪 70 年代（见图 3.3）。

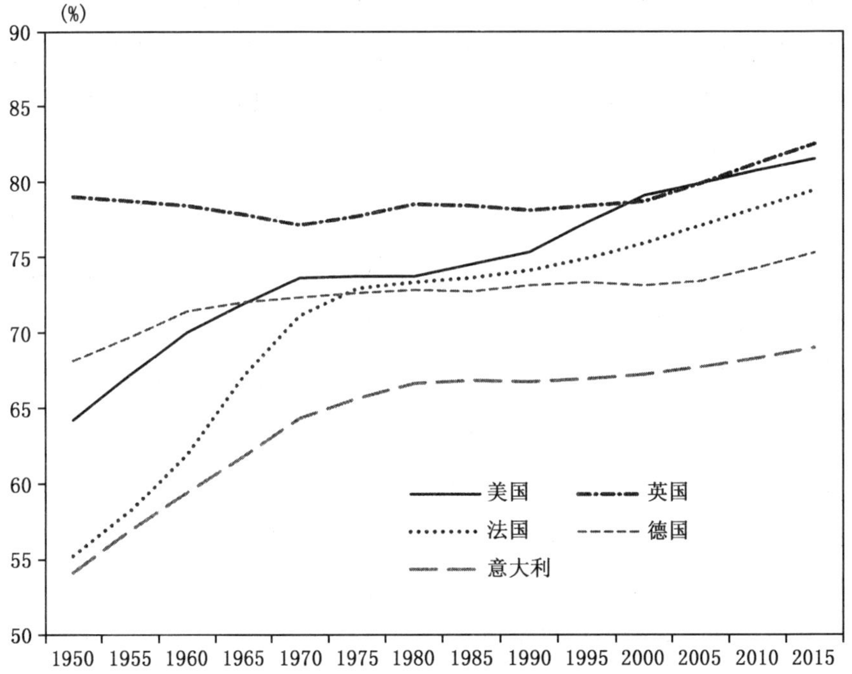

资料来源：联合国经济与社会事务部人口分部（2014）：《世界城市化项目：2014 年回顾》（World Urbanization Projects：The 2014 Revision），数据来自网站。

图 3.3　20 世纪 70 年代西方城市化速度降低

工业化阶段Ⅲ：刘易斯拐点后的被追赶经济体

这样的黄金时代没有永远持续下去。在某个时点，工资达到了某种水平，外国竞争者就有了立足之地。20 世纪 70 年代，美国和欧洲的企业面对日本的竞争者，严重威胁西方经济增长的第一个信号出现了。最初，这被归咎于日本与西方经济体的工资差距。但是，工资差距一直存在。真正的原因是日本企业向前发展，并且在某些方面对西方实现了技术和营销复杂能力上的超越，同时，享有低工资成本优势。

在西方国家，许多人惊讶地发现日本汽车不怎么需要维护，也很少需要维修。德国人发明了汽车，美国人建立了生产廉价汽车的工艺流程，但是，日本人更进一步，其生产的汽车不易损坏。尼康 F 照相机的出现也对 20 世纪 60 年代德国照相机产业形成了巨大冲击，因为这款产品比德国的莱卡、爱克山泰(Exaktas)相机更有棱角、更实用、更容易操作且接受面更广，全世界的专业拍照人士很快转到了日本品牌。自工业革命以来第一次，西方发现自己正在被来自东方的强大竞争者追赶。

一旦一个国家被具有技术悟性的竞争者追赶，追赶者通常是年轻的国家以及劳动力成本不高的国家，那么，这个国家就进入了经济发展的第三个阶段或“被追赶”阶段。在这个阶段，企业在本国寻找具有吸引力的投资机会就更加具有挑战性，因为常常直接向“追赶者”购买所需要的产品更加合理，或者，到“追赶者”的国家投资更加合理。换句话说，国外的资本回报率高于本国。

自 20 世纪 70 年代开始，许多美国和欧洲的公司愉快地在他们的生产流水线上增加了日本的产品，或者借助他们的代理商销售日本产品。这些产品打着傲人的美国或欧洲品牌，但实际上是在日本生产的。例如，通用汽车正在从丰田购买汽车，福特正在从马自达购买汽车，克莱斯勒正从三菱购买汽车。福特获得了马自达的大部分股权，克莱斯勒同样拥有三菱大部分股权。在“德国”的相机产业，莱卡越来越多地用美能达的组件进行生产，如果不能说完全由日本公司生产，这些令人尊敬的品牌照相机如爱克山泰、康泰克斯完全是在日本生产的。

被追赶国家的企业在本国不再有投资于提高生产力或产能设施的同样激励，因为现在他们有一种可行的选择——投资海外或直接向海外低成本生产厂家购买。在这个阶段，投资海外的资本，尤其是在制造业领域，比投资国内的资本获得了更高的收益。由于来自股东要求增加资本收益的不变的压力，企业被迫将投资转移到资本收益率更高的区位。

一旦达到了这个阶段，本国投资于生产力提高设施所能达到的生产力水平就显著缓慢下来了。按照美联储斯坦利·费雪(Stanley Fischer)整理的美国劳工统计局的数据显示，1952～1973 年，非农企业部门生产力增长平均为 3.0%；1974～2007 年，下降到 2.1%；2008～2015 年为 1.2%。[①] 这些数字不仅证明了上述趋势，而且表明，未来工人的生产力将越来越取决于个体工人提高技能的努力，而不再取决于公司在生产力提高设施方面的投资。

在刘易斯拐点后的被追赶经济体中，在工资水平为 *QE* 的条件下，劳动力需求曲线（图 3.1 中的 D_4）变成了一条直线，向外国生产厂家的外包变成了具有可行性的选择。这意味着从这个时点开始，实际工资增长幅度很小，除非那些具有能力而不能被海外工人取代的工人。应当指出的是，工资水平 *EQ* 不仅取决于国内工资推动的通货膨胀，而且取决于外国生产力。例如，如果 20 世纪 70 年代的日本产品不具有如此强大的竞争力，那么，西方的工资水平 *EQ* 会更高。

随着国内投资机会减少，被追赶国家的经济增长也就缓慢了下来。由于资本寻求海外高回报，进口商品涌入国内市场，现在，这个国家就进入了进口引导的全球化阶段。这就是大多数发达国家今天面对的现实，而不断增加的新兴国家正在加入追赶者行列。

日本崛起迫使西方变革

20 世纪 70 年代的日本崛起动摇了美国和欧洲的产业地位。随着制造业工人失去工作，日本与西方发生了激烈的贸易摩擦。这第一次标志着西方国家已经超越了刘易斯拐点，被更低工资水平的国家所追赶。

真力时（Zenith）、米罗华（Magnavox）还有其他许多著名的美国公司在日本竞争者的强大冲击之下折戟沉沙，通用（GE）与美国广播唱片公司（RCA）这样的家用品牌公司不再生产家用产品。直到 1965 年左右德国照相机产业依然是世界上无可争议的领袖，到 1975 年全部风光不再。尽管西方国家处在技术前

① Fischer, Stanley (2016) "Reflections on Macroeconomics Then and Now," remarks at "Policy Challenges in an Interconnected World" 32nd Annual National Association for Business Economics Economic Policy Conference, Washington D. C., March 7, 2016. www.federalreserve.gov/newsevents/speech/fischer20160307a.htm.

沿的公司继续保持好的势头，但是，大量收入很好的制造业岗位的消失导致了这些国家收入不平等状况恶化。

最初，西方面对日本的威胁，存在着巨大的困惑。当日本接管了一个又一个产业的时候，产业领袖和劳工领袖寻求通过高关税和非关税壁垒的保护。例如，法国规定所有日本的录像机必须在普瓦捷遥远的乡村通关，不要吃惊，这样做，没有任何海关官员不让产品进入法国。尽管法国没有录像机生产商，但其依然这样做了。其他人主张汇率重新安排，这一点在1985年的广场协议中实现了，美元兑日元的汇率下降了一半。

依然有其他人说，西方应当学习日本的成功经验，汲取日本的教训，从而导致了西方人对所谓"日本管理模式"的痴迷。美国许多著名商学院积极招收日本留学生，这样，他们可以在课堂上讨论日本管理实践。有些人甚至认为，吃鱼(尤其是寿司)可以使他们变得像日本人一样精明。总而言之，曾经是世界上技术最发达的经济体的西方国家的自信动摇了。

作为消费者，西方工人受益于来自亚洲廉价的进口商品，这个事实某种程度上减轻了西方工人感到的痛苦，这是进口引导的全球化的一个特征。拥有发达技术的企业继续表现优异，但是，社会中的每一个人都从经济增长中受益的情况不再出现了。那些工作岗位被转移到海外较低成本区位的人们的生活水平停滞不前，甚至出现下降。

刘易斯拐点后的被追赶阶段收入不平等恶化

图3.4显示了1947～2015年最低分位的美国家庭的实际收入。尽管在这个组别中，在刘易斯拐点后持续至1970年左右的黄金时代，收入快速增长，但是当国家进入刘易斯拐点后的被追赶阶段时，收入增长停滞了。图3.5描述了相对于20%最低收入家庭而言的其他分位的家庭收入增长情况，图示表明，1970年前比率保持显著稳定，但是，此后出现分化。

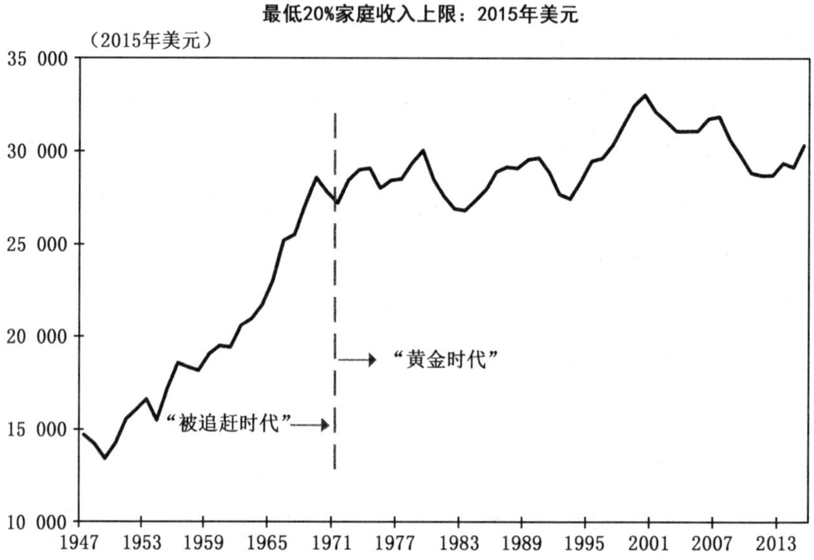

资料来源：U. S. Census Bureau，*Current Population Survey*；*2016 Annual Social and Economic*（*ASEC*）*Supplement*。

图 3.4　1970 年前美国 20%的最低收入家庭收入飙升，但是，此后出现停滞

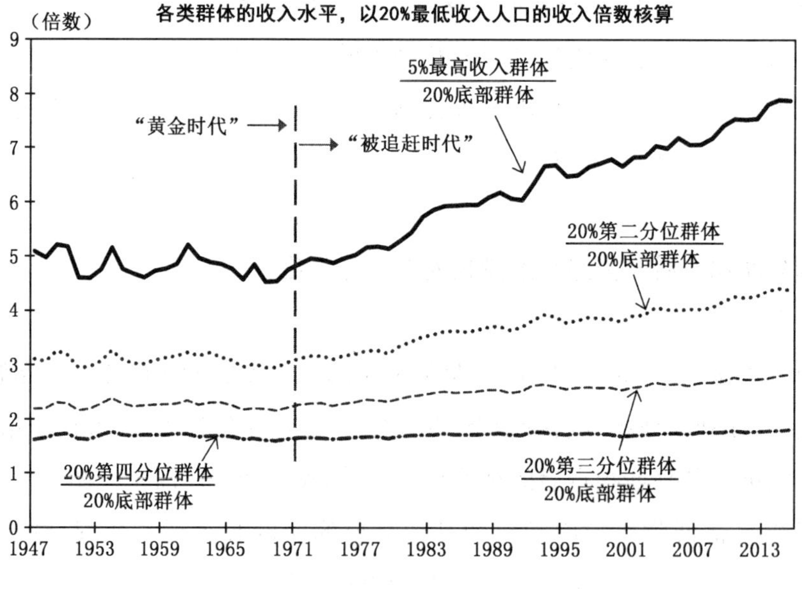

资料来源：野村证券研究院整理自以下数据：U. S. Census Bureau's *Current Population Survey*，*2016 Annual Social and Economic*（ASEC）*Supplement*。

图 3.5　1970 年后美国收入不平等开始恶化

表 3.1 显示了 1947～1970 年刘易斯拐点后的黄金时代和 1970～2015 年刘易斯拐点后的被追赶时代按照收入分位的年度收入增长情况。表 3.1 显示，1970 年后，60%的最低收入阶层实际收入增长略快于处在收入顶端的人群，表明收入不平等下降。事实上，美国经济的黄金时代每个人都变得更加富裕了，并且，都享受了经济增长的硕果。

表 3.1　　　　按照收入分位数计算的美国家庭收入年增长率

	最低分位 20%	第二分位 20%	第三分位 20%	第四分位 20%	最高收入等级 5%
刘易斯拐点后的成熟阶段：1947～1970 年	2.805	2.854	2.863	2.719	2.496
刘易斯拐点后的被追赶阶段：1970～2015 年	0.189	0.436	0.737	0.996	1.298

资料来源：野村证券研究院整理自以下数据：U. S. Census Bureau's *Current Population Survey*，*2016 Annual Social and Economic* （*ASEC*） *Supplement*。

可是，一旦日本开始追赶美国，情况就发生了巨大变化。图 3.4 显示，从那时起，最低收入分位的群体收入增长出现停滞。图 3.5 和表 3.1 显示，除了处于 5%的最高收入群体，其他群体的收入增长仅仅略好一些。即使在 1970 年之后，5%的最高收入群体的收入大幅增长。这个群体可能包括站在创新前沿的人以及那些从日本崛起中收益的人。

图 3.6 显示了在黄昏时代不同收入分位群体的收入增长非常相似，但是，当美国成为被追赶经济体时，便开始显著分化。处在收入顶端 5%的群体从黄金时代年增长 2.50%下降到被追赶阶段年增长仅为 1.30%，但是，仍然 7 倍于最低收入 20%的群体。

欧洲也可见相似的变化。图 3.6 显示了欧洲 6 国的实际工资情况。20 世纪 70 年代前，这些国家都经历了工资快速增长，此后，工资增长显著下降。

日本工业化的三个阶段

20 世纪 60 年代中期，日本达到了刘易斯拐点，这时，大量的农村学校毕业

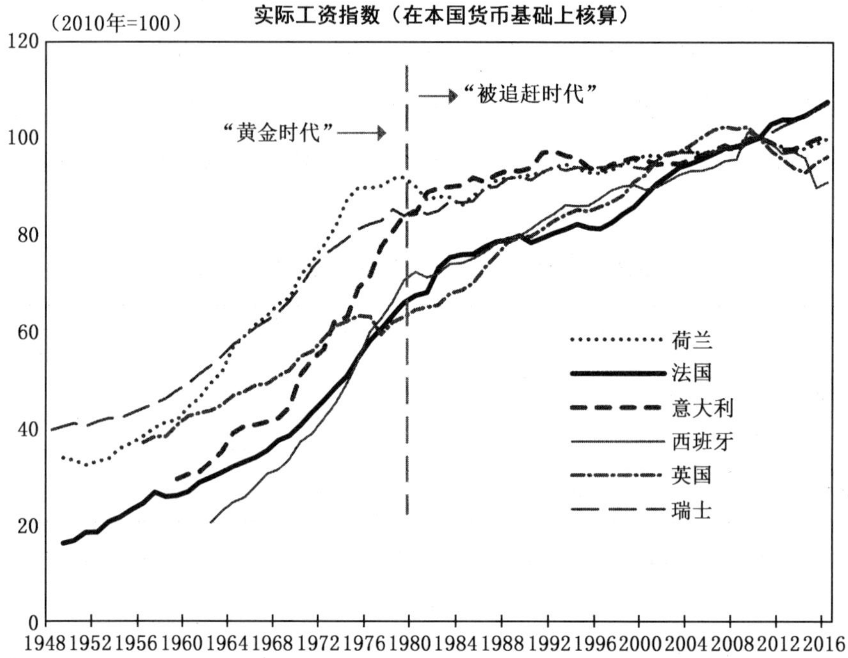

资料来源:野村证券研究院整理自以下数据:IMF,*International Financial Statistics*,Office for National Statistics,UK,*Analysis of Real Earnings*,and Swiss Federal Statistics Office,*Swiss Wage Index*。

图 3.6 第二次世界大战后欧洲 6 国的实际工资水平

生流向城市工厂和机关办公室[即日本人所共知的"集体就业"(shudan shushoku)]最终结束了。因为研发新产品和新工艺所需付出的艰苦工作已经在西方完成,所以,在这个时期日本的投资机会很多。日本所要做的就是让这些产品更好、更廉价,而日本的体制很适合完成这个任务。就投资机会而言,快速城市化和第二次世界大战期间被美国炸毁的城市重建也提供了大量的轻易可得的投资机会。

诚然,那时日本经济增长的主要约束是储蓄,储蓄不足以满足日本企业的投资需求。日本处于典型的状态 1,借款人数量远远超过出借人数量。所以,在那些年里,利率相当高,从而导致政府将储蓄资金配给优先发展的产业。政府和日本银行也实施了大量措施,以鼓励日本家庭储蓄。

当 20 世纪 60 年代中期日本达到了刘易斯拐点时，劳资纠纷的数量飙升，如图 3.7 所示。日本工资水平开始迅速增长(见图 3.8)。换句话说，日本正在进入刘易斯拐点后的黄金时代，这个时代是西方国家 40 年前已经经历了的。

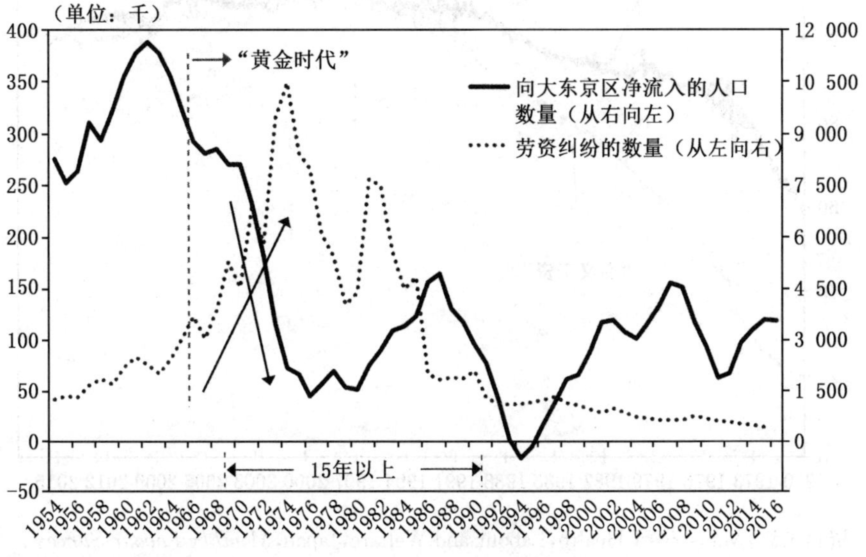

注：大东京区由东京都、神奈川县、埼玉县以及千叶县构成。

资料来源：Ministry of Internal Affairs and Communications, *Report on Internal Migration in Japan*, and Ministry of Health, Labour and Welfare, *Survey on Labour Disputes*。

图 3.7　一旦跨越刘易斯拐点，劳工的诉求泛滥

日本是幸运的，此时没有被追赶，所以，它能够致力于追赶西方。工资水平快速提高，但是，日本公司在本国的巨大投资促进了劳动生产力水平的提高。只要生产力提高的速度快于工资水平上升的速度，日本强劲增长与繁荣的黄金时代就能够继续下去。由于日本出口商品的质量受到全球消费者的欢迎，日本处在出口拉动的全球化阶段。

随着工资水平提高，利润中的劳动力所得份额提高，日本成为众所周知的中产阶级国家，超过 90%的人口视自己为中产阶级。日本人骄傲的是，他们的国家没有不平等。

日本的幸福时光持续到 20 世纪 90 年代中期，这时，中国台湾地区、韩国和

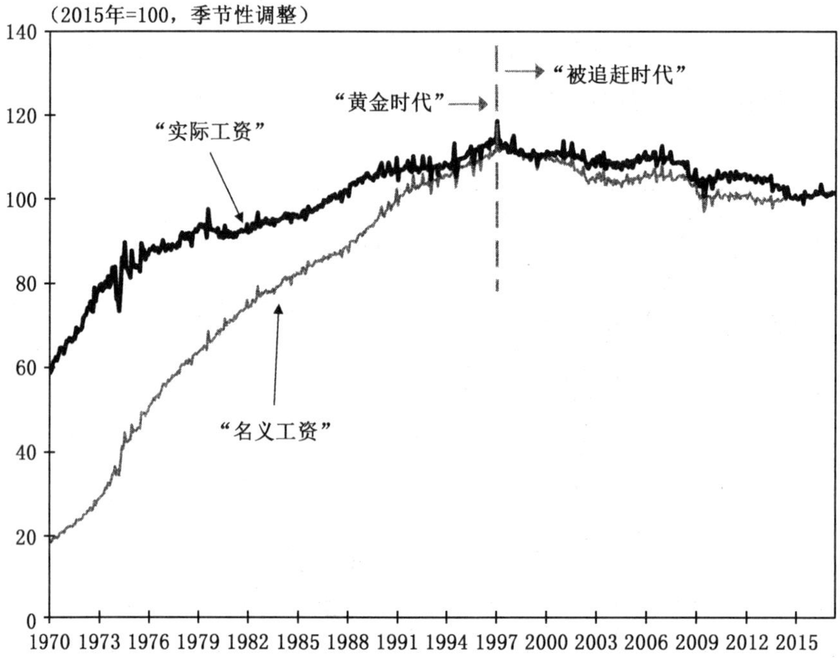

资料来源：Ministry of Health，Labour and Welfare，Japan，*Monthly Labour Survey*。

图 3.8　当日本进入刘易斯拐点后的被追赶阶段时，1997 年日本工资水平达到顶峰(1)——日本

中国大陆崛起，成为其重要的竞争者。那时，日本工资水平高到足以吸引追赶者，于是，该国进入了刘易斯拐点后的被追赶阶段。正如图 3.8 所示，1997 年日本工资水平停止增长，然后，出现停滞，甚至下降。

虽然这三个亚洲经济体也在追赶西方，但是，他们的追赶对日本的冲击更大，因为自 1868 年明治维新向世界开放以来，日本国第一次被别人追赶。日本所有的制度安排，从教育到就业，为了追赶西方而最优化了，但是，挡不住来自东方的竞争者。同时，25 年前经历了日本冲击的欧洲人和美国人已经对自己的经济进行了调整，从而其受到中国崛起的干扰程度较低。

现在，当高报酬的制造业岗位转移到较低成本的国家时，日本人担心收入不平等问题。他们还担心出现所谓的“在职穷人”问题，这些人过去曾经在制造业部门就业，但现在被迫选择低端的服务工作岗位。有人估计，现在，1.3 亿总人口中 2 000 万人生活在贫困之中。[①] 可是，由于廉价进口商品的涌入，极大降低了他们的生活成本，他们的痛苦某种程度上得到了缓解。这意味着日本已经进入了进口拉动的全球化阶段，重现了被日本追赶时的西方经历。

中国台湾地区和韩国正在提出相似的关注，他们同样经历了工厂转移到中国大陆和东南亚成本更低的国家和地区。大约在 1985 年，这两个经济体跨越了刘易斯拐点，进入了黄金时代，黄金时代可以说持续到 2005 年。在这个时期，韩国劳资纠纷发生频率飙升（见图 3.9），第一次出现了工人获得讨价还价的势力，并赢得了资方对提高工资水平的巨大让步。在中国台湾地区，刘易斯拐点后的黄金时期工资急剧攀升，大约在 2005 年达到峰值，此后出现了停滞（见图 3.10）。现在，这两个经济体都感到受到挤压，中国大陆接管了他们过去成长过程中起到重要作用的产业。

战后废墟中的自由贸易加速了全球化

在全球化过程中，加入追赶者序列的国家数量不断增加。实际上，全球化过程始于 1945 年后美国主导的自由贸易体制。此前，各类贸易限制阻碍了工业化的进程，其主要表现是总需求不足以及外国市场进入困难。在那些日子里，大多数国家对进口商品施以高关税，旨在提高收入并保护国内产业。如果说在刘易斯拐点前的城市化世界里，工人的需求构成了消费需求的主要来源，但是，由于他们所占的收入份额低，不足以提供所生产出来的全部商品的需求，而资本家具有较高的边际储蓄倾向。结果，总供给常常超过总需求。

为了克服这样的约束，欧洲势力转向了殖民主义和帝国主义，旨在获得原材料和攫取可以出售他们生产出来的产品的市场。诚然，几个世纪里，人们相信不进行领土扩张，国民经济就无法成长。如此，导致了几个世纪的战争与杀戮。

当第二次世界大战结果时，作为胜利者的美国人主导了自由贸易体制，即

① Nikkei Business (2015) "Tokushu: Nisen Mannin-no Hinkon" ("20 million Japanese in poverty"), in Japanese, Tokyo: Nikkei BP, March 23, 2016, pp. 24—43.

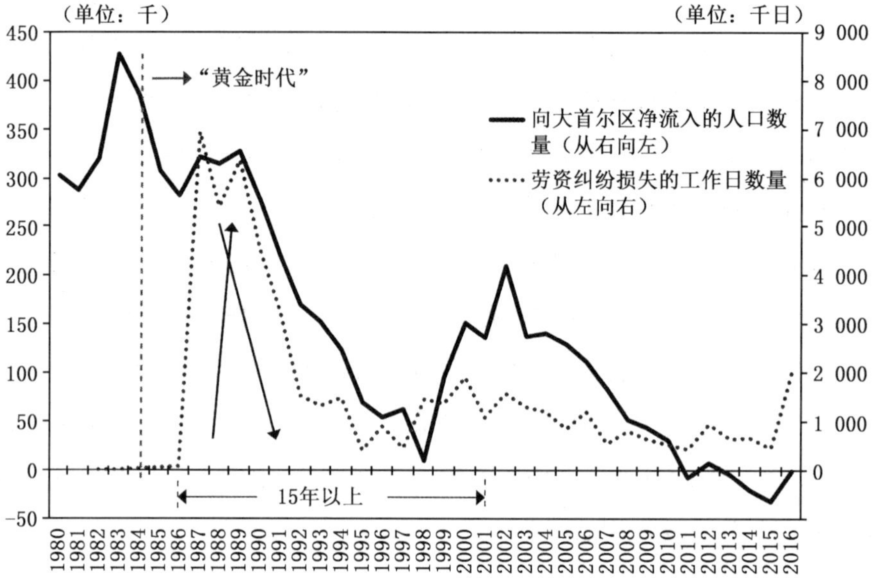

注：大首尔区由首尔、仁川以及京畿道构成。

资料来源：Greater Seoul Area consists of Seoul City, Incheon City, and Gyeonggi-do. *Sources*: Ministry of Employment and Labor, *Strikes Statistics*, Statistics Korea, *Internal Migration Statistics*, and *Korea Statistical Year Book*。

图 3.9 一旦跨越刘易斯拐点，劳工的诉求泛滥(2)——韩国

众所周知的关税与贸易总协定(GATT)，从根本上保证了一国富有竞争力的产品销往其他任何国家。虽然自由贸易的概念和实践不是什么新鲜事物，但是，美国带头向世界开放自己广大的国内市场。由于第二次世界大战结束时美国经济总量占全球 GDP 接近 30%，因此这种游戏规则变化决策的影响是巨大的。

美国的部分动机是，快速重建欧洲和日本，以抵御苏联的威胁。但是，在无需扩张领土的条件下，自由贸易体系不仅使日本和联邦德国繁荣了，而且使许多其他国家也繁荣起来。事实上，很难发现 1945 年后哪个国家的快速增长不是受益于美国市场的。

实际上，自由贸易的出现摧毁了领土扩张是经济增长与繁荣必要条件的全

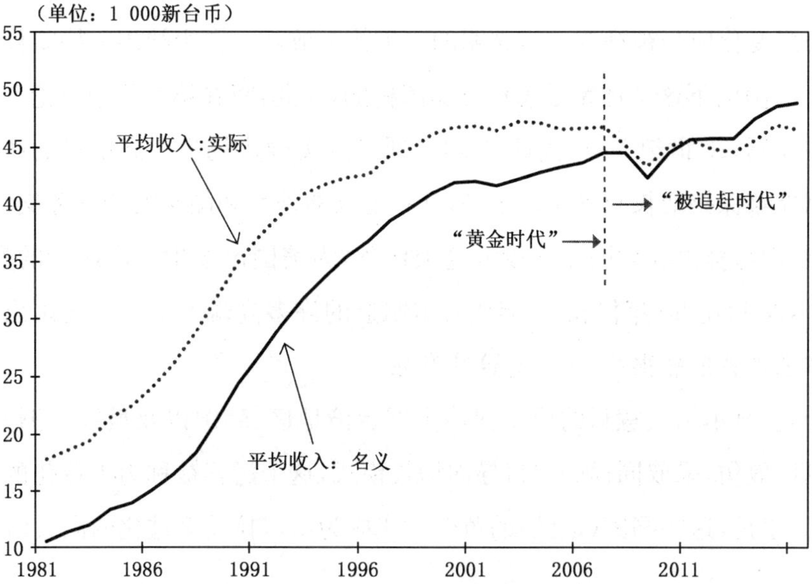

资料来源:野村证券研究院整理自以下数据:Directorate General of Budget, Accounting and Statistics (DGBAS), the Executive Yuan, Taiwan, *Consumer Prices Indices*, and *Average Monthly Earnings*。

图3.10　当中国台湾地区进入刘易斯拐点后的被追赶阶段时,大约2005年工资水平达到顶峰

部理念。第二次世界大战以后,胜利者同盟发现他们忙于同殖民地的独立运行做斗争,并付出了巨大的成本。同时,丧失了全部海外殖民地以及部分国内领土的日本和联邦德国很快成长起来,成为世界第二大经济体和第三大经济体。换句话说,战后的日本和德国证明了,经济增长需要市场和投资机会,而不是领土。无需付出获得海外领土的巨大成本,如果能够进入市场,经济就能够加速增长。

1945年后战争不再那么频繁,常常被归因于“冷战”和“相互确保摧毁”(Mutually Assured Destruction, MAD)的核威慑。但是,有史以来,战争频仍的国家之间冲突惊人的减少还应归因于这样的事实:领土扩张不再被视为经济繁荣的必要与充分条件。实际上,在自由贸易体系下,殖民地更多的可能是成为负债,而不是资产。今天,美国领导下的自由贸易运动使经济增长成为可能,这是记录在案的，所以，几乎没有人将领土扩张看成经济繁荣的前提条件了。这个发展变化应当被视为人类文明的一项伟大成就。在唐纳德·特朗普（Donald Trump）治下这个体系是怎样分崩离析的，对此，将在第9章中讨论。

在亚洲，20世纪50年代日本发现，通过为美国市场生产高质量的产品，经济依然能够保持增长与繁荣。于是，其将复杂的外交和国家安全事务交给美国人决定，而将努力和聪明才智投入这项任务（为美国市场生产高质量的产品）。事实上，20世纪50年代和60年代日本制造的许多高端产品仅在美国出售，因为日本消费者依然很穷，买不起这些产品。

于是，日本出人意料的成功促使中国台湾地区、韩国以及最终亚洲其他国家（地区）效仿，采取同样的出口导向增长模式，这个过程被称为工业化的“雁阵模式”。于是，这些国家（地区）的黄金时代成为出口拉动全球化的同义语。

现在的中国处在刘易斯拐点后的工业化成熟阶段

美国领导的自由贸易体系的受益者之一是中国。仅仅40年，中国就实现了成功转型，由超过10亿人口的农业社会转变为世界第二大经济体。1978年后的40年堪称历史上最快速、最伟大的经济增长故事。对于超10亿人口的国家来说，人均GDP略高于300美元，到2016年（发展到）超过8 000美元。中国融入全球经济一体化的过程中没有浪费一点时间，其吸引了大量的国家和地区的直接投资，不仅来自西方和日本，而且来自亚洲“四小龙”，比如中国台湾和香港地区、新加坡和韩国。事实上，20世纪80年代，中国台湾地区和香港地区的商人对内地运作市场经济具有一定的借鉴意义。

更准确地说，自由贸易体系使中国经济惊人的增长成为可能，这个体系使（中国的和外国的）企业将其产品出售到世界各地。正是全球市场进入，促使来自世界的众多企业在中国建立工厂。

来自西方以及世界其他地区的企业发现，中国具有无限的投资机会，以及与他们国家刘易斯拐点前相似的运行环境。这些投资助推了中国的经济增长，使中国成为“世界工厂”。

但是，必须同中国工人竞争的亚洲和西方工人经历了不变的、甚至是负的收入增长。外国企业在中国的迅速扩张也注定减少了在本国的投资，对本国经济增长和生产力形成了一定的压制效应。事实上，发达国家生产力的成长缓慢是中国和其他新兴市场生产力和收入快速增长的另一面，而来自发达国家企业的投资一定程度上使中国和其他新兴市场生产力和收入快速增长成为可能。

发达国家里依然不明白早期固定资本投资热情到哪里去了的那些人，只需要选一个好天，在从香港地区到北京（或者相反）的飞机上选一个靠窗的座位坐下来，就可以明白啦。他们将看到在他们的下面，连绵不断的工厂区向各个方面延伸。

开始时，外资，包括来自台湾地区和香港地区的外资，启动了中国大陆（内地）的工业化。台湾地区和香港地区的商人来到中国大陆（内地），是因为他们认识到可以将生产于中国大陆的所有产品销往世界其他地区。在他们开创性的努力之后，来自西方和日本的其他人也加入投资者队伍，因为他们认识到在中国的资本投资回报远高于本国，前提是在那里生产的商品可以销售到全世界。

关键点是企业投资仍然是为了满足股东对更大利润的要求，但是，在他们本国的投资未必能够做到这一点。这是因为发达国家的企业发现海外资本回报更高，特别是需要大量劳动力投入的制造业。这也导致发达国家的社会反弹，正如特朗普和其他政治家表现出来的那样，他们怀疑自1945年以来的自由贸易的优点。这个问题将在第9章中加以讨论。

刘易斯拐点后的中国面对“中等收入陷阱”

像其他国家一样，中国注定逃避不了城市化、工业化和全球化的法则。事实上，中国大约在2012年就跨越了刘易斯拐点，现在正在经历工资水平显著上升阶段。这意味着这个国家正处于黄金时代，或者说，刘易斯拐点后的成熟阶段。

正当中国跨越刘易斯拐点的时候，劳动适龄人口(界定为15岁至59岁的人口)于2012年开始减少。从人口学的视角来看，正当一个国家达到刘易斯拐点时，劳动供给总曲线开始向左侧移动。在达到刘易斯拐点之后，日本、中国台湾地区和韩国均有大约30年的劳动力增长。2012年前中国巨大的人口红利出现了逆转(如图3.11所示)。

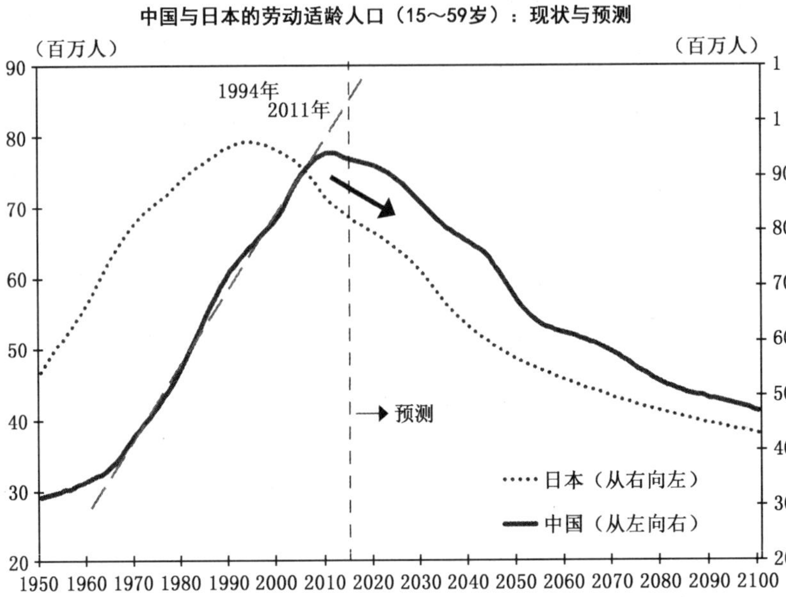

注:中国国家统计局定义的劳动适龄人口是15岁到59岁的人口。

资料来源:联合国经济与社会事务部人口分部(2015):《世界人口展望:2015年回顾》(*World Population Prospects*:*The 2015 Revision*)，数据源来自网站。

图3.11　中国未富先老:劳动适龄人口开始缩减

现在，中国较高的工资水平导致中国和外国的企业将工厂迁移至工资水平较低的国家，比如，越南和孟加拉国，从而引发了人们的担心:中国将陷入所谓的“中等收入陷阱”。这个陷阱的出现源自这样的事实:一旦一国失去了作为最低成本生产国的特点，许多工厂将离开，去寻找更低成本的目的地，从而导致该国投资减少，增长放慢。实际上，当中国是较低成本生产国时，全球化和自由贸易使中国受益，而现在对中国表现出来的是实实在在的挑战。

虽然某种程度上由于不期而至的汇率上升(这一点在第6章进一步讨论)，自2014年下半年中国经济增长突然缓慢下来，现在，中国经济的持续高速增长面临挑战。面对工资提高和劳动力减少，若希望维持经济增长，在企业发现国外某些产业资本回报更高时，也就是说，仅仅将工厂转移到更低成本的海外即能赚钱的时候，中国需要大规模的投资，用以提高国内工人的劳动生产力。这正是前几十年里发达国家被中国和其他新兴经济体追赶时所面对的挑战。

增长、幸福与成熟的国家

上面关于经济增长阶段论的讨论可以通过图3.12加以总结。这里，“城市化的工业化”指的是刘易斯拐点前的城市化阶段；“黄金时代”指的是刘易斯拐点后的成熟阶段；“被追赶阶段”指的是刘易斯拐点后的被追赶阶段。粗箭头显示的是追赶方向。

由于自由贸易和信息技术的快速发展，全球化加速，这些国家显然很快就会达到他们的“黄金时代”。可是，黄金时代也变得更短，因为，更多的国家加入了全球化的“彩车巡游”的队伍。例如，美国和西欧的黄金时代持续了大约40年，到20世纪70年代中期即告结束，而日本的黄金时代持续了大约30年，20世纪90年代中期即告结束。至于像中国台湾地区、韩国这样的亚洲新兴工业化经济体仅仅持续了大约20年，在2005年前后即告结束。观察中国的黄金时代持续多久将会引起人们的兴趣。

如果一国的幸福可以通过(1)不平等消失的速度有多快，以及(2)经济增长有多快这样的指标测度，那么，刘易斯拐点后的成熟阶段就是一国最幸福的时期。在这个时期，由于制造业的快速扩张，对工人的需求旺盛，从而迫使其他所有部门提供类似的工资水平，以获得工人。既然制造业的工作岗位不要求高水平的教育，每一个人的工资都会提高，整个社会都将从制造业拉动的经济增长中受益。人们对未来充满希望，收入不平等快速下降。

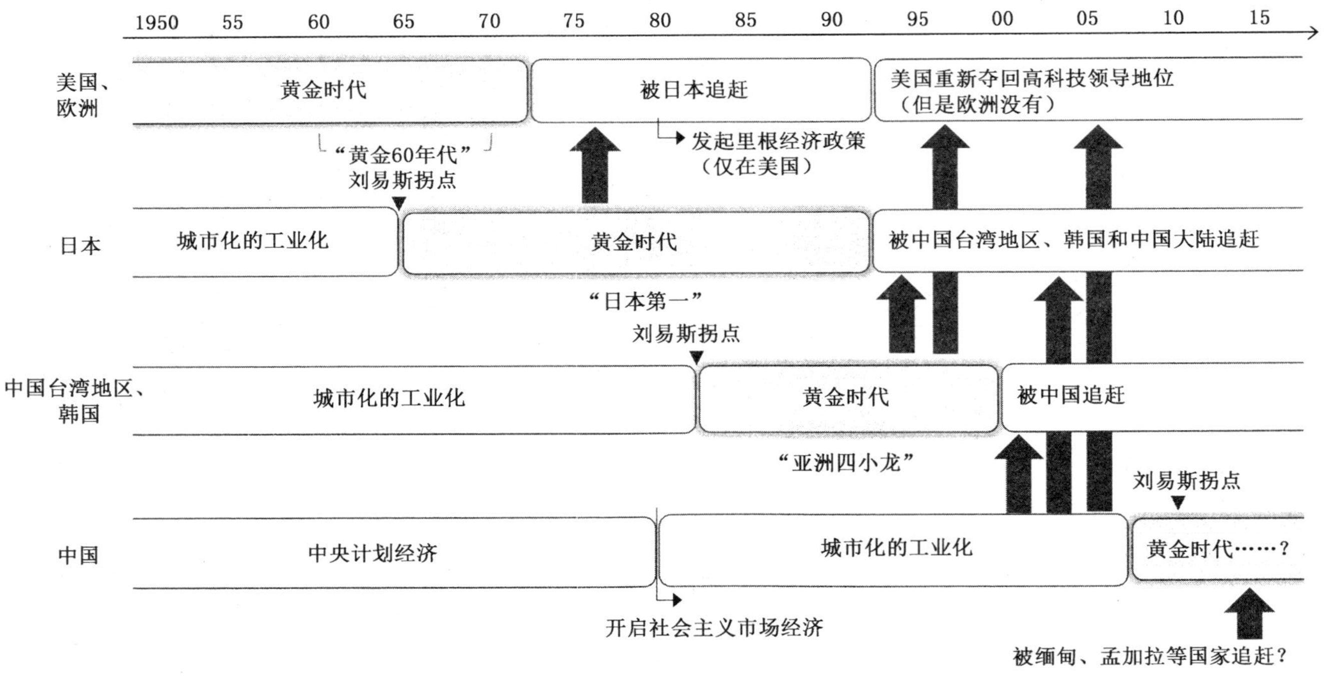

注：A→B=A追赶B。
资料来源：野村证券研究院。

图 3-12　增长、幸福与成熟的国家（或地区）

从这个意义上说，制造业是一个伟大的社会平衡器：当制造业繁荣时，没有获得高等教育（以及昂贵教育）的人们依然可以拥有满意的生活。当制造业驱动着工作岗位创造时，甚至没多少技能的工资水平也得以提高。这样即使经济体中的制造业占比不大，依然会影响其他所有部门的工资水平。

美国制造业就业在1979年达到顶峰，即1 960万人，制造业就业人口的大量增长始于1946年（1 270万人），直到1969年（1 880万人）。这个时间段刚好与前面提到的美国收入不平等缩小的时期相吻合。现在，制造业就业下降到1 240万人，或者说，仅占全部非农就业人口的8.5%。1946年相应的数字是32%。一旦制造业开始转移到成本更低的国家，并且只有那些具有高等教育和技能的人能够适应变化，他们可以继续过得很好，在这种情况下收入不平等就开始恶化了。

可以预期的是，制造业也是最大的生产力。正如前述，从史丹利·费雪的研究中可知，美国制造业的起落与美国生产力成长的数据变化是一致的。

从全球视角来看，这意味着，当国家制造业要么遥遥领先于其他国家，要么追赶其他经济体而不是被追赶时，国家就处在最幸福的时代，也就是说，不平等正在消失，且人们正在享受其劳动成果。

20世纪70年代在日本开始追赶之前，西方国家处在他们的最幸福时代，因为他们的制造业领先于所有其他经济体。在柏林墙倒掉之前，法国人说，如果没有苏联，也没有日本，世界将更加美好。

当制造业部门追赶西方而又没有经济体追赶自己时，日本处在最幸福的时期。当亚洲四小龙和中国内地（大陆）于20世纪90年代中期追赶日本时，幸福的日子结束了。于是，亚洲四小龙享受他们的黄金时代，大约20年，直到中国内地（大陆）开始追赶他们。

刘易斯拐点后的被追赶阶段的概念与因为一些学者[比如学者丹尼尔·贝尔（Daniel Bell）]而广为所知的“后工业社会”的概念指的都是同一个历史阶段。20世纪70年代后一个概念被提出时，人们对更加明朗的、更加人性的社会前景表示兴奋，因为知识产业将日益成为经济生活中的主导产业。这将与工业化时代完全不同，工业化时代迫使人们在脏兮兮、油腻腻的工厂车间里长时间工作。

今天，大多数发达国家由于在自己的边境线内很少拥有生产工厂，故享受着清洁的空气。但是，对于大部分人来说，后工业社会的赞成者所承诺的浪漫的、文雅的景象从未成为现实。相反，与过去的时代相比，许多人感到更没有安全感，更没有希望。

后工业社会的乐观景象从来没有到来，因为其要求知识产业扩张如此快速且报酬如此之好，以至于能够把制造业部门的工人全部吸引过来。于是，当知识企业提供高工资时，制造业无法获得工人，制造业将被迫离开这个国家。

可是，实际发生的情况是，由于海外资本回报高于本国，发达国家被迫进入去工业化过程。社会承受较低工资和生产力低速增长，加之收入差距扩大，而只有具备特殊能力或高等教育学位的那些人游刃有余。

虽然在绝大多数社会里，知识企业正在扩张，但是，他们的成长远远不足以抵消就业损失以及工厂与设备的高额支出损失，而工厂与设备的高额支出是推动制造业生产能力和生产力提高的投资需要。既然对于大多数人来说，工资增长更慢以及不平等水平提高并非正面的变化，本书作者选择了“被追赶阶段”一词来传达问题的紧迫感，由本国低资本收益导致的这个问题必须加以重视。

现在，绝大多数发达国家正处于刘易斯拐点后的被追赶阶段，政策制定者面对的关键问题应当是，如何在这个新阶段进行社会重构，使经济增长潜能最大化。遗憾的是，没有关于海外资本收益高于本国的政策影响的宏观经济学理论与模型，也没有在这样的条件下，关于发达国家政策的辩论。

相反，总统和首相们使用的所有口号表明，渴望重新回到黄金时代。但是，在他们完全接受全球化背景下的当前经济现实之前，政治家们无法改善普通人的生活。在接下来的两章，将对这些观点进行更详细的讨论。

刘易斯拐点

关于刘易斯拐点前后收入不平等水平是如何提高和降低的前面的描述也

解释了为什么在特定的历史转折点如此多的人发现共产主义具有吸引力。生活在刘易斯拐点前的欧洲工业化时代的马克思和恩格斯震惊于他们身边极度的不平等以及普通人痛苦的工作和生活条件。正如前面所指出的，人们每日肮脏的、危险的工业环境下工作16小时是正常的，而资本家快速致富。任何有良心的知识分子都会发现，难以对那个时代的社会与经济不平等视而不见。

马克思的回应是，提出共产主义概念，呼吁资本应当被劳动者拥有和分享。他主张如果资本被工人占有，对劳动者的剥削现象就会得以消除，工人们就能够享有更大的产出份额。在极其糟糕的劳动条件下长时间工作的众多“受剥削的”工人满怀热情地拥抱这个新理论，因为这个理论显然给他们更好的生活希望，而无所失。在这个意义上，共产主义的诞生是历史的必然。

如果在刘易斯拐点前的时期，资本家赚取大量的利润，他们会继续投资，以赚取更多的钱。赚取更多利润的驱动力最终推动经济达到并跨越刘易斯拐点，那时，不同类型的劳动力市场机制就出现了。

一旦经济达到刘易斯拐点，工资水平就开始快速上升，工人开始认识到在既有的社会框架下能够得到他们所要的东西。但是，黄金时代的早期特征是经常发生罢工和劳资纠纷，因为工人开始第一次使用他们新建立起来的讨价还价能力。

经过15年或20年这样的斗争之后，劳资双方都开始明白对方的理性预期，基于相互理解的新的政治秩序建立起来。结果就是，今天在发达国家右翼政党和左翼政党的普遍存在。

虽然在刘易斯拐点后的黄金时代，这样的政治安排很好地为发达国家提供服务，但是，在刘易斯拐点后的被追赶阶段完全不同的劳动力市场机制下，这样的政治安排是否是最适当的，仍然值得观察。例如，西方反自由贸易和反全球化的极右翼政党的崛起表现出对现有政治秩序的重大挑战。这些问题将在第9章中进一步讨论。

有意思的是，刘易斯拐点到达之前的国家，当劳工势力太强大和劳工成本昂贵时，经济也会陷入停滞。这里有经济原因，也有政治原因。第一，因为受保护的工人要价太高，资本家无法扩大生产，所以，经济停止增长，并陷入刘易斯拐点前的阶段。第二，因为经济不增长（或者说，至少没有足够快速的增长），加入工会并有优越地位的工人造成了二重劳动力市场，其中，永远处于社会底层的工人受到就业排挤。这样会导致政治问题，导致经济增长更缓慢，正如20世纪50年代以来在许多拉丁美洲国家所见到的情况那样。

上述讨论表明，只有在一国跨越了刘易斯拐点之后，包容性的社会与政治变革才最有可能出现。甚至在发达国家，大多包容性变革，比如美国的人权运动，发生在刘易斯拐点后的时代。这意味着按序排列很重要。如果要避免上面提出的隐患，新兴经济体中寻求更具有包容性社会与政治变革的人们应当首先促进经济增长，超越刘易斯拐点。

虽然前面所述表明所有国家都在经历着相同的发展进程，但是，在所有国家里，也存在着一个共同的进步，走向更被认同的工作条件。例如，在刘易斯拐点前的城市化阶段里，欧洲工人工作时长为每天16小时；而即使没有达到刘易斯拐点，1978年后的中国工人每天工作也没有超过8个小时。这表明世界其他地区也在进步，今天至少一部分新兴经济体的劳动条件反映了这种进步。

托马斯·皮凯蒂不平等命题的真正原因

不仅在发达世界，而且在中国以及世界上其他地区的经济学领域，收入不平等已经成为最热门、最具辩论性的命题之一。许多人越来越对富人和穷人的划分感到不舒服，尤其是在托马斯·皮凯蒂的《21世纪资本论》激起关于最优财富分配问题的新辩论之后，这个命题很大程度上被经济学领域忽视了。

虽然笔者不能宣称已经理解了皮凯蒂绝大部分贡献的全部意义，但是，笔者此处的分析与他提出的一个关键历史时点是矛盾的。也就是说，他宣称第一次世界大战前存在的极端收入不平等受到了第二次世界大战财富毁灭与大萧条的纠正。接着，他还认为，开始于20世纪70年代的发达世界累进制所得税的重新实施，结果造成了不平等接近于第一次世界大战之前的水平。

虽然他使用大量的数据来支持他的论断，但是，他所发现的第一次世界大战前的结果也是由于这些国家均处在刘易斯拐点前的工业化阶段，而这个阶段的特点就是不平等快速提高。他关于第一次世界大战后的发现也可归因于西方国家进入刘易斯拐点后的成熟阶段或工业化的"黄金时代"，每一个人都享受到了经济增长的成果，收入差距缩小。皮凯蒂把它归因于两次世界大战和采用累进制所得税带来的财富毁灭，但是，绝大多数国家的快速城市化已经结束，这也是这个时期的特征。进一步说，20 世纪 70 年代前后的 40 年标志着西方经济体的黄金时代，因为他们领先于其他任何经济体，并且不被任何经济体追赶。

最后，皮凯蒂关于 1970 年后的结论应当是由于这样的事实导致的：当日本和其他国家开始追赶他们的时候，西方经济体进入刘易斯拐点后的被追赶阶段。由于西方资本家能够使用亚洲资源，因此，这是一个赚钱机会出现的黄金时代。但是，对于西方国家工厂工人来说，因为他们必须面对来自亚洲进口商品的价格竞争，所以，这是一个不受欢迎的变化。

这也表明，皮凯蒂观察到的 1970 年前的西方和 1990 年前的日本可支配收入分配状况是转型过程中的现象。这些国家享有的收入增长和收入差距缩小的黄金时代不是因为他们有正确的税收体制，而是因为那是一个制造业繁荣的时代。因为在全球经济环境中，这些国家要么领先于其他经济体，要么追赶其他经济体而又不被追赶，也就是说，本国的资本收益最高。

原因正是可以观察到的曾经出现的理想状态，而这个理想状态是不可维持或复制的。面对激烈的国际竞争，要保持收入平等，需要在人力资本和实物资本方面大量而持续的投资，而绝大多数国家并没有准备这样去做。

由于企业仍然会发现其他地区的资本收益更高，因此，这样的投资能否成为资源的最佳利用方式并不是确定无疑的。在一定程度上，处于股东压力下的企业倾向于在资本回报最高的国家投资，使他们在本国投资并不容易。这意味着，需要运用比唐纳德·特朗普建议的更加极端的贸易保护主义将廉价的外国商品拒之门外，迫使企业投资于国内。然而，可以肯定的是，在被追赶的国家中，需要一种彻底不同的理念来确保经济增长。这个论题将在下一章讨论。

第4章

经济发展三阶段中的宏观经济政策

为了弄明白被追赶经济体面对的独特的政策挑战，看一看他们经历经济发展不同阶段时不同经济部门如何变化，则是有用的。我们已经指出，当经济体处在刘易斯拐点前的工业化阶段时，资本家会得益于工人，因为农村有大量的工人，他们愿意接受现有工资水平，为城市工厂工作。在达到刘易斯拐点之前，工人也没有讨价还价的能力。在这个阶段，农村教育和职业培训机会有限意味着，在移民城市时，工人既没有获得良好的教育，也没有很高的技能。由于众多工人竞争有限的城市工作岗位，就业岗位几乎没有任何保障。

一旦经济跨越了刘易斯拐点，情况就会彻底向着有利于工人的方向转变。农村剩余劳动力耗竭，劳动力供给曲线呈现出明显的向上倾斜。只要有些企业试图增加劳动力，所有企业也将被迫支付更高的工资。在这个阶段，因为工人的购买力快速提高，所以，企业也有充足的理由去扩大规模。这里的扩大规模指的是在国内扩大规模，企业对于海外生产毫无经验或没有海外生产的专业知识，并且，虽然国内工资水平提高了，但其依然具有竞争力。

尽管支付的工资更高了，但是为了满足日益增加的需求，企业投资于提高生产力和生产能力的设备。在这个阶段，国内对这两种类型的机器设备有着强烈需求，为了资本投资融资的需求很强劲。这意味着经济体稳稳地处在状态 1。尽管与达到刘易斯拐点之前相比较，工人自身没有得到更多的技能培训或教育，但是，追加设备的投资有效提高了雇员的劳动生产力。

随着工资水平的快速提高，工人的工作保障也显著提升，因为企业努力留住雇员。终生就业和论资排辈的薪酬体系更加普遍。为了吸引和留住工人，企业提供了更加安全和清洁的工作环境，工作条件得以改善。工会势力的出现也迫使雇主增强劳动保障。而在进入刘易斯拐点之前，因为存在许多寻找工作的工人，故企业会剥削工人。而在刘易斯拐点后的成熟阶段，企业通过增加对提高生产力设备的投资以“迎合”雇员的需要，因此雇主能够向雇员支付更高的报酬。由于每一个人都享有经济增长的成果，这个时期作为国家的“黄金时期”留在了人们的记忆中。

可是，在一定的时点，工资水平达到了 *EQ* 点，如图 3.1 所示。由于国内制造业不再具有竞争力，企业被迫寻找位于海外的其他生产地。正是在这个时点，企业认识到海外投资的资本收益高于国内。

然而，海外生产需要管理者拥有外国语言能力和其他专有技能，这些都需要时间。如果这个过程显得很麻烦，对于中小规模的企业往往如此，他们就会完全放弃业务，或者将全部生产外包给外国企业。所以，从黄金时代转变到被追赶时代会经过许多年。可是，一旦拥有了海外生产的专有技术，企业就会寻找可能的生产区位，企业将开始考虑所有新兴经济体。因此，海外投资进程越来越不可逆。虽然不同的产业会在不同的时期达到这个时点，但是，当大量的产业达到这个时点时，可以说，这个国家就进入了刘易斯拐点后的被追赶阶段。

被追赶阶段的工人只有靠自己

在崭新的被追赶时期，企业对待工人的方式再次发生变化，因为现在他们可以选择海外劳动力资源。随着资本更多地出走海外，而不是在国内进行劳动节约型设备的投资，企业国内投资的积极性更低。在刘易斯拐点后的黄金时代，作为经济增长巨大的引擎的，而固定资本投资开始放缓。由于投资放缓，黄金时代劳动生产力增长飙升的状态也不存在了，也开始减速。现在，在绝大多数发达国家有时能够看到这个趋势。随着生产力增长放缓，工资开始出现停滞。

在这个时点，个体工人的能力第一次开始起到重要作用，因为只有那些能够做海外工人不能做的事情的工人可以继续获得成功。这显然不同于前两个阶段：在前两个阶段里工资水平主要决定于宏观因素，诸如，劳动供给/需求以及工会会员等制度因素，这些都与个人技能无关。一旦通过国外生产选择或者直接外包消除了供给约束，公司愿意在国内支付较高工资水平的原因只有一个，那就是因为特殊雇员能够胜任的一些事情无法被国外廉价工人所替代。

如果说在刘易斯拐点前的城市化阶段里工人是“受剥削”的，在刘易斯拐点后的成熟阶段里工人是“被关照”的，那么，在刘易斯拐点后的被追赶时期，工人要完全“靠自己”，因为企业不太愿意投资于劳动节约型设备提高国内劳动生产力。工人必须自我投资，从而提高自己的生产力和市场竞争力。

在被追赶阶段，在面对追赶者的竞争必须非常敏捷且富有弹性的产业中，工作保障和年功序列工资越来越少。20 世纪 70 年代前美国普遍存在的终生就业和年功序列工资的消失绝非偶然，因为日本的竞争出现了。在 20 世纪 90 年代中期，作为竞争者的中国出现以后，同样的事情也发生在日本劳动力市场，日本对“非正规”工人的使用增加了。更具有弹性的劳动力市场也已经成为欧洲的主要问题。

为了继续生活得好，工人花了大量时间和精力去获得技能，而那些没有这样的技能的工人所得接近最低工资。那些在刘易斯拐点后的黄金时期得益于工会会员身份的人们将发现，在新的被追赶时期，工会会员身份的好处已经不像以往。收入不平等再次提高，尽管人们加以自我调整，以适应技能水平需要，但是，适应性赶不上技能变动性。

因此，在刘易斯拐点后的被追赶经济体中，工人想要维持或改善自己的生活水平，就必须认真思考个体可能性以及在新环境下他们应当获得的技能。在某种程度上，对于这个问题，每个人的答案都是不同的，工人要完全靠自己。"往昔的好时光"（即企业用投资来提高工人的劳动生产力，从而向工人支付更高报酬的时期）一去不复还了。既然花时间和精力提高自己的劳动生产力的工人与那些不这样去做的工人相比，将会获得更慷慨的回报，那么，在某种程度上，这是相当公正的。

经济发展三阶段中消费者行为变化

工人也是消费者，随着经济发展三阶段的变化，他们的消费行为也在发生变化。在刘易斯拐点后的工业化阶段，绝大多数工人所得很少。工人有限的产出所得份额成为消费约束，并且，他们的低收入也阻碍了更多储蓄。所以，绝大多数的储蓄和投资都是资产阶级的行为，资产阶级具有更高的边际储蓄倾向。由于在这个时代里，资本家不仅拥有更大的产出份额，而且具有更高的储蓄倾向，国内供给常常超过国内需求，导致价格受到抑制。

一旦经济跨越了刘易斯拐点，工资水平快速增长，消费者的理念开始变化。随着未来一片光明，他们开始需要高质量产品和奢侈品，而在刘易斯拐点前的时期，这些是他们做梦才能想到的。基于他们所拥有的财富，许多人开始展开竞争，在美国这个现象有个别称，即"赶上琼斯家"*。企业努力确保拥有一系列产品，从而能够吸引不断提升品质要求的消费者。

例如，在汽车产业，通用汽车公司拥有入门级的雪佛兰、升级版的庞蒂亚克(Pontiac)、更高一级的别克和奥兹莫比尔(Oldsmobile)，以及顶级版的凯迪拉克。福特汽车公司拥有基础版的福特、中级版的水星以及顶级版的林肯，克莱斯勒公司拥有的系列是普利茅斯(Plymouth)、道奇和克莱斯勒。在每一种品牌内，不同档次的汽车可以满足消费者对更好汽车的需求。

---

* 攀比的意思。——译者注

在那些岁月里，消费者愿意每两年就换一辆新车，不仅仅是因为感觉好，而且是因为“要赶上邻居和朋友”。从始至终，汽车制造商都在努力抓住每两年就提高汽车档次的消费者，这种情况被称为“全系列营销”。

在日本，当经济进入刘易斯拐点后的黄金时代时，出现相似的行为，基于他们拥有的财富，家庭之间开始相互攀比。当一个家庭买来一架钢琴以便孩子能学钢琴时，邻里的其他家庭会感到有压力，也会购买某种乐器，以便他们的孩子也能够参加音乐课程。在 20 世纪 90 年代早期，这种攀比是如此强烈，以至于高中阶段的女生和年龄更大一点的女性觉得她们必须至少拥有一只路易威登品牌的包，从而导致日本大部分女性每天挎着这样的包上学和上班。拥有更好的商品的竞争或“赶上琼斯家”的心理对经济形成了巨大的正向反馈，消费与 GDP 都快速增长。

可是，一旦经济进入了刘易斯拐点后的被追赶阶段，不受限制的收入增长预期消失，消费者被迫重新安排其消费的优先次序。由于收入增长放缓，甚至根本没有增长，消费者被迫追问是否能够得到货币收入。同时，外国廉价商品的大量流入成为刘易斯拐点后的被追赶经济体的关键特征，从而创造了以前所不存在的各种购物选择。

在这个重新调整的过程中，“赶上琼斯家”的心理被抛到窗外了，绝大多数家庭停止了每隔一年就买新车的消费行为。相反，他们开始浏览类似于消费者报告的消费网站，以确保购得物有所值的东西，并不关注产品是用什么生产的、哪里卖的以及哪里生产的。

在美国，这种情况导致规模巨大的折扣零售商成长起来，比如沃尔玛和好市多。品牌差异的重要性下降也促进了老品牌的消失，比如奥兹莫比尔和普利茅斯汽车品牌。

在日本，这种转变导致所谓“100 日元店”的爆炸式增长，在那里，从电子计算器到厨房用具，花 100 日元就能够买到所有商品。事实上，日本绝大多数新家庭现在的购物选择就是去“100 日元店”，因为那里提供的商品种类繁多，质量上乘。在“100 日元店”买不到的商品，他们才会去其他商店购买。

"1 英镑商店"出售从计算器到小吃应有仅有的商品，当"1 英镑商店"第一次开门营业时，许多英国消费者说他们不愿意只在一家商店购物。显然，他们还没有摆脱"赶上琼斯家"的心理。可是，最近，据说这样的抵制行为已经不见了，英国消费者开始要求货币带来更大的价值。

回顾历史，消费者行为的这种演变完全是合理的。当生产的汽车使用寿命更长时，人们却每隔一年就买一辆新车；或者，大部分女性肩挎一只路易威登包走在街上，这显然是荒唐的。正如刘易斯拐点后的被追赶时期工人"靠自己"一样，在刘易斯拐点后的被追赶时期，消费者被迫变得更精明、更独立。某种程度上，他们不再容易被愚蠢的狂热和时尚所左右：许多人已经无法负担起那种消费行为了。

经济发展三阶段中的不同通货膨胀趋势

经济发展各个阶段中企业、工人和消费者行为的这些变化，对于影响经济增长和通货膨胀的货币政策和财政政策具有根本影响。

就货币政策而言，刘易斯拐点前的城市化阶段工人工资水平非常低意味着，工资或消费拉动的价格上升是非常有限的。低工资意味着工人也不可能是国民储蓄池的巨大贡献者。因此，作为储蓄与投资中介的金融市场仅与社会的上流阶层相关。虽然社会上流阶层注定具有较高的储蓄倾向，但是，在这个阶段，储蓄的实际可得性限制了投资。

当许多工人无力购买他们自己生产的商品时，除非出口稳健，否则，供给过剩与通货紧缩就会出现。如果国内需求不足以吸收国内产品，为了促进出口，当局将被迫维持低汇率水平。换句话说，这个时期，通货膨胀不可能成为重要问题。

可是，当经济体进入刘易斯拐点后的黄金时代后，工资水平提高成为普遍现象，以至于在制度体系内生根。这就会导致消费者的总工资水平和最终消费需求都将快速提高。在这个阶段，如果付出高价得到的是更高质量的商品或社会圈子里的更大声誉，那么，随着收入的不断提高，消费者也愿意接受更高的价格。

面对工资提高和国内需求增长，企业必须在提高生产力和生产能力的设备方面进行大量投资。刘易斯拐点后的黄金时代的一个关键特征就是高水平的资本支出，以及企业对资金的强烈需求。

来自消费者强大的消费需求和来自投资者强大的投资需求一定会推动价格水平稳步提高，于是，通货膨胀成为经济增长的真正威胁。企业对资金的强烈需求也意味着货币乘数被推向最大值。[①] 这意味着经济环境是根本上的通货膨胀环境，但是，货币政策还处在最有效的阶段。

事实上，除非中央银行通过调节利率和准备金供给，持续努力加以控制，否则，这个时期私人部门对资金的需求会急剧上升。换句话说，在这个时代，中央银行必须确信较高的利率和准备金的可得性是货币供给和信用增长强有力的约束。只有这样做，才能控制通货膨胀率。

因此，在黄金时代，中央银行承担着与通货膨胀斗争的压力。在经济发展的这个阶段，中央银行被赋予了更大的权力和独立性，这是与其他阶段不同的地方。

在黄金时代，米尔顿·弗里德曼关于通货膨胀无论何时何地都是货币现象的观点是令人信服的，这时，私人部门的资金需求强烈，货币乘数稳定在最大值。当国内通货膨胀压力增加时，汇率走强也变得更加可期。

但是，当经济体进入刘易斯拐点后的被追赶阶段时，收入和工资增长放缓，导致消费的温和增长。由于在这个阶段企业发现海外资本回报更高，他们对提高生产力和生产能力的设备投资需求也放缓了。弱增长的或业已不再的收入增长导致消费者更苛求，更关注物有所值，使企业更难以提高商品价格。廉价进口商品的快速增加也对国内价格存在压制效应。总而言之，与刘易斯拐点后的黄金时代相比，通货膨胀已经不是那么重要的问题了。

由于企业降低国内投资，国内资金需求下降还造成国内货币政策效果下

---

① 这一点将在第8章解释。

降，这一点从始于 20 世纪 90 年代美联储货币政策行动与金融环境指数变化之间失去相关性上可以得见。金融环境指数测度的是借款人获得资金的困难程度。

正如图 4.1 显示，20 世纪 80 年代末之前，指数围绕着美联储货币政策行动路线上下变动。换句话说，当美联储提高利率，借款人借款成本提高时，金融环境指数也会趋高，表明金融环境趋紧。

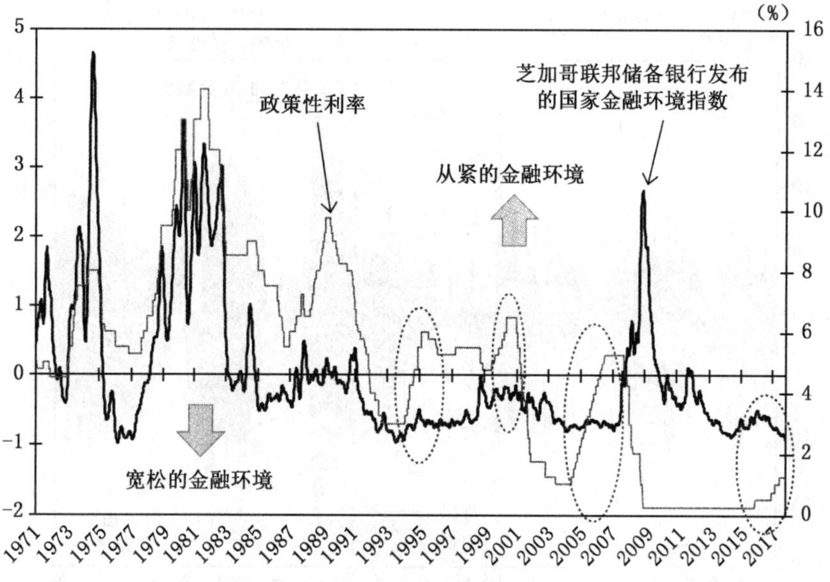

注：在芝加哥联邦储备银行发布的国家金融环境指数(NFCI)中，0 代表从 1971 年到现在的均值。1987 年之前，当美联储瞄准联邦基金利率时，图中的政策利率指的是官方贴现率。既然美联储开始瞄准联邦基金价值走廊，图中显示的是美联储目标区的顶部。

资料来源：Board of Governors of the Federal Reserve System，The Federal Reserve Bank of Chicago，"National Financial Conditions Index"。

图 4.1　20 世纪 90 年代开始美国货币政策效果降低

可是，20 世纪 90 年代开始，这种关联被打破了。自那时起，出现了四个主要的货币紧缩周期(图 4.1 中的环形部分)。但是，在所有情形下，金融环境指数无力反映美联储的行动，保持着借款人感到非常适宜的水平。从 2015 年开始，尽管美联储四次提高利率，但金融环境指数实际上得到了改善。

货币政策失去效果是与大约 1990 年开始美国金融公司部门的资金需求收缩相互匹配的。图 4.2 显示了追溯至 1971 年的部门资金流数据。图 4.2 中显示，1990 年前美国非金融公司部门处于财务赤字状态，即经济学教科书所说的大量的资金净借款人。可是，从 1990 年开始，该部门或多或少变得中性了，也就是说，停止借钱。这可能不是巧合，当非金融公司即传统借款人停止借钱时，货币政策的有效性下降。

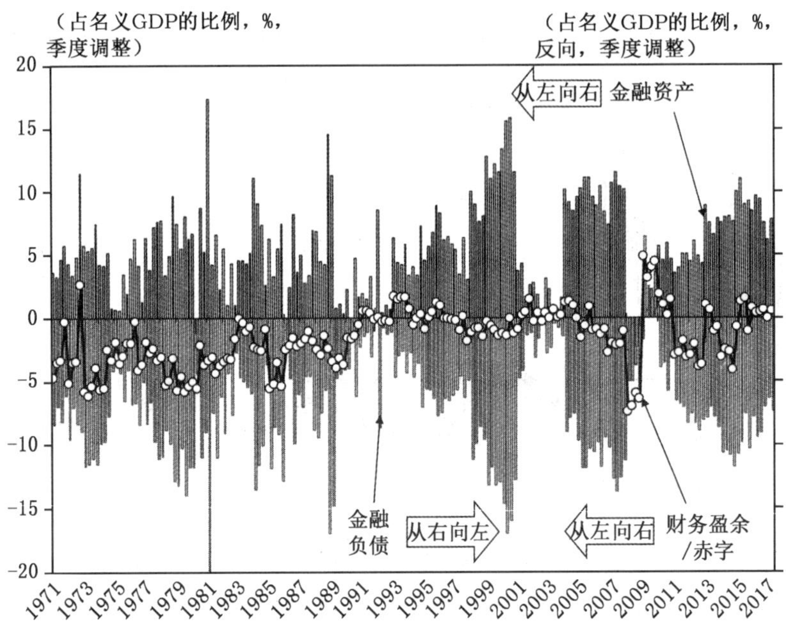

注：最新数据截止到 2017 年第二季度。

资料来源：野村证券研究院基于美联储和美国商务部的资金流数据整理。

图 4.2　1990 年后美国非金融公司资金需求收缩

简言之，随着经济发展，货币政策的重要性和有效性都发生了变化。在刘易斯拐点前的阶段里，工资水平受到压制，对于货币当局来说，通货膨胀不是大问题。在刘易斯拐点后的黄金时代，通货膨胀成为重大问题，中央银行必须极其警惕，采取货币限制措施防止高工资和旺盛的国内需求与投资需求推动更高的价格。在这个阶段，货币政策也非常有效，因为强大的货币需求使货币乘数保持在最大值。

一旦经济体进入刘易斯拐点后的被追赶状态，由于工资增长放缓，进口上升，消费弱化以及固定资本投资下降，通货膨胀成为不太重要的问题了。所以，中央银行实施货币限制政策就不那么紧迫了。在这个阶段，货币政策也变得不太有效了，因为为资本支出提供资金的借款需求下降，降低了货币乘数。随着转移到海外的工作岗位数量的增加，国内通货膨胀压力下降，货币当局面临汇率下降的压力。

这也意味着利率中性——利率水平不会因为经济活动而提高或降低，在刘易斯拐点前的阶段利率稳定在低水平，在黄金时代利率显著升高，而当经济体进入刘易斯拐点后的被追赶阶段利率再一次下降。所以，人们在运用早些年提出的货币政策工具的弹性和乘数时，必须小心翼翼，因为在当前时期，他们不再相关了。

经济发展三阶段中财政政策挑战

财政政策的重要性和有效性，或者，政府借款与支出的重要性和有效性，也会随着经济发展不同阶段的变化而变化。在刘易斯拐点前的城市化阶段，财政政策不仅有效，而且在提供关键基础设施以利于吸引私人部门投资进入与扩大方面常常起到关键作用。所以，在这个阶段，基础设施投资的社会收益率非常高。

可是，当经济体处于黄金时代时，除了资产负债表处于衰退中，财政政策刺激经济的作用就有限了，因为它会“挤出”私人部门在提高生产力和生产能力的设备投资。并非巧合，在这个阶段，经济学家倾向于贬低财政刺激政策，因为政府将与私人部门争夺有限的私人部门储蓄。这也表明，公共项目的社会收益率常常低于政府债券的收益率。

可是，一旦经济体进入刘易斯拐点后的被追赶阶段，既然私人部门的资金需求变弱，财政政策就不可能诱发挤出效应。所以，与黄金时代相比，财政政策变得更有效果。事实上,即使在很低的利率条件下,如果私人部门的资金需求下降到其储蓄水平以下,经济体真正处于状态 3,那么,在维持经济运行过程中,财政政策就变得绝对重要。

同时,私人部门借款人缺乏意味着政府的借款成本下降到很低水平,有时政府是仅有的借款人。所以,许多公共工程项目成为全部或接近自我融资项目。

2008 年资产泡沫的崩溃恶化了在被追赶经济体中私人部门资金需求收缩的趋势,使这些经济体陷入资产负债表衰退的境地。正如图 1.1 所示,在所有被追赶经济体中,目前私人部门的资金需求为负,尽管是零利率。这进一步强化了货币政策有效性降低而财政政策有效性增大的趋势。即使这些国家未面临资产负债表衰退,与黄金时代相比,财政政策将注定变得更加有效。对于货币政策来说,反之则反是。

财政政策和货币政策有效性的这些变化可以在图 4.3 中显示出来。这里有两条线,每一条都用来反映被追赶阶段的情况,因为今天绝大多数处在这个阶段的经济体都承受着资产负债表衰退或衰退后的境况。这里,重点是资产负债表问题的出现使财政政策比通常条件下更加有效,货币政策的有效性更加下降。这还意味着,即使在资产负债表衰退问题解决后,发达国家的货币政策也难以重新回到黄金时代的有效性,因为,这些国家已经处在被追赶阶段。

黄金时代是货币政策的时代,而财政政策作为有用工具的机会有限。但是,在被追赶阶段里,货币政策与财政政策的作用出现了重大反转。

政策制定者无法摆脱黄金时代的记忆

尽管事实是现在所有发达经济体均处在被追赶阶段,但是,这些国家的政策辩论依然没有摆脱黄金时代的窠臼,而黄金时代在 20 多年前就已经结束了。黄金时代的心理定式依然附着在我们身上,这至少有两个原因。

第一,这是一个伟大的时代,每一个人的收入都在增长。每个人都想回到

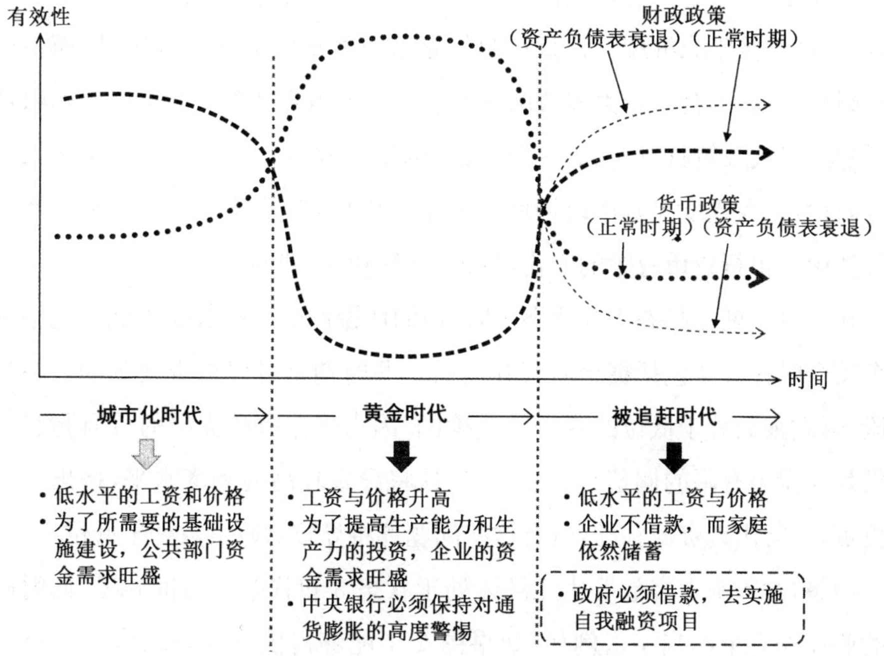

图 4.3　经济发展三阶段里货币政策和财政政策的有效性

那个时代，因为对于经济体来说，那个时代一切皆有可能。对于许多人来说，这个时代的经济呈“趋势性增长”。

第二，这是一个创建宏观经济学原理的时代。大名鼎鼎如保罗·萨缪尔森和米尔顿·弗里德曼的著作都是在黄金时代下写就的。经济学中的大多数理论和模型都是基于这样的假设：私人部门追求利润最大化，因为在这个时代，它是基本正确的。

但是，一旦黄金时代结束，经济体开始被外国竞争者追赶，私人部门的资本投资和资金需求就双双大幅下降。随着工资停止增长，进口显著增加以及消费者更加谨慎，通货膨胀开始放缓。其影响是，货币政策（作为反通货膨胀的工具）起到的作用更小，与黄金时代比较，货币政策有效性下降，而对于财政政策而言，反之则反是。

问题是，在绝大多数国家的政策辩论还没有弄明白不可避免的、根本的变化已经发生，并且这些变化归因于经济发展阶段的变化。例如，在所有发达国家，一大群经济学家继续宣称货币政策是解决经济波动的正确工具，而不鼓励运用财政政策，因为尽管大多数国家政府借款成本降低到了有史以来的最低水平，但是，财政政策具有对私人部门投资的挤出效应。尽管一旦国家进入了被追赶阶段，很大程度上货币政策就失去了有效性，但是媒体和市场参与者也密切关注中央银行货币政策的变化，如第 2 章中所提到的。

在经济体处在状态 1 和状态 2 时，他们所说的财政乘数处于低位的情况在整个黄金时代或者包括黄金时代在内的一些时期是可以被观察到的。在这些阶段，财政乘数处于低位的观点是正确的，因为运作财政赤字的政府与私人部门借款人竞争有限的储蓄，这是事实。这将导致较高的利率水平，挤出私人部门投资，常常出现资源错配，所有这些问题都将导致财政乘数处于低位。

但是，对于绝大多数发达经济体处于状态 3 和状态 4 的世界里，低财政乘数的假设据完全不当了。例如，如果图 2.1 能够提供指引，那么，基于反事实 GDP 的正确测度方法，1990 年后日本财政乘数达到 4～5，结果是财政刺激缺失。在黄金时代，乘数可以轻易翻番或翻三倍。换句话说，当经济体进入被追赶时代或/和资产负债表衰退时期，政策辩论中不应使用黄金时代测度的财政政策乘数。

遗憾的是，在黄金时代学习经济学的那些人(像本书作者一样)，或者使用在黄金时代写就的教科书的那些人，深深地将财政政策具有低乘数效用植入大脑。有些人引用仅从早期的数据中得到的财政政策乘数和货币政策乘数，因为这些是他们所熟知的。所以，一种危险总是存在的，他们会下意识地基于那些过时的乘数和弹性提出政策建议。尽管 30 年前低水平财政乘数效应是“常识”，但是，自那时起，发达经济体所处的全球环境已经发生了巨大变化。

被追赶国家面对的核心宏观政策挑战

基于经济的变化过程，显然，对于所有被追赶国家来说，最根本的宏观经济挑战是:为了应对不确定的未来,家庭一如既往地进行储蓄;但是,由于企业无法发现充足的国内投资机会,他们难以吸收全部储蓄,尽管利率水平很低。可是,如果有人储蓄,其他人必须借款并花掉这笔钱,才能保持收入流,经济才能运行。

当家庭继续储蓄,但企业即使在非常低的利率条件下也不再借款时,为了保持宏观经济稳定,要么净出口必须增长,要么在不牺牲未来财政能力的前提下,政府必须借款并花掉这些储蓄额。当前者在短中期并非现实的选项时(一定程度上是因为所有国家不能够同时增大净出口),政府就别无选择,只能实施财政刺激计划。被追赶阶段会持续数十年,这是事实,因此,当绝大多数发达国家的公共债务已经达到警戒水平时,将出现实实在在的动能挑战。

这是陷入资产负债表衰退中的经济体面对的共同挑战,正如第2章中所讨论的。在资产负债表衰退中,百万张受损的资产负债表导致了私人部门借款人消失。在被追赶经济体中,具有吸引力的国内投资机会的缺失造成了同样的结果。在前一种情况下,私人部门缺乏资金需求将得不到纠正,直到私人部门的资产负债表得以修复,而在后一种情况下,资金需求缺乏的问题也得不到纠正,直到充分的国内投资机会呈现出来。同时,上述两种情况下,经济都将面对通货紧缩的压力,除非私人部门之外的某个人将私人部门的超额储蓄拉回到经济体的收入流之中。

面对这样的挑战,具有黄金时代心理定式的那些人会认为,财政刺激的运用毫无可能,因为发达国家的公共债务已经达到了极限。他们还会补充说,虽然在资产负债表衰退时期(一旦私人部门资产负债表恢复,刺激需要也就消失了)财政刺激可以接受,但是,在被追赶国家的财政刺激需要却显然没有结束。由于公共债务业已处在高位,他们会认为,看不到尽头的无约束的财政刺激计划无异于疯狂。

相反,他们说,随着人口逐渐老龄化,公共和私人部门应当行动起来,以限制债务增长,即使不能真正降低债务。事实上,债务数量问题已经成为经济学家讨论的重大命题,不仅在发达国家中如此,而且也发生在像中国这样的新兴经济体。

债务极限观忽视了这个事实:债务是储蓄的另一面

这个观点的问题在于债务是储蓄的另一面。由于债务增长,有人必须储蓄,但是,只要经济体中有人继续储蓄,储蓄就注定增加。另外,如果有人继续储蓄,而债务水平无法提高(也就是,如果没有人借款并花掉被储蓄的资金),经济体将陷入 1 000 美元—900 美元—810 美元—730 美元的通货紧缩螺旋,正如第 1 章所描述的那样,形成高度不满意的后果。债务增长(除了中央银行融资债务)只是一种事实(即私人部门继续储蓄)的反映。

如果债务增长快于实际储蓄,仅仅意味着重复计算了,即有人借钱了但没有花掉,他可能按照不同的期限结构(到期日转变)或利率结构(固定利率转浮动利率,或者相反)将钱借给了其他人。随着套利交易和涉及多方的结构性金融产品的普遍化,账面债务数字会快速增长,但是,实际债务绝不可能大于实际储蓄。

进一步讲,任何人能够承担的债务水平也都决定于利率水平和债务融资项目的品质。如果项目所得足以偿还借款成本和本金,那么,无论债务规模有多大,都没有人关心债务负担,因为对于任何人而言都不构成未来的负担。同样,无论国家债务规模有多大,如果资金被投入公共工程项目后能够产生足够高的回报,足以偿还利息和本金,项目将自负盈亏,而不会增加未来的纳税人负担。

中央计划者所犯的错误

债务极限观的另一个问题是,仅仅看到了债务数量,而忽视了价格,中央计划者犯了同样的错误,结果以泪洗面。仅看到债务水平,这些人忽视了债券市场发出的信息,也就是说,忽视了政府债券的价格决定着财政刺激对经济的好与坏。财政政策是否运用到了极限应当是债券市场决定的,而不是某些经济学家使用任意选择的标准决定的。

在黄金时代，当私人部门为了投资于增进生产力和生产能力的设备而融资，具有旺盛的资金需求时，财政刺激即使对经济没有负面影响，也影响很小，因为会出现挤出效应。在这个时代，债券市场准确给出了政府债券非常低的价格信号（高收益），表明这样的刺激是不受欢迎的。

可是，在被追赶时代或资产负债表衰退时期，即使不为负，私人部门的资金需求也很小。在这样的时期，财政刺激不仅是重要的，而且对经济具有最大的积极影响，因为不存在挤出效应的危险。在这个时期，债券市场准确给出了政府债券非常高的价格信号（低收益），表明政府债券受欢迎。

政府债券之所以受欢迎，是因为经济体处于状态 3 和状态 4。私人部门的过剩储蓄仅有一个目的地，就是仅有的国内借款人——政府——发行的债券，经济体不能承担过大的外汇风险和本金风险。所以，政府债券收益显著下降。相应地，债券低收益为政府提供了所需的财政政策空间，以消除私人部门超额储蓄造成的通货紧缩压力。在状态 3 和状态 4 中，超低政府债券收益表现出来的经济自我纠正机制在近年来绝大多数被追赶经济体中可以被观察到，包括那些未面临资产负债表衰退的被追赶经济体。

1997 年日本政府忽视了债券市场，试图削减赤字，结果经济崩溃了；2010 年欧洲各国政府试图采取同样的做法，经济崩溃了，这些事实表明忽视债券市场的警示是危险的（关于 2010 年欧元区外围国家政府债券收益飙升的原因将在第 7 章中仔细讨论）。在上述关于日本的例子中，财政紧缩的结果是，财政赤字实际增长了 72%，如第 2 章所提到的。日本自 1995 年以来，西方自 2008 年以来，债券市场通过超低利率信号已经告诉政策制定者，这不是削减赤字的时代。

根本问题的根本解决方案

在经济处于状态 3 和状态 4 时，超低债券收益率还向政府给出了一个信号，政府要寻找能够带来社会收益率大于债券收益率的公共工程项目。如果能够发现这样的项目，瞄准这些项目的财政刺激最终不会给未来纳税人带来额外负担。

因此，对于被追赶经济体的政策制定者来说，最重要的宏观经济挑战是发现能够带来社会收益率大于超低政府债券收益率的基础设施项目。只要项目能够自负盈亏，政府就可以实施，而无需担心赤字规模或预设的公共债务“上限”，因为这些项目并不构成未来纳税人的负担。只要这样的项目能够被发现并加以实施，尽管被追赶，经济体将继续具有动能。在经济处于状态 3 和状态 4 时，应当调动最大的努力和最聪明的头脑去发现并实施这样的项目，而不是浪费时间去担心债务规模的大小。

另一方面，经济状态 1 和状态 2 时，由于私人部门强大的资金需求，维持了高利率水平，公共工程项目很少有“自负盈亏”的。这意味着，发现“自负盈亏”的公共工程项目在很大程度上是不可行的。这也意味着，在经济处于状态 1 和状态 2 时，累积的政府债务数量存在上限。

上述内容还解释了经济学家明确公共债务上限是困难的。正确的答案决定于“自负盈亏”的公共债务数量，相应地，决定于所选择的公共工程项目的质量以及政府债务收益率水平。相应地，政府债务收益率变动决定于经济体是处在状态 1 和状态 2，还是处在状态 3 和状态 4。

有些人会认为，如果这样的自负盈亏项目是存在的，这些项目应当由私人部门实施，而不是政府实施。为什么这样做起不到作用，存在两个原因。

第一，私人部门的企业承受着来自股东追求资本收益最大化的压力。这意味着尽管国内存在自负盈亏的项目，如果海外投资收益更高，那么，他们一定投资海外。既然无人命令政府最大化其资本收益，而是被期待着避免经济体陷入通货紧缩螺旋，政府能够也应当实施公共工程项目，以保持经济运行。

第二，更重要的是，这里相关的收益率是具有所有外部性的社会收益率，私人部门的运作者不可能完全占有这些外部性。换句话说，项目不可能像私人投资者投资的项目那样获得足够高的收益，但是，作为公共投资是完全合理的，因为它对广大社会来说，具有正外部性。

传统经济学家常常犯下错误，完全将注意力放在了资产负债表的一个方面，而忽视了另一个方面。正如前面提到的，参见图2.13，经济学家仅仅看到1933～1936年的货币供给增长，他们便得出结论说，因为美联储的货币安排，美国经济摆脱了大萧条。然而，事实上，正是增加了银行资产负债表资产侧的政府借款，以及保障了货币供给，银行体系的负债才能提高。

最近强调的债务水平也具有同样的问题。公开谴责私人部门债务和公共部门债务规模已经成为普遍现象，而债务水平提高仅仅是因为储蓄继续增加。既然很难说服人们不要储蓄，政策制定者需要确保那些储蓄资金被借出并精明地投资于收益大于借款成本的项目，这是政策辩论应当关注的。讨论债务规模只是在浪费时间。

在状态1和状态2的教科书世界里，也就是当国内投资机会充足时，经济学家们恰当重视增强货币政策控制通货膨胀的能力，而贬低挥霍浪费的财政政策。利率也相对较高，这使得发现能够盈亏平衡或更高收益率的公共项目是困难的。

现在，绝大多数发达国家发现自己处于状态3和状态4，私人部门成为大量的净储蓄者。这意味着经济学家和政策制定者将其关注点从货币政策转变到寻找可行的基础设施项目上来，以便政府能够高度自觉地继续承担作为最后借款人的重要角色。随着政府债券收益率达到历史上的最低水平，寻找可行的项目也就变得更加容易了。

需要遴选独立委员会并监督公共项目

为了实现这样的转变，国家需要一个独立的、由受过高度训练的专家构成的委员会，他们能够判断项目能否创造出超过政府债券收益率的社会收益率。虽然典型的公共工程涉及诸多外部性，难以量化，但是，在做出最终判断前又必须加以考量，所以，这些核算不容易、不简单。

为达到此结果，一些机构——比如世界银行——必须发展某些技术。但是，当政府是仅有的为未来目的而借款和投资的主体时，决策质量对国家未来具有重大影响，已有的方法必须检讨和完善。如果所选择的项目不能自负盈亏，就会毁灭国家经济的未来，纳税人就会背负沉重负担和巨大的债务负担。至少在理论上，这些项目不限于砖石与泥沙建筑类。在依赖旅游业的经济体中，比如在西班牙，锁定英语语言培训项目将会带来社会收益率高于政府债券收益率的结果。

这里，一个政治上独立的、国家最优秀且最聪明的人员构成的委员会对于确保被建议的项目自负盈亏至关重要。委员会必须独立，因为政治家自然会努力为自己的选民赢得项目，并且一般而言，在好项目选择的能力上，政府有待加强。

这个委员会独立性的重要性如何强调都不过分：被追赶的经济体其独立性要比黄金时代中央银行的独立性重要得多。正如中央银行的独立性一样，独立委员会的法律地位必须非常强，因为委员会需要否定人民民主选举出来的代表所建议的项目。

“冷战”结束后，在美国准备关闭军事基地时，建立了一个独立委员会来决定哪一个军事基地需要关闭。虽然有来自受影响地区的政治家们的抱怨，但是整个过程相当顺利。一个国家处在状态 3 和状态 4，需要建立的独立委员会与此类似，那里的项目可能是民选代表建议的，但是，委员会负责评价这些项目，那些能够自负盈亏的项目才能被优先考虑。

委员会还必须确信被选择的项目得到了正确的设计与实施，这样持续的审查对于避免成本超预算以及出现不必要的特征至关重要，建设合同应当给那些可靠的、报价最低的承包人。委员会的“看门人”功能对于确保项目自负盈亏至关重要。

需要多年发展并改善恰当的技术，为项目提供指针并培训人员使用这些技术和指针。如果随着政府承担了作为最后借款人的引领作用，项目的数量增加，委员会所雇用的受训练的人员也必然增加。由于被追赶经济体一定会长期处于这种状态，在独立委员会所需人力资本发展方面，没有时间可以浪费了。

等待好项目出现是糟糕的想法

对于所有处于状态3和状态4的国家来说，创设独立委员会来遴选自负盈亏的公共工程项目是根本解决方案。可是，今天处在资产负债表衰退过程中的许多国家不能等待这样一个委员会。立即需要财政刺激来避开1 000美元—900美元—810美元—730美元通货紧缩螺旋。

既然从萧条中复苏的成本，即未注意通货紧缩螺旋的结果是如此之大，以致无论如何，这些国家都应当实施社会工程项目，这是箭在弦上的事情，没有等待理想的自负盈亏项目的时间。不等待理想的项目，保住GDP和就业岗位，将极大地支持就业收益所形成的储蓄。

这一点可以从1929年后的美国与1990年后的日本对比中看到。在美国，时任总统赫伯特·胡佛(Herbert Hoover)和财政部部长安德鲁·梅隆(Andrew Mellon)任由美国经济触底，并不采取任何财政行动，这种做法直到1932年，距离泡沫整整3个年头。这个决策造成了46%的名义GDP减少(见图2.1)以及失业率飙升。那时，美国经济真正需要第二次世界大战时期的天文数字的财政刺激，以实现经济复苏。1944年，即战争的焦灼时期，仅预算赤字就超过了美国GDP的30%。

相比之下，1990年后的日本之所以能够保持GDP没有跌落到泡沫峰值之下，就是因为没有等待最佳项目，立即实施财政刺激计划。虽然这样的投资引起批评，尽管与1929年后的美国相比较，日本承受了资产负债表损坏在GDP中占比大于美国当时的3倍，但是，后泡沫时代的日本失业率从未超过5.5%。

有些评论者还认为，使用财政政策来维持GDP处于泡沫时代的水平是错误的，并且是不可持续的。但是，1929年后的美国和1990年后的日本的实例表明，选择让经济体在萧条水平的GDP那里找到自己的“收缩均衡”根本不是一个选择。这也意味着，等待好的社会公共工程项目也不是选择。

一旦实现了宏观经济稳定，如果可行，国家就应当将财政刺激转变为自负盈亏的项目或那些接近于自负盈亏的项目。当病人病情严重，需要争分夺秒时，医生不应在寻找成本最合适的药品上犹豫几个小时。只有当病人脱离了危重病情并在病情稳定的状态下，他们才应当这样做。

财政刺激应当持续到私人部门准备重新借款为止。到这个时候，公共部门应当按照私人部门新增的资金需求数量来减少投资量。金融市场应当以较高的利率水平提醒政府，私人部门已经恢复借款。如果没有出现私人部门的资金需求，独立委员会必须继续发现自负盈亏项目或者那些接近自负盈亏的项目，以维持经济功能。

旧的(且高成本的)信仰“死而不僵”

尽管有过去27年来自债券市场强烈的且一致的信号，但是，具有黄金时代思维的日本财务省官员继续警告说，巨额公共债务和大规模财政赤字很快就将日本政府债券收益率推到极高，并激起财政危机。美国的财政政策鹰派，包括茶党成员，也警告说大规模的公共债务最终将残害美国经济。在2008年以来的欧洲，德国政府提出了类似的观点。

所有那些听从即将发生财政危机警告的人，包括做空日本政府债券的美国对冲基金，在政府债券价格持续提高达27年中，损失惨重。1998年10年期日本政府债券收益下跌到低于2%，这种情况在开始量化宽松政策之前维持了很长时间。到开始量化宽松政策之时，公共债务已经达到GDP的118%，政府财政赤字已经达到GDP的10.2%。在黑田行长实施量化宽松政策前夕，10年期政府债券收益率下跌到0.7%，即使那时公共债务已经攀升到GDP的240%，这些都是因为资产负债表衰退中的经济自我纠正机制。

幸运的是，日本养老基金经理人没有按照日本财务省的警告行事，如果他们听从建议，并像美国对冲基金那样做空日本政府债券，那么，到现在退休人员将一无所有。

当联邦政府赤字从 2007 年占 GDP 的 2.4%飙升到 2009 年占 GDP 的 10.8%时，2009 年美国 10 年期国债收益也下跌到 3%以下。美联储采用量化宽松政策、停止购买债券之后，2016 年国债的收益率走低，低至 1.5%。在未处于资产负债表衰退中的被追赶经济体，包括加拿大、中国台湾地区和韩国，债券收益率也下跌到了非正常的低水平。

这样的变化——公共债务大规模扩张与政府债券收益急剧下跌相关——是状态 1 和状态 2 的教科书式的经济学说没有想到的，但是，它对处于状态 3 和状态 4 的经济体来说，是完全可以理解的。在状态 3 和状态 4 中，私人部门不仅不借款，而且真正在增加储蓄，政府是仅剩的借款人。然而，那些在经济体系处于状态 1 和状态 2 时期学习经济学的人们依然不能掌握自那时开始已经发生的巨大变化。

2%的通货膨胀目标适合被追赶经济体吗?

对于财政政策来说，很像黄金时代的反转版，对黄金时代货币政策的迷恋难以消减。特别是，今天，对于刘易斯拐点后的被追赶经济体来说，许多发达国家采取 2%的通货膨胀目标不仅不恰当，而且存在诱发后续重大问题的潜在可能。

2%的目标是经济学家研究了许多国家一段时期的经历后建议的。问题是，这段时期主要是经济体处在刘易斯拐点后的黄金时代的时间。1992 年澳大利亚储备银行采用 2%通货膨胀目标，是最早采用该目标的中央银行之一。按照副行长格兰·史蒂芬斯(Glenn Stevens)的说法，这样做是仿效 20 世纪 70 年代德国联邦银行的成功做法，那时德国联邦银行与德国工资水平快速增长斗争。[①] 但是，工资快速增长的世界已经不复存在。

在黄金时代，不断增长的工资和国内需求造成了通向通货膨胀的根本趋

① Stevens, Glenn(2003)"Inflation Targeting: A Decade of Australian Experience," address to South Australian Centre for Economic Studies, April 2003, Economic Briefings, on April 10, 2003. www.rba.gov.au/speeches/2003/sp-dg-100403.html.

势。为了提高生产能力和生产力以满足需求，企业也在国内大量投资。当工资年复一年地提高时，消费者也不特别关注物有所值。

事实上，在黄金时代，(如果不能说所有衰退)可以说许多次衰退都是由以下原因引起的:中央银行收紧货币政策，将通货膨胀带回到更可接受的水平。经常性的收紧政策是必要的，因为黄金时代的经济体根本上是通货膨胀型的。所以，可以理解，经济学家寻找中央银行应当努力守护的通货膨胀目标，如此就不会被迫出现通货膨胀周期，但是，就不确定性和产出损失而言，迟来的紧缩是高成本的。

可是，当经济体进入被追赶阶段时，在前一个时代助推通货膨胀的大多数因素消失了。取而代之的是，大量廉价进口商品流入，工资增长停滞，以及对价格更敏感的消费者使得企业很难提高价格。同时，由于国内具有吸引力的投资机会减少，公司的资金需求下降，加之家庭部门继续储蓄，造成致命的通货紧缩环境。即使在正常时期，没有资产负债表衰退增加另一重通货紧缩的压力，与黄金时代相比，处在被追赶阶段的经济体通货膨胀压力也大幅降低。

于是，问题成为是否可以建议中央银行坚持2%的通货膨胀目标。这个目标是黄金时代为了防止通货膨胀率加速度而设计的。如果在被追赶时代，同样的目标被用来防止通货膨胀率失速并低于2%，那么，预期一定是这个水平的通货膨胀将激发企业和消费者类似黄金时代那样的行为。

但是，在过去的30年里，太多的事情已经变化，想要企业和消费者重回过去，某种程度上是狂想。例如，很难设想消费者回到隔一年买一辆新车的过去，或者基于社会压力选择他们所要购买的商品，正是因为通货膨胀在2%的水平上运行。一些商店如美国的好市多、日本的“100日元店”、英国的“1英镑店”不会消失，因为通货膨胀率已经上升到2%，现在的消费者必须更加精明。

被追赶国家的企业还面临股东的压力，一直盯着海外的投资机会，以保证将资本投资于收益最高的地方。他们已经拥有充分的海外生产经验，在黄金时代这种情况不存在，那时他们主要瞄准国内的投资机会。在这样的环境下，较高的通货膨胀率，尤其是工资提高，出于竞争原因，实际上不再鼓励企业进行国内投资。

尽管如此,2%成为世界上许多中央银行的通货膨胀目标,为了达到这样的目标,他们向银行系统注入大量的流动性。推动实现这个目标的那些人认为,为了降低他们所预期的实际利率,重新调整公众的通货膨胀预期是必要的。

但是,借款人离场,不是因为实际利率太高,而是因为:(1)在国内,他们找不到具有吸引力的投资机会;或者,(2)他们的资产负债表依然无法示人。在这样的情况下,很少有企业会为中央银行2%的通货膨胀目标所动。

也许更重要的是,对于大多数企业来说,一般价格水平是不相干的:自由决定他们自己产品的价格才是重要的。在激烈竞争的刘易斯拐点后的被追赶经济体中,他们从自己日常奋斗中了解到不容易提高价格。他们也明白,今日之消费者与黄金时代的消费者非常不同。

尤其是应对生产能力约束,或者找到提高生产力的机会,抑或转向新的业务,公司才愿意投资。他们不投资的原因,正是通货膨胀率已经回到了2%。

为了达到2%的目标,中央银行注入超额流动性,借助投资组合再平衡效应,造成了各类资产的微小泡沫。在2008年后的西方,新兴市场证券、商品、股票和目前的商业地产已经出现了微小泡沫。虽然借助财富效应,这些泡沫对实体经济有一些积极影响,但是泡沫通常是短命的且注定破灭,是很容易被逆转的。尤其是现在银行系统内消除超额储备,存在巨大的成本。这一点将在第6章中详细讨论。

基于上述观点,我们希望货币当局重新检讨还在承受资产负债表衰退的刘易斯拐点后的被追赶经济体中,2%的通货膨胀目标的适当性。取代增加超额储备——这种办法是无用的,因为当经济体处于状态3和状态4,在随后回复到状态1和状态2时能够诱发重大问题,中央银行应当指导政府借入私人部门的超额储蓄,并将资金投向可行的公共工程项目,因为通过支持货币供给,避免GDP收缩,才是避免通货紧缩的正确路径。

私人投资恢复也无法重回黄金时代

自2008年以来经过几乎10年的去杠杆后，私人部门资产负债表的改善几乎注定带来私人部门资金需求某种程度的反弹。也有不可忽视的可能性，即重大技术创新的出现将导致私人部门投资和资金需求的显著增长。虽然众所周知，发明与创造是难以预见的，在最近的创新中，自动驾驶汽车和燃料电池的广泛采用形成了激发公共和私人部门投资的巨大潜力。

若如此，中央银行货币政策将再次具有更加重要的作用——正如黄金时代那样，财政政策不得不受到控制，以避免对私人部门投资的挤出效应。在这个意义上，若有足够重大的技术突破，人们不能排除类似于黄金时代的未来世界的出现。

如果这一切得以发生，在资产负债表衰退过程中通过量化宽松政策，创造了大规模超额准备金的中央银行必须在私人部门资金需求恢复之前快速提取这些资金，否则，通货膨胀将飞涨到天上。这个挑战将在第6章中讨论。

可是，被追赶经济体回到每一个社会成员都能从经济增长中受益的黄金时代的机会似乎不大。在黄金时代，正是制造业部门提供了数量不断增加的高收入工作岗位，因而迫使服务业部门为了留住工人而提供相当的工资。因为制造业工作岗位不需要受过大量的教育，所以，所有人都能从制造业拉动的经济增长中受益。换句话说，制造业帮助经济走出了低谷。

未来，很难看到一种创新能够为那些没有受过高等教育的人们创造大量的高收入工作岗位。如果会有什么发生，创新的最近趋势是通过自动化、机器人和人工智能来代替人。换句话说，技术创新将带来投资机会，而不是工作机会。

总之，正如在黄金时代有恰当的管理经济的方式，被追赶时代的经济管理也有其恰当的方式。对于政府来说，最重要的宏观经济政策是创设一个独立委员会，界定并负责社会收益率高于超低政府债券收益率的可行的公共工程项目。对于被追赶时代的财政当局来说，这是一个全新的挑战，正如反通货膨胀是黄金时代的中央银行面对的全新挑战一样。

在黄金时代，最优秀、最聪明的人倾向于独立的中央银行，现在，他们需要马上创建独立财政委员会来界定和实施自负盈亏或接近自负盈亏的公共工程项目。希望经济学界有勇气抛弃通货膨胀目标、避免财政刺激和黄金时代的其他遗产，并担负起界定被追赶时代注定需要的自负盈亏公共工程项目的任务。

第 5 章

发达国家保持发达地位面对的挑战

不要试图回到失去的黄金时代，处在被追赶时代的发达经济体应当着手去做自负盈亏的财政项目，以保持宏观经济稳定，同时，设计增加本国资本收益的微观政策，抵御追赶者。只有这样，才能保持发达经济体的地位。抵御追赶者，政府至少在两个领域需要实施结构性变革。第一，必须最大化人们的创新潜能，从而，国家才能保持在最新技术发展的前沿。第二，必须提高经济体的柔性（灵活性），这样，当后进者追赶时，国家才能采取“规避动作”。这些都是被追赶状态下的国家面对的特有挑战。

美国如何应对日本的挑战

关于上述两个命题，美国抵御日本的经验是有指导意义的，因为这是一国失去其高科技领袖地位而 20 年后又再度问鼎的故事。当 20 世纪 70 年代中期开始，美国面对日本竞争开始全面失去其产业优势的时候，如第 3 章所描述的，美国采取了“双管齐下”(the two-pronged approach)的办法，试图阻止日本进口商品进入得过快，同时，修复其国内产业竞争力。

美国使用了每一种可行的手段阻止日本进口商品流入本国市场。这包括反倾销诉讼、动用 301 条款、各种“君子协定”以及借助 1985 年签订的《广场协议》导致的货币贬值。斗争既不容易，也不愉快。

作为曾经以经济学家的身份为美联储工作且持有美国公民身份的一位日裔，在美日贸易摩擦白热化的时候，笔者常常被位于东京的美国大使馆邀请，向日本电视观众解说美国贸易立场：笔者成了这类节目的常客。从大使馆职员那里得到简报之后，在与日本经济学家和专家的电视辩论中，笔者会向美国出口商介绍情况。在所有这些面对面的交流中，笔者除了讨论贸易个案，也认为如果日本继续对抗开放其市场的压力，而同时保持对美贸易的巨额顺差，那么，贸易不平衡最终将日元汇率推高到天上，迫使日本最好的产业离开这个国家。很遗憾，1995 年日元升值到 79.75 日元兑 1 美元，预测成为现实。

在贸易摩擦辩论最激烈的时候，笔者发现右侧驾驶的美国汽车跑在了澳大利亚悉尼的大街上，而出口日本被发现遇到某种实实在在的非关税贸易壁垒，终止了日本国际贸易与产业部(Ministry of International Trade and Industry，MITI，现在的“经济产业省”)官员对美国汽车制造商不生产与日本市场匹配的右侧驾驶汽车的批评。在进口过程中，笔者遇到的令人气愤的非关税贸易壁垒在美国驻日大使沃尔特·蒙代尔(Walter Mondale)的演讲中也被提及。

虽然笔者努力向日本公众解释为什么同美国和解是符合他们的利益的，但是笔者从不会忘记从 20 世纪 80 年代中期到 90 年代中期美日贸易关系是激烈的相互敌对状态。笔者不仅收到了死亡威胁，而且最终贸易摩擦开始与种族对抗类似了。

同时，“日本管理”在 20 世纪 80 年代和 90 年代美国商学院风靡一时。哈佛大学教授傅高义(Ezra Vogel)的《日本第一：美国的教训》(*Japan as Number One：Lessons for America*)一书于 1979 年出版，大西洋两岸的人们普遍阅读这本书。商学院还录取了大量的日本留学生，从而他们在课堂上能够讨论日本的管理特点。由于似乎无法阻挡的日本挑战，加之在越南战争中的挫败，美国的自信心一直低落，日本料理的消费急剧上升。

学习“日本管理”，尝试了所有贸易保护主义手段和货币贬值之后，美国似乎有了结论，即一国被后进国家追赶之后，唯一真正的解决方案就是跑得更快，也就是说，持续创造新理念、新产品和新设计，站在竞争的前列。就此而言，美国是幸运的，罗纳德·里根（Ronald Reagan）总统的供给侧改革——开始于20世纪80年代早期的减税与极大降低经济管制——使经济更有柔性，鼓励了创新者和企业家提出新理念、创造新产品，从而产生了提高本国资本收益率的效果。

里根经济学是对20世纪70年代经济停滞的回应。20世纪70年代的特点是频繁的罢工、高通货膨胀率、低标准的制造业质量以及平庸无处不在。里根经济学是反对劳动工会的，劳动工会依然努力扩大在刘易斯拐点后的黄金时代获得的收益，而没有认识到由于日本竞争的到来，20世纪70年代美国已经进入刘易斯拐点后的被追赶阶段。事实上，相对于日本，美国失去了许多产业和好的工作岗位，这也意味着要一反过去的做法。

当里根总统减税并放松经济管制的时候，有这样的思想和驱动力的人们开始受到关注。于是，这些人开始开始推动与信息技术（IT）相关的一系列技术进步，最终在许多高科技领域，美国收复了被日本夺取的失地，重新获得了领袖地位。20世纪80年代很少美国人想到这个国家从日本公司如索尼、东芝和日立那里重新夺回高科技的领袖地位。然而今天，甚至是日本公司位于东京的办公室里都充斥着美国品牌，比如苹果和惠普。换句话说，美国学到了如何跑得更快。

具有长期的自由人文教育的传统，这也是美国幸运的地方。自由人文教育鼓励学生独立思考，挑战现状。对于新产品和新服务的研发来说，这样的思想者至关重要。

尤其是放松监管和减税有助于在美国经济体内改善资源配置，尤其是改善人力资本配置，从而增进资本收益。通过在货币与最佳理念之间建立通道，通向了前景广阔的高科技领域，美国能够获得经济增长新引擎。

通过开除所有不顾联邦规制而罢工的民用航空调度员，取而代之的是军事调度员，里根总统推动劳动力市场更有弹性的改革。这个强硬的措施受到了公众的普遍支持，最终粉碎了仍然试图扩大黄金时代获得的收益的劳动工会。

当国家进入被追赶时代，对劳动力市场弹性的需要变得日益明显。在黄金时代，当一国领先于其他所有国家时，显然不需要采取规避行动。由于前途充满希望，无人旁顾，企业都在向前看，重视的是发现优秀雇员并长期拥有优秀雇员。结果，年功序列工资制与终身雇用制成为黄金时代的典型特征，尤其是在成功的企业中，因为这样的措施有助于维持稳定、可靠的劳动力。在美国，IBM 和其他顶级公司黄金时代采用的就是终身雇用制。

可是，一旦国家进入了被追赶阶段，企业就必须变得更富有弹性，并采取规避行动来抵御后面的追赶者。外国竞争者从四面八方呈现出来，常常具有非常不同的成本结构。面对这样的竞争，企业必须减少或放弃不再盈利的生产流水线，并将资源转移到能够保持利润的地区。这些艰难的决策（必须毫无耽搁的决策）对于那些维持年功序列工资制与终身雇用制的企业来说是困难的，因为这两个计划实际上将劳动成本变成了固定成本，破坏了采取规避行动的管理弹性和能力。

里根的放松管制和反工会运动增加了美国企业所需要的弹性，抵御了来自后面的竞争者。尽管在一定时期这些举措伤害了劳动者，提高了收入不平等，但是如果没有这些措施，很大的可能是：1990 年后的美国复苏会更弱，或者完全没有力度。

假以时日，结构改革才有成效

虽然美国从日本那里成功夺回了高科技领袖地位是惊人的成就，但是，花去了近 15 年的时间。里根经济学理念执行于 20 世纪 80 年代早期，但是，直到比尔·克林顿（Bill Clinton）当选总统时，这些理念也没真正结出硕果。美国经济坚持奋斗，经历了里根的两个任期和乔治·W. 布什（George W. Bush，曾经在里根政府时期任副总统）的一个任期。

老布什取得了大量的、功不可没的外交成就，包括结束“冷战”、苏联的崩溃以及第一次海湾战争的胜利，然而，他失去了第二次大选，败给了来自阿肯色州的一位年轻州长——比尔·克林顿，后者仅有一句竞选口号，即“笨蛋！问题是经济！”。布什竞选失败表明，里根经济学发布后的 12 年来，在绝大多数美国人的眼里，经济仍然不令人满意。

可是，比尔·克林顿上台后，美国经济开始有起色——尽管今天很少人能够记得比尔·克林顿政府的经济政策。事情变得越来越好，到比尔·克林顿的第二个任期，联邦政府出现了预算盈余。这里可以得出结论，尽管在被追赶经济体供给侧改革是至关重要的，但是，这样的措施需要许多年才能形成公众认可并赞赏的宏观经济效果。孕育硕果的结构性改革所需要的时间也意味着，对于处于状态 3 和状态 4 的经济体来说，不存在财政刺激的替代政策。

发现与鼓励创新者的挑战

问题是社会上不是所有人都能具有新理念或新产品。并非总是同样的群体创造新理念。还需要巨大的努力和坚持，才能将新产品带到市场上来。但是，如果没有愿意坚持创造新产品和新产业的创新者，经济就会停滞，或变得更差。所以，对于被追赶国家而言，最重要的是考虑人力资本问题，就是如何最大化能够创造新理念和新产品的人的数量以及如何激励他们致力于创造性努力。

就第一点而言，任何社会仅有有限的人们能够拥有新理念，常常他们被排斥于主流之外，因为处于主流的那些人不具有来自其他人的不同思考的激励，只有那些具有不同的、独立视角的人们才能创造新事物。在通常的世界观下，有些人还将表现出对教育成就没有任何兴趣。事实上，许多成功的发端都来自大学的退学生。许多创新者会用他们的“疯狂”理念摧毁和远离已有的存在。如果传统足以挫伤创新，那么，他们就会从创新活动中集体退却。因此，发现这些人并鼓励他们人致力于创造性成就并非易事。

由此观之，西方自由人文教育传统起到了很好的作用。特别是学生必须独立思考、用逻辑和事实支持思想的理念而不是吸收和照搬被告知的东西在对人的训练中至关重要，人们会有不同的、独立的思考。在美国的一些顶尖大学，那些只是重复教授课堂上讲述内容的学生只能得到 B，要得到 A 需要学生超越课堂，添加自己的理解。这样的训练鼓励学生挑战现状，这是拥有新理念和新产品的唯一途径。

自由人文教育在西方具有长期的传统，始于文艺复兴时期和启蒙时期。在经历数世纪罗马天主教的压制之后，人类智力价值最终受到认可。将智力从宗教权威手中解放出来是一个漫长的而不是轻而易举的斗争——许多睿智的思想者被绑在柱子上烧死。社会经历了漫长而血腥的斗争，所以，这个社会热爱自由人文传统。

可是，没有经历这样的斗争的社会必须提防信奉“权威”的教育科层化趋势，这将泯灭独立思想者。一旦这样的科层制建立起来，新的思想者要获得听众就变得非常困难，尤其是当他们的思想挑战正统理论的时候。这里，影响是社会中公民的创造力得不到充分发挥，教育机构和其他权威机构继续扮演着历史上罗马天主教盘问者的角色。

可是，这里有一个问题，即真正的自由人文教育是昂贵的。她要求一流的教师指导和激励学生，通常，任何地方对于具有这种能力的教师都具有强烈需求。结果，美国一些顶尖大学的学费已经达到了几乎是令人憎恶的水平。尤其是，独立思考能力并不保证学生毕业时能够立即找到工作。正因如此，这种类型的教育常常是留给能够承受负担的那些人的，这也将恶化刘易斯拐点后的被追赶经济体业已扩大的收入不平等。

需要正确的教育方式

相比之下，烹饪书式样的教育方法是廉价的，但是，学生只是吸收教师告诉他们的东西。在某种程度上也是更加务实的，学生至少离开学校就知道如何烹饪。大多数人口接受的仅仅是这种类型的教育，这里，表达创造性理念或挑战既有理念的空间有限。在这样的情况下，创造性思想会被埋没和遗忘。

所以，在被追赶经济体中，所有学校的教师都应当被要求关注似乎具有新的、有趣的特点的学生。一旦被发现，这些学生就应当被放在一个项目里，鼓励他们追随创造激情。

美国一直拥有卓越的自由人文教育体系，鼓励学生挑战现状。正因如此，才能保持科技突破和新产品研发的领导地位，甚至当他制造这些新产品的价格竞争力落后于日本和其他经济体时，也能做到这一点。

对比而言，处于追赶模式的许多国家采用了烹饪式教育方法，在可能最短的时间里，为产业就业准备了最大数量的人口。当一国处在追赶模式中，这种类型的教育体系常常是充分的，并且也更加务实，因为创造和研发新事物的艰苦工作正在由发达国家的其他人从事着。

可是，一旦这些国家耗竭了与工业化和城市化相关的唾手可得的投资机会，他们自己就必须具有新产品和新服务。那么，问题是他们能否改变其教育体系，去培养独立的、富有创造力的思想者，而这是被追赶时代持续经济增长所需要的。如果一个社会不鼓励人们打破既有框架的思想太久，既然教师和学生都不能应对培养独立思想者的新任务，那么，这可能成为一个重大挑战。

虽然在大多数社会里人们都能够回忆起著名民族创造者的名字，但是，对于经济政策制定者来说，问题在于是否有足够的创新者和企业，去拉动整个民族前进。常常并非如此，这意味着政策制定者必须更加努力工作，去创造允许创新者涌现的环境。拥有大量人口的国家也需要大量的创新者。

保持学生在校读书的挑战

在许多国家，教育开始出现保持学生在校学习时间长到足以学到有用知识的挑战。在 2016 年 6 月 21 日的演讲中，美联储主席加内特·耶伦指出，亚裔美国人的中等收入是85 000美元，白人中等收入为67 000美元，非裔美国人的中等收入为40 000美元。[①] 出于笔者自己关于日本和美国教育系统的经验认识，出现这个差距的原因不难理解。

原因不在于亚洲人比世界其他地区的人更聪明。仅仅是因为，如果不是所有也是许多亚洲青年人某种程度上被灌输了这样的思想：不再有不努力学习的选择。学生的默认选项是醒着的时间都花在学习上。当笔者作为孩子进入一家日本小学读书时，这所学校恰好星期六没课，而这个国家其他所有的学校星期六上午有课。当笔者星期六上午走出大门时，常常会被大人拦下来，问为什么不在学校，似乎笔者是某类有犯罪倾向的孩子。每一次笔者都要解释说，学校星期六没有课。这显示了要求每个学生每周在校学习五天半，社会给予的多大压力。

当笔者于13岁移居美国时，注册在一所公立初级中学，受到的冲击是他发现许多学生完全不把心思放在学习上。吃惊是因为，一个学生可以摆脱学习理念，而对于亚洲来的学生，不学习是无法想象的。我嫉妒他们，因为他们似乎比自己更多地享受了童年生活和自由。

50年后，那些忽视学习的人们中的一些人对他们过去的决定表示遗憾。但是，50年前处在“黄金60年代”的许多人认为，即使没有高等教育学位，他们也能够拥有优雅的生活。在这个黄金时代，对于没有高等教育学位的某些人来说，可以买3间卧室的房子和8缸引擎、自动变速器、转向助力的汽车，这是完全可能的。

许多人看他们的父母，他们也没有高等教育学位，但是他们依然过得较好，于是，他们认为好生活唾手可得。他们几乎不知晓他们的父母所拥有的报酬好的制造业工作岗位将消失，流向追赶经济体，而他们也会因缺乏教育而无法移动到收入更高的就业岗位。

回顾过去，可以说黄金时代的好生活经历造成了社会保障的错觉，在黄金

① OECD(2017)*PISA 2015 Results* (*Volume* Ⅲ)：*Students' Well-Being*，Paris：OECD Publishing，p. 71.

时代每个人都得益于经济增长，许多人相信好生活将永久持续。当美国进入刘易斯拐点后的被追赶阶段时，他们完全猝不及防。

他们成长在这样的国家，在那里他们能够看到国家进入刘易斯拐点后的被追赶阶段工人身上发生了什么，他们有成为更勤奋的学生的机会。但是，在美国和西欧，他们没有先例可循。因为他们是历史上经历这个经济发展阶段的第一代。在这个意义上，既然现在要他们回到学校，为时已晚，过去没有好好学习的那些人构成了“失去的一代”。

这些苦恼的人们将他们的困境归责于可见的目标，如移民和进口，但是，这不能够改变他们自己不具有企业所需要的技能的事实。虽然他们的苦恼是可以理解的，并且必须提供一定程度的社会保障，但是，归根结底，人们必须认识到，既然时钟不能倒转，他们就需要获得企业所需的技能。

另一方面，许多亚裔美国人是移民的子女，或者是第一代移民。多个世纪以来，中国（始于公元598年）拥有一个考试体系①，确保受教育者的上升流动，无关个人背景。日本一个世纪前在绝大多数村、镇和城市最大的建筑常常是公立学校，而不是市政厅或富人的大厦，日本对教育的重视就是如此。极其重视教育、刻苦学习的文化烙印依然影响着他们生活在美国的子女，因为教育成就是一种文化约束，即使最不聪明的学生，也会追求学习和掌握一些有用的技能。

在他们各自的领域，他们也许不是最具有创造力的或最有才能的，并且超越官方教育局限性的激情和天赋会受到压制，从而毁掉了他们的自我实现和真正的幸福。事实上，经合组织（OECD）2015年在15岁孩子中进行的关于“生活满意度”的调查表明，在47个经济体中，日本居第42位，接下来是韩国、中国台湾地区、中国澳门地区、中国香港地区和土耳其。② 这种情况与最近的科学文化测试形成了鲜明的对照，同样是这些亚洲经济体，均稳居前10位。这些结果表明，笔者50年前感受到的关于教育的文化差异今天依然存在，也就是说，亚洲高等教育的成就不是没有代价的，但是，那些努力学习的人们过上了一份体面

---

① 一般认为，隋炀帝大业元年（605年）“进士科”的设立，开启了中国此后长达1300余年的科举考试制度。——译者

② OECD(2017)*PISA 2015 Results (Volume* Ⅲ)：*Students' Well-Being*，Paris：OECD Publishing，p. 71.

的生活，推动了群体平均收入的提高。在美国，亚洲人的文化烙印注定会淡化，因为后代人会更全面地融入美国主流文化。

对于其他两个群体来说，不存在压倒性的文化约束，主要决定于孩子成长的特定家庭或环境。这是因为教育收益需要 15 年乃至更长时间才能看到。在某个时代，据说美国公司总裁最远只能看到下一个季度的收益报告，当如此努力的经济收益是 12 年、16 年甚至 20 年开外的收益时，一个孩子持续接受教育则是一项艰巨的任务。换句话说，绝大多数学生需要大量的外部支持，才能继续他们漫长的教育旅程。

对于教育有着强烈义务感的家庭出来的比那些没有得到同样支持的自然会有更长期的教育。甚至在父母常常不在家或因为太忙碌而无法提供帮助的家庭，如果学生周围都是努力工作的朋友和同班同学，学习和“做书呆子”也不是那样痛苦了。但是，对于在学校学习得不到充分支持和鼓励，而同时像他们大小的孩子在校外拥有更大的快乐的年轻人来说，学习是非常痛苦的。

正是这些年轻人需要帮助，因为最终他们对经济体没有能力做出贡献将是整个社会的损失。他们必须被提醒，实际上他们现在正在同新兴世界的年轻人竞争，新兴世界的年轻人正在努力学习和工作，以达到发达世界的人们的生活水平。

当然，高等学位不是为所有人提供的，但是，所有学生均需明白他们长处何在以及他们乐于做什么，从而在给定的个体环境下，他们能够做出恰当的选择。强调个人能力和环境是重要的，因为在刘易斯拐点后的被追赶阶段，工人实实在在地靠自己，机会成本很高，在他们不喜欢的领域，他们是做不好的。

这意味着，在每一个节点上，为学生提供建议的顾问将与老师和父母一样，对学生最终的教育成就产生重大影响。除了支持需要外部鼓励的学生接受继续教育之外，这些顾问能够帮助学生发现他们的长处以及他们乐于做的事情，以便引导他们到最可能成功的领域。如果有可能，这些顾问还应该被训练去关注独立思想者，并鼓励他们进一步实现其理念。

适当的税收和监管环境的重要性

处于被追赶阶段的国家还必须改进其税收和监管体制，不仅是为了提高国内的资本收益率，而且是为了最大化热门的创造潜能。由此观之，必须强调的是，从无到有的创造以及真正把它们带到市场上常常需要巨大努力，用史蒂夫·乔布斯(Steve Jobs)的话来说，这是“理性人都会放弃的”。相似地，托马斯·爱迪生(Thomas Edison)有一个著名论断：一项新发明就是1%的灵感加上99%的汗水。

虽然某些个体具有强大动力，他们不需要外部的支持，但是，绝大多数人发现在长期的、具有风险的、艰难的创造世界从未有过的事物过程中，外部鼓励是重要的。所以，金融、监管和税收体制应当尽可能地鼓励这样的个人和企业沿着其探索性努力的方向前进。

皮凯蒂将取消累进制所得税视为20世纪70年代后发达国家不平等扩大的原因。[①] 但是，美国率先降低税率，重新取得了高科技的领袖地位，而没有像美国那样做的欧洲和日本出现了经济停滞。这个比较表明，税收和监管的变化必须很大，足以引起人们的关注。在黄金时代和被追赶阶段的经济环境发生如此巨大变化的时候，欧洲和日本传统社会所偏爱的渐进式变革方式会作用不佳。这样的结果还表明，国家未被追赶时，税收体制是理性的，但是，国家处在被追赶阶段时，税收体制不再是恰当的了。

得到公众认同的困难

对于许多国家来说，遗憾的是，这些举措常常被讽刺，认为“皆有利于富人”，遭到具有黄金时代思维的那些人拒绝和抛弃。当经济处于黄金时代时，拥有超量的投资机会，这样做不会导致显著的经济下滑。但是，在需要跑得比追

① Piketty，Thomas(2014)，op. cit.

赶者更快的被追赶经济体中,国家无力充分发挥人民的创造和创新潜能则会有灾难性的后果。未来的增长主要决定于如何在发展有利于增长的基础设施(如自由人文教育体系)和有利于创新的金融、监管和税收体制方面快速形成社会认同,从而最大化人们的创造力。

可是,这并非容易的事情。正如托马斯·皮凯蒂所指出的,20 世纪 70 年代西方不平等日益加剧,并在有些国家达到了惊人的水平。日益增大不平等的收入分配制度正在促使许多发达国家提高富人的纳税额。但是,这样的举动常常表现出对供给侧改革的违背,容易造成事与愿违,挫伤了创新和风险担当,而他们是被追赶经济体最重要的经济增长动力。

2008 年发达国家的房地产泡沫破灭时,事情变得更糟,绝大多数国家陷入了资产负债表衰退。这就恶化了借款人短缺的状况,借款人短缺开始于 20 世纪 70 年代,那时这些国家进入刘易斯拐点后的被追赶阶段。由于需要财政刺激与衰退斗争,当最终摆脱资产负债表衰退时,这些国家背负了大量的公共债务。

面对大量的国家债务,具有黄金时代思维的经济学家和政策制定者自然倾向于尽可能地提高税收。但是,不负责任的加税会挫伤企业创新投资的积极性,从而延长了低水平经济增长时期。这意味着,目前经济摆脱资产负债表衰退,需要抵制提高税收的冲动,因为这是反创新的。只有这样,这些国家才能获得逃脱速度,以抵御追赶者。在日本,这个方面尤其重要。日本债务水平高,并且正统的(即黄金时代)、增加税收的思维依然控制着政府机关、学界和媒体。

今天,绝大多数发达国家正在打两场战争:一场战争的原因是他们处在资产负债表衰退之中;另一场战争的原因是他们正在被能够提供具有吸引力的资本收益的日益具有复杂性的新兴经济体追赶。这意味着,他们完全处在宏观经济学的另一半所述的状态中,对于他们来说,经济体重获前进的动能所需要的逃跑速度很快。所以,这些国家的领导者必须认识到,获得这样的速度,需要付出巨大的努力。

在所有刘易斯拐点后的被追赶经济体中,可能只有美国在需要有利于增长的税收体制方面接近达成社会共识，这就是美国吸引全球创新者的原因。但是，随着富人更富，同时，在过去的 20 年里 80％的人收入没有增长，甚至在美国，提高富人纳税额的冲动也变得越来越强烈。在 2016 年的总统大选中，80％选民的不满也形成了唐纳德·特朗普和伯尼·桑德斯(Bernie Sanders)背后的支持，因此，在公共债务巨大，且多年来大多数人收入没有增长的情况下，被追赶国家的政治挑战是如何说服选民去保持和改进创新友好的税收体制。

不良税制的案例研究：日本的遗产税

人口老龄化或人口减少的被追赶国家要实现持续经济增长，必须最大化处在工作阶段的那些人的劳动生产力，尤其是能够创造新产品并将其转变为可行的企业行为的那些人的劳动生产力。这是因为，当一国被追赶时，新的、报酬优厚的工作岗位只能从新企业中来。如果国家总是在做一直做的事情，将注定被工资水平更低的新兴经济体所取代。处于刘易斯拐点后的被追赶状态的每一个国家必须扪心自问，是否自己的税收与监管体制能够保障研发新产品和新服务的那些人的劳动生产力最大化。

笔者最近指出，在日本承担风险、工作努力且成功了的许多人正在花大量的时间担心其遗产税负担。见此情景，真的感到很悲哀。这么多有能力的人谈论的是如此过时的话题，而他们可以将时间放在扩展企业、追逐梦想上，他们之所以有此担心，是因为在日本该税种的最高税率为 55％，2015 年免税上限大大降低，仅为 30 万美元(按照汇率 1 美元＝100 日元换算)。低于 10 万美元的资产价值税率为 10％，对于 100 万美元资产而言，便快速攀升到 40％的税率。成功人士的关注可以从这样的事实得见：现在的日本书店里充斥着关于这类税收及其如何最小化的书籍。还有，众所周知的是，日本房地产繁荣的一个关键原因是不动产提供了减低遗产税义务的一种途径。

这呈现出来的是人力与物力资源的巨大浪费，是人口减少的日本承受不起的。仅仅因为遗产税，应当扩展他们的企业或者研发多功能干细胞的人却花时间和精力去关注如何管理出租物业，而这样的事情任何人都可以做。这呈现的是广义经济的巨大损失，因为在创办新企业有成功经历的、富有能力的许多人被这个税搞得心烦意乱。

事实是，遗产税推动了房地产行业的大繁荣，却低估了因此而造成的日本资源配置的扭曲程度。毕竟，这个国家的人口在收缩，并且，无人居住的房屋是一个大的社会问题。

人口正在减少还意味着，每个人和每个工人的生产力必须提高，才能维持已有的经济活动水平。为了提高生产力，资源必须得到尽可能有效率的配置。但是，在日本，相反的情况正在发生，后果就是经济出现停滞。

中国台湾地区削减遗产税与资本所得税率至10%

关于这个问题，应当如何解决呢？中国台湾地区最近的实验提供了一些启示。2008年台湾当局实施了强硬的减税政策，将最高遗赠税率降低到10%。

台湾当局最初设想降低税率会显著降低税收，但是，税收根本没有下降（见图5.1）。更重要的是，几十年来逃离台湾地区的资金开始回流，过去出现资金逃离是因为担心税收负担以及海峡两岸的军事紧张局面。资金回流在雷曼兄弟公司倒闭后立即对台湾地区的经济形成巨大支持。

税收之所以没有出现下降，是因为过去花大量时间和资源降低税收负担的人们认为，10%的税率不再值得花精力了。他们决定支付这10%的税，以便把时间和资源投入更具有生产力的其他地方。税收没有下降的事实还意味着，降低税率不会减少可用于再分配给低收入者的资金数量。

从广义经济视角来看，减税消除了资源配置扭曲的事实远远比税收变化重要得多。过去被用于规避税收的所有时间和资源，现在被转化成更大的生产成果了。

与日本相同，台湾地区正在被中国大陆和东南亚等新兴经济体追赶，并且工作年龄阶段的人口于2015年开始减少。由于台湾地区和中国大陆之间不存

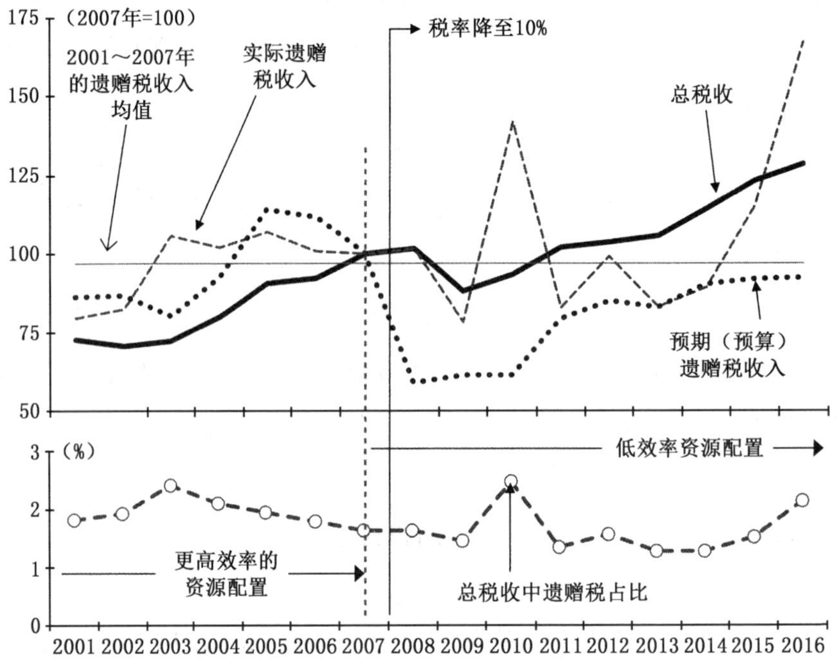

资料来源：野村证券研究院基于台湾地区财政部门数据整理。

图 5.1　台湾地区削减遗赠税增进了资源配置效率，且税收并未下降

在语言障碍，台湾地区经济政策制定者面对的挑战是巨大的，这就是他们实施上述强硬的减税计划的真正原因。

如果日本将其遗赠税从最高水平（现行税率为 55%，并且扣除额很低）降低到 10%，那么，逃往海外或去往不当之处的大量货币和人力资源就会回到属于他们的地方。这样的减税还会鼓励这个国家资产的代际转移，要知道在这个国家里，财富集中在上层社会成员的手中，而他们典型地具有低消费倾向。更为重要的是，努力规避遗产税造成的惊人的资源配置扭曲会被消除，因为人们认为，在 10%的税率条件下，花时间努力规避税收是不值得的。

相对于目前大约 2 000 万亿日元的税收而言，如果实施 10%的税率，很难说遗赠税收是增加还是下降。但是，如果变化能够为具有未来前景的项目不断增加可贵的人力资本，那么，尽管税收有小幅下降也是值得的。

西方的黄金时代持续到20世纪70年代，此前没有竞争者；黄金时代的日本追赶西方，但是，没有自己的竞争者，所有人都受益于经济增长。基于黄金时代经济增长动能，来自税收的收入再分配功能形成的效率损失不足以使增长出轨。尽管拥有对增长并不友好的税率，黄金时代经济体的通货膨胀实际表明，具有决定意义的经济增长动能是多么强大。

但是，现在西方和日本正在被追赶，而不是追赶。如果他们维持黄金时代的税收和监管方式，就会发现自己处于尴尬的境地。尽管货币宽松政策释放了大量的流动性，所有追赶经济体依然承受着接近于0的通货膨胀率，这恰恰表明了具有决定意义的经济增长动能是多么弱。

尽管扭曲的原因各不相同，但在所有国家均已发现税收与监管的扭曲。所以，被追赶国家监管与税收改革的根本目标应当是最小化人们花在税收规避方面的时间，最大化他们擅长从事的活动的时间。

刘易斯拐点后的被追赶阶段，社会重构是一个开放的问题

刘易斯拐点后的被追赶阶段，社会如何自我重构是一个开放的问题。需要回答的问题很多，诸如：过去20年工资停滞，如此之多的工人不幸福，什么才是恰当的劳动安排？真正自由的人文教育成本如此之高，什么才是最佳的教育体系类型？社会应当如何鼓励创新者，而又不会出现对不具有创新天赋的那些人的不公正？社会应当如何帮助那些没有安全保障的人以及由于年龄太大而无法重回学校的人？最后，社会应如何帮助年轻人应对过去无人看见过的新环境？对于社会和政治体系来说，这些都是重大挑战。

针对鼓励创新者和增大经济弹性，还存在着巨大的社会反作用力，尤其是在劳动力市场中。即使在台湾地区，在2017年蔡英文执政期间，最高遗产税率从10%又回到了20%。这样的倒退表明改变社会制度以匹配新的被追赶时代的需要是何等困难。许多人还耐心等待着黄金时代的回归，尽管从那时起根本的现实已经发生了巨大变化，他们还在推动实现2%的通货膨胀目标。

可是,并非所有的消息都是坏消息。加拿大政府、台湾当局正在寻求扩大基础设施建设支出,可能特朗普治下的美国政府也是如此。希望这些国家(地区)所选择的项目能够自负盈亏或足以接近自负盈亏,从而财政行动主义的尝试不是短命的。

对于许多欧洲和日本的传统社会而言,为新生的、打破常规的思想者打开一片领地,还需要某种社会重构。在日本,20 年的经济停滞以及对已有的公司递减的好感正在激发一些大学毕业生创建自己的企业,这是几十年来第一次出现的现象。在一个传统和权威依然居于统治地位的国家里,这是一个受欢迎的变化。例如,在日本企业里,一些年轻工程师很难挑战老资格工程师的成就,因为这样的行为被视为不尊重。很大程度上日本年功序列的刚性已经挫伤了创新。

一些欧洲设计师也移民美国和澳大利亚,以便从如何与何地可以展示他们的创新能力的传统束缚中解放出来。所以,受传统捆绑的社会需要新企业,为新理念和创新打开一片新天地。

如果国内环境不能造就足够的创新者,政府就要考虑从海外引进具有创造力的思想者和创新者。对移民友好的美国到处都是外国出生的创新者,在大学,在商界,他们相互竞争,他们与本土创新者竞争。新加坡也极力吸引外国才俊,不仅邀请那些著名人士,而且邀请他们的整个团队以及家庭成员到新加坡从事研究。被追赶国家应当看到实施和扩大类似的项目,可以获得和留住那些具有创造新思想和新产品能力的人。对于创新型公司来说,股票期权的税收优惠待遇也是有用的。在私人部门真正取得成果之前,这些激励措施并没有让政府付出任何代价,所以,这些措施是相当划算的。

如果税收和监管方面的激励措施不够充分,政府自身就不得不发挥“最后创新者”的功能,去研发新技术,开启研究新领域。在这种情况下,政府有目标的研究支出会鼓励私人部门紧随其后,除非政府捷足先登,否则,私人部门就会发起过去不存在的新型企业。

在这个意义上,被追赶时代的经济体类似于刘易斯拐点前的工业化经济体，政府在新技术方面的基础设施支出能够为私人部门创造投资机会。如果在政府不得不做最后创新者的领域里，要求自负盈亏的项目成为现实，那么，这样的项目多多益善。

新兴经济体的未来

现在，新兴经济体正处在刘易斯拐点后的黄金时期，最终将带着所有挑战进入被追赶阶段。他们应当如何做好准备？他们应当从今天发达国家的经验中汲取什么？

一方面，他们不应当认为现在享有的快速增长会永久持续。一个时代几乎注定要到来，那时，工资提高迫使企业到其他地方寻求更高的资本回报。工资性通货膨胀可以由国内工资水平提高和货币升值推动。随着众多国家加入全球化的“花车巡游”，这些变化很快而不是慢慢到来。这意味着新兴经济体应当基于这样的假设进行运作：税收和监管等方面的制度安排不能一成不变，当经济体从一个阶段走向另一个阶段时，制度安排必须改变。

他们还应当在这样的假设条件下进行运作，即税收的快速增长是黄金时代的特点，未来税收增长也会慢下来。这意味着尽管经济体仍处在黄金时代，那些需要用税收提供融资的项目应得以实施。在黄金时代，人们还喜欢“雄心勃勃”地干大事，意味着要求人们应当在这个时代实施这些项目。同时，政策制定者必须确信，作为黄金时代另一个典型特征的慷慨不会导致大量蠢材的出现。

他们还必须变革和优化其教育体系，以保证不打消不循规蹈矩的思想者的积极性。当经济体正在追赶其他国家时，尽管这类人的价值是有限的，但是，当经济体进入被追赶阶段时，他们将成为经济增长关键的推动者。应当尽早导入自由人文教育体系，鼓励学生独立思考，允许他们挑战现状，具有新思想，开发新产品。

另一方面，历史建筑、历史相邻关系以及文化价值符号不应当以现代化的名义被毁坏掉。国家发展越快，这些文化遗产就显得越加重要，因为在快速变化的环境中，人们需要能够平静浮躁的心理。他们需要心灵家园，这样才能重新确认他们是谁，及他们从何而来。历史相邻和文化纪念碑式的文化符号也可以吸引外国游客，有助于国家赚取外汇。

在这个领域，新兴经济体应当向欧洲学习，欧洲年复一年地吸引大量的外国游客，因为欧洲的建筑遗产在很大程度上保存较为完好。尽管在一些领域欧洲的高科技产业已经落后于美国和亚洲，但是，欧洲的旅游产业每年吸引了来自美国和亚洲数百万旅游者。与具有波动性、极端竞争的高科技产业的收入相比，一国来自建筑遗产的收入更加稳定、可靠。

同时，发展中国家应当意识到，在发达世界里，存在来自前面谈到的“失去的一代”人们反自由贸易的力量。主张“美国优先”的特朗普政府与世界其他地区类似集团的出现使新兴经济体获得在美国和其他被追赶国家的市场优势，更加不容易。这意味着他们不得不接受对自身的经济变革，比如降低来自发达国家进口商的关税，如果他们要继续进入被追赶经济体的市场，早做比不做更好。这一点将在第 9 章进一步讨论。

人类进步的经济宿命

在 5 000 年的文明史中，不考虑人们的背景、宗教信条、性别或性取向以及肤色，就每一个个体而言，人类有了巨大的进步。虽然这个进程远远没有完成，而且，令人遗憾的是，有些领域正在出现倒退，但是，已经远超 100 年前的状况，并且，大多数的变化是在国家进入刘易斯拐点后的黄金时代发生的。那么，人类进步的经济命运是什么呢？对于图 3.12 中所示的所有追赶国家和被追赶国家的终局是什么呢？

人类进步的经济命运似乎将是这样的一个世界：在这个星球上，经济进步的机会对于每个人都是平等的，无关他出生在哪里或成长在哪里。在这个世界里，出生在索马里或乌拉圭的人与出生在美国或德国的人一样，都拥有同样的机会改善自己的经济条件。遗憾的是，今天的世界距离这样的目的依然很遥远。

今天,出生在索马里的人不得不付出超凡的艰苦学习和工作,才能达到出生在美国或德国的不太勤奋的人的经济福利水平。在 20 世纪 50 年代和 60 年代美国的黄金时代,即使技能很少的那些人也能买得起一幢漂亮的房子和一辆大汽车并享有舒适的生活,这对于生活在其他大陆的人们来说,是无法想象的。这就是地域不平等,而这种地域不平等正在被前述的工业化和全球化进程纠正。

在过去的 30 年里,全球化进程获得了来自信息技术产业发展的大力推动,信息技术产业极大地降低了通信成本。结果是现在办公室之外可以从事的工作可以在世界上任何地方完成。信息技术还降低了过去发达国家独享的而新兴经济体所没有的存量优势。例如,就在不久之前,用图书馆藏书量来衡量一所大学的质量。可是,今天许多领域研究所需的大量资料可以通过网络获得。通过互联网链接,这些资料在世界上的任何地方都可以得到。

这意味着,发达国家不学习、不努力工作的那些人逍遥的日子结束了。如果不去提升自己的技能,不去满足现在的需求或走在现实需求的前面,他们的实际工资水平注定停滞或下降。教育体系也必须提升,从而不仅能够造就独立思想者,而且能够提高普遍的教育水平,以保证整个社会而不只是企业能够采取规避行动,抵御后面的追赶者。这意味着如果同时增加教育方面的投入,里根的供给侧改革会更加富有成效(遗憾的是,他没有这样去做)。如果被追赶经济体政府依赖保护主义为有限技能的那些人维持工作岗位,由于其产业会失去同世界其他地区的竞争能力,那么,这个国家将跌出发达国家序列。

这些发展变化还降低了开办公司或创建企业的成本,无论是在发达世界,还是在发展中世界。结果,无论在发达世界,还是在发展中世界,给予那些愿意努力的人们的机会快速增加。

如果希望维持发达经济体的地位,被追赶的发达经济体必须跑得更快。正是不循规蹈矩的思想者的创造创新和突破,才保证了这些国家处于发展进程的前沿。所以,处在刘易斯拐点后的被追赶阶段的国家,其微观经济政策第一位的优先选择应当是,执行最大化创新和国内投资机会的税收激励和其他相关措施。

第6章

直升机上撒钱与量化宽松政策陷阱

老的信仰难以消除。尽管在解决因借款人缺失(状态3和状态4)诱发的问题时,财政政策是最有效的补救方案,但是,从未考虑过私人部门转向追求债务最小化可能性的正统经济学家们继续主张依赖货币政策,而他们设计的货币政策只能用以解决出借人缺失(状态1和状态2)引起的问题。既然状态1和状态2的关键假设是,存在愿意借款的私人部门借款人,在他们的思想中,恰当的回应就是降低预算赤字,从而消除挤出现象,同时采取宽松货币政策。这正是第2章中已经提到的三家中央银行所做的事情。

尽管在实施了负利率以及大量的量化宽松政策后,日本和欧洲经济体达到通货膨胀目标仍有困难,现在,出现一些人开始讨论"直升机上撒钱"的可能性。这可能标志着货币政策万能论的信奉者的路已经走到尽头。尽管在资产负债表衰退中这些政策毫无作用,但是,货币政策万能论的信奉者继续迫切要求进一步实施货币政策。

不顾2008年后全部相反的事实证据(见图2.9至图2.14),这些忠实的信奉者实施的超越零利率的各项政策(其中有量化宽松、负利率、超前指导和通货膨胀目标)都失败了,均未达到预期结果,现在,他们已经穷途末路,撞向了指示牌:"最后一站:直升机上撒钱。"

在某种意义上,这是一种信仰:在这些经济学家相信货币政策有效性的心理基础上,如果钱是从空中掉下来的,总会有人捡起来,进而消费,提振经济。例如,最强烈主张日本实施货币宽松政策的学者之一、早稻田大学教授田部昌澄(Masazumi Wakatabe)宣称:"绝不开玩笑,如何提高名义 GDP 的问题向来只有一个答案:直升机上撒钱。"[①]这就是他们的信仰,既然在直升机上撒钱就总是能使经济复活,那么,稍微不那么极端的政策比如量化宽松和通货膨胀目标也能够刺激经济。

直升机上撒钱的四个版本之一:从空中抛洒货币

综观直升机上撒钱之辩,相关辩论显示,所讨论的实际政策可以划分为四种主要类型。第一类就是直升机上撒钱的字面意义,即从直升机上把钱抛洒下来。这样会有作用吗?

至少在日本,这依然是另一个彻底的失败。这是因为,当一个日本人发现躺在地上的一张 10 000 日元钞票时,她会将钱送到最近的警局,而不是把钱花掉。仅当这个国家的人没有正确观念和错误观念时,直升机上撒钱政策才能发挥作用。

认为直升机上撒钱定能够使经济复苏的更加根本的缺陷是,它只是关注了买方的逻辑,而完全忽视了卖方的逻辑。没有道德的人会把天上掉下来的钱拿去购物,但是,没有理由认为卖方会接受这样的钱。没有卖方会用商品和服务去换天上掉下来的钱。

卖方愿意用商品和服务换钱,仅仅是因为他们相信货币的供给受到中央银

---

① Wakatabe, Masazumi (2016), Herikopta Mane to wa Nanika (3) ("What Constitutes Helicopter Money?"), *Nikkei*, June 20, 2016.

行严格控制。如果货币开始从天而降,卖方会拒绝接受这样的货币作为购买商品的支付手段。如果当局真正开始在直升机上撒钱,那么,商店要么关门,要么要求用外币或黄金来支付,于是,经济就会快速崩溃。没有经济体会如此不幸,以至于不再拥有人民相信的本国货币。

令人吃惊的是,主张直升机上撒钱的经济学家从没有考虑到商品和服务卖方的看法。一旦卖方清楚了正在发生的情况,他们没有理由去接受天上掉下来的货币。由于认为直升机上撒钱(货币政策的最后形式)能够起作用,从而主张货币政策是有效的,这是完全无知的,这些人忽视了经济体的另一半:卖方。讨论货币政策安排到了这样极端的程度,将导致经济崩溃,而不是复苏。在有记载的历史中,从来没有发生这样的情况:没有可信的本国货币的经济体比拥有本国货币的经济体表现更好。

直升机上撒钱的四个版本之二:政府直接赤字融资

赞成直升机上撒钱的一些人会说,现在讨论的直升机上撒钱政策并不是真正要从直升机上抛洒货币,而是要求中央银行对政府财政支出进行直接融资。这里的观点是,既然财政支出有助于经济,那么,政府来自中央银行的直接融资应当更有助于经济。

这个观点存在两个问题。第一,正如第 2 章中所指出的,当经济体处在状态 3 和状态 4 时,财政刺激计划的融资,政府不需要获得中央银行的帮助。财政刺激所需资金正以未被借出的私人部门储蓄的形式存在于金融市场之中。金融机构的资金经理(至少欧元区之外的)更乐意将钱借给政府,因为政府是仅剩下来的借款人。相应地,这种情况也使政府债券收益率降到了非常低的水平。

第二,这种直升机上撒钱的货币政策不起作用的原因与量化宽松失败的原因并无二致,关于量化宽松无法像三家中央银行期待的那样扩张货币,第 2 章中已经提及。当经济体处在状态 3 和状态 4 时,财政刺激将为经济体提供巨大的推动力，财政刺激绝对重要。但是，中央银行对财政刺激计划提供直接融资的方法不会比"非直接的"量化宽松（QE）更能刺激经济和提高通货膨胀。

尽管中央银行的直接融资将提高银行系统的准备金，但是，这些准备金会被套牢在银行系统，这将与量化宽松提供的准备金被套牢的路径完全相同。当私人部门没人愿意从银行借款并将钱注入实体经济时，量化宽松提供的准备金就被套牢了。换句话说，中央银行如何获得政府债券是一个毫不相干的问题。日本（自1990年）和西方（自2008年）增长和通货膨胀率双双处于低水平，无关于货币政策如何安排，只是因为在泡沫破灭后，面对巨大债务风险的私人部门停止了借款。

直升机上撒钱的四个版本之三：现金直接送给消费者

直升机上撒钱的第三个版本涉及直接拿出钱来给消费者，而无需通过金融机构。至少这种方法认识到了经济体处在状态3和状态4时，笔者所指出的直升机上撒钱的第二个版本的困境，即没有私人部门借款人的帮助，中央银行注入的流动性无法离开金融部门，无法进入实体经济。

直升机上撒钱的第三个版本的情形是这样的：一天早晨，一名消费者打开自己的邮件箱，发现中央银行寄来的一个装满数千美元现金的信封。尽管这个发现会带来有钱的快乐，但是，一旦她了解了周围的人都得到了同样的信封，她会感到后背发凉。除非涉及的货币数量很小，否则，整个国家将很快陷入恐慌状态，因为人们会对中央银行失去信心，不再了解自己国家的货币价值。即使不考虑这些现金获得者会去做些什么，商品和服务的卖方将被迫自我保护，商店门前会挂出这样的提示：要求用外国货币或黄金支付。如果货币真的从直升机上掉下来，其情景无异于噩梦。

直升机上撒钱的四个版本之四：政府发行临时通货凭证与永久性零息国债

直升机上撒钱的第四个版本涉及政府（取代中央银行）印钱，或者用永久性零息债券代替中央银行持有的政府债券。提出这些政策建议的人希望通过政府发行临时通货凭证与永久性零息国债为财政刺激计划提供融资，而政府发行的临时通货凭证与永久性零息国债不被视为政府负债，可以诱发正在储蓄的人们花钱，因为人们关心财政赤字的规模大小以及未来税收提高的可能性。

经济学家所说的公众不愿意花钱，是因为人们担心未来的税收增多，如李嘉图平衡财政理论所说的那样。这里的“平衡”指的是一种可能性，即赤字支出或减税对经济仅有有限的刺激作用，因为公众将会开始增加储蓄，为未来的税收提高做准备，于是，抵补了支出和税收的削减。

然而，如果这种平衡站得住脚，还意味着，既然较高的税收决定未来赤字下降，那么，政府每一次提高税收，消费都会增长。在真实的世界里，这种现象从来都没有出现过，这样的事实表明上述说法是凭空推测。笔者本人没有遇到过任何一个人之所以克制购买行为，是因为由于今天增大了政府财政刺激，害怕税收最终会提高。即使是无休止地谈论李嘉图平衡财政的经济学家，也不会这样去做。这意味着，只有少数人会因为政府为支出融资采用了发行临时通货凭证与永久性零息国债措施（取代了传统的债券）而花钱。

如何消除超额流动性的问题，尚无答案

到此，我们看到，量化宽松与直升机上撒钱所有版本的最大问题是，当经济恢复时，中央银行在解除这些政策时最终面对的困难。虽然这会是两个步骤——讨论如何击败通货紧缩，私人部门迟早会完成资产负债表修复并恢复借款。

但是，借款不会恢复到黄金时代的水平，因为现在发达国家处于被追赶阶段。可是，其会显著超过目前的水平，因为目前私人部门承受着资产负债表问题和缺乏国内投资机会。当资产负债表问题消除时，资金需求会变为正，通货膨胀会显著加速，除非中央银行抽干了量化宽松或直升机上撒钱政策下注入经济体的超额流动性。

例如，通过量化宽松政策，美联储创造的超额准备金达到了法定准备金水平的12.5倍（见图6.1）。这意味着如果企业和家庭恢复借款势头强劲，美国货币供给可以上升到目前规模的12.5倍，通货膨胀可以高到1 250%。相应的比率分别是：日本为32.5倍，瑞士为30.5倍，欧元区为9.6倍，英国为15.3倍。这些国家尚未面对这样的通货膨胀的唯一原因是，他们的私人部门没有开始借款——事实上，尽管在接近零利率的利率条件下，他们正在储蓄，或者说，正在偿付债务。

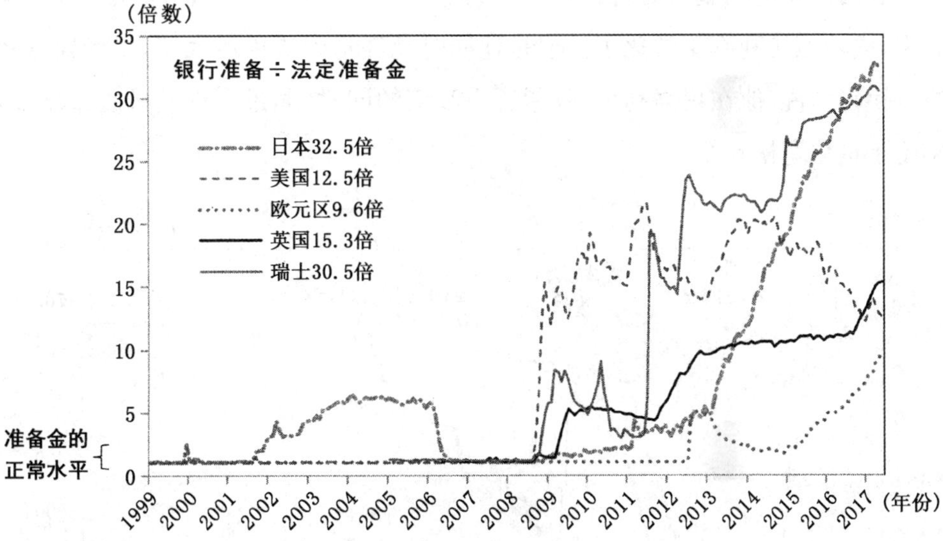

注：2009年3月英格兰银行暂停了准备金标准。2009年3月之后的数字基于这样的假设：原准备金标准依然运用。

资料来源：野村证券研究院基于日本银行、美联储、欧洲央行、英格兰银行以及瑞士国家银行的数据整理。

图6.1　量化宽松政策开场容易、收场难：中央银行必须大规模降低准备金以免信用爆炸

因为这些经济体不再处于黄金时代，即使借款人回归，货币供给增长和通货膨胀率也不可能接近潜在的最大值。但是，如果货币供给和信用增加达到潜在最大值的十分之一，也就是，125%的增长，而不是1 250%的增长，通货膨胀率依然可以升高到令人不满的水平。

既然在量化宽松政策下，美联储已经创造了大约2.1万亿美元的超额准备金，日本银行已经提供了大约305万亿日元，那么，一旦私人部门恢复了借贷需求，这些中央银行就必须将超额准备金削减到现有水平的某个比例。但是，准备金这种极端减少就要求中央银行抛出他所持有的债券，这对于经济和债券市场来说将是一场噩梦。

图6.2显示在美国，货币政策正常化需要做什么。图6.2显示，利率和基础货币都必须正常化，这是一项过去从来没有想到过的任务。艾伦·格林斯潘在互联网公司泡沫破灭后曾将利率降到了1%，从2004年开始17次提高政策利率，成功地使利率正常化了。但是他同时允许基础货币增大了，尽管速度较慢。换句话说，他在提高利率，收紧货币政策的同时，通过允许基础货币增加，实施了量化宽松政策。

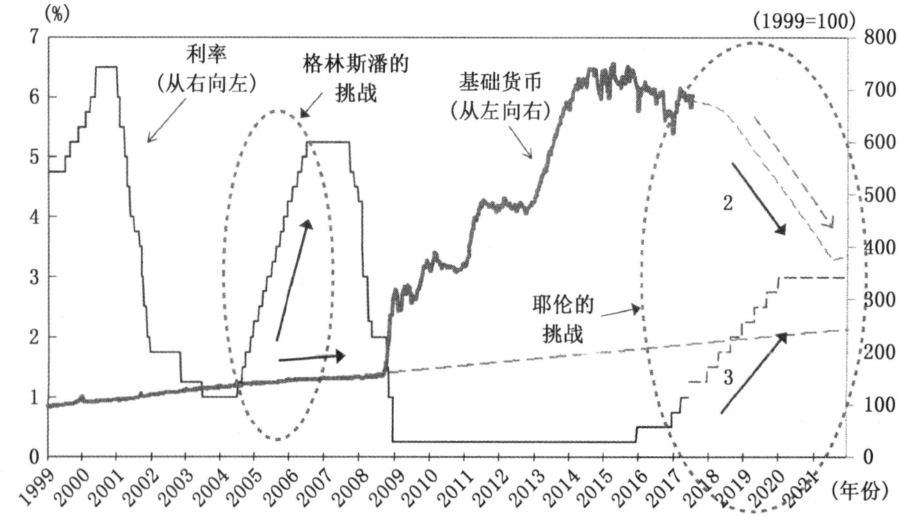

注：(1)最后两次提高利率是在伯南克治下。(2)按照计划，猜想需要45个月。(3)猜想需要“数年”。

资料来源：野村证券研究院、美国联邦储备系统行长委员会。

图6.2 货币政策正常化要求既提高利率又收缩基础货币

加内特·耶伦及其继任者将必须在提高利率的同时收缩基础货币。后一项任务的内在困难是量化宽松政策的成本之一，这是传统的中央银行家们从未面对过的困难。

需要一个冲击吸收器

2014 年 9 月，当美联储逆转货币政策正常化的排序时，美联储明确了关于基础货币正常化任务的巨大困难和不确定性。在这个日子之前，关于解除量化宽松政策的美联储官方立场是，首先正常化其资产负债表（也就是收缩基础货币），然后，着手利率正常化。但是，随着围绕基础货币正常化任务的巨大困难和不确定性变得清晰可见，出于以下原因，反转了顺序。

美联储从来没有在债券市场上抛售几万亿美元的政府债券的经验，但是，美联储有提高利率的充分经验。首先提高利率，并且仅当利率回复到足够高的水平时，正常化其资产负债表，这样，一旦资产负债表正常化过程中触发了债券市场崩溃，美联储就拥有了一个冲击吸收器。换句话说，如果资产负债表正常化导致债券价格大跌，美联储可以降低利率，从而缓解冲击。

当私人部门不借款时，提高利率是一件需要细心和技巧的事情。事实上，某些金融环境指数真实地显示了，尽管美联储安排的政策性利率较高，但是，2017 年春季的借款条件是宽松的（见图 4.1）。可是，这没有让美联储停止提高利率，这样做的关键原因之一是为了获得冲击吸收器。

虽然私人部门借款人缺失还表明无需急于正常化操作，但是，实施了量化宽松政策的中央银行必须比那些没有实施量化宽松政策的中央银行更快行动起来。这是因为，如果借款人回归，并且市场开始相信提供了如此多的资金之后中央银行的行动跟不上通货膨胀，那么，债券收益就会飙升（因为债券持有人试图避免通货膨胀的影响）。相应地，债券收益急剧上升，将会导致非常令人不满意的经济后果。为了避免这样的干扰，如果正常化过程能够顺利运作，在私人部门资金需求强势回归之前，实施了量化宽松政策的中央银行就必须开始正常化。这是因为，如果没有私人部门借款人，即使美联储开始抛出债券，债券收益也只能提高到一定的程度。

相对于股票市场，美联储更关注房地产市场

美联储快速正常化货币政策的另一个原因是，在某些部门的资产泡沫的出现，尤其是在房地产市场的资产泡沫的出现。正如在第 2 章中所提到的，即使是在资产负债表衰退中，微小泡沫也是可能的，因为传统借款人的消失迫使基金经理人寻找任何可以升值的资产。但是，对于中央银行来说，这样的泡沫是极其不受欢迎的，毕竟 2008 年的房地产泡沫崩溃触发了西方世界战后最严重的衰退。

尽管媒体关注的是股票市场对美联储政策变动的反应，而美联储更关注商业不动产价格，现在，商业不动产价格已经高于 2007 年的泡沫峰值。尽管在本书写作时的住房价格依然略低于 2006 年的峰值，像旧金山的住房价格也已经超过了泡沫峰值，这得益于与其相邻的硅谷繁荣(见图 6.3)。

由于这些市场的资产价格泡沫已经较为明显，如果货币当局感到压力，需要快速采取措施避免重蹈前十年泡沫的覆辙，则是不足为奇的。仅仅商业不动产价格的飙升就足以让人们得出这样的看法：美联储已经准备对资产价格采取措施了。美联储圣路易斯分行行长詹姆士·布拉德(James Bullard)指出，需要控制资产价格上升，这是实施早前的从紧货币政策的关键原因之一。

在货币政策正常化的道路上，美联储能否控制微小泡沫破灭的影响，取决于金融体系中私人部门的杠杆比率。如果私人部门杠杆比率较高，泡沫破灭会导致较大的混乱，而若杠杆比率不高，造成的任何纠偏都是可控的。

从私人部门杠杆比率的视角看一看美国经济。上一次危机的触发者——家庭部门——稳步降低了杠杆比率(见图 2.16)。即使像旧金山这样住房价格出现泡沫的地区，据说绝大多数高价值的住房交易也都是现金全款交易。

遗憾的是，这并非商业不动产的情况。商业不动产市场的绝大多数交易是用借来的钱。几乎没有企业用现金去购买商业不动产。所以，美联储官员非常

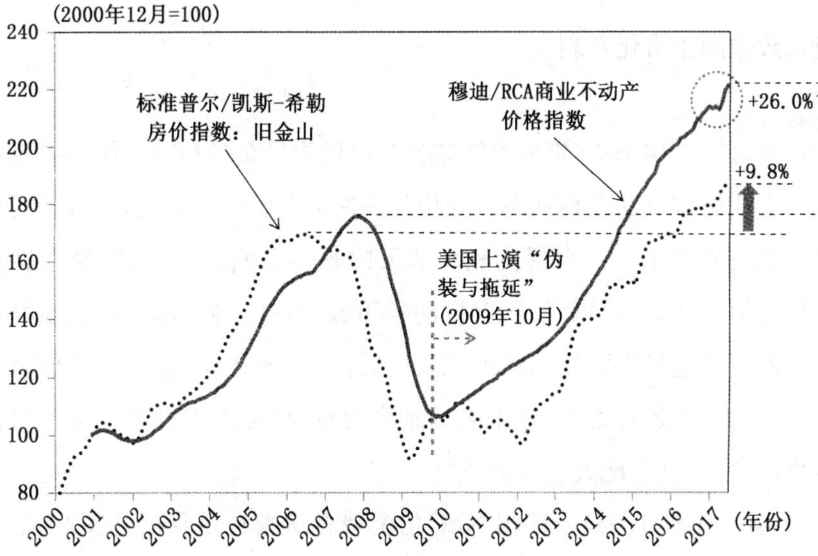

注：“Policy Statement on Prudent Commercial Real Estate Loan Workouts”(October 30, 2009)。

资料来源：野村证券研究院基于不动产资本分析公司(Real Capital Analytics,RCA)的穆迪/CRA 商业不动产价格指数(CPPI)；标准普尔道琼斯指数，标准普尔/凯斯一席勒房价指数计算。

图 6.3　资产价格提高也推动了美联储的货币政策正常化

关注这个市场，自 2016 年以来已经实施了强劲的宏观审慎措施，限制不动产贷款。图 2.9 中显示的自 2016 下半年以来信用的温和增长，反映出美国货币当局所采取的这项宏观审慎政策。

不动产泡沫的出现不仅仅是美国的问题。由于欧洲央行的量化宽松和负利率政策，自 2015 年以来德国的不动产价格也出现了急剧上涨。甚至在日本，即使在负利率、质量双宽松和第 5 章提到的遗产税变革的政策环境下，普通地区的不动产价格也在上涨。2017 年东京中心地带银座地区的不动产价格已经达到了历史上的新高，这是 27 年前泡沫破灭后的首次。

货币政策的正常化开启

2015年12月16日，9年来美联储公开市场委员会(FOMC)第一次赞同提高利率。美联储官员在提高利率后的相关评论给人们的印象是，中央银行极其关注降低通货膨胀水平。在提高利率那天的媒体见面会上，美联储主席耶伦说："如果我们不开始略微降低所安排的货币数量，有一种可能性，就是经济体中我们的就业和通货膨胀目标将出现大幅震荡。"[①]她还说，如果美联储将货币政策正常化时间推迟得太长，在未来的某个时点，很可能不得不采取相对强烈的从紧货币政策，这会增大衰退的风险。

2016年1月6日在接受美国NBC的消费者新闻与商业频道(CNBC)采访时，美联储副主席史丹利・费雪宣称，对紧缩货币政策的步骤，市场预期"太低"，这表明2016年美联储有信心、有能力沿着路线图四次提高利率。[②] 他还说，鉴于股市和商业不动产市场均出现了微小泡沫，为了"防止出现超高的资产价格"，美联储需要推进货币政策正常化。费雪先生警告说，如此高的资产价格会"造成市场大混乱"，可能最终需要快速提高利率，而快速提高利率将引发股票价值、债券价值和其他资产价值的迅速下跌。

美联储官员的这些言论表明，他们已经完全注意到了在2%的通货膨胀目标达到之前，当私人部门已经恢复借款时，坐视不管的危险。当私人部门重新恢复借款，美联储收紧货币的一个意图是推动利率迅速提高，即耶伦所说的"突然紧缩"情景。相应地，这将导致史丹利・费雪所说的情景，即资产价值和经济体崩溃的"大混乱"，这是美联储不惜一切代价注定要避免的后果。

---

① Board of Governors of Federal Reserve System (2015) "Transcript of Chair Yellen's Press Conference, December 16, 2015," p. 10. www.federalreserve.gov/media-center/files/FOMCpresconf20151216.pdf.

② CNBC (2016) "Fed's Fischer: Markets Missing Mark on Future Rates," January 6, 2016. www.cnbc.com/2016/01/06/feds-fischer-uncertainty-has-risen-in-markets-unsure-of-n-korea-news-impact.html.

当前当局与市场的冲突循环还在继续

可是，尽管有前述的事前预防，但是，当美联储表示一年内将四次提高利率时，在 2016 年早期 9 年来的第一次利率提高还是激起了巨大的市场波动。市场反应迫使美联储推迟提高利率。波动的出现不仅是因为许多市场参与者已经习惯了货币宽松政策，而且是因为在通货膨胀率远低于通货膨胀目标时，美联储就采取了紧缩货币政策。但是，美联储决心对资产价格和一般价格水平采取行动不能落在后面，从以下事实可见一斑。2016 年 3 月美联储公开市场委员会会议决定不提高利率，以帮助恢复市场稳定，而在刚刚做出决定时，美联储高级官员重新谈论下一次提高利率的决议将最早在 2016 年 4 月末美联储公开市场委员会会议讨论。

例如，在 2016 年 3 月末，美联储亚特兰大分行行长丹尼斯·洛克哈特(Dennis Lockhart)和美联储旧金山分行行长约翰·威廉姆斯(John Williams)都建议 4 月的利率提高应当进入程序。威廉姆斯说，1987 年 10 月黑色星期一股票价格下跌 30%并没有对实体经济产生任何影响。他还引用经济学家萨缪尔森的俏皮话，即股市预测了“过去 5 次衰退中的 9 次衰退”，提出自己的观点，旨在强调股市和实体经济不是一码事。[①] 美联储副主席费雪也指出，在 2011 年，很大程度上，美国经济没有受到证券价格大幅波动的影响。

事实上，一旦恢复镇定的市场强化了考虑货币政策正常化的美联储的紧迫感时，这些论调就会出现。这表明，进一步提高利率的预期管理是一项艰难的工作。更重要的是，4 月可能提高利率的暗示表明，对于一些美联储官员来说，尽管 2016 年早期出现了严重的市场混乱，也仅仅是通过美联储公开市场委员会的一次会议将利率提高延迟了，或者说，仅仅延迟大约 6 周的时间。

---

① Williams, John C. (2016)“The Right Profile: Economic Drivers and the Outlook,”a presentation to Town Hall Los Angeles, February 18, 2016. www. frbsf. org/our-district/files/Williams-Speech-The -Right-Profile_Economic-Drivers-and-the-Outlook. pdf.

“量化宽松陷阱”的第一次重现

这是笔者过去发表的著作中提出的“QE 陷阱”(量化宽松陷阱)的第一次重现。在投资者和当局的冲突周期中,市场混乱促使美联储退一步,但是,这一步止于市场均衡点恢复,在市场均衡点恢复时,美联储会重新驱动货币政策正常化。就像 2016 年 1 月所见的,货币紧缩触发的股票市场下跌将迫使美联储停止货币政策正常化,但是,一旦市场重新镇定下来,美联储就必须重新向前推进货币政策正常化,因为货币政策正常化之路很漫长。相应地,这又会激发另一轮波动。在银行系统内的超额准备金数量既定的情况下,市场与当局冲突中退守与推进的不断重现会多次表面化,直至货币政策正常化得以实现。

图 6.4 描述了在两种情形下长期利率的可能表现。一种是中央银行采取量化宽松政策的情形(用实线表示);另一种是中央银行没有采取量化宽松政策的情形(用虚线表示)。当中央银行在泡沫破灭之后采取零利率而不采取量化宽松政策时,长期政府债券收益率依然会急剧下跌,因为发行本币标价的固定收益资产,政府是仅有的借款人。在资产负债表衰退时期,政府债券收益下降是经济体自我纠正机制,这在第 2 章中已经说明。

一旦几年后经济体显现出活力,与经济和私人部门贷款复苏相一致,债券收益就会慢慢提高。就这一点而言,因为经济最终得到复苏,人们会高兴起来,并松了一口气。为了适当的经济复苏和通货膨胀目标,中央银行会同步提高短期利率。在经济复苏过程中,这是货币政策和债券收益通常的特征。

然而,实施量化宽松政策或直升机上撒钱的中央银行面对的是完全不同的局面。在这样的情况下,与未实施量化宽松政策的情况相比较,长期利率将下降得更厉害并且更快速,因为中央银行也将大量购买政府债券。如此低的利率通过资产组合再平衡效应,注定对资产价格形成支持,从而,与未实施量化宽松政策的经济体(t_2)相比,较快地带来经济复苏(t_1)。

可是,一旦经济开始复苏,随着利率提高,市场便开始兴风作浪,迅速消除

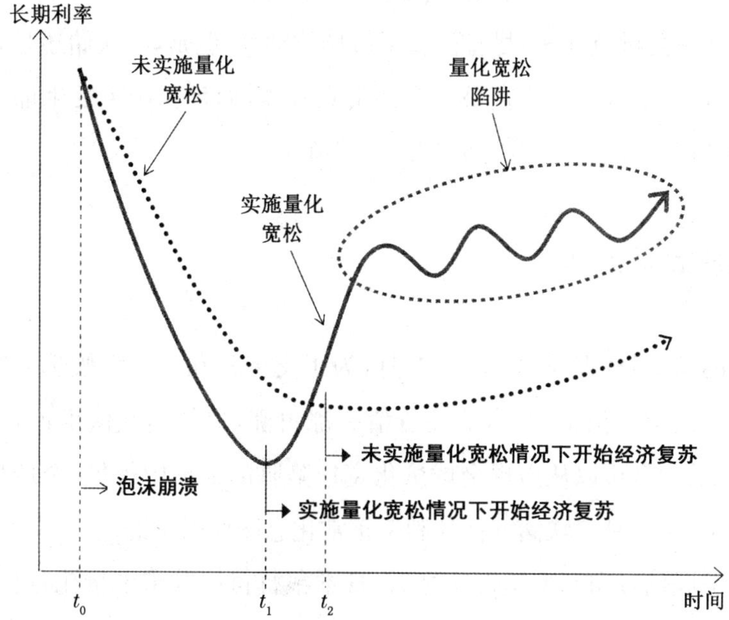

图 6.4　量化宽松政策“陷阱”(1)：当量化宽松被取消时，长期利率或汇率将急剧升高

超额流动性。市场参与者必须勇敢面对，因为为了抽干超额流动性，中央银行必须向市场投放长期债券，数量一定是巨大的。如果美联储不得不出售这些债券，债券价格一定下降，收益就会上升。如果美联储持有债券至到期日，那么，代替美联储行为的是，财政部就不得不出售对等的债券数量来吸收超额流动性（这一点将在下面进行进一步讨论）。如果美联储想推迟其资产负债表正常化，那么，美联储就必须提高利率，并且更快占得先机。

在某种程度上，市场参与者对货币宽松政策已经成瘾，中央银行货币政策正常化带来的逆向资产再平衡效应（等于负的财富效应）相当于痛苦的戒毒经历。可是，站在政策当局的立场上，仅仅戒毒的痛苦不足以构成停止治病救人的原因。如果痛苦之状极其严重，可以暂停治疗，但是，一旦市场稳定下来，为了避免中央银行失去先机，就需要恢复治疗。

2015 年 12 月 16 日，美联储在 9 年来第一次采取了提高利率的措施。此后的 2016 年 1 月出现了市场混乱，这是信号，即经济体开始了经历量化宽松陷阱的漫长旅途。关键点在于，尽管提高了市场波动性，但是，美联储还是要提高利率，因为不仅为了取消量化宽松需要冲击吸收器，而且要避免发生耶伦所说的"突然紧缩"情形或者费雪戏称的"大混乱"情形。

全球量化宽松陷阱

后续的情况是，直到 2016 年 12 月，为了支持共和党总统候选人特朗普和其他一些人的贸易保护主义，美元价值一涨再涨，迫使美联储推迟货币紧缩。可是，美元的力量可以从出现全球量化宽松陷阱的证据中得见，全球量化宽松陷阱是 2014 年 9 月美联储宣称其利率正常化意图而引发的。

就在美联储宣布利率正常化之后，日本银行再次实施了量化宽松政策，欧洲央行也开始表现出会接着实施自己的量化宽松政策。于是，美国提高利率的预期与日本、欧洲降低利率的预期导致资本从日本和欧洲快速流向美国国债市场，以寻求更高的收益，推动美元快速升值，但也阻止了美国长期利率的提高，因此，推动了美国商业不动产部门的繁荣。

然而，美元升值对美国制造业造成了沉重的压力，也增强了在 2016 年的大选中强烈反对自由贸易的声音。既然贸易保护主义会迅速破坏世界贸易，为了避免美元进一步走强，美联储不得不推迟提高利率的打算。

2014 年夏季开始，美元对日元和欧元汇率仅升值了大约 20%，但是，到 2016 年早期已经大幅攀升，对墨西哥比索升值了 48%。对加拿大元升值了 37%(见图 6.5 和图 6.6)。这两个国家不仅是美国主要的贸易伙伴，而且大量的美国公司都同时在两个国家或其中一国有自己的工厂。所以，必须面对这两个国家工厂竞争的美国工人们担心如此大幅度的美元升值。

总统候选人特朗普和伯尼·桑德斯利用了这样的情势。他们反自由贸易的立场得到了蓝领工人极其广泛的拥护，而美元升值，这些蓝领工人承受着压力。特朗普甚至建议向墨西哥的某些进口商品征收 35%的关税，以帮助美国

注:2014 年 9 月 17 日美联储宣布货币政策正常化。

资料来源:美联储。

图 6.5　美联储宣布货币政策正常化后,美元对墨西哥比索飙升

工人和公司与来自墨西哥的进口商品展开竞争。

贸易保护主义的呼声如此之大,以致希拉里·克林顿(Hillary Clinton)都被迫宣称她反对亲自参与订立的跨太平洋伙伴关系(TPP)目前的形式。她的不常见的立场转变可以归因于这样的事实:不仅针对日元和欧元,而且针对加元和墨西哥比索的美元大幅升值,已经使得在美国很难贩卖自由贸易观点。事实上,当她接受 2016 年竞选总统的民主党提名人时,整个会场上都充满着一个信号,即“向 TPP 说不”。

看到了国内外强势美元的政治与经济影响的美国当局(下面将讨论这个问题)只有一个选择,就是控制造成这些问题的美元升值。毕竟任由自由贸易的否定者大行其道,会对全球经济造成严重后果。财政部部长杰克·卢(Jack Lew)和美联储主席加内特·耶伦不得不自问,是否可以做些什么,以减缓美元升值。所以,在这一轮量化宽松陷阱中,与其说是股价下跌和债券收益提高,不如说是美元飙升迫使美联储放慢了货币政策正常化的速度。因为对美联储利

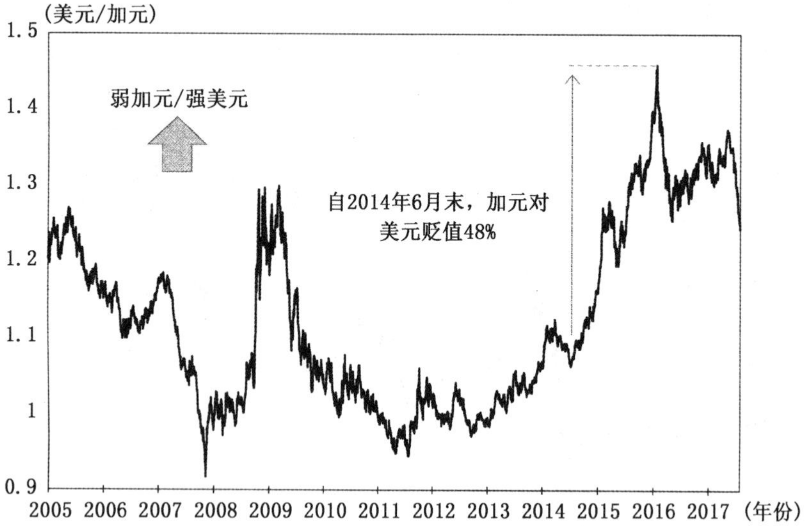

注:2014 年 9 月 17 日美联储宣布货币政策正常化。

资料来源:美联储。

图 6.6　美联储宣布货币政策正常化后,美元对加元飙升

率提高的预期助推了美元升值,所以,美国货币当局不得不在总统大选结束之前控制利率提高。

人民币对美元大幅升值引发了中国经济下滑

量化宽松陷阱(强势美元的一种形态)还为中国政策制定者制造了麻烦。事实上,强势美元助推了美国支持贸易保护主义的公众爆炸式增加,造成了全球量化宽松陷阱,搁置了 2016 年下半年美联储的货币正常化。

自 2012 年以来,中国适龄劳动人口下降,中国政策制定者预见到经济会出现一定程度的下滑(见图 3.12),其中有一个关键的决定因素是,与美元汇率一道,人民币对绝大多数世界主要货币快速升值,这种情况始于 2014 年 9 月(见图 6.7 中的圆圈处)。

2005 年至 2014 年年中,人民币对美元升值了 35%,但是,名义汇率仅仅提

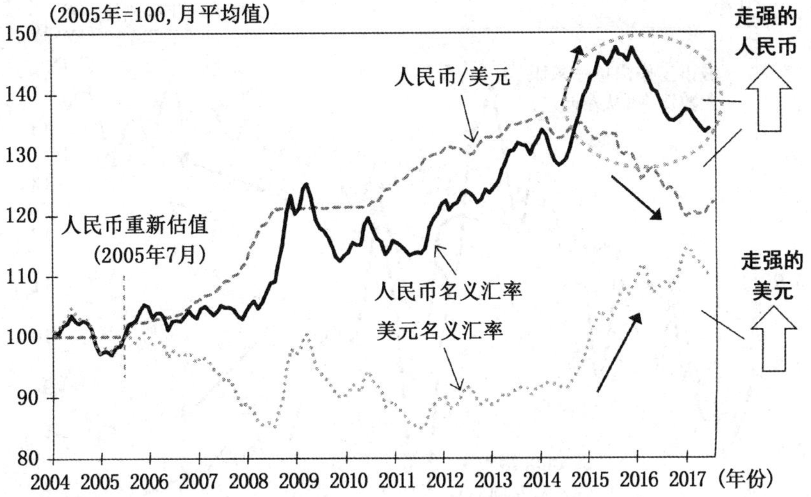

资料来源:野村证券研究院,基于美联储和国际清算银行的数据。

图 6.7　2014 年后美元走强导致美国和中国出口企业出现问题

高了大约 30%,因为这个时期美元相对较弱。对于快速增长的中国经济来说,10 年间如此大幅度的货币升值也算温和,足以克服带来的问题。

但是,随着美联储宣布货币政策正常化,2014 年 9 月美国货币开始升值,使美国货币在名义汇率的基础上提高了接近 20%(见图 6.7 的底部)。既然中国实际上将货币盯住美元,人民币也就被绑上了"战车",在名义汇率上升 30%的基础上又升值了大约 15%。

美元走强对美国制造业、农产品生产者和其他出口企业造成了沉重打击,但是,出口仅占美国 GDP 的 9%。强势货币对中国的影响也较为严重,因为中国出口在经济总量中的占比接近 23%(两国的数据均基于 2014 年的贸易统计数据)。

2015 年中期,多年来一直上升的工作岗位—求职人数比率(job-to-applicant ratio)突然跌到历史趋势线以下(见图 6.8 中圆圈区域)。

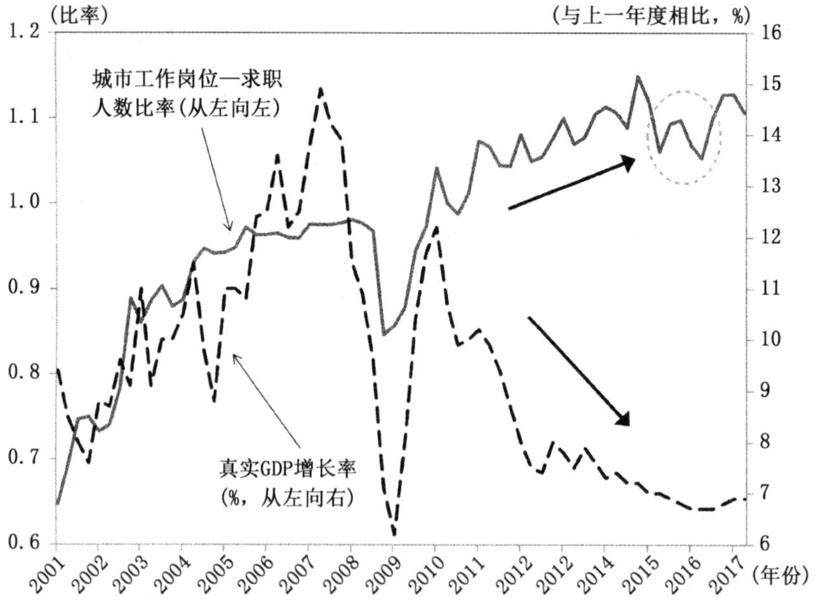

资料来源：中华人民共和国国家统计局、人力资源和社会保障部，以及中国香港环亚经济数据有限公司(CEIC)。

图 6.8 人民币对美元升值后工作岗位—求职人数比率开始下降

人民币脱离美元面临高昂代价

中国经济和劳动力市场的下滑导致 2015 年 8 月中国决定人民币与美元脱钩。一定程度上引起了亚洲其他国家的货币币值下跌(见图 6.9)。

更重要的是，人民币与美元脱钩激起热钱突然逃离，而这些热钱过去出于持续从人民币上获得收益的预期而流入中国，这就迫使中国政府实施干预措施，以支持人民币。在 2014 年之前的 10 年里，在名义汇率的基础上人民币价值攀升超过 30%，由于投机者预期人民币会进一步升值，中国经历了大量资本流入的历程。在 2015 年 8 月之前，这些流入资金在推动人民币升值过程中起到了重大作用。

可是，当 2015 年 8 月当局砍断人民币与美元之间的关联时，投机者认识到

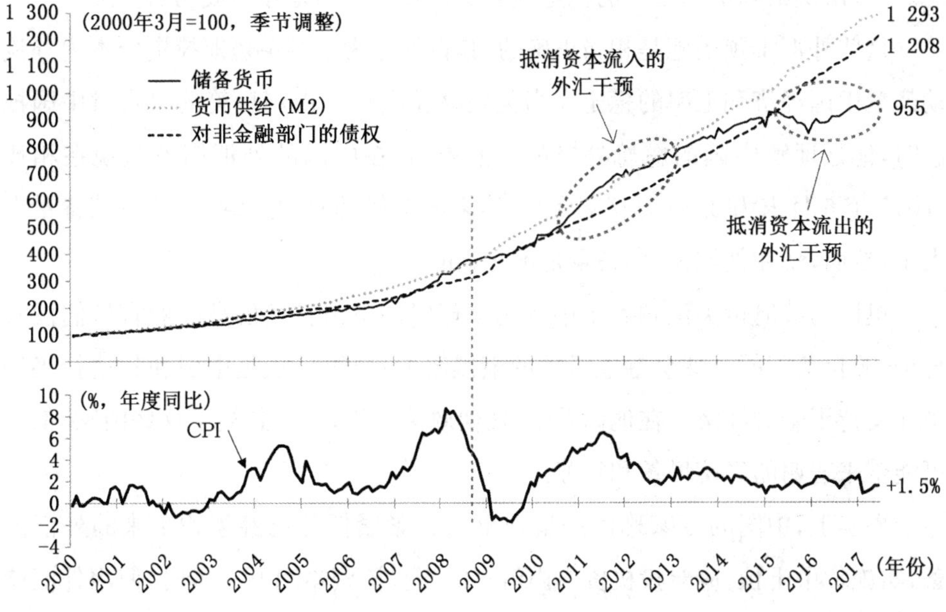

注：野村证券研究院进行了季节调整。

资料来源：野村证券研究院基于中国香港环亚经济数据有限公司(CEIC)和中国人民银行的数据库。

图 6.9 中国货币总量与美元脱钩

人民币币值还将走低。于是，这样的认识导致资本大量外逃，并且，这些外逃资金对中国股市造成了沉重的打压。

过去，中国人民银行干预外汇市场以避免投机资本流入导致人民币过度升值。这就导致其积累了大量的外汇储备。自2015年以来，由于投机资金想办法逃离中国，中央银行使用这些外汇储备来应对货币汇率下跌。

2015年8月之前，中国人民银行干预扩大了基础货币，因而具有通货膨胀的潜在可能性。但是，中国人民银行通过不断提高银行准备金标准，从而避免了货币供给相应的增长。

另一方面，2015年8月之后，造成人民币汇率下降的中国人民银行干预降低了基础货币的增速，形成潜在的货币紧缩。所以，为了避免因货币供给收缩造成基础货币紧缩，2015年中国人民银行当局开始降低准备金要求。2015年之后，货币供给和信用增长的稳定性表明，至此，他们是相当成功的。

这些外汇干预措施是相当正确的，其目的是为了避免短期投资资本内外流动颠覆中国经济和汇率的稳定。当美国财长杰克·卢用玩笑的口吻对中国抱怨时，他是理解中国的尴尬处境的。他指出，在中国的外汇储备与现在相比(2017 年 6 月末为 3.15 万亿美元)小得多的时候，同样是那些人认为储备量太大了，然而，现在他们说，储备量是不充足的。

奥巴马政府也关注到始于中国的全球经济下滑。奥巴马政府官员们没有忘记，源自美国的全球金融危机后的最黑暗的日子里，正是中国和其他新兴经济体支持了全球经济。在他们看来，任何政策安排，如果忽视了这些国家，都不可能带来普遍的经济增长和复苏。

事实上，中国的专家称已经呈现出：(1)紧紧抓住已经累积下来的外汇储备，实施货币干预，应对投机资本内流；(2)当投资资本离开中国时，使用外汇储备稳定汇率。这可以成为受投机资本内外流动搅动的许多新兴经济体一个样板，而投资资本的流动在某些方面是由于发达国家放任量化宽松政策而触发的。如果中国不采用长期办法，那么当资本流入时，人民币很有可能大幅升值，现在，那些投机资本正在逃离中国，人民币可能会大幅贬值。

所以，对于经历了投机资本流入的新兴市场来说，恰当的政策应是干预货币市场并提高准备金率，从而控制住货币升值，并避免形成资产泡沫。当资本开始离开时，政府就应当降低准备金率，控制通货紧缩压力，同时，干预外汇市场，以支持货币。受发达经济体放纵的量化宽松政策影响的国家应当积极应用货币干预与准备金率调整的政策组合。资本流动造成的汇率问题将在第 9 章进一步讨论。

2016 年 11 月特朗普竞选获胜，股票市场出现了令人吃惊的强烈回应，使美联储拥有了机会窗口，三次提高利率，从而弥补了大选期间失去的时间。这也送给了美联储所需要的一个冲击吸收器，开始做他要做的实实在在的事情，即资产负债表和基础货币的正常化。

中央银行资产负债表正常化的困难

如果说在量化宽松政策背景下，利率正常化是困难的，那么，中央银行资产负债表正常化也不会更容易。有些人认为，既然在量化宽松政策背景下，向银行提供了超额准备金，拥有超额准备金的银行可以购入中央银行卖出的债券，所以，中央银行资产负债表正常化过程相对简单，但是，这里涉及一个不对称问题。

在危机中的量化宽松政策的背景下，中央银行收购债券，而此时，私人部门没有资金需求。这意味着利率低，债券价格高。但是，当到了中央银行出售债券的时候，无论整个经济体还是私人部门，都恢复了对资金的需求。这意味着利率提高了，债券价格下降了。当私人部门也要借款之时，中央银行卖出债券意味着利率比中央银行买入债券时高得多。事实上，如果中央银行不小心从事，利率会急剧上升。这也是在不对称问题很小时，私人部门借款人回归之前，美联储要解除量化宽松政策的原因。

可是，在伯南克向市场参与者保证美联储会持有证券至到期日时，他们感到非常得意。他表示，取代用出售债券的办法来吸收超额流动性，美联储将用到期债权变成资金后不再投资的方式吸收流动性。听到这个话，市场众多参与者以为，只要中央银行不卖出债券，即使中央银行资产负债表正常化，也不会发生令人害怕的事情。可是，市场参与者的得意并非没有问题。

当政府债券到期时，政府通常会发行再融资债券，从私人部门那里获得资金，用来偿付到期债券的持有人。因为过去发行了大量的政府债券，为了满足新的政府支持的债务融资需要，日本和美国再融资债券市场规模是到期债券市场规模的 3～4 倍。

通常，再融资债券的发行不被认为会带来利率上升的明显压力，因为，在发行过程中，私人部门到期债券的持有人得到偿付，他们一定会将所得资金再投资于政府债券。恰恰相反，由于不得不寻找到新形成的私人部门储蓄去吸收债券——毕竟，这笔钱将被用于修建道路与桥梁，不会回到债券市场，所以，当需要用流入市场的新钱购买的债券发行时，市场参与者紧张了。当他们听到财政部发行的是再融资债券而不是用流入市场的新钱购买的债券时，因为他们知道那些债券基本上对市场不构成影响，所以，债券市场参与者放松了。

可是，如果中央银行拥有到期政府债，而财政部通过发行再融资债券从私人部门获得的偿债基金没有回流到债券市场。相反，资金流到了中央银行，消失在中央银行。当然，资金的消失表现为中央银行对超额流动性的吸收。这意味着合作，按照利率上升压力来评价，那些再融资债券（尽管叫这个名字）与为预算赤字融资而发行的新货币债券并没有什么不同。换句话说，就像中央银行直接在市场上卖掉所持有的债券一样，对供给/需求造成同样的负面影响。

美联储应对其所面对的量化宽松政策退出问题

2017 年 6 月 14 日，决定拿出一个具体计划，解决退出量化宽松政策这个难题。按照这个计划，开始时，美联储每月终止 60 亿美元的国债和 40 亿美元的抵押担保证债券的再投资，每 3 个月就追加终止再投资额度分别为 30 亿美元和 20 亿美元。这个过程将持续下去，直到银行系统的超额准备金降到理想的水平。

图 6.10 显示，按照美联储提出的计划，市场预计保有的准备金数量。在制定这个计划时，设想的是，流通中的货币（图中的阴影部分）与所需准备金（实线表示）将继续沿着 2015 年 1 月到现在（2017 年 5 月）形成的趋势线增长。

2017 年 10 月，美联储开始资产负债表正常化进程，标志着美国政府 2018 财年的开始。这意味着，计划将持续到 2021 年 6 月，那时，市场准备金（点状图部分）大致降低到与法定准备金完全相同的水平。如果按照计划进行，美联储将在不到 4 年或 45 个月完全退出量化宽松政策，明显低于原来提出的 5～8 年的时间安排。由此可见，美联储显现出相当强烈的动机。美联储公开市场委员

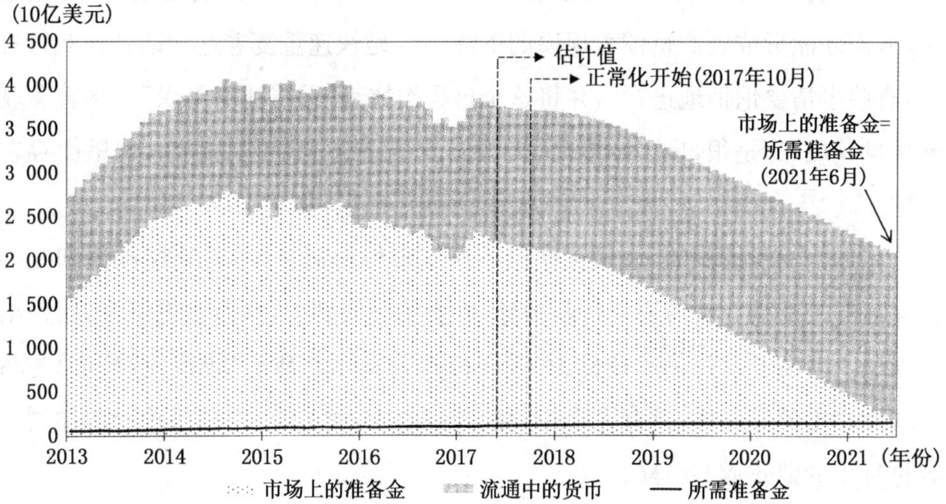

注:准备金账户、流通中的货币以及所需准备金将继续自2015年1月至2017年5月期间的趋势。

资料来源:野村证券研究院基于美联储数据库的整理;野村证券研究院的估计值。

图6.10　美联储设想的资产负债表正常化进程

会的声明也表明,如果经济出现不可预期的走弱,运用单一降低利率政策无法应对,再投资项目会中途再次被激活。

即使按照计划一切顺畅,于2021年完成了退出进程,但是,基础货币仍然显著大于危机前增长趋势下的基础货币量(见图6.2中的圆圈部分)。这是因为流通中的现钞——基础货币的一部分——在零利率的8年中显著增加。

如果因应零利率政策实施出现的流通中的现钞增长量有可能退出,若利率正常化后,这些现金就会回到银行部门。这就会导致银行准备金增加,欲将准备金回复到正常水平,就要求美联储继续实施他所宣布的计划,将超过前面提到的45个月的期限。

退出量化宽松进程的顺利程度能如美联储所愿吗?

问题是,退出量化宽松能否如美联储所愿,顺利进行。2017年6月14日的新闻发布会上，耶伦说，“我的希望和预期是，有些事情要悄悄地进行，历经数年，从而才能形成资产负债表规模的下降”。[①] 她快速重复着这句话：“在此背景下，有些事情要悄悄地进行”，并将这个过程类比为“看着油漆干燥”。尽管美联储乐见其成，这是很自然的，但是，美联储不能完全排除出现问题，这里面存在问题。

正如前面所提到的，如果美联储不用本金偿付额再投资，到期国债和抵押担保证券的发行者就需要发行新债券，并卖给私人部门，从而获得资金，偿付给美联储。新债券发行仍然被称为“赎回债券”，实际上则是“新钱债券”，因为与美联储卖出债券一样，具有完全相同的经济效应，或者说，与联邦政府增加同等数量货币的财政赤字一样。

更重要的是，美联储量化宽松的规模意味着这里所涉及的数量不重要。图6.11 显示，按照美联储不继续再投资的计划，需要有私人部门增加的储蓄量。2018 财年需要的储蓄量大致为 3 000 万美元，2019 财年和 2020 财年均需要储蓄量达到 6 000 万美元。6 000 万美元大致相当于 2016 财年度的联邦政府预算赤字。换句话说，在这两年里消除量化宽松对利率产生的影响等于两倍的 2016 年联邦政府预算赤字对利率的影响。

当“在此背景下悄悄运作”时，两倍财政赤字的实际效果造成的债券市场供给与需求的巨大冲击是很难想象的。尽管已经准备好了冲击吸收器，这个过程注定形成一定程度的利率向上的压力，甚至会导致债券价格深度下跌。

为什么美联储执意退出量化宽松政策?

在美国通货膨胀率显著低于美联储设定的目标时，有些人会质疑美联储采取如此高风险路径的决定。可是，正如前面所提到的，如果美联储坐等经济强劲起来，私人部门贷款需求增加势头恢复，在私人部门资金需求活跃时，退出量

---

① Board of Governors of Federal Reserve System (2017)“Transcript of Chair Yellen's Press Conference, June 14, 2017,”pp. 16—17. www.federalreserve.gov/mediacenter/files/FOMCpresconf20170614.pdf.

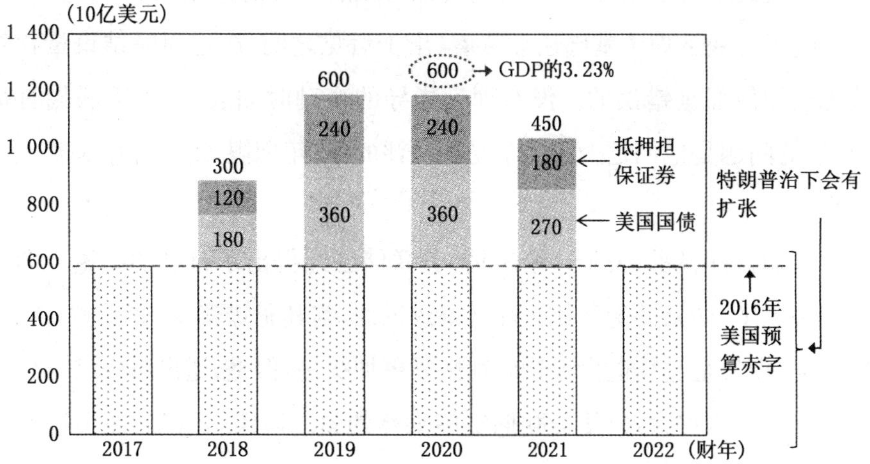

注：假设正常化进行的时期是从 2017 年 10 月到 2021 年 6 月，美国的财政年度是从 10 月到次年的 9 月。

资料来源：野村证券研究院。

图 6.11　如果美联储停止对美国国债和抵押担保证券的再投资，需要追加的私人储蓄

化宽松会产生双倍的财政赤字效应，造成利率飙升。

为了避免这样的后果，在私人部门贷款需求很弱的时候，美联储就要开始退出量化宽松政策。在没有私人部门借款人为获得资金吵嚷的时候，即使两倍的财政赤字注定对利率的影响也是温和的。在私人部门贷款需求尚处在压抑的状态时，美联储还想让债券市场成长，以适应退出机制。

关于退出量化宽松，没有理论上的一致性观点

进入更具有理论层面的讨论，保罗·克鲁格曼教授和众多经济学家鼓励中央银行采取量化宽松政策，但是，没有提供关于如何退出这些政策的理论框架。结果是，学术界、市场参与者以及政府当局关于开启退出量化宽松需要什么条件以及按照怎样的步骤退出量化宽松，莫衷一是。

理论上的一致意见彻底缺失意味着，当美联储开始退出量化宽松政策时，

几乎注定遭到来自学术界、市场参与者以及政府当局的批评，要么说过早了，要么说太晚了。缺乏理论基础还意味着，出于后见之明，决定何时结束量化宽松政策无论如何都是错误的。没有理论指导的变动时间表，对于美联储官员来说，真正的问题是他们是否倾向于受到批评的10年期限，现在开始是否太早或是太晚。

所有的指标显示，关于这个事情，美联储已经得出了自己的结论。即美联储已经决定了，如果无论做什么都会招致批评，与其犯错误，不如早做。在这样的情况下，损失是过早退出导致后续恢复更加缓慢，但是，退出过晚将导致经济过热和资产泡沫扩大，迫使美联储实施突然的紧缩政策，这将导致美国经济回到类似于2008年的衰退状态(资产负债表衰退)。

“过早”与“过晚”的观点充分反映在美联储2013年的决定中。当通货膨胀率上升，仅仅为1.1%时，2013年美联储就决定开始拧紧量化宽松水龙头，而当通货膨胀率仅有1.3%时，2015年就第一次采取加息的措施。至2017年6月，就有三次加息，而这时通货膨胀率低于2%的目标值。这些行动恰恰说明了美联储是多么害怕行动太晚，误了先机。

根据以上所述，为了因应经济的些许下滑，美联储就会犹豫于量化宽松退出，这种情况是不可能出现的。如果退出机制本身触发了债券市场崩溃，那么，也只有这种情况，美联储才会重新考虑量化宽松政策退出机制。

关于零息固定收益债券与政府临时通货凭证的大量退出问题

在直升机撒钱的第三个和第四个版本的条件下，消除准备金问题甚至会变得更加复杂。固定收益零息债券是绝对没有任何价值的，这里是指中央银行不能卖出它们去消除超额流动性。由于出售这样的债券无意义，因此，中央银行去除因购买固定收益零息债券所创造出来的超额准备金的唯一方式是要求政府发行对等数量的传统型附息债券。

吸收发行政府临时通货凭证所创造的超额准备金，同样的方式，同样正确。

一旦政府临时通货凭证开始流通，就会成为基础货币的一部分，将其从金融体系中吸取出来要求中央银行要么出售其持有的债券，要么要求政府发行新的债券。

如果政府发行债券来吸收零息固定收益债券与政府临时通货凭证所创造的准备金，就必须明白政府发行债券所获资金不可被花掉。如果政府花掉这笔资金，吸收的流动性会回流到经济体，无法实现以控制通货膨胀为目的的消除超额准备金的总体目标。相应地，当用来吸收流动性的债券发行后，政府需要用前面所说的未被使用的债券发行所得资金赎回债券，同时，发行等额新债券，从而快速再吸收因赎回导致私人部门释放的流动性。既然这种烦琐过程将不得不一直进行下去，那么，政府可以决定只发行固定收益（而不是零息）债券，从而一劳永逸地清除流动性。

对于建议发行政府临时通货凭证和零息固定收益债券的经济学家说，这种办法的关键优势是不会导致政府债务扩张。可是，这仅在开始时是成立的。而当经济体最终恢复，且需要通过发行政府债券加以吸收时，这些工具将成为等量的政府负债。当政府不能使用债券发行所得款时，为了去除准备金，政府发行附息债券（中央银行代理）所涉及的法律问题还必须加以解决。

“无知便是福”的情形恰是美联储所需要的

接下来的问题是，在怎样的环境下，耶伦钟爱的“在此背景下悄悄运作”的情形才会出现。一种可能性是，在量化宽松的进入与退出之间通货紧缩缺口大小保持不变。在这样的情况下，就不存在前面提到的不对称问题。但是，这也表明了量化宽松一开始就对实体经济没有产生任何影响。

如果量化宽松注入的流动性能够被消除，且对资产价格没有任何负面影响，就意味着，资产再平衡效应也微乎其微。这也表明，美国经济事实上没有受到量化宽松支持，而是奥巴马总统的财政政策和美联储主席伯南克的财政悬崖警告支持了美国经济。

另一种可能性是，绝大多数市场参与者没有意识到中央银行停止再投资后的再融资债券发行。而事实上，为财政赤字提供融资的发行新货币债券对供求关系具有同样的(反向的)影响。

关于过去几年的经验，在演讲或为投资者的报告中，关于再融资债券问题，笔者有自己的观点。这个观点也在笔者过去的著作《逃离资产负债表衰退与量化宽松政策陷阱》一书中做过阐述。事实是，许多投资者依然对这个观点感到吃惊，说明投资者一点都没有理解。

如果绝大多数投资者依然不知晓这个观点，并基于中央银行停止再投资后发行的再融资债券与普通再融资债券无异的观点而继续行动，那么，美联储主席所希望的情形就有可能出现了。既然“在此背景下悄悄运作”的结果符合许多人包括美联储的利益，没有人想要打消这个想法。至少，在这样的情况下，“无知便是福”。

应当还记得，由于债券市场参与者相信政府财政赤字处在《马斯特里赫特条约》规定的3%上限范围内，直到2009年，市场上交易的希腊政府债券与德国政府债券几乎具有同样的收益。这种情况是完全不顾事实，即多年来希腊是在巨额财政赤字下运行的，打破了《马斯特里赫特条约》。仅当位于雅典的新政府(2009年)10月宣布前政府捏造了赤字数据时，这样的事态才告结束。可是，在公告做出后，10年期希腊债券的收益率从2008年10月之前的5%飙升到2012年的33.7%。这个例子表明，对于市场参与者来说，真正的希腊财政赤字规模并不比他们认为的政府遵守条约更重要。

正因如此，耶伦的“在此背景下悄悄运作”的情形会成为可能，即使财政赤字实际上翻一番，只要大多数债券市场参与者对此保持无意识即可。

其他中央银行与美联储保持同步退出量化宽松，情况又将如何？

当笔者写到这里的时候，英格兰银行、欧洲央行以及日本银行对退出量化宽松政策尚未发表任何评论，也没有明确表示一旦他们决定退出量化宽松，如何退出(以多快的速度退出)。为了对他们与美联储退出量化宽松政策所面对的挑战进行有意义的比较分析,我们在下面的模拟分析中,假设这些中央银行都采取相同的退出计划和程序,即美联储 2017 年 6 月 14 日宣布的计划与程序。

例如,假设通过渐进推进不再投资政策,三家中央银行在 45 个月的期限内退出量化宽松。这就涉及:(1)每 3 个月增加不再投资的资金数量;(2)5 次增大资金数量后,依然持有这笔资金。所有估计均基于这样的假设,即三家中央银行于 2017 年 10 月开始退出量化宽松政策。

模拟显示,2019 和 2020 财政年度所需要的私人部门储蓄达到峰值,正如美国的情况一样,虽然这两年前后的数字会因国家与地区不同而不同。这些不同纯粹是由于采用核算年度的不同造成的,这意味着,即使其他中央银行像美联储那样于 2017 年 10 月开始退出量化宽松并于 2021 年 6 月完成整个退出过程,但图式形态不同。

对于欧洲央行来说,退出量化宽松所需要的私人部门储蓄数量在 2017 年度特别巨大(见图 6.12)。可是,在 2018 年度,这个过程所需要的私人部门储蓄数量要达到 2 275 亿欧元,这个数字显著大于 2016 年整个欧元区实际财政赤字的数量。2019 年和 2020 年所需要的资金数量将达到 3 251 亿欧元,或者说,2016 年财政赤字的 1.96 倍。这意味着,如果欧洲央行采用与美联储同样的程序,于 2017 年 10 月开始退出量化宽松,2018 年欧元区的财政赤字就要翻 2 倍,2019 年和 2020 年财政赤字翻 3 倍。

相比之下,美国所需要的私人部门储蓄数量(见图 6.11)将于 2019 年和 2020 年达到峰值,所需数量为 6 000 亿美元,大致与 2016 财年的财政赤字规模相等。所以,相对而言,欧元区将面临更大的挑战。但是,这仅仅是因为开始时美国财政赤字超过欧元区的财政赤字规模的两倍。欧元区所需储蓄峰值为 3 251 亿欧元,或者,按照 1.18 美元兑换 1 欧元的汇率换算,所需储蓄最大值为 3 836 亿美元,远低于美国相应的数字(即 6 000 亿美元)。

当我们对不同国家退出量化宽松政策所需私人部门储蓄数量进行比较时,

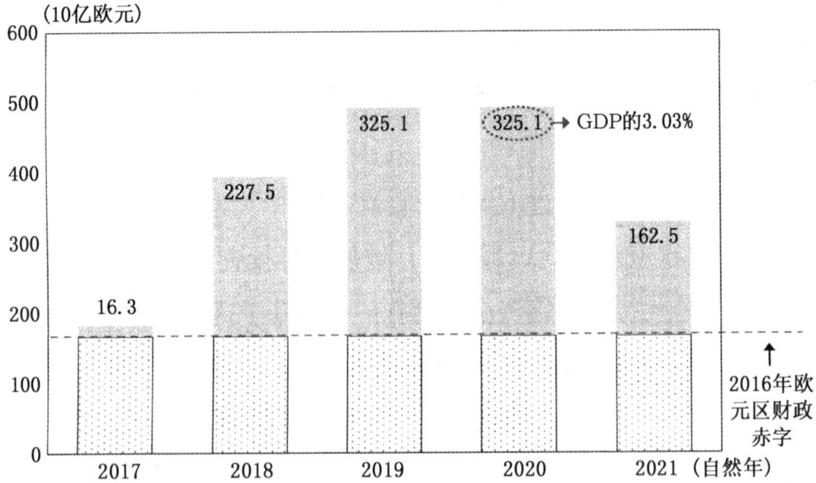

注:假设美国式正常化开始于 2017 年 10 月,到 2021 年 6 月结束。财政赤字代表政府的净借款。

资料来源:野村证券研究院基于欧洲央行和欧盟统计局数据库。

图 6.12　如果欧洲央行开始吸收超额准备金,所需私人储蓄的增加量

重要的是,既看名义数量,也要看所占 GDP 的百分比,或占财政赤字的百分比,而不只是关注图示形状。

2019～2020 财政年度,每年英国需要私人部门储蓄达到 1 265 亿英镑,是当前财政赤字 384 亿英镑的好几倍。四倍的财政赤字将会造成利率显著上升压力(见图 6.13)。

就在 GDP 中所占百分比而言,2019～2020 财政年度所需私人部门储蓄数量分别是,美国为 3.23%,欧元区为 3.03%,英国为 6.52%。这表明,退出量化宽松对整体经济规模的影响,对英国的影响大致是欧元区和美国的两倍。

此外,按照最新的资金流数据,英国私人部门的财务赤字已经达到了 GDP 的 2.97%。所以,英国的条件与美国非常不同,美国私人部门的财务盈余已经达到了 GDP 的 4.12%,而欧元区私人部门的财务盈余已经达到了 GDP 的 4.62%。这意味着,上述的不对称问题在英国是相当引人注目的,也就是说,与美国与欧元区相比较,英国将承受更大的利率上升压力,因为,英国的私人部门

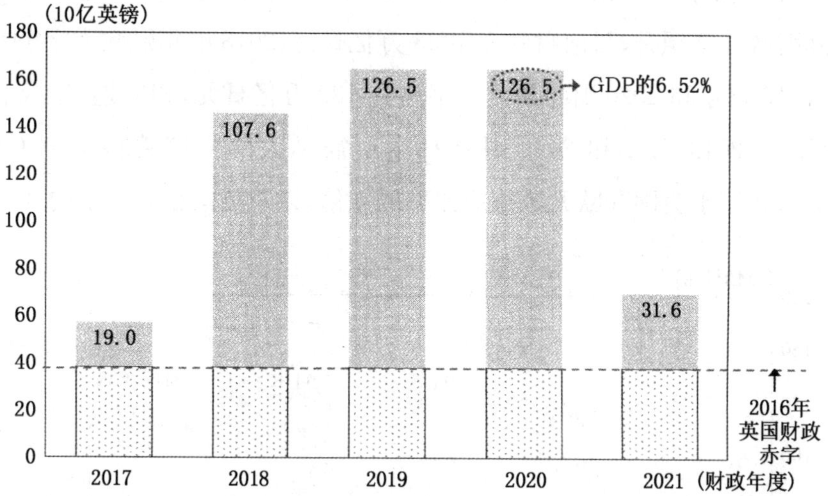

注:假设美国式正常化开始于 2017 年 10 月,到 2021 年 6 月结束。英国财政核算年度从 4 月到下一年的 3 月。财政赤字代表政府的净借款。

资料来源:野村证券研究院。

图 6.13 如果英格兰银行开始吸收超额准备金,所需私人储蓄的增加量

现在正在借款而不是储蓄。

结束量化宽松,日本面临大量的问题

与日本面对的问题相比,英国的问题不算什么。看一看当前的宏观经济指标,日本的失业率比美国低,非常接近充分就业状态。在东京中心区和其他地区,商业不动产价格急剧攀升。2017 年 7 月初发布的数据显示,东京银座地区的官方土地价格达到了历史新高,这是 27 年来的第一次。对于美联储来说,如果商业不动产价格和失业率为退出量化宽松提供了充分的理由,那么,对于日本银行来说,消除量化宽松政策的理由更充分。

图 6.14 提供了一个估计值,即基于其他中央银行同样的假设,当日本银行决定退出量化宽松时,所需私人部门的储蓄数量。图 6.14 显示,2019 财年和 2020 财年每年几乎需要 95 万亿日元,超过 2 倍的 2016 财年财政赤字规模,

2016 财年财政赤字就已经是 38 万亿日元。换句话说，退出量化宽松将造成日本实际财政赤字飙升，目前财政赤字 38 万亿日元，2018 财年财政赤字 118 万亿日元，2019 财年和 2020 财年财政赤字达到 133 万亿日元，相应地，造成利率向上的压力。2019 财年和 2020 财年日本所需私人部门储蓄将达到 GDP 的 17.63%，相当于美国和欧元区相应比率的 6 倍，以及英国相应数字的 3 倍。

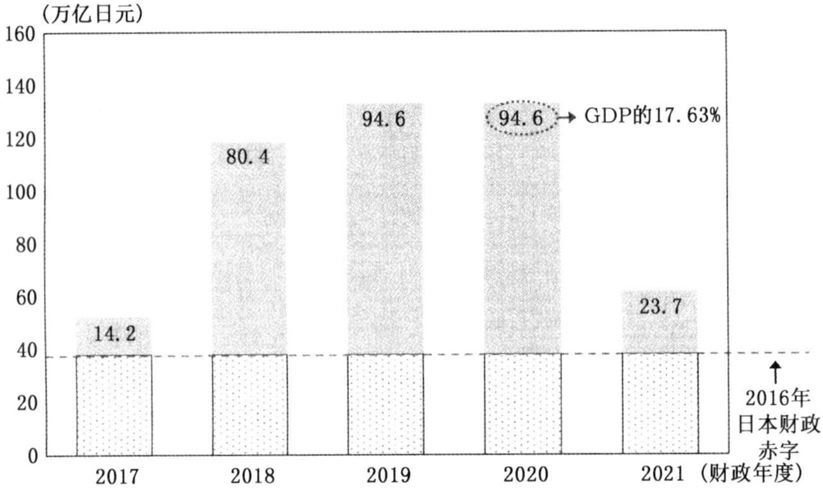

注：假设美国式正常化开始于 2017 年 10 月，到 2021 年 6 月结束。日本财政核算年度从 4 月到下一年的 3 月。

资料来源：野村证券研究院基于财务省和日本银行的数据库。

图 6.14　如果日本银行开始吸收超额准备金，所需私人储蓄的增加量

虽然中央银行只是汲取其前期提供给市场的流动性，如果今天超低利率是这项政策的结果，那么，退出量化宽松自然会导致利率提高。在执行量化宽松政策的时候，如果私人部门处于财务盈余状态，那么，利率上升的压力会更加显著。但是，当这项政策被取消时，私人部门正处在财务赤字状态，这就是英国的情形。对于日本来说，正常化甚至是更大的挑战，因为日本中央银行还通过交易所交易基金在日本股票市场上买入 15 万亿日元的股票。抛出所持有的股票必将对日本股票市场产生负面影响。

退出量化宽松的过程需要数年，这个事实意味着，利率上升的压力将持续下去。更重要的是，随着中央银行不进行再投资的资金数量慢慢提高，退出过程中利率上升的压力会增大。

明白这一点的投资者自然要停止购入债券，因为债券价格几乎注定要下跌。如果足够多的投资者停止购买债券或者变成积极空方（卖出债券），债券价格就会崩塌。但是如果通货膨胀率已经达到了 2%，中央银行就不可能购入投资者卖出的债券。这是因为，这样做又会将准备金重新注入银行体系，从而导致通货膨胀加速，触发债券价格进一步崩塌。

美联储明白这个风险，并担心一旦控制通货膨胀未占先机，市场参与者看穿了中央银行，一切皆可能崩溃。这就是当通货膨胀率仅为 1.1%时，美联储就开始拧紧资产买入的阀门，而当通货膨胀率只有 1.3%时，美联储便开始提高利率的原因。

另一方面，日本银行行长黑田东彦绝对没有表现出他对于这个风险的关注。相反，他强硬地宣称，将继续实施量化宽松政策，直到确信价格上升到每年 2%的持续增长率。

日本银行等待的时间越长，日本政府债券的吸引力越弱

同样，日本银行也面临着另一个问题：给定黑田东彦的立场，日本一定会是最后一个退出量化宽松政策的国家。相比之下，目前美联储在国内贷款需求保持弱势时，就开始了退出量化宽松政策，其他三家中央银行依然执行其量化宽松政策。这意味着，美联储能够凭借海外投资者对收益的渴望，增大国债的需求。如果来自日本、英国和欧洲的投资者吸收了美国国债增量中的大部分，美国利率上升的压力就会减弱。换句话说，美国是第一个开始退出量化宽松政策的，能够以相对较小的代价，完成整个退出过程。

对于日本银行来说，所有这些因素的作用都是相反的，日本银行将是最后一个沿着这条路走下去的主要央行。当到了日本中央银行退出量化宽松政策的时候，其他发达经济体的债券收益将相当高，这将毁掉日本与其他地区的投

资者购买日本债券的激励。所以，当日本银行努力退出量化宽松政策时，利率上升的后果要远比与伙伴国同步并尽快采取退出量化宽松政策的举措的后果大得多。

所以，取消量化宽松政策对利率和汇率的根本影响很大程度上取决于其他国家什么时候取消量化宽松政策。在这个意义上，作为“先行者”的美国是有能够起作用的办法的，而对于将成为殿后者的日本来说，则没有这些办法。

作为货币政策正常化的第一个国家，美国乐见美元对其他货币升值，且正常化地吸引外国资本流入，可是，这些资本还有助于限制国内债券收益上升。正如前述，在美国这两个现象都呈现出来了。

一旦其他国家退出量化宽松，日本将受益，因为很可能使日元走弱。但是，由于美国的特朗普政府承诺降低美国的贸易赤字，希望日元走弱的日本不会走得太远。可是，当日本银行行动起来退出量化宽松政策时，将不可能依赖外国资本流入去维持低水平的债券收益。由于日本公共部门债务已经是世界最大了，一些投资者会对承担日本政府债券的高收益存在疑问。而其他投资者会为了获利而卖空日本政府债券。如果得不到正确的控制，这样的卖空行为会演变成大规模的财政危机。

量化宽松的总成本大于收益

再融资债券的发行将提高利率和汇率，进而抑制经济活动。这意味着，量化宽松政策从“实施”到“退出”的总成本注定大于该政策支持者们所预期的成本。然而，在直升机上撒钱和量化宽松政策的所有辩论中，这些政策的赞成者都强调初始收益，而忽视了后来去除超额准备金所涉及的潜在的高成本。当我们对该政策的整个生命过程进行成本—收益分析时，相对于退出量化宽松政策的后续成本来说，那些初始收益就变得很小了。

根本而言，当借款人回归时，为了去除或吸收超额准备金，实施量化宽松政策的中央银行可能是被迫采取被他们视为垃圾的所有工具。这些工具会包括更严格的资本、流动性和准备金要求以及道义劝告，阻止银行向私人部门提供贷款。中央银行还有可能进行反向回购、对准备金支付利息并对其提供更高的利率，如此，商业银行就降低了向企业和家庭提供贷款的激励。实际上，中央银行将通过降低银行的贷款能力，有意创造处于状态 2 的经济。

这些弥补措施都不是合意的，而且是高成本的。例如，如果美联储向准备金支付利息，利率为 3%（美联储公开市场委员会确定的长期联邦基金利率目标），美国超额准备金 2.1 万亿美元一年的利息就是 630 亿美元。如果没有退出量化宽松政策，美联储不但每年必须支付这个数量的利息，而且联邦政府的财政赤字与过去相比，无论如何也将增加 630 亿美元，并具有长久性。在某个时间点上，中央银行通过量化宽松政策所购入的债券产生的利息收入将被累积的利息成本完全抵消。

与没有实施量化宽松政策的经济体相比较，实施量化宽松政策的经济体的经济复苏更慢，因为在逃离量化宽松陷阱的长期过程中，他们将面对利率和汇率上升的问题（见图 6.15）。在整个过程中，包括早退出量化宽松政策过程中，没有求助于量化宽松的经济体比那些求助于量化宽松政策的经济体拥有更大的累进 GDP。如何在不把债券收益和汇率送到具有破坏力的高水平的前提下，退出万亿美元的量化宽松政策，是今天西方国家和日本面对的最重要的挑战。

为什么“直升机上撒钱”如此普遍？

为什么有如此之多的专家权威继续推动量化宽松和直升机上撒钱的政策，而完全无视经济复苏时吸收这些政策释放的流动性的成本呢？也许，经济学家假设私人部门的贷款需求再不会复苏。如果情况是这样的，就不需要吸收超额准备金，也不需要担心伴随的成本。

如果具有摆脱债务痛苦经历的人们决定永远不再借款，那么，银行系统的大量超额准备金可以无限期维持不变。这种情况下，经济体就可以维持在状态

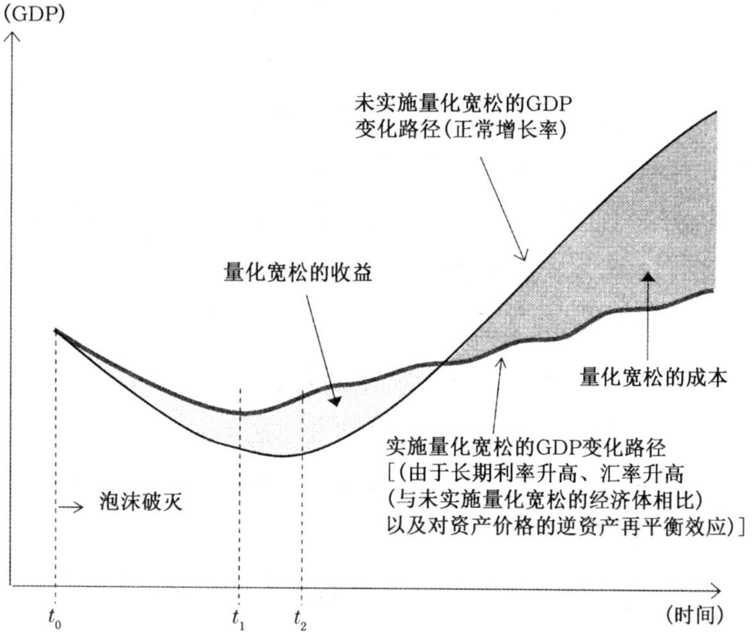

图 6.15 量化宽松“陷阱”(2):货币走强与较高的长期利率将成为数年经济复苏的沉重压力

3,边际货币乘数就绝对可以无限期维持在 0 或小于 0。历史经验还表明,在泡沫破灭后的 27 年里,经历了大萧条的美国人不再借款,许多日本人直到今天依然拒绝借钱。

如果这样的债务之痛可以长期持续下去,中央银行就不需要快速去除量化宽松和直升机上撒钱政策背景下创造的资金(除非为了控制商业不动产市场泡沫)。虽然未必考虑到这样的痛苦,本 · 伯南克在 2017 年初的文章中写道,不需要加速美联储资产负债表的正常化。相反,他认为,让经济体“成长到”与美联储当前的资产负债表规模适当的水平,则更好。

预测何时私人部门完成了资产负债表修复、克服了债务之痛以及恢复借款是极其困难的。这是因为,和平时期西方国家摆脱资产负债表衰退几乎没有任何历史证据。事实是,发达国家都是在历史上第一次处于被追赶阶段,从而使这样的预测更加困难。

另一方面，假设现状将永远继续下去，进而维持量化宽松和直升机上撒钱的政策是危险的。图 2.16 中已经显示，雷曼兄弟公司倒闭后的大约 4 年不再借款之后，一些美国家庭又恢复了借款。图 8.7 的下半部分也显示，一些日本公司又开始借款了。美国和世界其他地区的商业不动产市场泡沫也不可能自动消失。

事实上，所有政策（包括直升机上撒钱）的目标是将经济体带回到状态 1，这就需要恢复私人部门资金需求（即使不可能回到黄金时代的水平）。忽视去除超额准备金的成本，量化宽松和直升机上撒钱政策的赞成者正在强调说，私人部门的资金需求再也不会恢复。但是，这就等于承认，这些政策从来没有起到任何作用，因为经济完全复苏需要私人部门借款人回来。

锁定财政极限是极其危险的

之所以关于政策目标的争论转移到了量化宽松和直升机上撒钱政策，还有另一个原因，就是一些经济学家所持的信仰，即发达经济体的债务水平已经达到了进一步使用财政政策的“极限”。直升机上撒钱政策选择的核心要义，比如政府发行的临时通货凭证或固定收益零息债券的发行，就是要克服这个“极限”。

可是，当经济复苏以及政府发行的临时通货凭证或固定收益零息债券创造的流动性必须从金融体系中去除时，为此，政府必须发行（附息）债券。这意味着，运用政府发行的临时通货凭证或固定收益零息债券手段将最终导致政府债务的等量增加。所以，无法克服这个“极限”。

进一步说，正如第 4 章中所论述的，日本、美国和欧洲的企业和家庭不仅不借款，而且，尽管在零利率或负利率条件下，仍在存钱并偿还债务。换句话说，在经济体处在状态 3 和状态 4 时，向必要的财政刺激提供融资的资金正在以尚未借款的私人部门储蓄的形式留在国家的金融部门中。如果政府借入这些资金，并将资金花在自负盈亏的基础设施项目，而在经济体处于状态 3 和状态 4

时，这些基础设施项目的社会收益率等于或高于超低的政府债券收益率，那么，公共债务规模就真的没有“极限”了，因为这些赤字不构成未来纳税人的负担。

在被追赶阶段作为避免泡沫工具的赤字支出

当经济处在状态 3 和状态 4 时，如果政府不借入这些过剩储蓄，这些资金就会追逐泡沫，这是资源错配最糟糕的情形。一旦传统的私人部门借款人消失，资金经理人被迫考虑其他可能性时，这种情况就会发生。绝望的经理人最终参与制造泡沫。只要泡沫能够维持下去，就能够带来大收益。如果他们相信自己能够在“美妙的音乐停止前”离场，即使那些认识到他们正身处泡沫之中的人们也会加入派对。当然，如果每一个人都这样想，当泡沫破灭到来时，将无人能够逃离，因为每个人都将成为泡沫资产的卖方，而没有人愿意成为泡沫资产的买方。这是合成谬误问题的另一个例子。

事实上，过去 20 年里，资产价格泡沫的频率增大可以归因于，当经济体已经处于被追赶时期，并且即使利率非常低，私人部门的资金需求也不够充足，而政府的借款不足。虽然这个论题已经超出了本书讨论的范围，但是，这恰是背负超额储蓄的被追赶经济体容易受到资产泡沫伤害的原因，因为投资者对高收益感到绝望。

在黄金时代，由于千百万普通居民加入储蓄者大军，金融部门快速增长。金融部门还研发出新的、创新产品，以满足日益增长的、具有影响力的机构投资者的需求，这些机构投资者包括养老基金和保险公司等。同时，为了扩张生产能力和提高劳动生产力，企业对资金有着强烈需求。这意味着利率相当高，并且，绝大多数被储蓄的资金都按照教科书的方式被扩张的企业借出并花掉。

可是，在被追赶阶段，来自公司借款人的传统资金需求收缩，而为了应对未来的不确定性，家庭继续储蓄。这意味着利率将下降到非常低的水平，正如前面提到的。但是，不像刘易斯拐点之前的时代，那些富有的出借人坐拥现金，现金为王。而今天为金融机构工作的基金经理人总是处于创造收益的压力之下。

进一步来说，现在许多基金经理人正在同市场指数竞争。这意味着尽管一名基金经理人获得的绝对收益较低，如果他的收益率高于市场指数，那么，他依然会受到称赞。这意味着在利率极端低的环境下，为了打败市场指数，风险调整后的收益理念常常被抛在一边。这些趋势表明，与过去经济发展的两个阶段相比，在被追赶阶段里泡沫更容易形成。为了达到黄金时代的通货膨胀目标，实施大规模量化宽松政策以及零利率乃至负利率政策的中央银行也强化了这个趋势。

在上述意义上，如果被追赶经济体有意鼓励泡沫，这样的国家的政府不得不成为更加主动的借款人，以避免私人部门随意将其过去的储蓄投资到资产泡沫中。虽然政府有时会做傻事，但是，在出现全国范围的资产泡沫过程中，没有哪一个政府希望像私人部门一样，错配资源。

当然，一旦泡沫破灭，政府就必须借款并支出，以避免经济体陷入 1 000 美元—900 美元—810 美元—730 美元的通货紧缩螺旋。在这一点上，如果能够保持经济体运行，即使做了蠢事，也比不做蠢事好。

不用浪费时间讨论财政刺激"极限"或公共债务"极限"，被追赶经济体的政策制定者应当建立独立委员会，由后者去发现社会收益率大于政府债券超低收益率的"功在当代，利在千秋"的公共工程项目。如果这样的公共工程项目还能够避免泡沫形成，那就更好了。

忽视私人部门储蓄剩余的经济刺激计划不可能成功

今天，在绝大多数发达国家，即使面临零利率或负利率，私人部门也在储蓄大量的货币。不考虑这个事实的任何经济刺激计划几乎不可能达到预期的效果。由此观之，发达国家自 2008 年以来实施的实际政策中仅有三例是建立在对情势的正确理解之上的。

第一例是 2008 年 11 月 G20 达成的财政刺激计划——奥巴马总统的 7 870 万美元的刺激计划是其中的一部分——阻止了这些经济体陷入通货紧缩螺旋。

第二例是美联储前主席本·伯南克和加内特·耶伦发出的关于“财政悬崖”(提前紧缩财政)的警告,从而避免美国陷入二次衰退。第三例是主张财政刺激的安倍经济学第二次“开弓”。所有其他政策,包括安倍经济学的第一箭(宽松货币政策)都无法达到预期结果,因为他们假设经济体处于状态 1 或状态 2。

与此同时,许多证券和外汇市场参与者基于教科书的假设,继续操作,如第 2 章中所指出的。从这些国家货币供给或信用增加的角度来看,尽管这样的行动是不合理的,但是,他们因应量化宽松政策的行动对实体经济产生了积极影响。“无知是福”的状态将持续多长时间,笔者对此很感兴趣。

货币刺激和财政刺激都不廉价

一些人认为,通过量化宽松或直升机上撒钱的政策安排将带来最终必须去除的超额准备金,而持续依赖财政刺激计划也将造成必须偿还的公共债务。虽然两个结果听起来相似,但是,它们对经济的影响截然不同。

第一,在经济处于状态 3 和状态 4 时,财政刺激计划从第一天开始就是要避免 GDP 和货币供给收缩。通过避免 GDP 下降,为私人部门修复其受损的资产负债表提供收入(和就业岗位)。面对私人部门去杠杆,政府借款也避免了货币乘数变为负。这样避免了像大萧条时期那样的货币供给收缩。事实上,当政府成为仅有的借款人时,货币政策的有效性决定于政府的借款规模。

当避免了 GDP 下降时,对于银行体系的破坏也被控制住了,因为有收入,就可以偿还债务。有了政府借款,剩余储蓄也有了归宿,相应地,也就为储蓄者、养老基金和金融机构提供了利息收入。

当政府是仅有的借款人时,政府债券收益就会跌到非常低的水平,如果能够加以正确选择与执行,基础设施项目就能够自负盈亏。这意味着尽管公共债务是巨大的,如果项目本身能够带来足够的收入,债务偿还问题就不会成为大问题。最后,同样重要的是,在经济处于状态 3 和状态 4,并且利率极低时,采取必要的基础设施投资措施可以为未来的纳税人节约大量的成本。

当私人部门重新恢复了财务健康且经济复苏时，金融市场就会通过利率提高的信号告诉政府要改弦更张。从这个时点开始，政府应当提高税收，并削减支出，以匹配私人部门借款的增加。这也一定是缓慢的过程，因为不得不修复资产负债表的企业和家庭不可能很快就能恢复借款。

形成鲜明对照的是，通过量化宽松、直升机上撒钱或负利率的货币政策安排对实体经济和就业岗位几乎没有任何影响，除非采取某些误导外汇市场和股票市场参与者的行为，他们会推动汇率走低，股价升高，因为他们相信经济体仍处在状态1和状态2。

可是，当许多的交易双方面对同样问题的时候，量化宽松政策带来的低汇率则是"以邻为壑"的政策。当美国成为第一个实施量化宽松政策的国家时，美国从低汇率政策中受益，而现在，当其他国家实施自己版本的量化宽松政策时，美国正在承受强势美元和后续一段时间贸易保护主义带来的损失。

欧洲央行行长德拉吉和日本银行行长黑田东彦都认为，既然采用了负利率政策，债券收益就下降了，所以，负利率政策是有作用的。可是，在两种情况下，事实上私人部门的借款并没有好转（如图2.9至图2.11以及图2.14所示）。借款没有增长，就没有理由预期量化宽松政策带来经济活动的扩张。

借款活动持续不活跃是可以被预期的，毕竟如果经济体中还有借款人，在利率已经降低到这样的低水平之前，他们应当有借款活动。除非有人相信利率再降20或30个基点就到了一个拐点，大量的借款人突然排起队来借款，否则很难有信心地认为，负利率能够带来经济复苏。

事实上，中央银行挤出了私人部门向仅剩下来的唯一借款人（政府）的借款，从而剥夺了养老基金、储蓄者和金融机构的利息收入。由于更多的借款人无力偿还债务，银行还承受了衰退被延长的痛苦。由于负利率，金融机构的健康状况与领取养老金的人的生存状态受到损害的程度更大。

当所有的政策争论都放在了基本无效的货币政策上时，宝贵的时间也被浪费了。最终，负利率只能造成储蓄者的恐惧、养老金领取人的愤怒和金融机构的担心，而无助于提升经济所需的借款增长。

在负利率条件下，一些金融机构会对其承担了风险的收益感到绝望，他们被错误引导，做出了错误的假设。即使对金融机构自身并非如此，但是，对于储蓄者和养老金领取人来说，这样的投资结果注定是以泪洗面。所以，货币宽松政策的收益注定限于特定资产类型的微小泡沫（即所谓资产组合再平衡效应）与对实体经济的继发效应。

但是，一旦经济复苏——无论是何原因，实施了这些政策的中央银行都将面对卖出债券以去除超额准备金（或者，代理政府出售再融资债券），或者通过向准备金支付利息的方式控制准备金。所有这些措施都将使纳税人承担沉重的成本。如果中央银行或财政部出售债券，那么，债券收益注定升高，债券市场出现更大波动，这将对金融市场和实体经济复苏产生反向效应。

在通货膨胀问题上，实施了量化宽松或直升机上撒钱的中央银行失去先机，这是他们不能承受的。这意味着与那些远离非传统的量化宽松措施的中央银行相比，他们不得不尽早开始采取货币紧缩政策。

这里的关键点是，财政刺激计划与货币刺激计划都不廉价，但是，成本—收益比较分析显示，当经济体处在状态 3 和状态 4 时，尽管采取财政刺激计划未必绝对重要，但是，财政刺激计划更加理想。这意味着，当经济体处在被追赶阶段或处于资产负债表衰退之中时，政策制定者必须动员这个国家最优秀的、最聪明的人去界定和实施可行的公共工程项目。这样做不仅有助于当代，而且以可能最低的成本为下一代提供必要的基础设施。当然，当经济体处于状态 1 和状态 2 时，反之，则反是，在最大化经济潜能中，货币政策应当起到主导作用。

哈佛大学教授肯尼斯·罗格夫（Kenneth Rogoff）最近提出，如果现金，或者，至少大额钞票完全被限制使用，负利率政策会起到更好的作用。但这是在迫使人们承受极大的不便利，从而保证某些经济学家计划不周的货币政策措施效果稍微好一点。取代强迫人们忍受如此不便，同时，不仅不便，这样做还可能因损失效率而伤害经济，经济学家应当认识到：过去货币政策的作用很好，因为发达经济体均处在黄金时代，其特征是私人部门对资金具有强烈的需求。但是，现在货币政策不起作用了，因为这些经济体正在经历资产负债表衰退，并且进入经济发展的被追赶阶段，国内投资机会有限。

正如阿尔伯特·爱因斯坦所说的："当你重复同样的实验，而想要得出不同的结果时，这是愚蠢的。"[①]货币宽松政策，比如零利率政策、负利率政策、量化宽松政策、超前指导以及通货膨胀目标都没有在支持者规划的时间内达到效果。对于经济学家来说，是时候质疑这些失败的政策背后的关键假设条件了，是时候寻找货币领域之外的政策了，那些政策才可能真正起到作用。

① Rogoff, Kenneth S. (2016) *The Curse of Cash*, New Jersey: Princeton University Press.

第 7 章

欧洲重犯 20 世纪 30 年代的错误

自 2016 年下半年以来，一些欧洲经济体已经显现出经济活力，与此同时，许多国家极右翼政党的崛起令人震惊。甚至，更令人担心的是，发生这种事情的经济环境非常类似于 20 世纪 30 年代相同的政治集团出现时的普遍的经济环境。在第 3 章中已经指出，左翼思潮是经济体趋近刘易斯拐点（LTP）时的工业化过程造成的极端不平等的副产品。相比之下，国家社会主义或纳粹主义是因应资产负债表衰退的拙劣政策带来的极端经济困难造成的结果。换句话说，正是政策制定者没有能够明白他们的经济体已经处在宏观经济学的另一半，才导致了可悲的后果。

20 世纪 30 年代经济学的失败与国家社会主义的崛起

1929 年 10 月纽约股票市场泡沫破灭，在泡沫时期加杠杆的所有人都同时开始偿付债务。这种情况在图 2.12 中可以得见，1929 年之后贷款急剧下跌。

但是，另一方面，无人借款和支出，美国经济陷入了1 000美元—900美元—810美元—730美元的通货紧缩螺旋，仅仅4年内就失去了46%的名义GDP，这就是人所共知的大萧条。1933年，美国失业率攀升上升，全国失业率超过25%，在许多大城市，失业率超过50%。

问题是，在几年前，经济学界从来没有考虑到这种类型的经济衰退，因为经济学界从来不认可私人部门最小化债务的可能性。数十年建立起来的经济学的全部理论工具箱都建立在这样的假设上，即私人部门总是努力最大化其利润。

由于经济学家们从未讨论过私人部门意在最小化债务驱动的衰退问题，公众对于1929年不期而至以及2008年再次出现的资产负债表衰退完全没有准备。甚至在大萧条开始的7年之后，即1936年主张增加政府支出的凯恩斯也没有能够摆脱私人部门总是追求利润最大化的理念。

由于没有经济学家讨论1929年的资产负债表衰退问题，当时的政治领袖也不可能想到政府应当动用财政政策并担当起最后借款人角色。相反，绝大多数经济学家和政策制定者强烈主张平衡预算。

当1929年经济衰退开始时，美国总统赫尔伯特·胡佛与德国总理海因里希·布吕宁(Heinrich Brüning)都坚持认为，政府应当尽快平衡预算。第一次世界大战的胜利者——盟军司令部——也坚持认为，德国政府要做到预算平衡，并继续支付战争赔款。在这样的经济衰退类型下，上述政策可能是最糟糕的政策，因为如果政府不做“最后借款人”，收入流中漏出的100美元就得不到使用，经济就会陷入通货紧缩螺旋。很快，德国经济就陷入了通货紧缩螺旋，导致失业率飙升到28%。

虽然美国只能归责于自己的经济泡沫，但是，在第一次世界大战被打败之后，德国正在从痛苦的奔腾的通货膨胀中复苏，很大程度上依赖于纽约股市崩溃后美国资本的流入。对于美国资本的依赖程度可以参照这样的说法，据说，20世纪20年代的德国火车上头等车厢的乘客不说德语，二等车厢的乘客很少说德语，只有普通车厢的乘客会说德语。德国经济崩溃后，美国资本迅速回到美国，加之，盟军司令部要求既要平衡预算又要支付战争赔款，德国经济走投无路，唯有下跌。

这个错误的政策强加给德国人民的极端艰难和贫困迫使他们寻找出路。由于有限的社会保障系统以及已有的中偏左与中偏右的政党都坚守正统经济学并坚持平衡预算，留给忍受了 4 年痛苦的德国人民的唯一选择是将票投给国家社会主义者：他们反对经济紧缩和战争赔款。

这样，几年前被绝大多数德国人认为的流氓集团——纳粹政党——赢得了 43.9％的选票，确保了 1933 年获得德国总理的职位。半数的德国人口某天早上醒来，突然开始憎恨移民和犹太人，情况并非如此。所发生的事情是，他们对抱住财政政策传统不放的既有政党失去了信任。人民之所以选举纳粹政党，是因为既有政党、盟军司令部以及经济学家已经被证明彻底无能，没有能力将他们从 1929 年崩溃后连续 4 年的极度贫困中拯救出来。由于那个时期的政策制定者未能明白资产负债表衰退机制（前面描述的通货紧缩螺旋），导致德国人民遭受如此严重的痛苦，才使得纳粹政党登上了权力的巅峰。

不管是好是坏，阿道夫·希特勒很快实施了克服资产负债表衰退所需的财政刺激计划，建设汽车公路系统就是纳粹政党众多公共工程项目中的一项。到 1938 年，仅仅 5 年之后，德国失业率就下降到了 2％。

德国内外的人民都将这一点视为伟大的成就。相比之下，美国、法国和英国继续承受着高失业率的痛苦，因为政策制定者未能想到传统财政工具箱之外的工具。二者强烈的对比使希特勒成为更有吸引力的选择，甚至曾经因为他是来自奥地利夸夸其谈的一等兵而看不起他的人也开始对他顶礼膜拜了。

德国惊人的经济成就也使希特勒认为，此时，德国可以打赢一场战争。毕竟，德国经济正处于良性循环，产生了支持重整军备的充足的税收，而与此同时，美国、英国和法国正处在不期而至的资产负债表衰退的恶性循环之中，税收与军事预算减少。

这就是导致第二次世界大战悲惨结果的原因。没有比具有错误的计划但具有正确的经济政策的独裁者更糟糕的情况了。20 世纪 30 年代，问题变得更加糟糕，在敌对行动开始之前，民主国家没有能力向正确的政策转变。

一旦战争爆发，民主国家就能够采用早在6年前希特勒当局已经采用的政策。换句话说，盟军政府开始成为最后的借款人和花钱人，去采购坦克和战斗机，美国和英国经济又找回了自己的生命力，正如6年前德国所做的那样。同盟国的联合生产力很快便对第三帝国呈压倒性优势，但是，这种情况并非发生在数百万人死亡之前。

每个国家都有一定比例的极端民族主义者，他们将社会问题归责于移民和外国人。尽管有区域民族传统和高水平的教育，但是在德国他们有能力征集足够的选票，并实实在在地取得成功，表明传统上投票给鼓吹民主价值的政党的普通民众在绝望中转变了他们的忠诚。可以一次又一次地观察到，当生存成为问题时，对个人自由和人权的尊重常常会被抛到九霄云外。正是这个时候，事物就会彻底走错方向。

纳粹政党最初的成功和接下来的悲剧很大程度上归因于那时的经济学家与政策制定者对资产负债表衰退缺乏理解。如果同盟国政府和布吕宁政府理解了相关机制以及资产负债表衰退的危险，并安排充分的财政刺激以应对德国通货紧缩压力，绝大多数德国人就不会投票给像希特勒这样的夸夸其谈的极端主义者。

如果同盟国政府在自己的经济体内也安排了充分的财政刺激，避免了通货紧缩螺旋，对比之下令人震惊的希特勒的成功就不会出现。并且，如果强大的同盟经济体能够表现出可信的军事压制，希特勒就不会再次想到发动战争。所以，20世纪30年代西方社会里的经济学家不能理解资产负债表衰退构成了纳粹政党最初成功以及接下来的人类痛苦的重要因素。

自2008年全球金融危机以来历史一幕重新上演

第二次世界大战中失去了5 000万人的生命，读者会想这样的错误不会再重复。遗憾的是，并非如此，尤其是在欧洲。

2008 年，当大西洋两岸的房地产泡沫破灭时，西方经济体陷入了严重的资产负债表衰退，尽管在零利率或负利率条件下，这些国家的私人部门仍在增加储蓄或偿还债务。

图 7.1 描述了经历了房地产泡沫的欧元区国家私人部门的财务状况。数据显示，在泡沫时期（即财政赤字时期），这些国家的私人部门借入大量的货币投资房地产；但是，泡沫破灭后，他们都开始储蓄，有些达到很高的程度，即使是零利率（即财务盈余时期）。这就使这些经济体完全处在状态 3 和状态 4。

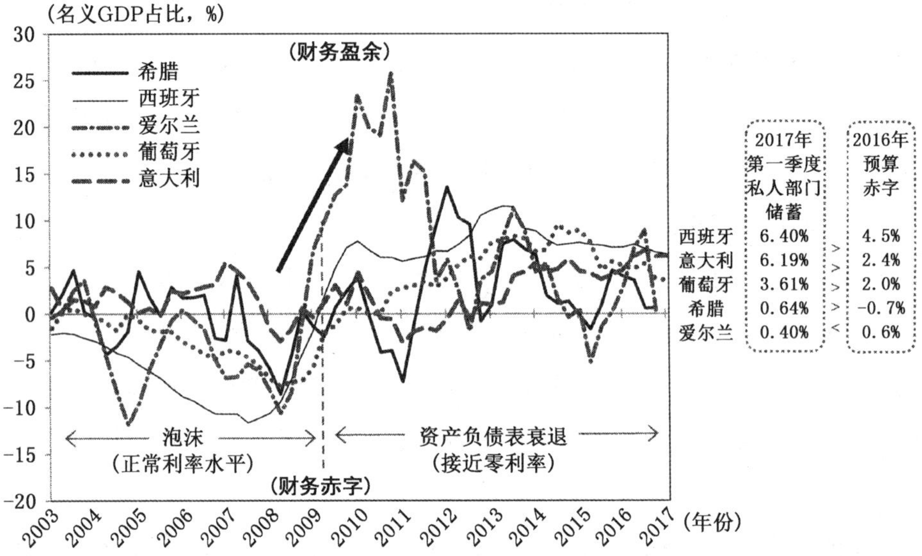

注：1. 私人部门＝家庭部门＋非金融公司部门＋金融部门。2. 所有项目均为四季度变动平均值。所使用的最新数据，四季度平均值计算截止到 2017 年第一季度（仅有希腊和爱尔兰截止到 2016 年第四季度）。2016 年欧元区预算赤字是欧洲委员会 2017 年 5 月发布的数据。3. 希腊除外。

资料来源：基于希腊银行、西班牙银行、西班牙国家统计局、爱尔兰中央银行、爱尔兰中央统计局、葡萄牙银行、意大利银行、意大利国家统计局以及国际货币基金组织发布的资金流数据。

图 7.1 欧元区私人部门[1,2,3] 大规模储蓄，但是，成员国政府只关注降低赤字

既然泡沫出现在住房市场，认真审视这些国家的家庭部门就能够揭示出

2007年泡沫破灭前后更加惊人的变化。对于西班牙和爱尔兰而言，如果非金融公司部门的资金流数据也包括在内，泡沫是巨大的。正如第2章中所指出的，图中0水平线之上的空白柱形(从图7.2开始使用)表明家庭部门正在增加金融资产，也就是，增加储蓄。0水平线之下的空白柱形表明家庭部门正在减少金融资产，也就是，提取储蓄。同样，0水平线之下的有阴影柱形表明家庭部门正在增加金融负债，也就是，增加借款。0水平线之上的有阴影柱形表明家庭部门正在减少金融负债，也就是，偿还债务。净值用折线显示。这完全不同于图2.6、图2.7和图2.8所示的家庭行为曲线，因为那是季度调整后的曲线，而这里是四季度变动均值。

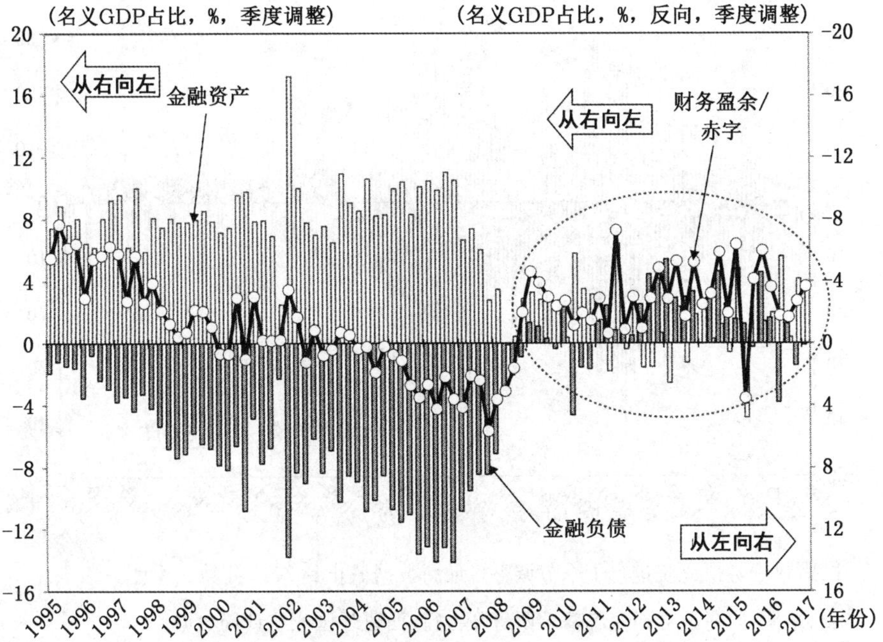

注：野村证券研究院进行了季节调整。最新数据截止到2017年第一季度。

资料来源：野村证券研究院基于西班牙银行、西班牙国家统计局发布的资金流数据。

图7.2 网络公司泡沫破灭后西班牙家庭部门增加借款，而现在正在去杠杆

如图7.2所示，西班牙家庭部门的行为非常保守，直到泡沫来临，才开始大量借款。当2007年泡沫破灭时，即使在零利率和现在的负利率下，不仅全部停止借款，而且整个部门开始偿还债务（0 以上的阴影柱形），这样的趋势一致延续到今天。

虽然自 2016 年下半年以来西班牙经济一直向好，但是，只要家庭部门继续最小化债务，且西班牙非金融公司部门也不借款，国内需求显著增长似乎是不可能的（见图 7.3）。这表明，最近的复苏可能是因为竞争力的提高，多年来的（痛苦的）内在通货紧缩使竞争力提高成为可能。这方面内容将在后面加以讨论，并参照图 7.10 中单位劳动成本的变化路径。

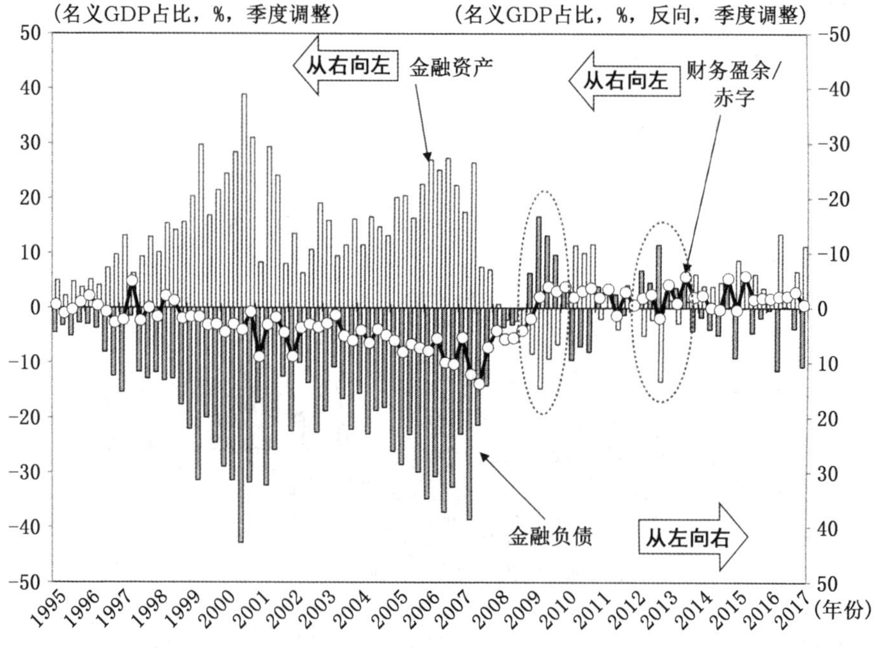

注：野村证券研究院进行了季节调整。最新数据截止到 2017 年第一季度。

资料来源：野村证券研究院基于西班牙银行、西班牙国家统计局数据。

图 7.3　自全球金融危机以来西班牙非金融公司部门一直处于财务盈余状态

还值得指出的是，2008 年开始，图 7.3 中非金融公司部门的空白柱形图连续 7 个季度处于 0 水平线以下。0 水平线以下的空白柱形图是不好的信号，它们通常显示的是信用紧缩（或收入下降），这将迫使部门削减过去的储蓄，以实现收支相抵。经历过信用紧缩的公司会计通常会极端避免向银行借款，这种规避可能持续多年。这样的规避行为至少可以通过西班牙一些公司自那时起不愿意借款得到解释。

如图 7.4 所示,爱尔兰家庭部门经历了更加惊人的变化。从大约 2000 年非常保守的状况开始,到在泡沫过程中深陷债务泥潭。但是,泡沫破灭之后,借款彻底停止,并且,直到今天几乎每一个季度都在持续清偿债务(0 水平线之上的阴影柱形显示)。这表明,近来所见的爱尔兰经济强劲表现与家庭部门无关。既然除了最近一个季度,爱尔兰非金融公司已经成为净储蓄者(见图 7.5),那么,近来的经济增长很可能主要原因是内在通货紧缩导致的低工资(见图 7.10)以及该国作为税收天堂的地位。

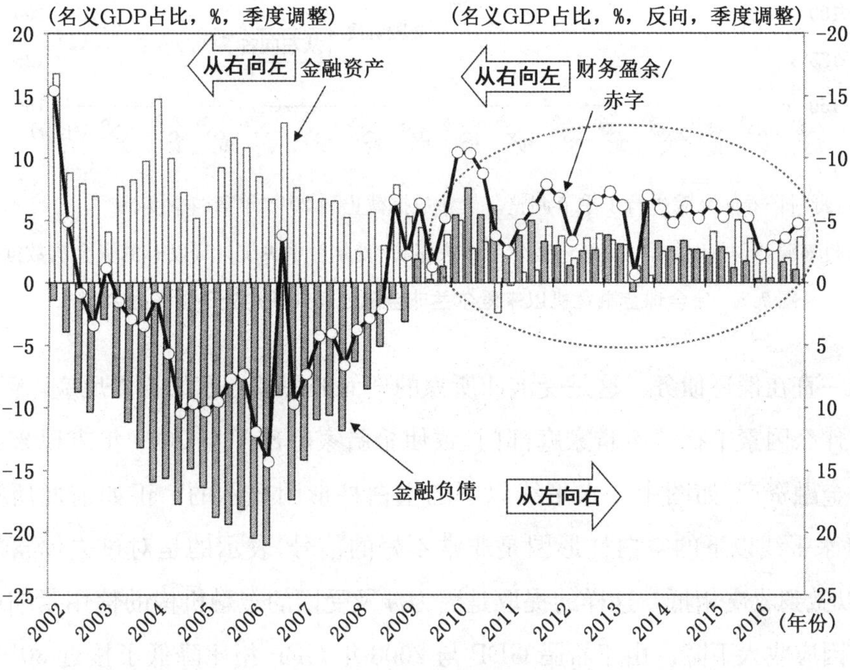

注:野村证券研究院进行了季节调整。最新数据截止到 2016 年第四季度。

资料来源:野村证券研究院基于爱尔兰中央银行、爱尔兰中央统计局发布的资金流数据。

图 7.4　网络公司泡沫破灭后爱尔兰家庭部门增加借款,而现在正在去杠杆

尽管希腊住房价格也出现飙升(见图 2.4),但是,与西班牙和爱尔兰相比,希腊的家庭部门没有那么高的杠杆比率(图 7.6)。但是,自 2010 年以来,家庭

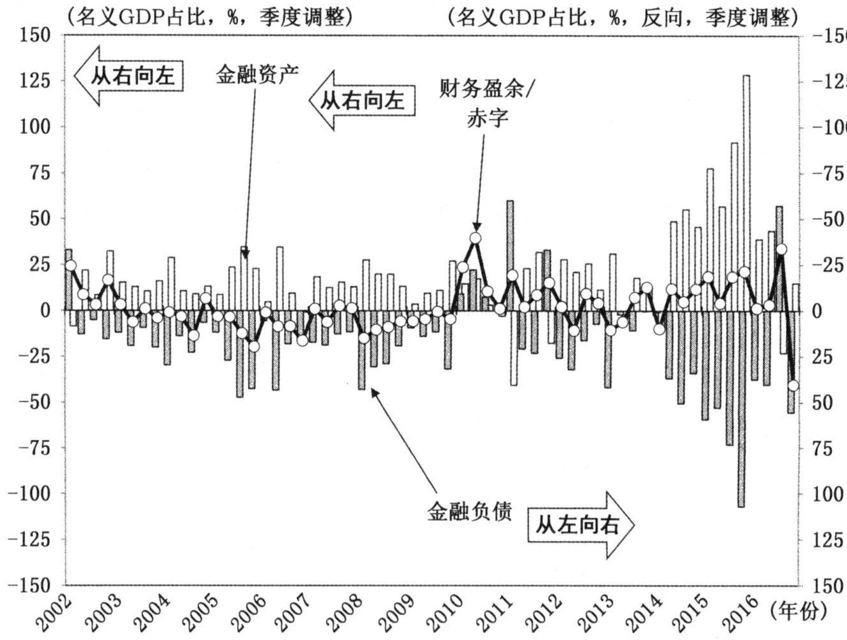

注:野村证券研究院进行了季节调整。最新数据截止到 2016 年第四季度。

资料来源:野村证券研究院基于爱尔兰中央银行、爱尔兰中央统计局发布的资金流数据。

图 7.5 自全球金融危机以来爱尔兰非金融公司几乎均处于财务盈余状态

部门一直在偿还债务。这是受泡沫所累的任何部门都会有的自然反应。

什么因素干扰了希腊家庭部门,致使希腊家庭部门自 2009 年末以来一直减少金融资产,如图中 0 水平线以下的空白柱形图显示的?正如前面所指出的,0 水平线以下的空白柱形图是非常不好的信号,表示的是对过去储蓄的提取,以做到收支相抵。这样的提取是因为涉及受困的金融机构的信用紧缩或者为了因应收入下降。由于希腊 GDP 与 2008 年 GDP 相比降低了接近 30%(见图 7.7),为了日常必需品的支出,许多希腊家庭被迫提取储蓄,由此,便可以理解了。事实上,预期希腊有可能离开欧元区,一些希腊家庭从银行取出欧元,但是,这样的变动应当不影响资金流数据,因为银行储蓄和现金都是金融资产。关键在于图 7.7 中希腊低储蓄水平的数据不是因为投资强劲,而是因为收入减少。

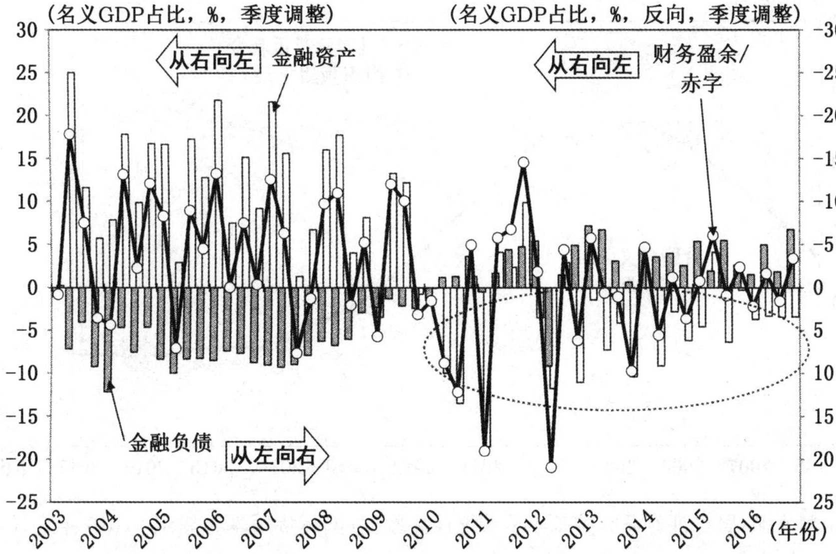

注：野村证券研究院进行了季节调整。最新数据截止到 2016 年第四季度。

资料来源：野村证券研究院基于希腊银行、希腊统计局发布的资金流数据。

图 7.6　希腊家庭部门去杠杆，但是，也为生存而提取储蓄

与前面提到的外围国家相比，欧元区最大的国家——德国——没有经历住房泡沫(见图 2.4)。但是，这是因为当 2000 年网络公司泡沫破灭时，他就已经进入了资产负债表衰退。这一点可以从图 7.8 得见，图 7.8 显示，2000 年之后，德国家庭不仅停止了借款，而且开始偿付债务，尽管欧洲央行已经将利率降低到了战后的最低水平。德国的家庭和企业通常是相当保守的，这个变化的发生显然是因为迷失了奔向"新市场"—— 德国的纳斯达克市场——的方向，1998～2000 年，德国"新市场"翻了 10 倍(见图 7.9)。当泡沫破灭时，市值丧失了 97%，德国私人部门的财务健康状况受到了严重摧毁。

于是，德国私人部门开始储蓄，储蓄率高达 GDP 的 10%，从而把经济推向了严重的资产负债表衰退。没有认识到德国经济处在资产负债表衰退之中，在这样的衰退中货币政策不起作用，为了拯救欧元区最大的经济体，欧洲央行立即将利率降低到战后 2%的低水平，但是，没有任何作用。载入史册的低利率

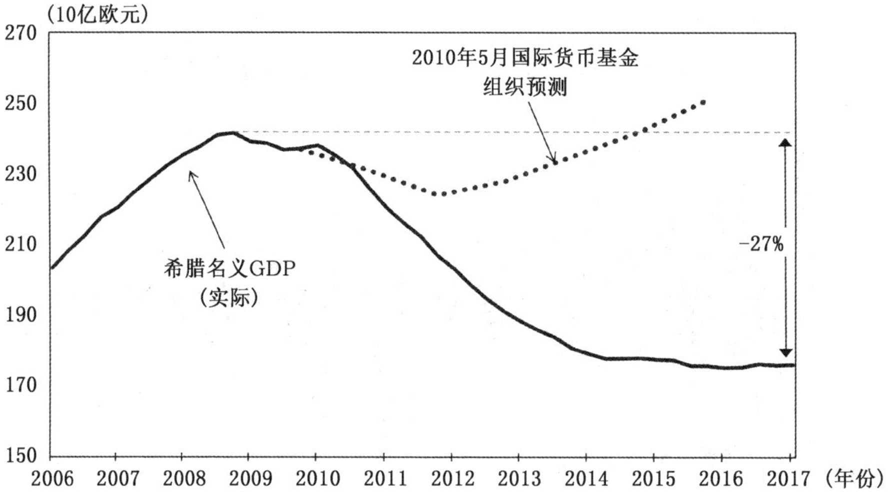

资料来源:野村证券研究院基于希腊统计局数据;国际货币基金组织,2010 年 5 月 9 日“国际货币基金组织执行委员会批准向希腊提供 300 亿欧元的备用安排”。

图 7.7 希腊名义 GDP 的下降远低于国际货币基金组织的“预测”

也不能复活德国经济带来了一个观念,这个国家就是“欧洲病夫”*。

相应地,德国开始推进结构改革,这就是为人所指的“2010 议程”,这时,实际上德国问题的根源是资产负债表问题。毕竟用几十年前就存在的结构性问题,很难解释开始于 2000 年德国私人部门储蓄行为的突然转变(见图 7.8)。尽管问题主要是由于资产负债表衰退造成的,而不是什么结构性问题,但是,德国要求欧元区其他经济体进行同样的结构改革,问题的根本性误诊造成了 2000 年之后欧元区经济的扭曲,2008 年后一直如此。

当德国与资产负债表衰退斗争,并进行痛苦的结构性改革的时候,远离了网络公司泡沫并拥有干净的资产负债表的欧元区国家积极响应欧洲央行的货币宽松政策。于是,这些国家便立即陷入了巨大的住房泡沫中。这也使德国人能够通过输出他们的改革方式,从而摆脱资产负债表衰退。

德国处在资产负债表衰退之中,而其他国家处在住房泡沫之中,这种情况

---

* 历史上,“欧洲病夫”形容衰败时期的奥斯曼帝国,现在强盛的国家一旦衰败也会被形容成“欧洲病夫”。——译者注

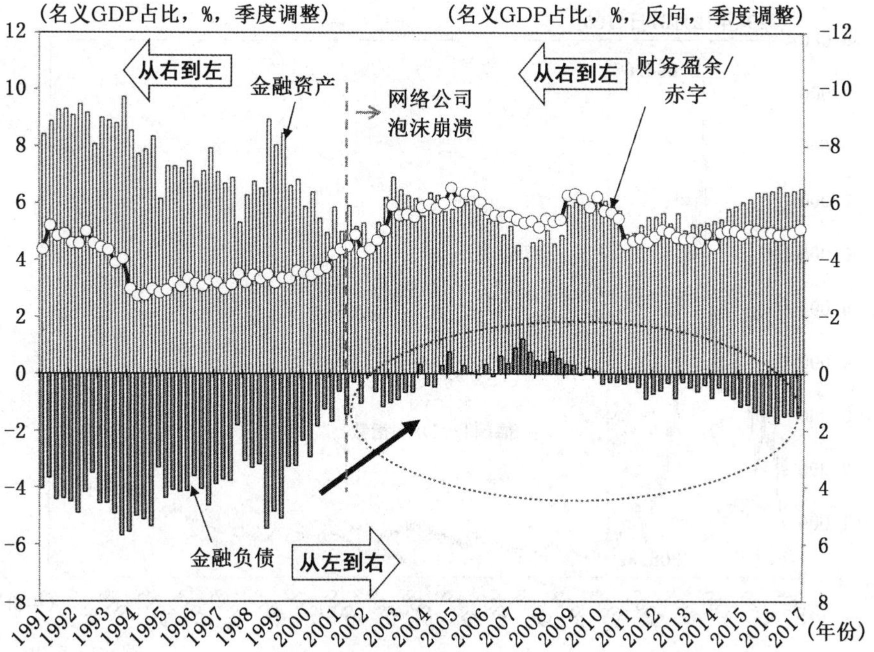

注:野村证券研究院进行了季节调整。最新数据截止到2017年第1季度。

资料来源:野村证券研究院基于德意志银行、欧洲统计局发布的资金流数据。

图7.8　网络公司泡沫破灭后德国家庭都停止了借款

在两者之间开启了巨大的竞争差距。资产负债表衰退背景下德国货币供给缓慢增长导致工资与价格停滞,而处在住房泡沫中的欧元区其他国家货币供给的快速增长导致工资与物价快速提高。对欧元区竞争力演变问题感兴趣的读者可以看看第5章提到的笔者的另一本书——《逃离资产负债表衰退与量化宽松政策陷阱》,在这本书中有会更细致的讨论。

如果私人部门整体是储蓄的,那么,私人部门之外的人们必须借款并将借入的那些储蓄额花掉,这样才能避免经济体陷入通货紧缩螺旋。遗憾的是,尽管2008年后私人部门储蓄出现了显著增长,可是,经济学教科书上仍然找不到资产负债表衰退概念,并且,大西洋两岸有权势的大人物开始推动财政整顿,重复20世纪30年代的做法。

在美国,这样的推动是由共和党内的茶党一派带头的,而在欧元区,则是德

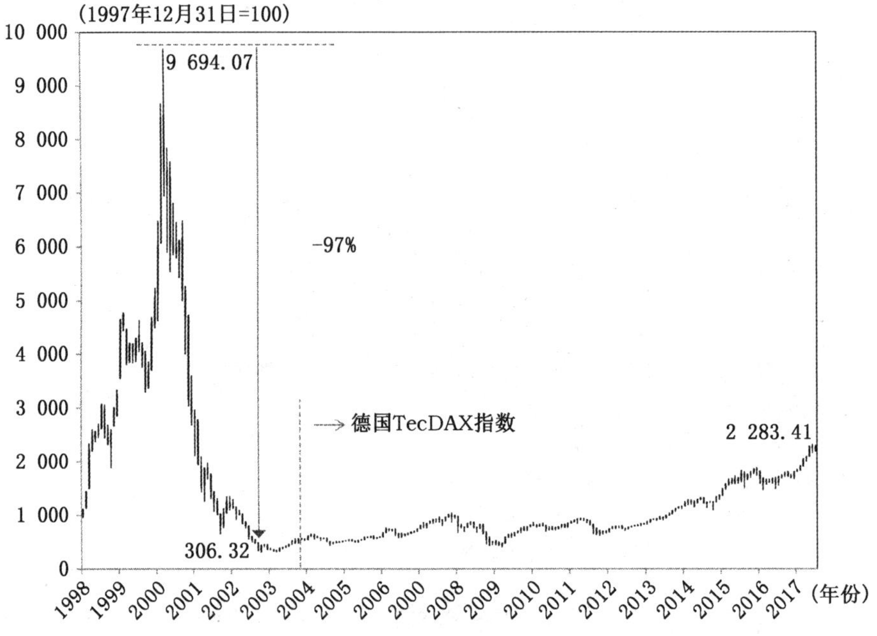

资料来源:资料使用得到了彭博(Bloomberg)公司的许可。

图 7.9　2001 年“新市场”崩溃将德国经济推入资产负债表衰退

国带头推动的,总理安吉拉·默克尔(Angela Merkel)和财长沃尔夫冈·朔伊布伯勒(Wolfgang Schäuble)为领袖,他们拿出了初步方案。在英国,首相戈登·布朗理解了资产负债表衰退,并开始安排所需要的财政刺激计划,但是,很快,他便在大选中出局,让位于大卫·卡梅伦,卡梅伦选择了削减赤字的做法。

美国是幸运的。全球金融危机后,从本·伯南克到拉里·萨默斯很快便认识到他们正面对着资产负债表衰退,困扰日本的是同样的经济病(正如第 2 章中提到的)。他们认识到,尽管是零利率条件,美国整个私人部门都在大规模去杠杆,因此,政府必须安排充分的、持续的财政刺激计划,从而避免经济体陷入通货紧缩螺旋。于是,为了努力阻止不成熟的财政整顿计划,他们使用了“财政悬崖”的表述。

尽管伴随着政府关门、债务天花板论辩以及削减预算,美国几度接近掉下“财政悬崖”,但是,其最终还是努力避免了危险处境,现在干得更好。美国之所以越来越好，是因为财政支持8年后，私人部门的资产负债表变得越来越健康。一些企业和家庭真正开始重新借款了，正如图2.16所显示的那样。

存在缺陷的《马斯特里赫特条约》是一封国家社会主义者回来的邀请函

在这样的情况下，欧元区的政策制定者们不理解资产负债表衰退，也不理解政府必须担当最后借款人角色，一个国家接着一个国家跌下财政悬崖，带来了毁灭性的后果。创造了欧元的《马斯特里赫特条约》不仅对解决这种类型的经济衰退毫无贡献，而且，事实上，无视私人部门的储蓄规模，阻止政府借款大于GDP的3%。换句话说，欧元区国家政府被阻止成为超过GDP的3%的最后借款人角色。

这一点不足为奇。1998年签署了《马斯特里赫特条约》，当时日本之外没有任何国家了解资产负债表衰退。但是，当2008年住房泡沫破灭后，触发了欧洲的资产负债表衰退，政策制定者手中没有工具用来阻止通货紧缩螺旋，从而导致深度衰退，使人们承受了巨大的痛苦，这与20世纪30年代德国的经历并无不同。

例如，始于2008年第三季度的8年中，西班牙私人部门储蓄平均达到GDP的7.15%(见图1.1)。即使政府被允许借款达到GDP的3%，但是，大于GDP的4%的储蓄从国民总收入流中漏出。令人吃惊的是，《马斯特里赫特条约》对政府如何解决这种通货紧缩缺口没有任何建议，因为其创设基于的假设是表1.2中显示的状态3和状态4不会出现。这就是《马斯特里赫特条约》的根本缺陷，也正是这个根本缺陷正在扼杀处于资产负债表衰退中的欧元区经济。

实际上，衰弱的经济体的税收已经下降，并且预算赤字上升到GDP的3%以上。因经济衰弱而增加赤字指的就是经济学中所说的自动稳定器，因为降低税收有助于稳定经济，从而迫使政府的借款和支出提高。

但是，取代提高政府借款、匹配私人部门储蓄增加以增强这个功能的是，欧元区政府被迫将其借款削减到GDP的3%。不但没有结束衰退，实际上这些政府行动让事情变得更加糟糕。西班牙的失业率飙升到25%,其他许多国家遭遇同样的命运。由于左翼和右翼政党同样坚持《马斯特里赫特条约》安排的财政纪律,很像20世纪30年代的德国人:普通公民越来越贫困,越来越绝望。

在既定的《马斯特里赫特条约》的限制条件下,这样的灾难性后果是完全可以预见的。在笔者于2003年出版的《资产负债表衰退》一书中,曾试图警告欧洲人:"既然财政刺激计划是最有效的(即使不是唯一的)解决资产负债表衰退的措施,一旦发现欧洲出现资产负债表衰退的特征,就要强烈建议欧盟委员会采取行动,以免受到《马斯特里赫特条约》的限制。不这样做就将导致欧洲陷入不断扩大通货紧缩缺口的恶性循环。事实上,在日本、美国和欧洲三个地区中,当资产负债表衰退来临时,欧洲是目前为止最脆弱的经济体,因为存在着《马斯特里赫特条约》所设定的限制条款。"①遗憾的是,这个警告没有引起注意,欧元区经济体一个接一个陷入了遥遥无期的资产负债表衰退。

在笔者2008年出版的《大衰退:宏观经济学的"圣杯"》对这个问题的政治后果提出过警告,笔者认为,"……在资产负债表衰退过程中,出于错误的荣耀或倔强,迫使一个国家或地区平衡预算,将对任何人都没有益处。事实上,迫使一个已经承受衰退痛苦的国家采用不恰当的政策能够真正将一个国家的民主结构置于危险境地,因为其吸引力会逆转。"②这个警告也没有引起注意。正如前面预见的,在所有这些国家中,极端政党已经获得了阵地。

本书写到这里的时候,没有哪一个极端政党真正获得了权力(入主政府),但是,现在大部分民众支持他们的事实是危险信号,因为这意味着现有右翼和左翼政党的那些人将失去信任。到2014年5月,人民变得如此绝望,以至于反欧盟的极端民族主义党派对现有的政治格局造成了冲击,他们在英国、法国和希腊的欧洲议会选举中成功崛起。2016年英国完成了脱欧公投,有人认为:"比欧洲增长率低的大陆仅有一个,那就是南极洲!"这些选举结果恰恰表明有

---

① Koo, Richard (2003) *Balance Sheet Recession: Japan's Struggle with Uncharted Economics and its Global Implications*, Singapore: John Wiley & Sons (Asia), p. 234.

② Koo, Richard (2008) *The Holy Grail of Macroeconomics: Lessons from Japan's Great Recession*, Singapore: John Wiley & Sons (Asia), p. 250.

多少人对欧洲政治与经济现状不满意和不相信了。

欧盟怀疑论者的成功激起政治实体和媒体担心在财政整顿和结构改革的努力过程中失去动力，而他们认为财政整顿和结构改革对经济重现活力至关重要。当局已经给取得成功的欧洲怀疑论者贴上了“民粹主义者”的标签，并且绝望地试图将他们描绘成不负责任的极端主义者。

在最近的选举中表现抢眼的所有反欧盟的政党在某种程度上都具有不负责任的民粹主义因素，他们把其国内的许多问题归因于移民。没有理由说，严格限制移民就能够改善处于不期而至的资产负债表衰退中的人民的生活水平（或者，下面的第 9 章谈到的其他因素）。换句话说，这些政党内在地具有国家社会主义的因素。

政策制定者需要自问：为什么欧盟怀疑论者有如此收获

另一方面，现有政权的观点是，他们追求的是负责任的政策，经得起严格的检验和再检验。住房泡沫破灭后，欧洲绝大多数国家陷入严重的资产负债表衰退，然而，没有哪一个政府意识到这一点并制定正确的政策加以应对。致使事情变得更加糟糕的是，既有的政策集中在财政整顿上，这是在资产负债表衰退中，政府一定不要采取的一项政策。对于欧洲人民来说，这项政策造成了痛苦的后果。

更重要的是，现有政权错将资产负债表问题看成结构问题，从而导致情势更加恶化。尽管作为刘易斯拐点后的被追赶经济体，每一个欧元区国家都需要解决不同的结构问题，从而保持超前于追赶经济体的地位，但是，当前主要（大约 80%）由于资产负债表问题，结构问题的原因仅占 20%左右，欧洲已经呈现出衰退。无论如何，很难将 2008 年经济突然崩溃以及后续的停滞归因于结构因素，结构问题几十年前就已经存在了。尤其是在 2008 年之前（德国是在 2000 年之前），这些经济体都对传统宏观经济政策做出了正确的响应。

正如第 5 章中所提到的，所有发达国家都面对着两个挑战：一个是被追赶；

另一个是他们均处于资产负债表衰退之中。应对前一个挑战,结构改革是必要的,但是,当私人部门大规模去杠杆带来通货紧缩缺口时,应对后一个挑战所需的财政刺激计划更加紧迫。在某种程度上,当前的情势比 20 世纪 30 年代更加严峻,当时的政策制定者只需要解决资产负债表衰退问题。

尤其是如第 5 章所提到的,当经济体处在资产负债表衰退状态时,通常需要 10 年或更长时间才有宏观经济效果的结构改革是不能替代财政刺激的。所以,政治领袖们必须让选举人明白,如要领先于追赶国家,结构改革是需要的,但是,抵消来自私人部门去杠杆的通货紧缩缺口所需要的财政刺激是紧迫的。

从一国到另一国的情势也是变化的。经历了特别巨大泡沫的西班牙和爱尔兰,资产负债表问题对正在发生的衰退负主要责任,而没有经历重大泡沫问题的意大利,本质上更多的是结构问题。

不考虑国家差异,处于资产负债表衰退的欧元区整体应当对以下情况了如指掌:尽管是负利率,但是,2017 年第一季度整个区域的私人部门净储蓄达到了 GDP 的 4.62%(见图 2.8)。这意味着私人部门的借款人不仅已经从视野中消失,而且实际上他们都在偿付债务或增加储蓄。在这样的时期,除非政府去做与私人部门所为相反的事情,否则,经济不可能得到改善,也就是说,除非政府借入并支出达到 GDP 的 4.62%未借出的私人部门储蓄,否则,经济不可能复苏。

遗憾的是,欧洲委员会没有,欧洲央行行长马里奥·德拉吉也没有认识到如此大的私人部门储蓄规模。结果,他们继续赞成财政整顿和结构改革,而忽视了需要将未借出的私人部门储蓄回流到经济体的收入流中去。这意味着,他们依然按照教科书中的假设运作,这个假设是欧元区的经济处在状态 2,存在愿意借款的人,而出借人短缺。这样的假设导致欧洲央行实施长期再融资计划、目标长期再融资计划、量化宽松与负利率政策——所有这些政策都是为了增大借出款而设计的,其假设是存在充足的愿意借款的人。虽然在某种程度上欧洲央行政策中的某些政策有助于将欧元区经济从状态 4 转变为状态 3(但是,不彻底,正如在后面的第 8 章中所解释的),但是,过去 9 年里提供给欧元区居民的实际信用增长率仅有1%(如图2.10所示)。

在最近的选举中,欧盟怀疑论者之所以成功,不是因为他们是民粹主义者。尽管他们具有民粹主义倾向,但其能够成功的原因是既有的左翼和右翼政党不能打破他们的政策圭臬。正是当局的不良政策选择拖累了经济下滑,让居民别无选择,只能将选票投给欧盟怀疑主义者。对于生活被他们的政府针对通货紧缩缺口问题不作为(或坏作为)毁掉的人民来说,解决方案的第一步就是将他们的国家从具有缺陷的条约强加的财政约束中解放出来,所以,对反欧盟政党的支持率急剧上升。

如果在近来的选举中,是这些政党民粹主义的一面吸引了投票人,那么,他们历史上的选举成就应当比实际上的成就好得多。最近的民意调查显示,他们大幅改善的选举结果可以归因于相反的事实,在等待了8个没有成果的选举年之后,投票人认识到,只要现有政党还在掌权,情况将不会有改善。这完全是1933年的德国阿道夫·希特勒和国家社会主义者走向权力巅峰的环境。

真正具有讽刺意味的是,正是德国人向欧元区的每一个国家强加了财政约束,尽管在1929年他们是类似的财政传统的第一个受害者,那时,同盟军政府将财政紧缩政策强加给布吕宁政府。那些要求毁掉了德国经济,将失业率推至高达28%(如前所述)。但是,既有的左翼和右翼政党抱住正统经济学不放,并坚持平衡预算,4年的痛苦煎熬之后留给德国人民仅有的选择是将票投给国家社会主义者,他们既反对财政紧缩,也反对战争赔款。

也许,德国人今天对纳粹体制下的极端残忍感到恐惧,以至于现在人们对希特勒过去所做的一切事情均加以抵制。这种全面否定一个人或一个时代的做法可能是危险的,因为既然人们从未被告知为了赢得德国人的心,他所做的正确的事情,那么,当下一个希特勒出现时,人们将会缺乏判断力和毫无准备。

随着众多像纳粹那样的政党在忍受资产负债表衰退的国家中取得优势,但是,对此无能为力,皆因为错误设计的《马斯特里赫特条约》,因此,让欧洲人民尽快地认识到这个经济病就显得紧迫了。如果对这个经济病没有正确的理解,有些成员国会发现他们的经济危机将伴随着民主危机。

与20世纪30年代相比，现在的社会保障体系更加广泛，使得现代西方社会对这样的衰退和政策错误有了更加强大的对抗力。事实上，社会保障体系本身就是财政刺激的一种形式，而这在20世纪30年代是不存在的。然而，如果自满的政治家、经济学家和官僚继续实施被误导的政策，人民的不信任和不幸福最终会爆发出来。

内在通货紧缩拉动的欧洲复苏

如果有充足的时间，经济体将能自我调节。尽管存在上述被误导的政策，持续很久的两位数的失业率带来的痛苦的内在通货紧缩的结果是，自2016年下半年以来一些欧洲经济体出现了好转。图7.10显示，高失业率国家比如西班牙、爱尔兰、葡萄牙和希腊的单位劳动成本从高峰时期均有相当明显的下降。按照经济合作与发展组织（OECD）的统计，希腊的单位劳动成本从过去的高峰时期下降了14.3%，西班牙下降了6.52%，葡萄牙下降了5.14%。在爱尔兰，从峰值跌落了33.6%，虽然由于爱尔兰GDP数据不连续，这个下降的数据会有所放大。由于德国的单位劳动成本从2007年第三季度的低水平上升22.2%，外围国家单位劳动成本的下降使其在同德国和世界其他国家的竞争中具有了相当明显的竞争力。

自2008年以来，欧元区的生产者价格指数提高了10.2%。在一定程度上，单位劳动成本的下降代表了工人的实际收入下降，那些承受内在通货紧缩结果的人们将会投票给欧洲怀疑主义者——反对财政紧缩的唯一党派，如此结果就不足为奇了。

在这个意义上，自2016年下半年以来，（北部）欧洲政策制定者自我恭喜似的评价引起了人们的关注。现在，他们说欧元区的绝大多数国家（可能要排除希腊）已经走在了经济复苏的康庄大道上，其中，西班牙和爱尔兰出现了有史以来的高增长率。但是，已经表现出明显改善的这些国家的资金流数据依然表明，增长未必是国内因素生成的。

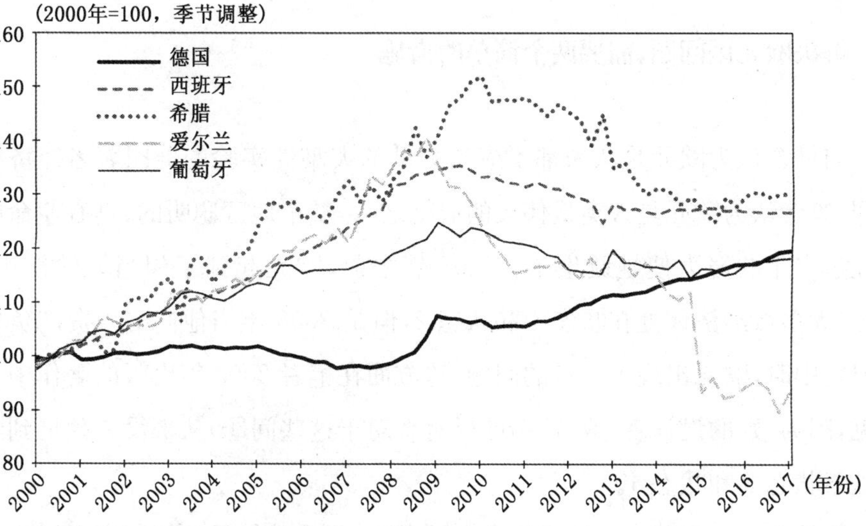

资料来源:野村证券研究院基于OECD数据。

图7.10　欧元危机压低了外围国家的单位劳动成本

经济学家还有一个使用“复苏”术语的坏习惯,即“复苏”意思是增长率回归到一个正的区域。可是,对于公众来说,“复苏”常常意思是回到了原来的地方。换句话说,经济学家谈论的是变化率,而普罗大众谈论的是水平。

当人们看“水平”——尤其是实际人均GDP或工业产值——时,绝大多数国家依然没有回复到2008年的水平。在过去的8年里,为了努力做到收支相抵,许多人已经耗尽了他们的储蓄或失业补偿金。在葡萄牙,有些人告诉笔者,危机期间他们已经用尽了储蓄,实际上,为了满足基本需要,他们不得不依靠朋友和亲戚。这意味着如果事情向着错误的方向发展,或者既有政治精英们骄傲自满,或者对他们的需求不做回应,那么,他们依然可能将票投给极端主义者政党。虽然写到这里的时候,没有任何一个极右翼政党获得了政权,他们中的有些人获得了30%或更多选票的事实表明,当局的任何错误都会使天平倾向他们,造成最不令人满意的后果。在这个意义上,欧洲没有时间自我陶醉了。

解决欧元区问题，需要两个简单的措施

与许多认为欧元是从来都不应当尝试的灾难性实验的美国著名经济学家不同，笔者认为欧元是人类最伟大的成就之一，整个地区聪明的、具有使命的人们经过多年的努力使她诞生了。2008 年之前，欧元起到了相当好的作用，那时，绝大多数经济体处在状态 1 和状态 2，但是 2008 年当他们陷入资产负债表衰退之中时，欧元出现了大量的问题，这方面在笔者 2003 年出版的著作中就有预见，因为，她的设计者（或者，她的反对者对于这些问题）从来没有预见到经济会处于状态 3 和状态 4。

既然状态 3 和状态 4 从来没有被预见到，货币政策是政策制定者解决衰退的仅有的工具。马里奥·德拉吉称之为“唯一选择”。结果，当德国于 2000 年陷入资产负债表衰退时，为了拯救德国，欧洲央行不得不在其他地区制造泡沫。当 2008 年这些泡沫破灭并且其他国家也陷入资产负债表衰退时，为了帮助这些国家，欧洲央行不得不采取量化宽松和负利率政策，从而鼓励德国和其他地方的房地产市场泡沫。但是，通过欧元区的一部分国家创造泡沫来应对欧元区的另一部分国家资产负债表衰退不是运作单一货币联盟的办法。

笔者也不赞同另一些人的观点，他们认为，为了单一货币的运行，需要广泛的财政同盟和结构改革以及像德国这样的财政盈余国家增大财政刺激。这是因为，危机的根本原因是欧元区无力驾驭处在状态 3 和状态 4 之中的经济体，而不是缺少财政同盟和缺乏结构改革。

至于解决方案，对《稳定与增长公约》应当做两个方面的修订。第一，在接近零利率的条件下，当私人部门储蓄超过 GDP 的 3%时，公约应当保证政府借款超过 GDP 的 3%，以稳定经济。这要求公约能够应对通常的经济下滑与资产负债表衰退。仅当在接近零利率的条件下，私人部门储蓄超过 GDP 的 3%时，允许政府借款超过 GDP 的 3%，也能够保持原有条约的精神。

第二，欧元区政府应当采用差别风险权重因子或类似测度指标，鼓励处在

资产负债表衰退中的国家的私人部门超额储蓄流入其他国家政府债券市场，这样做是必要的，因为在欧洲货币联盟（EMU），处在资产负债表衰退中的经济体自我校正机制（见第 2 章）起不到很好的作用。

在这种类型的衰退过程中，世界其他地区的政府债券收益将降低到超乎寻常的水平，因为基金经理人必须把资金投入当地货币标价的固定收入资产，他们除了购买仅剩的国内借款人（他们自己的政府）发行的债券外，别无选择。大量的基金经理人涌入债券市场，购买政府债券，从而将收益降低到经济体处在状态 1 和状态 2 下不可想象的低水平。相应地，极低收益不仅有利于政府采取必要的财政刺激计划，而且可以保证许多基础设施项目实现自负盈亏。

可是，欧洲货币联盟（EMU）有 19 个政府债券市场，所有政府债券市场都是用同一种货币标价。这意味着，难以确保西班牙储蓄将被投资于西班牙政府债券，或者葡萄牙储蓄将被用于购买葡萄牙政府债券。事实上，外围国家大量的私人部门储蓄流入了德国债券市场，推动了德国政府债券收益达到了无法想象的低水平，而同时，提高了他们自己国家的政府债券收益。处在资产负债表衰退过程中的非欧元区国家的基金经理人因隔离起来的政府债券市场与国内储蓄流向他们自己政府债券市场的通道形成的外汇风险，而无法像欧元区国家那样去做。

2010 年欧洲货币联盟动荡发生时，欧元区内资本“大幅流动”剥夺了许多外围国家的“财政空间”。即使外围国家（除希腊之外）的私人储蓄均形成了大量的储蓄额，他们的政府也无法利用这些储蓄，以达到稳定经济的目的。如果处在资产负债表衰退的外围国家拥有自己的货币，那些私人部门储蓄就会导致债券收益降低，使政府能够得到远离财政悬崖所需的财政刺激计划融资。

对于欧元区来说，19 个不同的欧元区债券市场之间的资本流动问题是独特的，但是，创造了欧元的《马斯特里赫特条约》从来没有关注过这个问题。一些没有道德的投机者还使得情况更加糟糕，他们做空外围国家的政府债券，同时，向媒体灌水，大谈所谓的重新定价风险——即将发生的欧洲货币联盟解体风险。

这个风险被控制住了，仅仅是因为欧洲央行行长马里奥·德拉吉站了出来，并且说，他将采取“一切能采取的措施”来捍卫欧洲货币联盟。虽然这有助于保护人类伟大成就之一不被无德的投机者破坏，但是，需要一个正式的机制解决因欧元区内资本“流动”问题造成的不稳定，否则，类似的危机还会发生。

实施以下措施，方可取得成功：(1)避免储蓄离开原发储蓄国家；或者(2)召回已经离开原发储蓄国家的储蓄。达到(1)和避免储蓄逃离的一个办法是赋予机构投资者持有的国内政府债券相对于外国政府债券较低的风险权重因子。换句话说，要求机构投资者购买外国政府债券需要具有更多的资本条件，而购买国内政府债券的资本条件相对较低。这样做的合理性的依据是，投资者应当最了解母国市场的风险特征。

若如此，西班牙的超额储蓄就会流入西班牙政府债券市场，葡萄牙的超额储蓄就会流入葡萄牙政府债券市场。购入国内政府债券的结果将是降低债券收益，为外围国家提供“财政空间”，这是他们实施必要的财政刺激计划所需要的。

关键点是，如果诱发衰退的超额私人部门储蓄被引导到本国政府债券市场，根据定义，任何处在资产负债表衰退中的国家都应该能够对必要的财政刺激计划实现自我融资。政府债券降低收益的结果应当能够使许多公共工程项目实现自负盈亏或接近自负盈亏。如果在欧元区内，差异化的风险权重因子保证了这种自我校正机制起作用，那么，成员国经济体就不会比美国差，美国已经最充分地使用了这种机制。

对负反馈循环过程不应有的恐惧

遗憾的是，对主权和银行风险之间负反馈循环过程的普遍的但不应有的恐惧导致欧元区官员很难做出决定，即让这些国家使用其自己的超额私人储蓄应对资产负债表衰退。实际上，当前的阻力是金融机构难以持有其自己国家的政府债券。但是，这样的恐惧是不应该有的，因为负反馈循环过程的根源是欧元区政府无力采取财政刺激计划去应对资产负债表衰退。

由于失去了使用财政刺激计划的能力，当债务融资泡沫破灭时，处在资产负债表衰退中的欧元区经济体"被迫"坍塌，极大地恶化了他们的银行业问题。银行业问题的出现不仅因为银行借钱给了泡沫参与者，而且因为正在坍塌的经济体以及正在下降的收入造成借款人偿还债务出现困难。

当人们认识到政府无力阻止经济体坍塌或者意识到银行系统爆发不良贷款问题时，他们立即害怕了，并将货币向国外转移，从而导致资本"流动"以及国内政府债券收益率提高。于是，提高的债券收益迫使政府增强财政紧缩，这就使经济体和银行部门的问题陷入了越来越糟糕的恶性循环。

这样增加了德国实施更大的财政刺激计划的压力，德国是来自其他国家储蓄资金的获得者(需要对债券收益最低水平负责)。然而，与不愿为之不同，德国已经处于充分就业状态，其采用了更多的办法，欧洲应当允许外围国家使用他们自己的超额储蓄来重新启动他们的经济。

解决这种负反馈循环的正确路径是，从一开始就允许政府使用财政刺激计划来应对资产负债表衰退，这样，就不会有恶性循环。当接近零利率、私人部门储蓄超过 GDP 的 3%时，允许政府借款超过 GDP 的 3%，这个目标就能实现。如果没有国内经济的坍塌，在合意的风险权重因子的帮助下，一国的超额储蓄就会流向自己的政府债券，而非流向高定价/低收益的外国政府债券。一旦外围经济体经济开始出现增长，这些国家逃到德国或荷兰政府债券市场的资金一定会回来，对于这些经济体来说，这将标志着一个正反馈循环过程的开始。

选择(2)——外围国家的储蓄再回到外围国家——理论上是可能的，但在实际操作上，一定是困难的。为了"回归"的顺利进行，第一步是资本接收国必须向类似德国这样的资本流入国借款，第二步是按照某种自动安排机制，资本接收国再将资本借给像西班牙这样的国家。必须是自动机制，这样，债券市场参与者就不会担心因延期支付或不充分回流造成的不确定性，进而推高债券收益。

资金净流入国家(比如德国)还必须快速决定他们需要借入以及"回归"西班牙、葡萄牙等国的资金量大小。但是，这种机制的政治问题——包括借入多少资金与谁承担风险的问题——注定是难以解决的。如果说"回归"会遇到政治难题，那么，避免超额储蓄逃离处在资产负债表衰退中的国家的差异化风险权重因子或类似举措应当被采用。

书写至此，欧洲货币同盟的失业人口依然有270万人，高于金融危机前的失业水平。加之难民骚动，欧洲的压力已经达到了政治与经济极限。按照这里所建议的方式修订欧洲条约将不是容易的事情，但是，因应欧洲货币一体化的挑战，欧盟已经克服了大量的困难，做出了大量的程序性改变，比如，开创银行联盟，或者，解决塞浦路斯危机。

这里提出了两个简单但重要的举措，允许这些国家使用其自己的私人部门超额储蓄，将使这些欧洲经济体回到完全复苏的轨道。这也可以让欧洲央行撤出计划不周的量化宽松和负利率政策，当不存在借款人时，这两项政策没有任何影响；当借款人回归时，又会诱发大量的问题。这对担心欧洲央行运用"疯狂的"量化宽松政策做最后一搏的德国人和许多人来说，应当是好消息。这里建议的举措还解除了德国承受实施更大的财政刺激计划的压力。

简单的举措，欧元区经济即可复苏，不需要更深入的财政联盟、更大的结构改革、更大的量化宽松、更高的负利率以及德国更大的财政刺激计划。所需要的就是确保承受资产负债表衰退的国家的私人部门超额储蓄流向他们自己的政府债券市场，以及政府能够借入并支出国内形成的储蓄额，从而能够应对衰退。

如果上述政策得以实施，为270万失业者提供了就业岗位，那么，难民问题也就很容易解决了。希望欧盟、欧洲央行和德国政府能够睁开眼睛看看真实的世界，即资产负债表衰退的真实世界，并在为时已晚之前，实施这两项简单的举措。如果他们这样做了，欧洲人将恢复投票的取向，更有助于民主正确功能的发挥。如果看到欧元区重新恢复经济健康并呈现出稳健增长，那么，英国也会改弦更张。

在无休无止的希腊危机中，希腊GDP如此剧烈下降的部分原因是国际货币基金组织（IMF）。2010年国际货币基金组织按照隐瞒赤字丑闻的思路来帮助希腊，那时，国际货币基金组织并不理解资产负债表衰退（现在理解了）。于是，国际货币基金组织迫使这个国家实施过于严厉的财政紧缩措施，期望能够赢得债权人的信任。在国家面临普通的财政危机中时，这将是正确的行动路径,但是,希腊也处在资产负债表衰退之中,财政紧缩触发了1 000美元—900美元—810美元—730美元的通货紧缩螺旋,造成名义GDP收缩了近30%(见图7.7)。

结果,希腊是私人部门整体上继续处于财务赤字状态的唯一一个国家(见图7.1)。这样的赤字状态是收入下降的信号,是投资不够强劲的信号。这种情况可以得见于图7.6中的空白柱形图——自2010年以来几乎都低于0水平线,表明这个国家是如此贫困,以至于私人部门不得不靠过去的储蓄生存。这样的国家偿还外国债权人债务,也就不可能了。

2009年10月,新当选的政府揭露了前政府隐瞒预算赤字数字,真实赤字数字远远大于前政府报告的赤字数字,于是,希腊政府失去了市场信任。可是,当他们强加给希腊的经济救助计划不仅没有达到目标,而且造成了毁灭这个国家经济的后果时,在希腊人的眼里,国际货币基金组织和欧盟也失去了可信度。现在,双方都犯下了一个大错误,他们扯平了,是时候勇敢前行了。

米尔顿·弗里德曼鼓吹的自由市场存在三个问题

当诺贝尔经济学奖获得者,自由市场、货币政策和小政府的捍卫者米尔顿·弗里德曼于20世纪50年代访问日本时,他对经济学家大足长洲(Kazushi Nagasu)讲了一番话,他说:"我是犹太人……我不认为我需要告诉你犹太人不得不面对何种可怕的死亡。我主张自由市场背后真正的动力来自希特勒和其他专制统治下死亡的犹太人民的血泪史,他们给我的口信是,通往幸福的最佳之路是拥有一个让人民团结的机制,一个国家、种族和政治体系没有任何影响的机制。"①

虽然许多人同情弗里德曼,并认同自由市场是理想的,但是,他至少存在三点错误。第一,他的假设。他假设私人部门追求利润最大化驱动的市场从不会

① Uchihashi, Katsuto(2009), Shinpan Akumu-no Saikuru: Neo-riberarizumu Junkan("The cycle of nightmares: the recurrence of neoliberalism"), updated version, in Japanese, Japan: Bunshun Bunko, pp. 88—89.

走向错误的方向。每隔几十年私人部门都会在泡沫中失去理智，还有最近观察到的一些事情，尤其是在2000年前的网络公司泡沫和2008年前房地产泡沫中观察到的一些事情(就是明证)。在泡沫发生过程中，狂热投机的私人部门造成的结果是数万亿美元的资源无效配置，没有哪一个政府可以与之匹敌。换句话说，当企业和家庭保持冷静头脑时，市场运行得很好，但是，当泡沫形成时，就不是那回事了。

当泡沫破灭时，私人部门又回归理性，并且认识到必须重新恢复财务健康，优先选择从利润最大化转向债务最小化。但是，如果每个人都同时这样去做，经济体就会陷入合成谬误问题，这里被称为资产负债表衰退。

这里是弗雷德曼犯下第二个错误的地方。他认为，货币政策(中央银行提供流动性并降低利率)应当被启动以应对衰退。但是，一旦为了修复资产负债表，私人部门最小化债务，经济体处在状态3和状态4，那么，货币政策就不再有效了。货币政策会停止工作，因为借款人缺失意味着，中央银行提供的资金无法进入实体经济，甚至即使在零利率下，也无法进入实体经济。

他的第三个错误是，他强烈反对运用财政刺激去应对衰退。财政刺激基本上就是政府借钱和花钱。但是，在资产负债表衰退过程中，政府必须承担起最后借款人角色。没有其他任何办法能够维持经济体不陷入通货紧缩螺旋并带给私人部门偿还债务以及重建其资产负债表所需的收入。

弗里德曼过度强调小政府以及市场与货币政策至高无上的地位，没有给政府扮演最后借款人留下任何空间。但是，这样做恰恰是布吕宁政府失败的地方，为1933年阿道夫·希特勒走上德国的权力巅峰开辟了道路。法国、英国和美国政府没有能够承担起最后借款人角色不仅提高了希特勒的声誉，而且阻碍了盟军国家的政府展示可置信的对希特勒快速扩张军事的压制力量。为了避免另一场大毁灭的悲剧重演，告知公众什么是资产负债表衰退，又如何运用财政刺激计划与之斗争，是至关重要的。

第 8 章

宏观经济学另一半中的银行问题

当泡沫破灭时，经济体的典型特征就是出现面对既缺乏出借人有缺乏借款人的局面（状态 4）。出借人从市场上消失，是因为他们借钱给了泡沫参与者，当泡沫破灭时，许多人已经不具有清偿能力。不良贷款提高的后果侵蚀了银行资本，使银行无力出借资金。事实上，许多出借人会发现自己实际上已经破产。

银行系统的两个外部性

当受损的资产负债表使银行没有能力充分发挥其功能时，更广泛的社会系统就会在两个方面遭受损失。第一，银行处于清算系统的核心地位，因为从日常消费的票据到大学学费支付的每一件事情的支付都要通过银行系统完成，银行系统崩溃会对经济体造成毁灭性影响。银行的第二个功能是确保被储蓄的资金被借入和支出，从而保持经济体运行。这个功能缺失将会导致 1 000 美元—900 美元—810 美元—730 美元的通货紧缩螺旋，这在前面已经讨论过。

就第一点而言，每天为了储蓄人利益，出于大量的不同目的，银行必须做成千上万次的支付。在这些支付的过程中，银行仅仅是被要求交易的被动的执行者。银行并不事先知晓储蓄者何时购买某物，也不知晓价格多少。

银行还代表储蓄者从其他银行的储蓄者那里接收大量的给付。但是，银行一天所接收的给付匹配同一天必须提供给其他银行的支付，这一点是没有保障的。为了应对这样具有显著不确定性的每日清算，银行间市场和中央银行被创造出来，以保证银行总能够拥有充足的准备金去满足支付需要。

银行间市场被创造出来，能够让具有资金净流入的银行将其剩余准备金借给出现资金净流出的银行。既然银行系统的资金总流入与资金总流出之和应当等于0，那么，具有充足功能的银行间市场就应当避免支付系统陷入困难之中。

可是，当泡沫破灭且许多借款人破产时，银行之间开始相互不信任，因为他们都背负着大量的且日益增加的不良贷款资产。于是，拥有资金净流入的银行拒绝在银行间市场上借出超额资金，因为他们担心借款行不能偿付。相应地，失去功能的银行间市场对清算系统功能的持续形成威胁，而清算系统对于经济体则是至关重要的。

作为最后贷款人的中央银行被创造出来，就是为了解决银行间市场的这种脆弱性。如果银行间市场失去功能，或者当一家银行面对超大量的资金流出，这家银行就会向中央银行借入完成支付所需的准备金。既然中央银行出现了，经济体中的所有支付就经过各家银行在中央银行开设的账户进行清算。在美国，这些就是人所共知的“联邦资金系统”。

关于银行的第二个功能，当泡沫破灭、银行承受因不良贷款招致的损失、资本充足率降到了所要求的最低水平时，他们就不得不克制借出资金，因为他们的资本不再被视为足以吸收与借款相关的风险。如果他们通过银行间市场可以得到的准备金受限或不确定，那么，他们也必须克制借出资金。这种无力出借资金的现象也就是众所周知的“信用紧缩”。

当银行不能够借出托管给他们的储蓄时，整个经济体就会承受损失（痛苦），因为被储蓄的资金不能够重新进入经济体的收入流。事实上，这种贷款侧问题还可能触发 1 000 美元—900 美元—810 美元—730 美元的通货紧缩螺旋。这两个贷款侧困境，加之借款人债务高悬的负担，将经济体抛入状态 4。

银行部门的这两个外部性意味着，政府不可以将银行仅仅视为另一个私人部门的企业。这也就是在任何国家他们都要被政府严密监管的原因。当银行问题出现时，政府和中央银行实施状态 1 和状态 2 下所描述的各种政策。例如，如果银行间市场失去功能，中央银行被期待成为最后贷款人，向出现资金净流出的银行提供帮助。

如果不良贷款诱发的信用紧缩是如此严重，以至于触发通货紧缩螺旋，那么，政府必须向银行注入资本，以保证他们重新贷款。1998～1999 年日本进行了银行再资本化，2008 年美国做了同样的事情，虽然这些行动在这两个国家是极端不受欢迎的。关键是必要的救助措施是众所周知的，一旦实施这些措施，通常就可以在一到两年内解决贷款人问题。

尽管在帮助借款人方面，中央银行货币政策基本无用，但是在帮助贷款人脱离金融危机方面，则绝对重要。贷款人问题和借款人问题可以被归纳于图 8.1。一旦银行系统重新恢复了功能，经济体就从状态 4 变为状态 3。

欧元区的银行问题依然没有解决吗?

当 2008 年雷曼兄弟公司破产触发了全球金融危机时，西方国家和日本面对大量的银行问题。在最初的两年里，美国和英国采取了前述的各种措施解决银行危机，而在全球金融危机后的整整 8 年里，欧元区持续与这些问题斗争。自 5 年前的危机高潮以来，情况已经有了明显改善，这是欧洲央行努力的结果。可是，2016 年早期，德意志银行——德国最大的资金出借人——走到了聚光灯下，还有意大利银行及其他银行被报道依然背负着大量的不良贷款。

不言自明，欧元区银行部门问题的主要原因是经济体本身继续在斗争：全球金融危机后的 8 年里，单一货币区失业人口的数量超过雷曼兄弟公司破产前的失业数字达 400 万(最终，这个数字正在下降)。正如前一章中所提到的，经

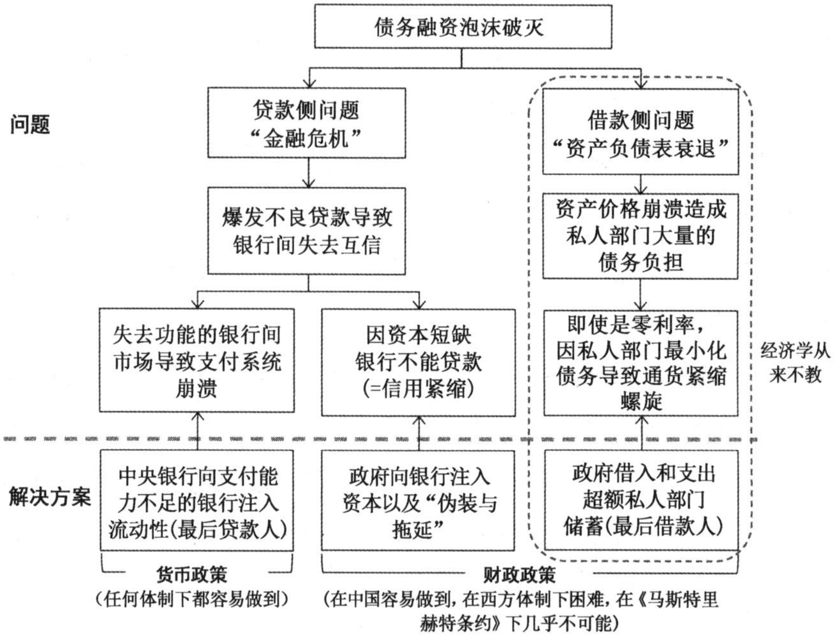

图 8.1　当泡沫破灭时，什么可以期待

济体一直在斗争，因为为了修复受房地产泡沫损害的资产负债表，自 2008 年以来私人部门总体储蓄达到了 GDP 的 5%～10%，尽管如此，《马斯特里赫特条约》阻止成员国政府借款超过 GDP 的 3%。但是，如果私人部门总体储蓄达到 GDP 的 7%，今天西班牙的情况就是这样，而政府只被允许借入 GDP 的 3%，那么，剩下的 4%就会从经济体的收入流中漏出，从而成为通货紧缩缺口。由于政府不能填补这个缺口，经济问题和银行部门问题持续存在也就不足为奇了。

如果政府能够借入并支出私人部门的超额储蓄，那么，GDP 就能保持。这意味着尽管技术上已经资不抵债(不具有清偿能力)，但是，企业和家庭可以获得偿还债务所需的收入。并且，如果借款人继续偿还债务，银行的不良贷款问题将保持在可管理的范围内。事实上，由于他们的债务得到了偿还，许多借款人成功地消除了债务风险。

作为考虑不周的财政紧缩的结果，1997 年日本银行部门与 2008 年后的欧洲银行部门有类似的经历。为了修复受 1990 年泡沫破灭损害的资产负债表，私人部门总体储蓄超过了GDP的5%,而此时,桥本政府选择了财政紧缩。从1997年4月开始,日本经济突然陷入典型的通货紧缩螺旋,导致连续5个季度的收缩。这是对日本的借款人和出借人的最后一击,于是,1997年10月爆发了全国范围的银行危机。这迫使日本政府动用了不受欢迎的所有政策工具来克服这场危机,包括银行部门的资产重组。尽管付出了所有努力,但依然耗费了接近两年时间,直到1999年银行部门才恢复正常(这一点将在下面结合图8.4做进一步讨论)。

关于银行部门问题的两个误解

后泡沫经济时代,银行危机频繁发生,但是在控制危机过程中,欧元区当局还犯下了大量的错误,耽搁了银行部门和实体经济的复苏。

特别是,他们似乎错误理解了日本和美国的经验教训,甚至更糟糕的是,他们实施了基于错误理解的政策。对于日本,他们显然相信了日本这个国家长期经济下跌发生的原因是银行和政府不愿意解决不良贷款问题,直到2001年小泉政府出来解决,经历了1990年泡沫破灭后超过10年的时间。

对于2008年后的美国,他们似乎认为,美国经济复苏很快,是因为货币当局要求银行按照市场法则处置其不良贷款。结果,他们得出结论,为了欧元区经济复苏,银行必须快速处置其不良贷款。

日本银行早就开始了贷款呆账核销

实际上,过去20年里许多西方权威将日本经济停滞归因于日本银行部门拖延了贷款呆账核销。但这个观点是完全错误的,当时笔者就已经指出了。这个错误的观点是如何被自私自利集团创造出来的,将在本章的后面加以讨论。

在日本第一个提出不良贷款问题的政治领袖不是别人,正是日本首相宫泽喜一(Kiichi Miyazawa),1993年他提出,快速解决这个问题将降低未来纳税人负担的成本。遗憾的是，无知的媒体权威和政治家拒绝了宫泽喜一的计划，不仅是因为救助银行在政治上不受欢迎，而且因为自战后以来，日本没有经历过这样的危机，他们不懂如何控制银行危机。

这个计划被拒绝导致清理过程被推迟了大约两年，但是，事情被耽搁了。日本银行部门开始于 1995 年留出大量的准备金，应对不良贷款问题（见图 8.2）。结果，2001 年小泉纯一郎成为首相之前，不良贷款造成的大约 80％的损失就已经通过备抵账户化解了。认为日本银行部门解决其不良贷款问题行动缓慢，则完全不正确。

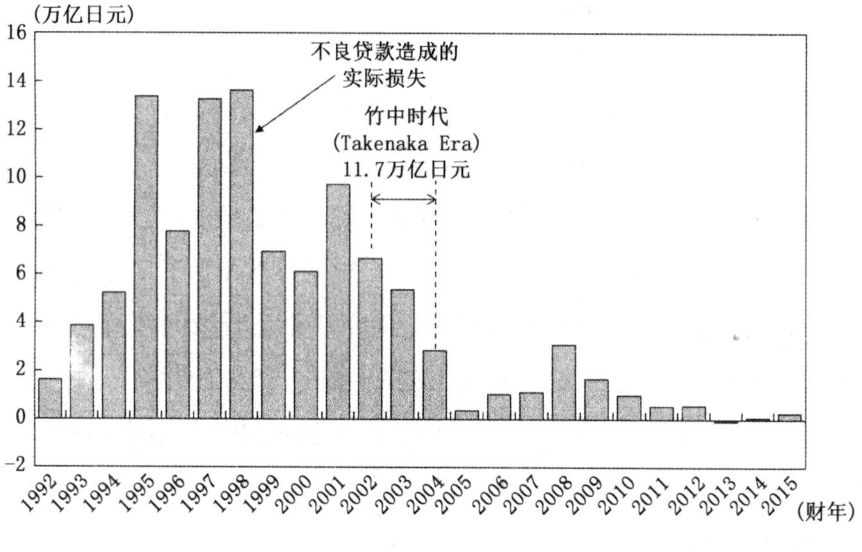

注：仅包括商业银行；投资银行、保险公司和其他金融机构不包括在内。

资料来源：日本金融服务局（Financial Service Agency），“金融服务局基于《金融重构法案》发布的截止到 2016 年 3 月底全部银行的贷款状况”。

图 8.2　日本银行部门处置不良贷款的损失

为何尽管准备金提高了，不良贷款仍不下降

不顾上述事实，绝大多数海外分析者继续相信在解决不良贷款问题上，日本行动迟缓，他们所基于的官方数据显示，在 2001 年之前不良贷款一直在上升

(见图 8.3)。未清算的不良贷款账面价值继续提高是因为,出于增加收入想法的税收当局拒绝接受将其作为不良贷款,这种情况在银行部门和财政部的银行局(Banking Bureau)提出不良贷款处置后持续了很长时间。所以,银行部门被迫将这些贷款保持在账面上,税后收益作为备抵账目。这种奇葩状态继续着,直到最后税务当局认识到每一笔不良贷款都是一项完全损失,这个过程耗去了数年。关键点在于,日本的不良贷款统计没有反映出银行部门已经做的贷款损失备抵账户。

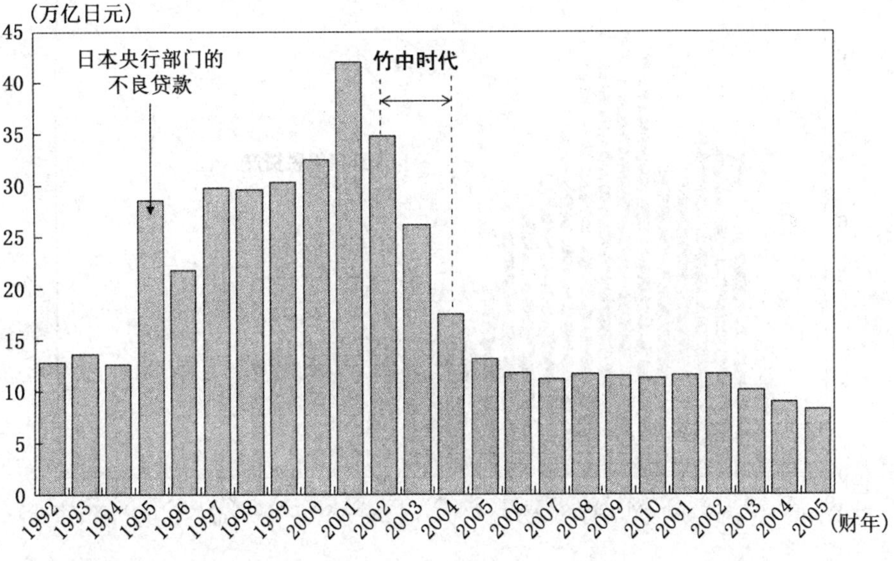

资料来源:日本金融服务局。

图 8.3　日本银行部门的不良贷款

面对如此不利的税收体制,财政部于 1998 年做出了“大妥协”,为了快速处置不良贷款,向银行部门提供激励。这个协议保证了日本出借人可以将其已经缴纳的税收计为资本(递延所得税资产),并最终得到偿付——如果贷款被归类于不良贷款,就不会出现未到期限问题。

这就导致了 1998 年后递延所得税资产大规模增加的不正常情况(见图 8.4),并且递延所得税资产构成了日本央行资本的重要组成部分(见图 8.5)。

小泉政府的金融服务大臣竹中平藏(Heizo Takenaka)并不理解这个大妥协背后的税收问题,要求银行降低其递延所得税资产,使之达到与美国相一致的水平,这就是众所周知的"竹中休克"(竹中冲击),从而激发了日本金融部门的混乱。他显然完全没有意识到日本和美国在不良贷款税收处理方面的差异。这里的关键是,某种程度上,日本银行部门没有拖延不良贷款处置,并不像有些官方统计数据显示的那样,也不是海外评论者所说的那样。

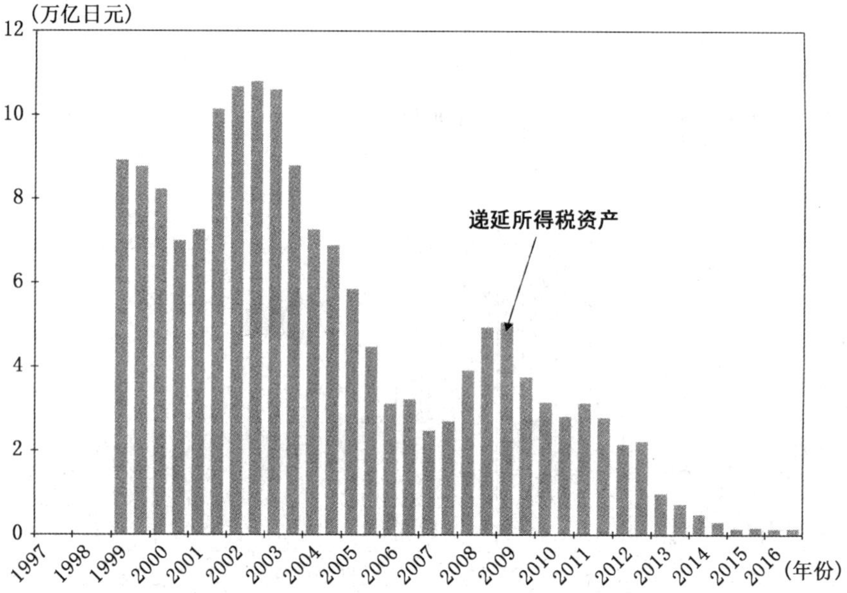

资料来源:野村证券研究院基于日本银行家协会的数据。

图 8.4 1998 年"大妥协"之后,日本银行部门递延所得税资产增加

20 世纪 90 年代后期控制了媒体的竹中和其他"改革家"还强烈推动内部纾困,从而迫使大量的储户和债权人在银行关门的过程中承担损失。他们认为,来自储户和其他债权人的压力将迫使银行提高管理水平。他们甚至捏造出一个虚假理念,即日本采取内部纾困举措是一项国际承诺,目的是为了确保能够取消 1995 年实施的国家存款保险。虽然在一定的环境下储户的某些约束是有用的,但是,当如此众多的银行经历着同样的问题,并且还承受着低到不能再低的信用评级时,通过内部纾困,迫使他们接受损失,无疑是国家自杀行为。

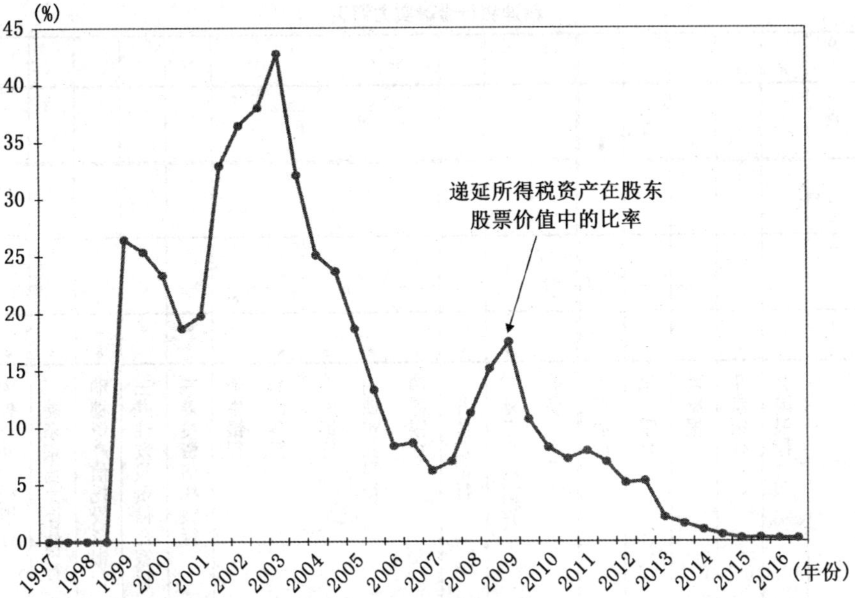

资料来源:野村证券研究院基于日本银行家协会的数据。

图 8.5　1998 年“大妥协”之后,日本银行资本中的递延所得税资产占比飙升

那时,没有任何一家日本的银行信用评级达到 D－以上,绝大多数银行在穆迪金融实力评级①中都处在最低的 E 级,而一般银行都可望被评为 B 级或高于 B 级(见图 8.6)。由于所有日本的银行得到的都是最低信用评级,内部纾困的任何一家银行倒闭都会在所有银行的大量储户中造成巨大恐慌。这类疯狂的做法是可以避免的,1999 年 12 月笔者说服不良贷款政策计划委员会(LDP's Policy Planning Committee)主席亀井静香(Shizuka Kamei)把内部纾困放在次要地位。令笔者感兴趣的是,当亀井静香 2002 年至 2005 年任金融服务大臣的时候,他没有实施单一内部纾困的措施。

① 穆迪在 2015 年停止公布评级。

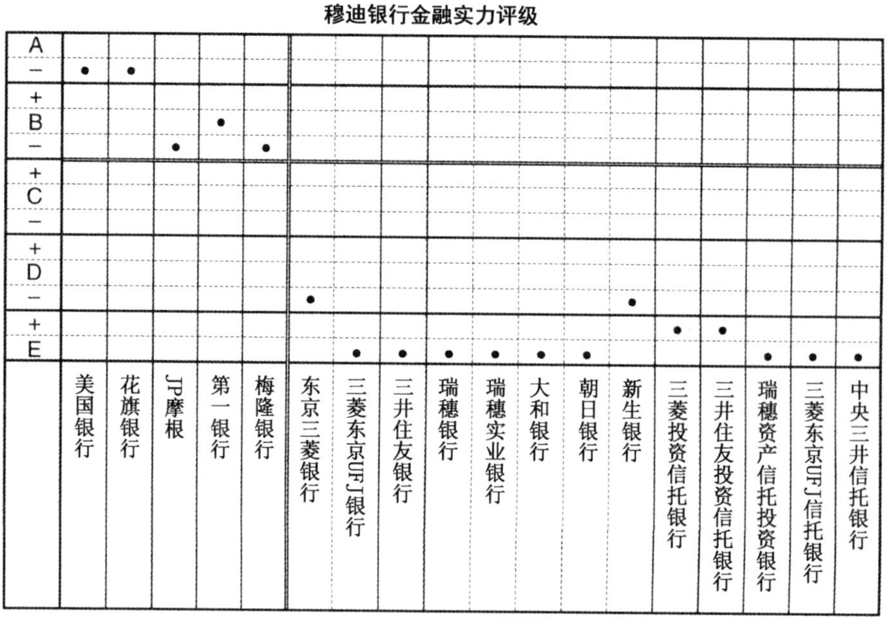

注：截至 2002 年 11 月 1 日。

资料来源：穆迪公司。

图 8.6　2002 年日本银行信用评级太低而无法实施内部纾困(＝取消存款保险)

追根求源，日本经济下滑真正原因在于借款人而不是贷款人

关于日本银行部门危机对实体经济的影响，几十年来日本银行一直向 10 000 家大小企业征求他们关于“金融机构贷款态度”的看法，发布于《季度短观调查报告》(*Tankan Survey*)(见图 8.7 的上半部分)。按照这个针对公司借款人的调查报告，除了三次信用紧缩，在过去 27 年的绝大部分时间里日本的银行都愿意发放贷款。事实上，最近的数据显示，银行家贷出资金的意愿已经回复到泡沫时期的水平。然而，图 8.7 中底部的柱形图显示，这个时期，公司不仅不借款，而且，即使在零利率条件下，从 1997 年至 2012 年实际上仍在偿还债务(0 水平线上的阴影柱形图)。尽管一些企业自 2013 年以来恢复了借款，但是，

净(储蓄)数量仍为正,大约为 GDP 的 4.1%。换句话说,作为一个群体的公司部门依然不借款,尽管银行愿意贷款且公司业已完成了他们的资产负债表修复。

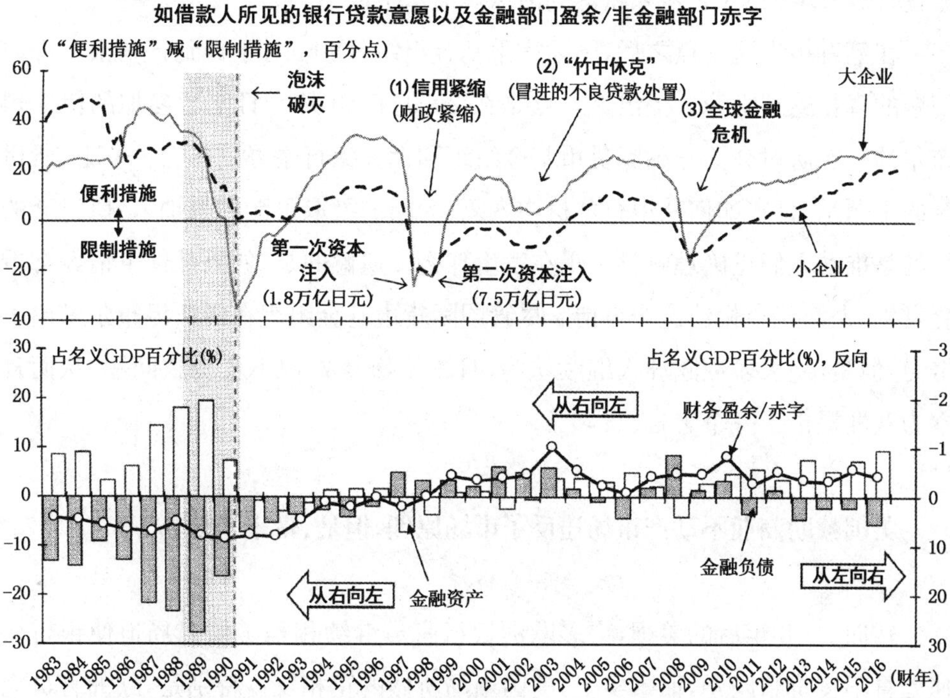

注:阴影部分显示的是日本银行货币紧缩时期。

资料来源:日本银行,《季度短观调查报告》:资金流动账户情况;日本内阁办公室,国民账户。

图 8.7　除了三次信用紧缩,日本的银行都愿意发放贷款

这种情况表明,日本经济弱势的主要原因是借款人比贷款人消失得更快。当泡沫破灭时,即使在零利率条件下,在国内找不到具有吸引力的投资项目的企业或资产负债表受到损害的企业也进行储蓄或偿还债务。事实上,在过去 20 年,在零利率条件下,日本私人部门的平均储蓄已经达到了 GDP 的 8.6%。除了 1997 年、2002 年和 2008 年三个短暂时期——日本处于状态 4,其他时期,日本经济陷入了状态 3。

当作为整体的私人部门在零利率条件下一直在储蓄,那么,经济体就将陷入通货紧缩螺旋,除非政府站出来,担当起最后借款人角色。正是因为在过去的 25 年里(排除一个时期,即 1997～1998 年)日本政府基本完成了她的角色任务,所以,日本的 GDP 从未跌落到泡沫峰值水平以下。

在笔者指出这一点之后,国际货币基金组织(IMF)对于得到日本银行部门问题的真相感到吃惊。提出这一点是在 2009 年 10 月 6 日笔者参加的伊斯坦布尔的一次研讨会——国际货币基金组织和世界银行主办的年会——上,研讨会的主题是"日本如何从银行危机中恢复:为当前汲取可能的教训"。研讨会的目的是推动人们正确理解日本正在发生什么。遗憾的是,如果某件事情经常重复发生,人们就会相信这个事情。尽管国际货币基金组织在伊斯坦布尔做出了努力,但是,绝大多数欧洲人继续认为,日本不愿意处理不良贷款问题,从而日本为欧洲提供了一个忠告。

美国救助商业不动产市场违反了市场原理,但是,带来了复苏

转向 2008 年后的美国,许多欧洲银行官员继续相信美国当局迫使银行快速处置不良贷款问题,而事实上,美国当局所做的正相反。特别是,欧洲官员完全没有意识到"关于审慎的商业不动产贷款计划的政策声明"——通常为人所知的是"假装与拖延"计划,这个举措是美联储、联邦储蓄保险公司(FDIC)和货币监理署(OCC)联合于 2009 年 10 月 3 日推出的,旨在拯救银行和商业不动产市场。①

按照这个计划,美国当局采取了非同寻常的步骤,要求银行对已有的商业不动产贷款延期,甚至贷款余额大大超过抵押资产价值,也要求这样做。这个要求至关重要,因为到 2009 年 10 月,商业不动产价格已经从峰值跌落了 40%(见图 6.3),并且,商业不动产贷款的再融资危机是如此严峻,以至于许多人认为居民住房市场崩溃后,接下来就轮到了商业不动产市场崩溃了。在这个节骨

---

① https://www.federalreserve.gov/boarddocs/srletters/2009/SR0907.htm

眼上，商业不动产市场的崩溃将会彻底摧毁美国经济与银行部门，并且导致复苏会困难许多倍，复苏成本也会增加许多倍。

针对银行的“假装与拖延”政策与奥巴马总统针对实体经济的 7 870 亿美元的财政刺激计划相结合解决了这个问题，并为后来的经济复苏打下了基础。图 6.3 显示得非常清楚，“假装与拖延”政策激发了商业不动产市场复苏。今天，美国商业不动产价格已经明显高于 2008 年高峰时期。

在拉美债务危机过程中，沃尔克的“假装与拖延”是有效的

2009 年 10 月美国银行当局实施“假装与拖延”政策，但这绝不是唯一的一次。相同的政策在 1982 年爆发的拉美债务危机中采用过，当时，8 家最大的美国银行中的 7 家技术上资不抵债（无清偿能力），上千家其他金融机构情形非常糟糕。事实上，那时，美国陷入了战后最严重的金融危机之中，笔者本人参与解决这次危机，当时，笔者作为美联储纽约分行经济学家，负责欧洲美元辛迪加贷款项目——美国银行用来向拉美借款人提供贷款的工具。笔者可以证明，美国之所以从危机中挣脱出来，仅仅是因为那时的美联储主席保罗·沃尔克（Paul Volcker）在危机爆发的那天宣布了“假装与拖延”政策，此后并维持这项政策达 7 年之久。

尤其是，沃尔克指示所有在墨西哥贷款超过 100 万美元的美国银行对已经到期的贷款进行展期，尽管这个国家于 1982 年 8 月实际上已经破产。他还向银行保证，当局不会视那些贷款为不良贷款（尽管它们是不良贷款）。这样的保证是必要的，将银行从注销不良贷款的压力中解放了出来，如果所有银行都注销不良贷款，则会诱发大规模的合成谬误，造成危机更加恶化。这是因为，由于如此多的银行同时面临同样的问题，不良贷款资产被倾销到市场上去，就不会有买方。自由落体式的资产价格下跌的结果将造成银行危机更加恶化。这项政策也是美联储、联邦储蓄保险公司和货币监理署联合实施的，这项政策保持了 7 年，从而给予美国银行重建资产负债表所需要的全部时间。

1989 年，在贷款人最终重获财务健康之后，美国当局推出布雷迪债券（Brady bonds）*，结束了战后美国银行业历史上最悲哀的一章。尽管很多人听说过这个债券，但是，很少有人了解前面 7 年里美国当局所采取的措施。

从 1982 年到 2009 年的这两个例子表明，当银行问题的规模有限时，美国银行当局寻求基于市场的解决方案，但是，当大量的银行在同样的时间面对同样的问题时，也就是面临系统性金融危机时，以往的措施就被抛弃了。那时，美国政策制定者会选择超乎任何人的实用主义措施。

欧洲官员似乎非常不明白为了应对系统性银行危机，1982 年和 2009 年美国所采用的"假装与拖延"政策。对美国事件的错误解读，加之错误地相信日本延长的经济下滑是因为不愿意核销不良债务，已经将欧洲政策推向了适得其反的、市场原教旨主义方向。

欧元区承受着系统性银行危机

对于正在面对与 1997 年的日本和 1982 年及 2009 年的美国同样系统性危机的欧元区来说，更高的资本充足率要求和不良贷款的匆忙处置只能加剧银行部门的瘫痪，同时，相应地对经济体造成负面影响。在欧洲，被迫的内部纾困也吓走了欧洲银行资本的潜在提供者。

当如此之多的金融机构在同样的时间、面临同样的问题时，很少有资本提供者。即使可以获得资本，成本也会极大提高。但是，昂贵的资本会实实在在地增大银行的压力。面对昂贵的资本，为了节约资本，达到资本—资产比率要求，银行将削减贷款，但是，这样做只能加剧已经使经济体窒息的信用紧缩。于是，经济体走弱的结果又会放大银行不良贷款问题。

目前，欧洲银行的问题程度是正在节约资本，并造成信用紧缩，这可以在图 8.8 中被观察到。图 8.8 描述了欧元区金融机构的资金流数据。图 8.8 显示，

---

* 20 世纪 80 年代晚期和 90 年代早期，由于拉丁美洲国家屡次贷款违约，为了减轻他们的债务负担，布雷迪债券应运而生。该种债券以设计者美国前财政部长尼古拉斯 · 布雷迪（Nicholas Brady）的名字命名，主要用于重组商业银行贷款。——译者注

尽管雷曼破产触发的初始冲击并不是那么严重，但是，到 2012 年情势变得非常糟糕了，这时，阴影柱形位于 0 水平线以上，空白柱形位于 0 水平线以下（环形区域）。实际上，为了节约资本并提高他们的资本充足率，银行既降低了资产，也降低了负债。但是，降低资产相当于降低贷款，而降低贷款水平就是为人所知的信用紧缩。

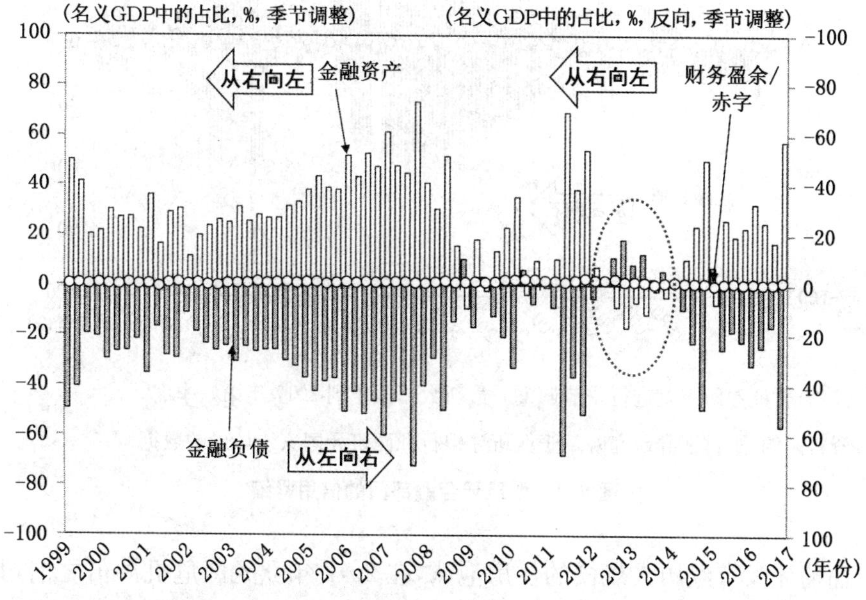

注：野村证券研究院进行季节调整。最新数据截止到 2017 年第一季度。

资料来源：野村证券研究院基于欧洲央行和欧洲统计局的数据。

图 8.8　欧元区金融部门的信用紧缩

对于有些国家来说，这实在是一个银行和其借款人遭遇毁灭性的时期。图 8.9 描述了西班牙金融部门的资金流。图 8.9 显示，为了节约资本，他们既降低资产，也降低债务，因此，西班牙银行部门自 2012 年中期以来呈现出大规模的收缩。

当爱尔兰的住房泡沫破灭时，爱尔兰银行遭受的打击特别严重。这可见之于图 8.10 中的资金流数据。图 8.10 显示，从 2010 年中期直到 2013 年末，空白柱形位于 0 水平线以下，阴影柱形位于 0 水平线以上。

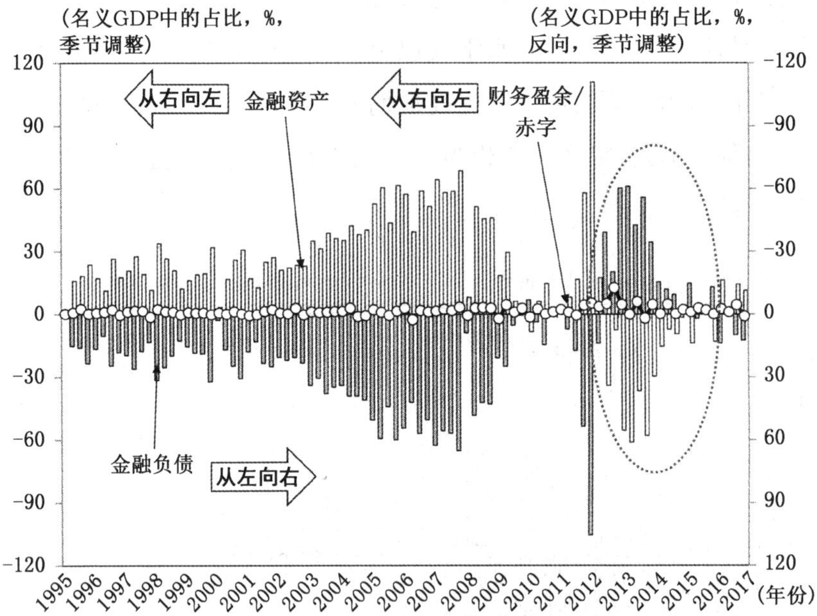

注:野村证券研究院进行季节调整。最新数据截止到 2017 年第一季度。

资料来源:野村证券研究院基于西班牙银行和西班牙国家统计局的数据。

图 8.9　西班牙金融部门的信用紧缩

葡萄牙没有经历大规模的住房泡沫,在 2012 年欧元区危机冲击之前,其银行部门相对平静(见图 8.11)。在 2015 年末之前,空白柱形深入负值区域,而阴影柱形深入正值区域,这表明在这段时期葡萄牙的银行活动出现了巨大收缩。

即使在没有出现住房泡沫的德国,自 2008 年以来银行一直在收缩其资产负债表,因为许多银行因持有含有次级贷款的美国担保债务凭证(collateralized debt obligation,CDO)而受到牵连。在 2000 年网络公司泡沫破灭后,为了应对国内私人部门借款人的消失,德国银行购买了上一章中所提到的美国担保债务凭证(CDO)。事实上,与 2000 年"新市场"中的网络公司泡沫破灭相比,德国银行 2008 年后的反应则更加激烈。从 2008 年到 2013 年绝大多数的季度里,空白柱形位于 0 水平线以下,阴影柱形位于 0 水平线以上(见图 8.12),表明德国银行处于非常焦虑的状态,这是过去几乎看不到的。

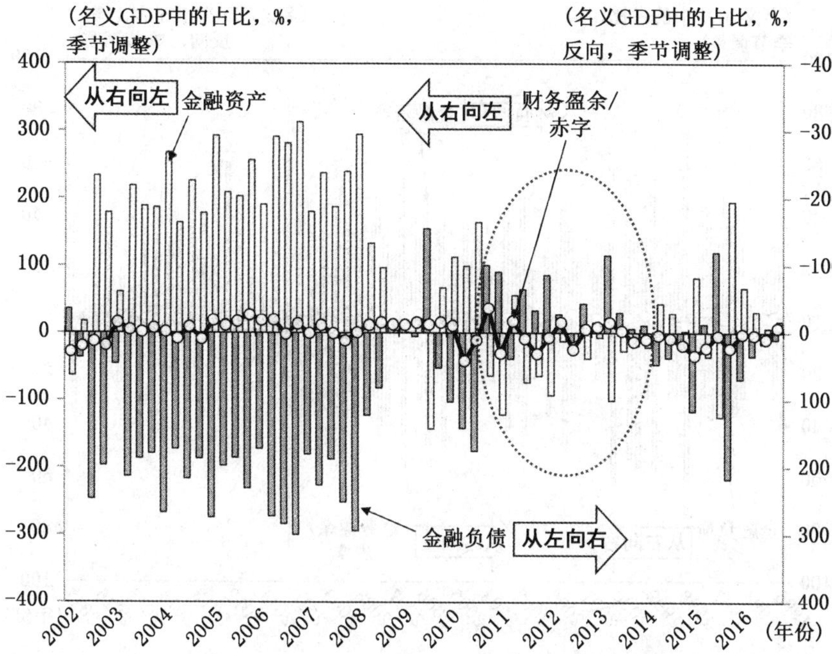

注:野村证券研究院进行季节调整。最新数据截止到 2016 年第四季度。

资料来源:野村证券研究院基于爱尔兰中央银行和爱尔兰中央统计局的数据。

图 8.10　爱尔兰金融部门的信用紧缩

前面所述的一切表明，事实上，欧元区正在经历系统性银行危机。应对这种收缩及其导致的信用紧缩的正确路径是，政府通过拖延内部纾困强制性措施时限和/或直接向银行注入资本，从而放松资本要求，正如日本和美国当局分别于 1998～1999 年和 2008 年所做的那样。在这样的环境下，内部纾困的强制性措施完全是适得其反。

日本和美国的决策表明，如果要在结束信用紧缩和解决银行问题之间做政策选择，那么，当局必须首先选择结束信用紧缩。让信用紧缩问题继续存在意味着储蓄的资金不被借出和支出，导致更加羸弱的经济。相应地，更弱的经济使借款人难以偿还其债务，这样银行不良贷款就会增加，进而颠覆解决银行问题的努力。

遗憾的是，欧洲银行当局继续着市场原教旨主义传统，同时，要求银行具备

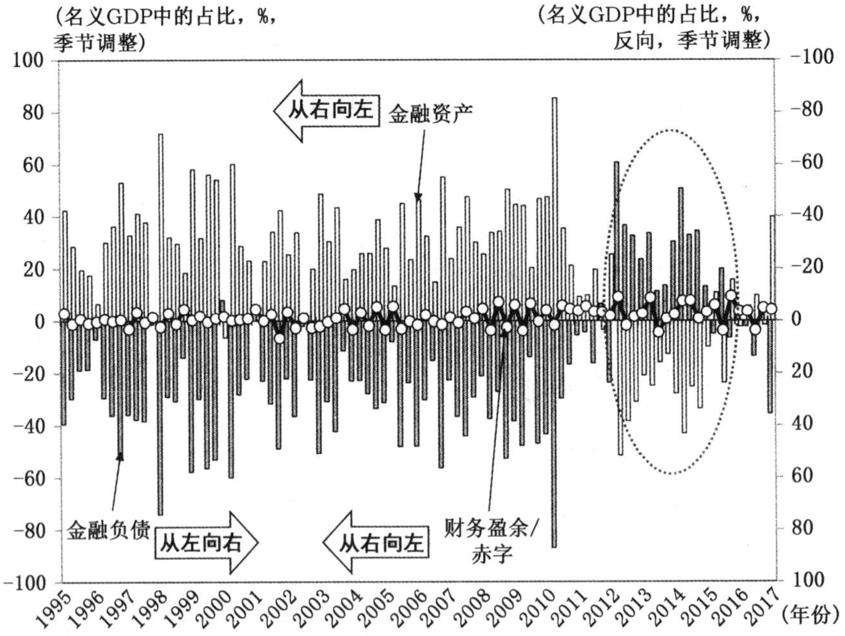

注：野村证券研究院进行季节调整。最新数据截止到2017年第一季度。

资料来源：野村证券研究院基于葡萄牙银行的资金流数据。

图8.11 葡萄牙金融部门的信用紧缩

更高的资本充足率、内部纾困，以及快速处置不良贷款。这个做法导致持续的信用紧缩和更弱的经济，最终促使绝望的选民去选择极右翼政党。

注入资本的正确路径

为了避免坏名声，如果要注入资本，就必须同时将资本注入大量的银行。政府还必须确保注入的资本被用于支持贷款而不是核销不良贷款。这是非常重要的，因为清理不良贷款和消除信用紧缩是两个对立的目标：银行处置其不良贷款速度越快，资本收缩就越大，这就妨碍了其贷款活动。尽管二者都是最终想要实现的目标，如果要做选择，首先应当努力消除信用紧缩，并让银行使用其收入去核销不良贷款，将(处置银行不良贷款作为)中期目标。更重要的是，

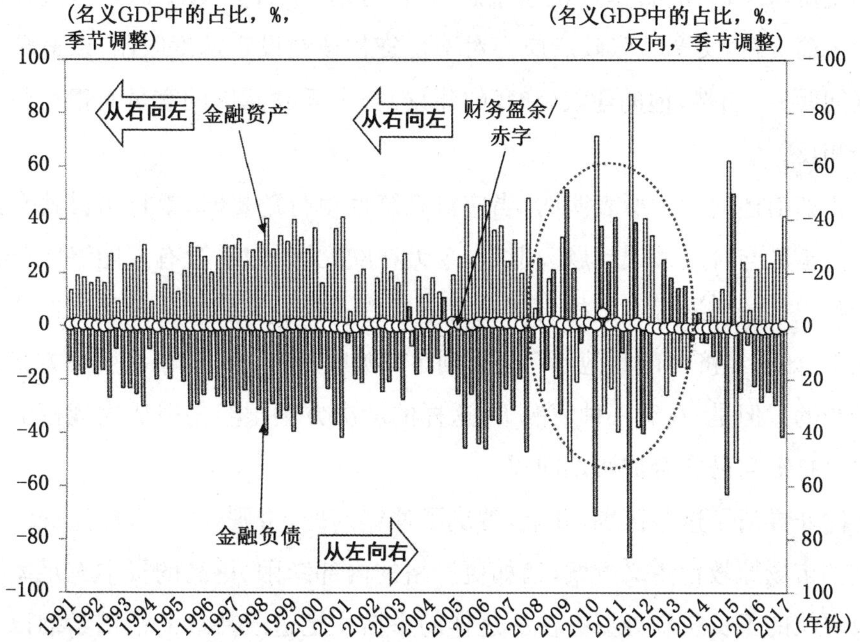

注：假设1995年继承债务赎回基金(Redemption Fund for Inherited Liability)对信托机构债务做了调整。野村证券研究院进行季节调整。最新数据截止到2017年第一季度。

资料来源：野村证券研究院基于德意志银行和欧洲统计局的资金流数据。

图8.12　德国金融部门的信用紧缩

当没有买方的现实加速了不良贷款资产的价值下跌，出售不良贷款资产成为银行的集体意向，将会制造出合成谬误问题，如前所述，若如此，银行资产负债表不是得到了改善，只能变得更加恶化。

1997年后期，通过电视节目和议会上的露面机会，笔者带头努力推动启动日本银行的资产重组。但是，笔者必须确保新资本被用来支持贷款，而不是处置不良贷款。

笔者还建议，日本的不良贷款处置过程要慢，以避免上面提到的合成谬误问题，这是基于笔者参与的1982年拉美债务危机中美国银行的救助经验提出来的。公开表达这样的观点使笔者不受美国投资公司及其资产剥离朋友的欢迎，他们都寻求廉价买入日本资产的机会。另一方面，笔者得到了保罗·沃尔克的支持，在著名的日本经济学杂志《东洋经济》(*Toyo Keizai*)上，沃克尔发表了一篇文章，文章主张政府应当对不良贷款核销设定速度限制，以避免合成谬误问题。[①] 当然，他的建议（和我的建议）与今天欧元区的官员对银行的要求完全相反。

正如前述的例子所表明的，当应对系统性银行危机时，银行当局就会面对冲突的雷区与合成谬误问题。但是，今天在欧元区，似乎没有人能够区分仅涉及少数银行的普通银行危机与涉及大量贷款人的系统性银行危机。在前一种情况下，如果经济体的其他部门强大到足以吸收冲击，那么，市场解决方案也许是恰当的。但是，在后一种情况下，这样的解决方案很容易造成大规模的冲突和自己打败自己的合成谬误问题。

除非弄清了这些区别，并且，解决了冲突问题，否则，欧元区注定继续采用目前的市场原教旨主义方案，诸如更严格的内部纾困、更高的资本充足率要求以及更快的不良贷款处置办法。这样的举措注定造成持续的信用紧缩以及低于平均水平的经济绩效，直到政策制定者认识到应对系统性银行危机的挑战，需要更加实用主义的办法。

美国的资产剥离者魔鬼般地扼杀欧洲银行

这里，具有讽刺意味的是，20 世纪 90 年代几乎所有美国资产剥离者及其投资银行界的朋友们都支持这样的观点：由于银行没有足够快速地核销不良贷款，因此日本经济将停滞。他们散布这些谣言，因为他们已经来到了日本，准备购买便宜的不良资产，但是他们还无法在具有吸引力的价格水平上买入这些资产。由于失望，他们开始告诉西方媒体和政策制定者们，日本经济不会复苏，因为银行没有足够快速地核销不良贷款。

在日本的西方记者不仅不了解美国是如何控制拉美债务危机的，他们甚至

---

① Volcker, Paul A. (2001) Jinssoku na Furyo-saiken Shori ga Hitsuyo daga Shori no Seigensokudo wa Daiji ("Promp disposal of NPLs is needed, but so is setting a speed limit"), *Shukan Toyo Keizai*, June 23, 2001, p. 58.

不会说日语。既然他们无法知晓日本银行接电话的人是否会说英语，他们不得不依靠西方金融机构给他们讲故事。西方记者不仅无法得到日本方面所讲述的故事，而且还受到西方资产剥离者和投资银行家的故事的连续轰炸，这些人坚持认为，在日本银行清除其不良贷款以前，日本经济会有灭顶之灾。最终，那些故事传到了华盛顿，在华盛顿不了解真相的官员开始重复自私自利的资产剥离者炮制的故事。

看到如此之多的美国高级官员持有同样的观点是非常令人震惊的。他们没有认识到，当在 1982 年拉美债务危机中美国面对同样的问题时，美国也不得不采用同样的"假装与拖延"政策。事实上，美国官员、学术界和投资银行家（并非商业银行家）对 1982 年和 2009 年的"假装与拖延"政策的无知是令人震惊的。他们似乎仅仅了解一次银行危机，就是 1989 年的储蓄与贷款危机，而与 1982 年拉美债务危机相比，这是一次很小的危机。于是，那些无知的官员和经济学家们继续做报告，谈论日本（以及 1997 年亚洲货币危机后的其他亚洲经济体），谈论在银行危机中应当做什么，尽管他们对于自己国家的危机一无所知。

今天，日本的银行已经被视为世界上最健康的银行，但是，日本经济依然低迷。这表明，20 年前将日本经济停滞归因于银行的那些人基本上错误理解了经济情势。日本经济的下降不是因为缺乏贷款人，而是因为缺乏借款人。

在这个方面，具有讽刺意味的是，20 年前谈论日本的银行账户的美国资产剥离者自私自利地宣称，他们已经劝说了毫不怀疑的欧洲人，他们必须快速处理不良贷款，进一步形成妥协，以应对系统性银行危机。真实的情形是，资产剥离者和投资银行家们还告诉欧洲官员们，应当推动不良贷款处置，以便他们能够以低廉的价格购买欧洲不良资产。既然这是对资产剥离者的工作的基本描述，人们不可能期望他们提出关于不良贷款处置采用渐进措施的建议。但是，正如保罗·沃尔克在 2001 年警告日本那样，在系统性银行危机中，负责管理广义经济的欧洲官员应当有勇气考虑渐进式选择。

“大而不倒”与全球金融危机无关

应当指出的是，并非 2008 年后美国当局的所有政策因应都在点上。尤其是，强调“大而不倒”与这类机构的有序关闭失掉了系统性银行危机的关键教训。没有向非银行机构比如雷曼兄弟和美国国际集团（American International Group，AIG）提供有序关闭帮助，对全球金融危机的严重性并不负有责任。即使采取了针对雷曼兄弟公司的教科书式的完美解决方案，危机依然会展开。

2008 年 9 月的危机不是雷曼兄弟公司大而不倒的结果。问题是像雷曼一样，众多其他金融机构面临同样的问题。当所有机构同时面临同样问题的时候，每个人都不信任其他人，因为他们知道大家都在同一条船上。并且，问题是没有人知道他们所持有的巨量担保债务凭证（CDO）的价值，因为那种证券市场已经彻底崩溃。这意味着无人知晓他们遭受了多大的损失，或者说他们是否依然具有清偿能力。正是这样的不确定性和相互不信任，触发了全球金融危机。

这样大规模的问题并不是经常发生的，但是，一旦发生，当局必须拥有实施“假装与拖延”政策的权力，正如处理 1982 年拉美债务危机时保罗·沃尔克的办法。如上所述，1982 年的危机压垮了全球范围内的大量金融机构，他们都参与了辛迪加贷款。由于全世界成千上万家银行向拉美借款人提出债权主张，拉美借款人必将倒闭，情形类似于雷曼兄弟危机。

危机爆发那天，为了控制危机，沃尔克做出了超人般的努力，对全世界的中央银行行长发出号召，并告诉他们指导其银行与拉美借款人在一起，同时保持美国银行的信贷额度，充分知晓双方都失去了清偿能力。

1982 年 8 月星期五上午（纽约时间）危机爆发时，13 个小时的时差意味着绝大多数日本人已经离开了办公室，在与其他国家的央行行长进行了大量的会面和交流之后，保罗·沃尔克打电话给日本银行行长前川春雄（Haruo Maekawa），此时东京已经接近午夜，只有很少的人还在日本银行。

碰巧周藏青木先生（Shuzo Aoki）还在工作，他接到了美联储主席的电话。

对苦恼、焦虑的美联储主席，青木先生只能说，行长已经离开了，这两天回到位于轻井泽的乡下的家里，距离东京 4 个小时的车程，并且没有移动电话。

被搞得目瞪口呆的沃尔克对日本银行官员咆哮起来："如果你不能打电话在接下来的几个小时里找到前川春雄行长，星期一美国的所有银行就都不存在了！"震惊之余，青木先生和他的同事们想办法联系前川春雄行长，以便他可以打电话给美联储主席。最后，前川春雄行长成功地与沃尔克通了电话，沃克尔告诉前川春雄行长，墨西哥和美国的银行需要日本的银行提供帮助。

在华盛顿的沃尔克疯狂地给外国央行行长打电话，并请求他们指示其银行保持向资不抵债的墨西哥和美国金融机构提供贷款，与此同时，笔者与其他的美联储职员打电话给美国数千家银行，敦促他们继续借钱给破产的墨西哥。那时，笔者从华盛顿得到的指示是："不要让任何一家在墨西哥的贷款资金超过 100 万美元的美国银行离开墨西哥。"虽然这些努力成功避免了像全球金融危机那样造成的千百万人失业的后果，但是，美国当局采取行动的合法性也许是存在问题的。毕竟，要求银行向破产的借款人贷款超越了银行监管者的权限。

沃尔克有勇气先拯救世界，然后才担心他的行动的合法性。越来越多的中央银行行长因担心如此作为会超越他的行政权力而停止采取必要措施，直至为时已晚。在欧元区，这个问题似乎特别明显，在采取行动之前，国家银行管理当局必须征询众多机构的意见(2017 年春季的意大利就证明了这种情况)。这样的权力应当明确地授予管理当局，以便他们能够在众多银行同时发生同样问题的系统性银行危机爆发的第一时间，采取行动。

在政治方面，讨论"大而不倒"问题是普遍的，因为没有人喜欢大银行或大块头银行家。但是如果雷曼兄弟是一个孤立的事件，那么，这个事件从未演变为大西洋两岸各夺去 800 万就业岗位的全球金融危机。这个结果既不是雷曼兄弟破产的"有序解决方案"造成的，也不是美国国际公司倒闭造成的。

在系统性银行危机中，需要应急力量的明确帮助，这样银行管理当局就可以行动起来，快速拯救所有银行。较少的思想者会反对这样的政策，他们会以道德风险和纳税人成本为证据。但是沃尔克所采取的特别行动不仅没有导致信用紧缩或经济下滑，而且实际上美国纳税人几乎没有负担任何成本，尽管美国绝大多数大银行资不抵债长达近7年之久。

1982年沃尔克的行动还证明，欧盟财政部部长联席会议主席杰伦·迪塞尔布洛姆(Jeroen Dijsselbloem)力挺的内部纾困绝不是为纳税人省钱的唯一办法。事实上，1982年和2009年的“假装与拖延”政策不仅没有花纳税人一分钱，而且对于维持经济运行功能是至关重要的，尽管银行部门存在着大量的问题。在两种情况下，通过这种政策，相对强的经济体可以为修复资产负债表的银行提供所需的收入。

所以，欧洲人高于一切的需要是实用主义。他们还要使用像沃尔克那样的人，为了拯救经济、工作岗位和纳税人，愿意采取非凡的行动。

准备金要求和货币乘数过时了吗?

暂时把不良贷款问题放在一边，有些经济学家反对笔者对某些概念的使用，比如准备金要求和货币乘数，认为这些概念对于理解货币政策不再有用了。甚至有些人说，他们从来不具有可用性。尤其是那些相信银行家能够无中生有地创造货币的经济学家倾向于认为，准备金要求与货币乘数是过时的、不相干的概念。

英格兰银行的M. 麦凯利、A. 拉蒂和P. 托马斯(M. McLeay，A. Radia，and P. Thomas，2014)[①]，以及Z. 加卡和M. 枯木豪夫(Z. Jakab and M. Kumhof，2015)[②]，还有R. 维纳(R. Werner，2016)[③]等人提出了这个观点。后面的两个人实际检验了银行是如何引起贷款交易的。M. 枯木豪夫为巴克莱银行工作，

① Bank of England，Quarterly Bulletin 2014 Q1，pp. 14—27.

② Jakab，Zoltan and Kumhof，Michael (2015)“Banks Are Not Intermediaries of Loanable Funds-and Why This Matters，”*Bank of England Working Paper*，No. 529. www. bankofengland. co. uk/research/Documents/workingpapers/2015/wp529. pdf.

③ Werner，Richard A. (2016)“A Lost Century in Economics：Three Theories of Banking and the Conclusive Evidence，”*International Review of Financial Analysis*，46，pp. 361—379.

R. 维纳在赖夫艾森银行(Raiffeisenbank)*工作，他们得出结论：当一家银行授予贷款时，他只向借款人的银行账户提供信用，用的是贷款数量，而不用任何对应的借方资金。于是，他们得出结论说，银行家凭空创造货币(或者说，大笔一挥就创造了货币)，这样的动作与银行系统中的准备金可得性没有任何关系。

但是，这些经济学家没有问一问当借款人实实在在地使用了借出的资金，会发生什么。例如，当贷款被用来购买一辆汽车，汽车经销商要获得给付。如果卖方坚持现金给付，借款人必须从银行提取所需的资金数量，这家银行以支票或现金向他提供贷款(银行 A)。这意味着，要么银行 A 手上就有现金，要么从距离最近的中央银行办公室里拿到现金。

在第一种情况下，银行 A 不得不借记其现金持有量。在第二种情况下，必须借记其在中央银行的账户上。既然银行 A 在中央银行的账户存放的是准备金，那么，这个交易就降低了他在中央银行的准备金。

如果汽车是用银行 A 开出的支票购买的，卖方将支票存进了他的开户银行(银行 B)。于是，银行 B 将支票呈示给银行 A，得到给付，并且银行 A 将款项借记在中央银行的账户上，在银行 B 的中央银行账户上贷记同样数量。仅仅如此，即当银行 B 得到告知后，其在中央银行的账户接收了来自银行 A 的资金，交易即告完成。

这个意思就是，银行必须拥有充足的现金或存放在中央银行的准备金，才能发放贷款。否则，银行不能进行支付或提供贷款。所以，银行能够凭空创造货币，完全是无稽之谈。仅有那些拥有充足的现金或准备金的银行才能提供贷款。

回应这个观点，上面的学者们可能会认为，准备金并不代表对银行贷款的约束，因为“按照需要”，可以从中央银行得到准备金。虽然这是真的，通过高品质的担保物，银行可以从中央银行借得准备金，但是，担保物的可得性与这类借款相关的不好名声(见下面的讨论)并不鼓励银行将中央银行作为准备金的来

---

* 俄罗斯主要银行之一，在俄罗斯国目前资产排名第 9 位，存款排名第 5 位，消费贷款排名第 7 位。——译者注

源，除非处于紧急状态。

在美国，商业银行从美联储那里借的准备金被称为“借入准备金”，这个数据序列早在图 2.12 中就使用过了。如果上面提到的各位学者的观点是正确的，那么，借入准备金的增加或多或少应当与银行贷款的增加保持一致。图 8.13 反映了 1959 年以来借入准备金的变动轨迹。图 8.13 显示，不仅借入准备金没有增长，而且，即使在量化宽松政策之前，借入准备金也仅占银行持有的总准备金的 0.86%。这意味着，银行持有的准备金的 99.14%来自私人部门，他们愿意将自己的钱交由银行托管，他们是储蓄者、债券持有人和股东。

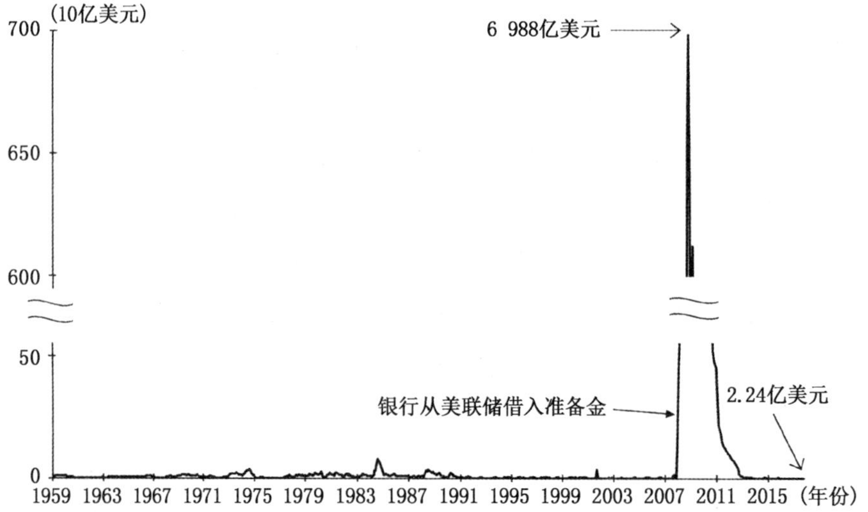

资料来源：美国联邦储备委员会(Board of Governors of the Federal Reserve System)。

图 8.13 银行仅仅在紧急状态下使用借入准备金

认为银行可以凭空创造货币，基于的原因是中央银行时刻准备“按需”提供准备金，这完全是无稽之谈。银行尽一切可能避免从中央银行借款。因此，只有拥有充足准备金的银行才提供贷款。

在银行提供贷款的那一刻，没有出现银行账户中相应的借记，因为，货币没有出现变动。但是，当贷款被用于支付，借记就出现了，要么以中央银行准备金账户的准备金减少形式出现，要么以银行信贷部门的现金持有量减少的形式出现。既然绝大部分贷款被用于支付，银行提供贷款必须有充分的现金或准备金支持。

可是，对于负责个人贷款的信贷员来说，准备金的可得性并不是主要关注点，除非银行处于严重困境或者所需贷款数额惊人的大。这是因为准备金是对于整个银行而言的，并非对个人信贷部门的要求。正因如此，只有总部财务部门的那些人才密切关注准备金要求。而其他人并没有相对于准备金要求而言的银行状态的认识。可是，如果所需贷款数量足够大，即使通常不向总部核实的信贷员也可能会打电话给总部财务部，以保证有资金提供贷款。

也许，如果政府监管机构要求银行在中央银行设立两个准备金账户，一个账户用来控制普通支付，另一个账户用来控制贷款提取，那么，学院派经济学家就不会有这样的困惑了。一旦提供了贷款(但是，资金尚未支出)，银行就要将贷款数额从一般准备金账户 K 转移到贷款准备金账户 L，并且，当贷款支出时，从贷款准备金账户 L 中支出。按照这样的方式，在学院派经济学家看来，随着贷款提供，相应的借记就一目了然了。在实际生活中，银行不会对准备金账户进行区分，因为由贷款提取导致的借记与按照储蓄者的指令每天必须处理的千万次的其他提款行为没有什么不同。

大量的支付是通过银行在中央银行的账户进行清算的。当资金流出超过流入时，在中央银行的银行准备金就减少了，如果相反(当资金流出小于流入时)，准备金就增加了。所以，银行准备金是否充足，在银行的运营中是非常重要的问题。

由于银行每日处理大量的支付事务，几乎没有任何所得，因此，银行可以通过储蓄者委托的贷款业务获得利息。尽管他们拥有尽可能实现利息最大化的贷款激励，但是，如果贷款太多，就可能陷入严重的支付问题。为了确保银行不会过度贷款，并确保不会危及其支付处理者的作用，政府监管机构强制实施准备金标准。通常这个标准所要求的水平较低，因为在一个时期内资金的流入与流出趋于平衡，尤其是较大的银行。

在这样的制度框架中，拥有充分的银行间市场机会的大银行为了准备金求助中央银行的频率小于小规模、区域性银行，后者在银行间市场中的机会有限。笔者任职于美联储纽约分行时参与了一个项目，即让外国银行的美国办事处了解美联储贴现窗口，货币中心行(外国银行的美国办事处属于此类)每月最多可以获得3次贴现窗口服务，而小规模、区域性银行每月最多可达6次贴现窗口服务。

如果一家银行超过了贴现窗口服务的最大次数，美联储就会派出监管者团队，对该银行进行审计，以确定该银行准备金管理问题的原因。既然美联储的审计就像税务审计一样，就绝不是令人愉快的事情，所以，为了满足准备金要求，银行都会付出最大的努力。由于经常借款意味着机构经营不善，因此，从美联储借款还会造成很大的负面声誉影响。

这些最大值被视为指针，但是，一旦出现系统性危机，银行进入贴现窗口就几乎不受限制。正如图8.13的上半部分显示，借入准备金从全球金融危机发生之前的大约2亿美元增加到全球金融危机过程中的7 000亿美元。这个3 500倍的增幅显示了，继雷曼兄弟冲击后，银行间市场丧失功能的程度之大。

向美联储借款，银行还需要将抵押物入账，以确保纳税人的资金不会打水漂。许多经济学家没有银行监管经验，包括对中央银行、国际货币基金组织和国际清算银行支付监管的经验，他们常常谈论，好像按照现行利率，准备金可以从中央银行自由获得，(事实上)，从中央银行借款的任何银行都要面对大量成本，并且，如果经常借款，还要面对非常不愉快的审计。这就说明了为什么在量化宽松政策之前借入准备金仅占银行准备金的0.86%。

最近，对于美联储看来“声誉良好”的银行，上面提到的指针有所松动。美联储还试图消除利用贴现窗口对“声誉良好”的银行所造成的不良声誉影响。但是，“声誉良好”的银行就是绝大多数时间里满足了准备金要求和其他规制的银行。

在日本，负责监管一家特定银行的日本银行官员会管控这家机构满足准备金要求的变化进程。当银行好像要偏离这个目标时，为了确保银行做出必要的调整，在准备金保有期限结束之前的几天，她就会给银行打电话，加以提醒。

前面提到，只有具有充足准备金的银行才会提供贷款。虽然绝大多数善于管理的银行大多时候会扩大贷款，但是，当他们感到准备金供给耗竭或不确定时，会同时停止贷款。在这样的时刻，银行就会把利润最大化动机放在一边，停止放贷，他们会指定剩余的准备金专门用于更加紧急的支付需要。

当银行感到其资本不足以吸收与贷款相关的风险时，他们也会限制贷款。20 世纪 90 年代早期继储蓄和贷款关系崩溃之后，出现了信用紧缩；1997～1999 年银行业危机中，日本出现了信用紧缩；2008 年全球金融危机之后，西方经济体出现了信用紧缩。在欧元区的许多国家，2008 年后的信用紧缩某种程度上持续到了现在。许多银行同时面临同样问题的时候，货币当局必须快速行动，进行银行资产重组，或者，如果存在借款人，"丰厚的利差"（＝贷款利息与存款利息之间异常大的差额）将有助于银行进行资产重组。作为最后借款人，货币当局还应当提供充足的准备金，以确保支付系统不会出现问题。仅当信用紧缩得到缓解之后，货币当局才应当推动银行处置不良贷款。

在 2008 年后的世界里，中央银行通过量化宽松政策向金融系统注入了大量的超额准备金，绝大多数银行不存在满足准备金标准的问题。事实上，2009 年英格兰银行实施大规模量化宽松计划的时候，英国停止了准备金要求。

但是，当私人部门完成资产负债表修复并恢复借款时，准备金标准就又变得紧密相关了。事实上，美国有些人已经开始主张，当经济复苏时，如果第 6 章中描述的量化宽松退出太慢而不足以控制通货紧缩压力，就需要采取更高的准备金标准和更高的利率。

事实上，如果经济复苏比预期更强劲，中央银行一定要利用一切可以利用的方式，消除或取消超额准备金。这些措施包括提高利率或提高准备金比率、资本充足率和流动性比率标准。中央银行还应该从银行借入这些资金，以避免银行将这些资金贷放给私人部门。危急关头，还可以通过窗口指导，采取一些施加压力的举措。这些措施不可能是令人愉快的或完美的。但是大量的超额准备金造成金融系统如此重大的压力，中央银行别无选择，在经济复苏之时，如果希望保持价格稳定，只能清除或锁定这些准备金。

个体而言,银行是金融中介,但是,集体而言,他们是货币创造者

在金融系统中,货币是怎样被创造出来的?当中央银行购买政府债券或购买私人部门比如保险公司的其他资产时,货币创造就开始了。当交易完成时,中央银行(1)购买额贷记保险公司的银行账户(银行E),以及银行E(2)同样金额贷记保险公司账户。既然货币供给量等于所有银行账户总额加上流通中的钞票与硬币,那么,交易(2)增大了货币供给量。

因为交易(1)增加了银行E的准备金,如果有愿意借款的人,银行E可以放贷,获得利息收入。如果借款人的信用级别足够高,银行E向她提供贷款的方式是(3)贷款数额贷记她的银行账户。既然货币供给包括所有银行账户,那么,交易(3)也扩大了货币供给量。贷款数量的限制条件是:准备金的增加量减去(a)规定的准备金标准,或者(b)银行家们认为保留在银行内的恰当资金数量。

当借款人使用借入的款项从汽车经销商那里购买汽车时,经销商的开户行(银行F)会将(4)交易金额贷记经销商账户,这就增大了货币供给量。可是,银行E会将(5)同样的资金数量借记借款人账户,这就减少了货币供给。所以,按照对货币供给规模的影响,交易(3)和交易(5)抵消了。由于交易(2)和交易(4),货币供给增大了。

银行E和银行F之间的交易通过他们在中央银行的账户加以清算。所以,银行E在中央银行的准备金减少了,而银行F在中央银行的准备金增加了。

现在,如果有愿意借款的人,拥有更多的准备金的银行F将放贷以获得利息收入。如果符合条件的借款人出现了,并且借钱买家具,借款人银行账户上资金的最初增加与随后的减少数量将相互抵消,但是,(6)家具店的银行账户的资金增加,从而增加货币供给。这也意味着,如果有愿意借款的人,家具店的开户行(银行G)会将流入的准备金贷放出去。

这个过程不可能一直持续下去,因为银行不能够将所有的准备金贷放出

去，毕竟，保险公司、汽车经销商或家具店会出于他们自己的目的，随时取钱。准备金要求规定了为了应对取款，银行必须留存的最低资金数量。在全部放贷之后，当交易(1)提供的全部准备金数额为此目的而被留存下来时，货币供给的创造过程就达到了极点。

如果来自借款人的贷款需求不充分或者不存在了，很快，货币创造过程就会停止。对于处于状态 3 和状态 4 的经济体来说，作为整体的私人部门要么偿还债务，要么存钱，这样的货币创造过程不仅不会出现，而且，实际上随着人们偿还债务而走向相反的过程，从而触发大萧条过程中所见到的货币供给收缩。

创造的银行总储蓄[即交易(2)、(4)、(6)……的总和]与准备金初始注入量(1)之间的比率被称为货币乘数，这个术语在本书第 2 章中被第一次使用。如果存在资金的强烈需求(如黄金时代的情况那样)以及所有准备金完全被留存，以满足准备金要求，那么，货币乘数将达到最大值。

但是，在被追赶阶段，当贷款需求变得非常弱时，货币乘数一定只是潜在最大值的一部分。如果总体私人部门偿还债务，实际上，边际货币乘数将为负值。只要货币乘数不是最大值，信贷员就能提供贷款，而无须担心是否有充足的准备金。

如果货币乘数处于最大值，但是，依然存在未能满足的资金需求，也许是因为受管制的利率太低，银行开始为了延揽储蓄而竞争。在利率完全取消管制之前，许多国家处于黄金时代，这种现象是可以看到的。

这里的讨论清楚地表明，个体而言，银行是金融中介，但是，集体而言，他们创造了巨量的银行储蓄，因为在部分准备金要求的银行体系下，他们具有货币贷放能力。这还意味着，部分准备金制度对确保储蓄资金的借贷安全有帮助(尽管不是至关重要的)，从而保持经济体运行。

最后，应当指出的是，货币创造过程不会使社会更富裕。与货币供给增加相伴而生的是借钱购买汽车和家具的那些人的债务增加。所以，财富的净增加是 0。如果借来的钱被用于可行的投资项目，创造价值，最终，社会将更富裕，但这是明智地使用资金的结果，而不是货币创造的结果。

第 9 章

特朗普现象、自由资本流动与自由贸易冲突

欧元区的许多人感到悲观与失望，主要原因是《马斯特里赫特条约》的失灵，《马斯特里赫特条约》阻止了成员国政府正确应对资产负债表衰退。可是，在发达国家人们对于收入不平等和工资增长停滞存在普遍的痛苦感受，人们普遍感到无助。同时，无论何地，对大衰退负责的大人物与“专家”正在失去可信度。甚至在美国，即使经济好于绝大多数国家，唐纳德·特朗普，一个彻彻底底的政治素人，当选了总统，至少部分原因是他的立场：他关于自由贸易和其他社会政策的立场。

被追赶国家中强烈反对全球化的情势

发达国家痛苦和反对全球化的一个原因是这些国家正在经历刘易斯拐点后的被追赶阶段，这是历史上的第一次。正如第 5 章中提到的，（面对历史上的第一次）许多人猝不及防，他们有一个假定，即他们乐于处在的 20 世纪 70 年代

的黄金时代会永远持续下去。情况不足为奇，那些人已经看到多年来生活水平没有改善，但依然记得自己的黄金时代，那时，每个人都充满希望，生活水平稳步改善，所以，他们渴望"美好的旧时光"。

2016 年的英国脱欧公投中，年长者倾向离开欧盟，而年轻人投票留在欧盟，表明老一辈依然希望回到"大英帝国"，那个时代英国独一无二。同样，在美国，特朗普现象的出现很大程度上有赖于蓝领白种男人的支持，表明人们渴望黄金时代所享有的生活，在那个时代，美国制造业是毫无争议的世界领袖。

许多被追赶经济体中的社会逆流的参与者视全球化为万恶之源，并企图放慢商品和人口的自由流动。唐纳德·特朗普以及像他一样的其他人公开敌视移民，主张保护主义，废除诸如跨太平洋伙伴关系协定(TPP)等寻求自由贸易程度更高的协定。

然而，这股逆流的真正目标似乎是针对像米尔顿·弗里德曼一样的那些人所鼓吹的市场原教旨主义(为人所知的新自由主义)。这是一种信仰，即个人和公司应被允许做任何事情(只要不违反法律)去追求利润。这种观点还坚信，私人部门自由度的提高将带来资源的更优配置。按照这个观点，只要比在美国的投资得来更多的利润，公司就应当在中国和墨西哥这样的国家投资。并且只要能够提高最低工资水平，他们就应当减少母国高成本的雇用人员数量。

相反，总统特朗普已经公开反对美国企业开除本国工人，反对用更廉价的海外劳动力取代他们。他还把采取这种行动的企业执行官描述成"谋杀逃亡"。美国大公司几乎立即回应特朗普先生的要求，不把工厂向海外转移，这是一个信号，他们认识到这是一个社会问题，而不是法律问题。如果这是法律问题，他们可以雇用律师团队，与来自华盛顿的压力做斗争。但是这被看成社会问题，如此回应将事与愿违。事实上，完全基于一个人的推特(那时，此人还没有成为总统)，美国大公司就改变了他们的商业计划，这是史无前例的。

事态的如此转变可能是，面对反对他们过去行为的社会逆流，企业执行官们变得清醒了。有些事情在特朗普的支配下被强调了。他们中的一些人对于关闭掉如此多的国内工厂，为了增大股东收益而将工厂转移至中国和墨西哥，有了一种犯罪感。无论要求增进股东收益的声音有多大,企业执行官们注定会感到一阵阵良心的责备,因为他们开除了与他一起工作多年甚或几十年的人,仅仅为了增大从未谋面的股东利益,而股东明天就可以出卖掉他们手中的公司股票。

新自由主义政策的成本是整个社会,整个社会看来就是这些政策的"受害者"。只要"失败者"相对少,这就不是大问题。事实上,传统上,经济学家认为,在同一个国家里,自由贸易制造了赢家(成功者)和输家(失败者),但是,对于交易双方来说,自由贸易带来了显著的总体福利收益,因为赢家所得大于输家所失。换句话说,在自由贸易中,赢家多于输家。按照这个观点,政策制定者的任务是确保输家得到关照,从而自由贸易能够继续有利于整个社会。

可是,这个结论基于一个关键假设:随着自由贸易的扩大,进口与出口大体平衡。对于美国,在过去的30年里,这个假设并不成立,并且这个国家继续出现大规模的贸易逆差,自由贸易制造出了更多的输家,比理论上提出的输家多得多。由于美国一年的贸易逆差几乎为7 400亿美元,大约为GDP的4%,显然足够多的自由贸易的输家将保护主义者特朗普抬进了白宫。也被提名为民主党总统竞选人的希拉里·克林顿身处布满写上"不要跨太平伙伴关系协定(TPP)"旗子的场地的事实表明,社会逆流已经成长,实在是声势浩大。

贸易与经常项目逆差是重要的,因为他们代表收入从一个国家转移到了另一个国家。当计算一个国家国民生产总值或国内生产总值时,出口是增加项,而进口是减少项。2016年美国经常项目逆差大约达到GDP的2.6%,而英国的逆差超过了GDP的4.3%。这意味着,大量的收入(和就业)由这些国家转移到了他们的贸易伙伴国。

逆差国家获得了顺差国家制造的商品,所以,其并非完全损失了。但是,由于几十年来国际货币基金组织以及其他组织警告这些国家,对外逆差超过GDP的3%就是不健康的,因此,很容易明白唐纳德·特朗普和逆差国家的其他政策制定者为何关注外部不平衡。事实上,在一些被追赶国家社会逆流的规模是如此之大,以致不仅威胁到自由贸易,而且威胁到其执政基础。

另一方面，完全的贸易保护主义仅在短期内有利于工人阶级。在长期，历史已经不断重复地显示了，在竞争力和技术进步方面，受保护的产业一直落后，这意味着经济会出现停滞，其地位也将被更有活力的竞争者取代。为了保护工作岗位，依赖保护主义政策的国家将从"发达"国家名单中退出。

这不意味着1945年以来的自由贸易实践和总体而言的全球化没有问题。二者都有重大问题，但是如果正确理解了问题，问题才能得到解决。这里，正确理解问题是重要的，增加进口是被追赶经济体最明显的经济特征，自1980年以来资本自由流动造成的贸易逆差和因进口而被取代的工人的痛苦已经非常严重，关于这一点，在讨论了当前WTO基础上的自由贸易体系之后，我们将再审视。

GATT和WTO规则有利于新加入者

关贸总协定（GATT）和当前的世界贸易组织（WTO）的问题是，当处于不同经济发展阶段的国家在后来的日期加入这个体系时，没有为既有的成员国提供充分的安全保护。无论是GATT还是WTO，都是战后自由贸易体制的核心，其都基于两个基本原则：最惠国待遇和国民待遇。在最惠国待遇条件下，提供给一个贸易伙伴的待遇必须无条件地提供给所有成员国；在国民待遇条件下，进口商品与国内生产的商品一视同仁。

在一定程度上，这是非常慷慨大方的体系，只要关税税率对所有成员国适用，就允许一国按照国民优先原则设定关税税率。例如，如果国家A与国家B的贸易中，国家A出现巨额贸易顺差，国家A对来自国家B的进口商品关税税率较高，而国家B对于来自国家A的进口关税税率较低，那么，国家B的居民自然就会烦恼。关于保持大量而持久对美贸易顺差的中国和其他国家，特朗普的观点就是这样的，认为他们对美国制造的商品征收的关税大大高于美国对他们的出口商品征收的关税。

这种（某种程度上）不公正的贸易框架是如何出现的？第二次世界大战后

的 1947 年创设 GATT 的时候，成员国都是西方发达国家，具有同样的经济发展水平。换句话说，具有相似工资水平和生产力水平的国家为了贸易安排，他们之间降低关税。同时，在所有行业中，美国都居于主导地位，在与被战争摧毁的世界其他国家的贸易中，美国拥有巨大的贸易顺差。对于美国来说，面对苏联的威胁，重建日本和西欧绝望的经济体则是关键的优先选择。

大约在这个时期，为了避免又一次世界大战，与 GATT 一道，美国还创造了大量的国际“公共产品”。这些国际公共产品包括布雷顿森林货币体系、联合国、国际货币基金组织和世界银行。其中，对战后和平和繁荣做出了最长期的贡献的是使自由贸易框架具有可能性的关贸总协定（GATT），如第 3 章所指出的。

采用自由贸易政策标志着帝国主义的终结，但也导致了美国工人收入水平的停滞

在关贸总协定（GATT）之前，进口关税是由双边贸易协定决定的。这就激起国家设定大量的贸易壁垒，甚至有些国家对不同的生产线采取多重汇率政策，目的在于签订贸易协议时占上风。在这个世界里，主导原则是帝国主义者的观点，即国家势力范围的最大化对于经济发展是至关重要的。这个原则也是人类历史上不计其数的战争的根源。

1945 年后美国将其大规模市场向世界开放，以及基于 GATT 的自由贸易体制被采纳，属于这个体系的国家发现，只要他们生产出具有竞争力的产品，不需要领土扩张，取得经济增长也是可能的。最先认识到这一点的国家是被征服的国家（日本和联邦德国）；于是，他们决定致力于研制富有全球竞争力的产品。这两个国家很快便超越了胜利者英国和法国，成为世界上第二大经济体和第三大经济体。此后，他们被台湾地区、韩国以及最后被中国大陆追赶，正如第 4 章中提到的。

可是，到了 20 世纪 70 年代末，随着日本企业在众多部门（包括家用设施、

造船、钢铁和汽车)超越了美国和欧洲的对手，西方国家开始丧失与日本企业竞争的能力。对于西方工人来说，这导致其收入增长停滞和就业机会的不断消失。

1963 年，当日本加入 GATT 时，日本依然拥有许多关税和非关税贸易壁垒。换句话说，尽管西方国家稳步降低了他们自己的贸易壁垒，突然，他们面对一个来自亚洲的“暴发户”，而这个“暴发户”依然存在着许多贸易壁垒。但是，按照协议，只要日本降低最高关税率，并保持对所有 GATT 成员国关税一视同仁，较早开放市场的 GATT 成员国在协议框架下就无法迫使日本开放其市场(38 年后，当中国加入 WTO 时，再一次面对同样的问题)。这导致日本贸易伙伴的巨大痛苦，并激发了西方与日本之间严重的贸易摩擦。

可是，当 20 世纪 70 年代美日贸易摩擦开始爆发的时候，汇率仍然能够对贸易不平衡做出正确反应。换句话说，当日本出口美国的商品大大超过美国出口到日本的商品时，为了向雇员支付工资，向日本的供应商支付款项，日本出口商卖出美元，买进日元，远多于美国出口商为了在美国支付雇员和供应商而卖出日元，购买美元。

既然在那些日子里，外汇市场的参与者是进出口商构成的，相对美元而言，日元的超额需求导致日元对美元走强。相应地，造成日本产品在美国的竞争力下降。结果是，日美贸易摩擦越来越激化的局面得以避免，因为因应不断扩大的日本对美国贸易顺差，美元对日元汇率从 1971 年中期 1 美元兑 360 日元下降到 1978 年 1 美元兑不到 200 日元。

但是，这样的安排，即外汇市场担当起了贸易平衡器，被金融自由化打破了。金融自由化始于 1980 年美国的《货币控制法案》(Monetary Control Act)。基于误导的美国压力(下面解释)，于同年日本努力实现资本流动自由化。大约此时，欧洲国家也开始允许资本自由流动。

这些变化激起了日本大量资本的外流，尤其是，当地投资者寻求美国国债的更高收益。既然日本投资者需要大量美元购买美国国债，他们在货币市场上对美元需求超过了来自日本出口商的美元供给，推动日元对美元的汇率回到

280 日元兑换 1 美元。这就再次激起了两国的贸易问题，因为在这样的汇率条件下，几乎没有美国制造商能够与日本企业竞争。

当保护主义的呼声淹没了华盛顿时，总统罗纳德·里根，自由贸易的强烈支持者，以 1985 年 9 月的《广场协议》做出了回应，1985 年 1 美元可兑 240 日元，仅仅两年后就降到了 1 美元兑 120 日元。然后，1990 年美元升至 160 日元，此后，又于 1995 年 4 月下跌到 79.75 日元，这样基本结束了拖累两国近 20 年关系的贸易相关的敌对现象。

遗憾的是，对于美国工人来说，并非都是好消息，因为，很快，日本便被台湾地区、韩国所取代，最后被中国大陆所取代。同时，北美自由贸易协定（NAFTA）导致墨西哥崛起，墨西哥成为美国制造业重新选址的首要目的地。

跨境资本流动自由化使资本交易成为可能，并开始主导货币市场。结果，资本流向美国导致美元持续走强，美国工人收入停滞或下降，美国贸易逆差继续积累。换句话说，外汇市场失去了作为贸易平衡自动稳定器的传统功能，现在，造成逆差国家对贸易保护主义的需求至少与 1985 年《广场协议》前的需求同样大。

特朗普政府的观点是：WTO 的两个原则不适合当前情况

通过替这些不愉快的工人发声，2016 年 11 月唐纳德·特朗普赢得了大选。他主张，当美国经济上居于主导地位时，WTO 框架是可以被接受的，但是，现在美国已经失去了过去的地位，WTO 框架需要重新考虑。

因为发展中国家明显的低工资与高关税，在其被允许加入 WTO 之前，WTO 的发达世界成员国之间已经降低了关税，所以，这个问题就出现了。当他们加入 WTO 时，发展中国家认为他们依然是不发达国家，需要较高的关税以使国内幼稚产业成长，并使贸易逆差得到控制。虽然那时这是发展中国家明确的观点，并且他们的最高关税率按照协议已经降下来，但是，在这些国家足以同发达世界竞争并获得贸易顺差后，有效关税率长期保持高于发达国家的水平。

对于发展中国家来说，满足加入 WTO 所要求的协议并不容易，而且他们还常常受到来自发达国家产业代表的影响。例如，产业代表渴望成员国承诺按照确定的时间向外国企业开放保险和银行部门。既然发达世界的众多企业渴望进入新兴市场，那么，这些协议就会使局面变得相当紧张。可是在宏观经济层面显然没有协议，例如，显然没有将一国的贸易绩效与总体关税率联系起来的协议。

回顾过去，WTO 应该去做的是，在新成员国对发达国家的贸易出现了显著的贸易顺差之后，设定新成员国必须按照发达国家标准降低关税与非关税壁垒的宏观经济条件。这里，“显著”一词的定义是 3 年的平均贸易顺差大于 GDP 的 2%。在达到这个水平线后，如果一国在一定时期，比如说 5 年内，不能降低其关税达到发达国家标准，那么，WTO 的其他成员国应当被允许提高来自该国产品的关税，并达到与该国进口关税同样的水平。这里的观点是，如果一国与发达国家的竞争足以达到贸易顺差，那么，该国应当被视为发达国家之一。

当日本于 1963 年加入 GATT 时，或者，当 2001 年中国加入 WTO 时，如果这个标准就已经存在，那么，后来的贸易摩擦很大程度上就能够管理了。在上述规则下，日本会在 1976 年开始降低关税，中国不得不从 2000 年加入 WTO 那天开始降低关税！这样的标准还将提高 WTO 作为一个组织的声誉，不仅支持了自由贸易，而且支持了公平贸易。

美国寻求从出现顺差的贸易伙伴那里获得关税对等

特朗普政府已经表明，在双边协议中，其目标是降低美国出口商在海外面对的关税，特别是在对美贸易中出现大量顺差的国家。这意味着，实际上美国政府试图达到上面所指出的标准，当发展中国家加入 WTO 时，WTO 没有强加给发展中国家的标准。完全有可能的是，为了迫使这些国家降低对美国商品的进口关税，特朗普政府将威胁提高美国关税，使之达到与这些国家的关税相同的水平。

美国自然还有一种选择，即单边提高自己的关税税率，但是，这将导致全球经济的紧缩性均衡。另外，顺差国家进口关税的下降将会带来扩张性均衡，将有益于全球经济。

特朗普还会将同样的方法运用到非关税壁垒上。当一国实施非关税壁垒，将美国产品拒于市场之外时，美国将采用同样的壁垒，目标针对来自该国的进口商品。

可是，理想的做法是，WTO 应当（延迟地）对所有成员国实施上述规则。换句话说，应当要求 1947 年后的所有“新成员”如果与发达国家的贸易出现了显著顺差就降低其关税，比如说 5 年内达到发达国家平均关税，这不仅保持了 WTO 多变精神的活力，而且解决了特朗普提出的公正问题，同时，推动全球经济向着扩张性均衡发展。

在写到这里的时候，还不清楚中国如何应对特朗普提出的挑战，笔者认为，如果中国降低进口关税，达到美国水平，并立即实际按照这样的关税进口来自所有 WTO 成员方的商品，结果将出现中国领导的既自由又公正的 WTO 新体制。这将使中国成为自由贸易的新的领导者，也许将取代保护主义者和反 WTO 的美国。

不解决资本流动问题，就解决不了 WTO 问题

但是，在关税和非关税壁垒方面实现了平等竞争，并不能保证一个国家的贸易账户接近平衡。这是因为现在外汇市场被资本流动所主宰，意味着外汇市场不再有助于降低贸易不平衡。开始于 20 世纪 80 年代的资本自由流动受到新自由主义理念的支持，新自由主义的理念是凡事若能增大私人部门自由，皆能增大私人部门的福利。就经济学家而言，未加认真思考，这个理念就被付诸实践了。正是这样的理念的实施造成了许多问题。这也意味着今天所使用的

“全球化”术语实际上有两个组成部分：自由贸易与资本自由流动。

关于两个组成部分中的自由贸易，前面几章中已经提出了看法。1947 年之后，美国倡导的自由贸易体系带来了前所未有的全球和平与繁荣。虽然自由贸易制造了赢家和输家，并且在被追赶经济体中向输家施以援手是一个大问题，但是，无论在被追赶国家还是在追赶国家，1945 年以来实际生活水平的改善程度无疑是令人惊叹的。例如，据说由于大规模技术进步和自由贸易驱动的竞争，普通人都能够负担起空调、汽车和智能电话的消费，所以，今天美国普通居民都比 1900 年英国女王的福利水平高。

对于全球化的第二个组成部分——资本自由流动，就不能这样说了。在被追赶国家，制造业工人和企业管理人员感到相当不安，不仅因为进口产品剧增，而且因为价值存疑（后面将讨论）的资本流动驱动之下的汇率不再对贸易均衡起作用。

为了更好地理解这个问题，让我们退一步来考虑仅有两个国家的世界（美国和日本）进行贸易，并且每个国家都从对方购买 100 美元商品。次年，两个国家都因向贸易伙伴出口而获得 100 美元，从而保证了从贸易伙伴国再次购买 100 美元的商品。这样，两国贸易账户是平衡的，贸易关系是可持续的。

但是，如果美国从日本购买 100 美元的商品，而日本仅从美国购买 50 美元的商品。次年，日本有 100 美元可用，但是美国仅有 50 美元可用，结果，日本向美国的出口将下降到 50 美元。仅从美国赚取 50 美元，下一年日本人就不得不降低对美国商品的购买数量。这种负反馈循环将推动贸易陷入“收缩性均衡”。

当我们添加了汇率因素时，向美国出口 100 美元商品的日本制造商必须在货币市场卖出这些美元，买入向国内供应商和雇员支付所需的日元。可是，仅有一家会卖出日元，即向日本出口 50 美元商品的美国制造商。

由于仅有 100 美元卖出并仅有价值 50 美元的日元卖出，因此，相对于日元的美元价值就被砍掉一半。这就是顺差国家的汇率被推高从而达到贸易平衡的原因。

继续讲述这个例子。如果日本的人寿保险公司、养老基金或其他投资者需要美元投资于美国国债，他们卖出日元，买入日本出口商想要卖出的、剩下的50美元，那么，对于日本出口商要卖出的100美元来说，就有了100美元买入总需求，汇率不会变化。如果每年日本投资者都继续买入50美元用于投资，汇率也不会发生变化，尽管50美元的贸易不平衡持续存在。

虽然上述安排会持续很长时间，但是，实际上，日本投资者是向美国提供借贷。这意味着，在某个时点，这笔钱必须得到偿还。

除非美国将商品卖给日本，否则，为了向日本养老基金持有人和人寿保险签约人给付日元，当日本投资者最终卖出美国国债时，就没有美国出口商向日本投资者提供日元。除非日本愿意无限期地向美国提供借贷，否则，当借贷停止时，100∶50的贸易不平衡就难以持续。

由此，日元价值会上升，导致日本养老基金持有人和人寿保险签约人大量的外汇损失。所以，这样的情形长期也是不可持续的。美国也会倾向于一种健康的关系，向日本卖出商品，并采取同样的机制买入日本商品。与之相对的就是不健康状态，即为持久的买入提供资金。

在现实世界里，不只是两个国家，而是超过200个国家彼此贸易。尤其是，全球投资者驱动的跨境资本流动轻易挫败了过去由出口商和进口商驱动的外汇市场交易。石油和其他自然资源的出口商也使情况复杂化。在这个复杂的多边环境下，每一次双边贸易平衡既不可能，也不可期待。

可是，真实世界的复杂性并没有改变基本事实，即逆差国家必须向海外借款，以维持汇率和进口。数十年来，国际货币基金组织和其他国际组织也不断向一些国家发出警告，超过GDP的3%的对外赤字具有潜在的不可持续性，所以，应当纠正。誓言改善美国贸易不平衡的总统特朗普也发出了信号，他的政治愿望是终结这种不健康的贸易关系。这意味着，在多边贸易（与投资）世界的复杂现实与赤字国家可忍受的收入和工作岗位损失之间必须有个平衡。

开放的资本市场是一个较新的现象

世界主要经济体开放跨境资本流动市场仅仅是30年前的事情。如前所述，在 1980 年开启撤销利率管制的《货币控制法案》出台之前，美国金融市场并不是自由的。《货币控制法案》本身是对 20 世纪 70 年代后期美国两位数通货膨胀的回应，在这样的高通货膨胀下，很难维持有管理的利率水平。

在该法案出台之前，存在许多控制与监管规则，从而将美国金融市场与世界其他地区的市场隔离开来。这些规则包括《Q 条例》(Regulation Q)，这个条例控制了国内利率、欧洲美元准备金标准，限制了国内市场与离岸市场之间的套利活动，并且美联储的“美国银行函”(Bank of America Letter)限制了国内金融机构向美国的零售客户提供外国货币标价的金融工具。

日本也于 1980 年撤销了资本市场管制，此时，《外汇法》(Foreign Exchange Law)被修订，原则上允许投资外国资产，这是历史上的第一次。基于吸引更多外资流到日本并增强日元的错误理念，借助所谓的“日元—美元委员会”(Yen Dollar Committee)，华盛顿强烈推动日本开放资本市场。但是，当 20 世纪 80 年代早期闸门被打开时，为了在其他地区获得更高的收益，大量资本从日本流出。日本的资本流出完全压倒外资流入，引发日元价值大幅下跌。

在 20 世纪 80 年代，许多欧洲国家也开始取消跨境资本流动控制。为单一货币做准备，这些自由化举措在 20 世纪 90 年代中期加速。这里的观点是，即使是在发达国家，跨境资本流动的真正出现也只是近 30 年来的事情。

资本流扭曲了贸易流

当金融市场自由化后，资本运动均等化了所有市场的预期收益。一定程度上，国内需求强劲的国家比国内需求较弱的国家利率水平更高，货币会从后者流向前者。这样的流动会强化前者的货币，而弱化后者的货币。由于利率低于人们的预期，这还增进了前者已经强劲的投资活动，同时，由于利率比预期水平高，后者本已薄弱的投资活动更受压制。

一定程度上，国内需求强劲的国家趋于贸易逆差，国内需求较弱的国家出现贸易顺差。资本流动推动了逆差国家的货币升值以及顺差国家的货币贬值，进而加剧了二者的贸易不平衡。换句话说，资本流动不仅不符合单个国家的最大利益，也破坏了国家之间的贸易平衡。于是，贸易不平衡的扩大增强了逆差国家贸易保护的呼声。

更重要的是，在一定程度上，收益率均等化不符合任何单个国家的最大化利益。例如，如果市场势力试图将全球利率均等化为3%，那么，需要利率高于或低于3%的国家就将忍受痛苦。事实上，市场驱动的3%利率未必符合单个国家的利益。

在20世纪80年代早期发起资本流动自由化之前的世界里，贸易是自由的，但资本流动是受管制的，因此，外汇市场主要是贸易相关的交易驱动的。所以，贸易顺差国的货币趋于走强，贸易逆差国的货币趋于走弱。这就鼓励了顺差国多进口，逆差国多出口。换句话说，货币市场成为国家之间贸易的自然稳定器。

今天，据说仅有5%的外汇交易是与贸易相关的，而其余的95%归因于资本流动。资本流动正在寻求投资收益的跨国均衡。由于失去了平衡贸易的机制，全球贸易不平衡已经到了前所未有的水平。2006年美国经常账户和贸易账户赤字达到了GDP的6%，而3%已经被视为太高了。2006年第一季度新西兰的赤字为GDP的7.8%。现在，英国是最大贸易逆差国，赤字为GDP的6.9%。

如果对于逆差国贸易不平衡和就业损失太大，以至于无法忍受，市场或政治家就会采取行动，通常会有不愉快的结果。市场的反应包括逆差国的货币崩溃（美元从1971年的360日元下跌到2011年的75日元）。顺差国投资者承担的外汇损失会抵消掉前期的收益，并暂时停止这种资本流动，如图9.1所示。

但是，一旦顺差国的投资者在两年内度过了遭受损失的时期，他们就会看到，由于美元走弱，美国贸易逆差下降。于是，他们会得出结论："美元跌幅已经足够大了。"这将重新恢复资本流动，如图9.1所示。他们不会让资本流动停止，直到下一次的崩溃迫使下一次的暂停。事实上，这个世界会重复同样愚蠢的、不稳定的资本流动循环，几十年内便会出现金融崩溃，对于市场参与者来

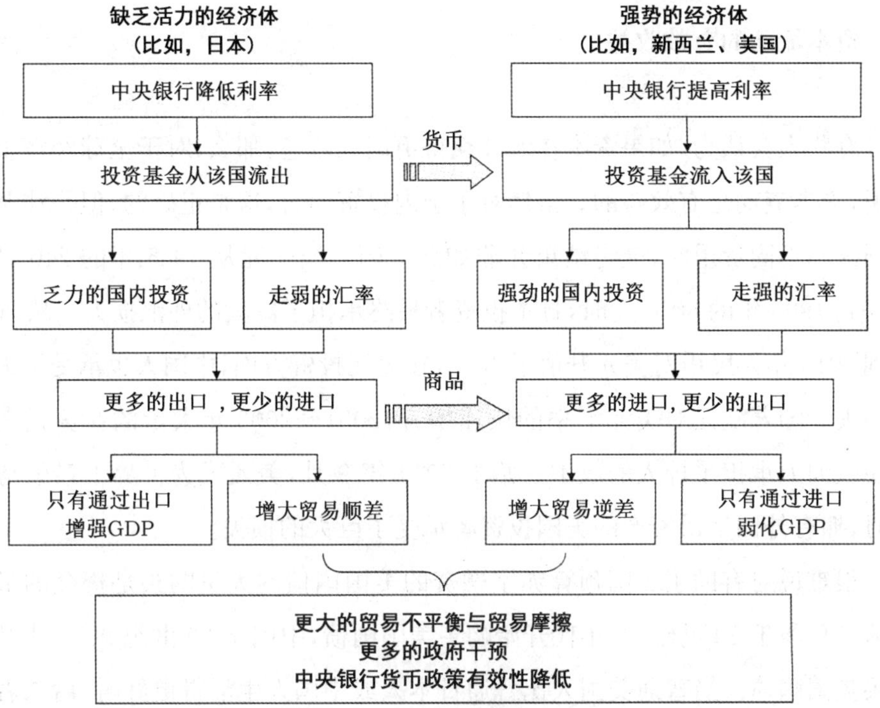

图 9.1　资本自由流动的最终后果？

说，既没有收益，也没有效益。

如果政治家被迫采取行动，就将意味着保护主义和全球贸易的崩溃，正如《斯穆特—霍利关税法案》(Smoot-Hawley Tariff)所示范的，该法案触发了 20 世纪 30 年代的全球萧条。最近，由于没有了平衡贸易的机制，大规模的贸易逆差在美国和世界其他地区点燃了贸易保护主义者的情绪。正如在第 6 章中所述，自 2014 年 9 月美联储宣布想要货币政策正常化以来，美元的贸易加权汇率已经升值超过 20%，并且，由于投资者寻求美国潜在的高利率，在某一时点，美元对墨西哥比索升值超过 60%(见图 6.5)。如此巨大的、突然的升值使美国制造商及其雇员活得不容易，很大程度上将有助于唐纳德·特朗普大选获胜，因为他公开主张贸易保护主义。

资本流动的有效收益

有些人会认为，如果资本在海外获得更高的收益，那么，对于全球经济整体来说，资本流动是有效益的。虽然对于国内投资而言，这是正确的，但是涉及不同国家和不同货币时，最终结果并非如此清晰。当美元从1985年的240日元下跌到1995年的80日元时，日本投资者最终承担了巨大的外汇损失。从2005年到2015年人民币对美元升值了40%，在美元投资方面，中国人也承受了大量的损失。随着欧元对美元汇率的快速攀升，2001～2003年大量的在美投资最终使欧洲人承担了惊人的成本。始于2014年9月，美元成为世界上最强势货币时，拥有外国货币资产的美国投资者承受了巨大的损失。

很难说对有助于美国预算赤字融资的美国国债的大量购买是资金的最佳用途。日本于20世纪80年代开始购买美国国债，中国于20世纪90年代开始购买美国国债。当普通美国人比普通日本人或中国人生活得更好时，后二者向前者贷款就失去根本依据。理查德·库伯(Richard Cooper，1997)也认为，存在跨境资本流动的诸多案例，效益很难得到印证，有税法不同所驱动的流动，也有会计规则不同所驱动的流动。

这里的观点是，影响汇率的大规模资本流动具有的价值是可疑的，因为这样的流动真正对大家关注的福利改善从未得到证明。推动资本更加自由流动的经济学家和金融市场参与者仅仅是假设：只要增进了私人部门的自由就能够导致更优的资源配置，沿用的是新自由主义传统。虽然这在一个封闭经济体中大体是正确的，但是，在多种货币开放的国际背景下，积极结果根本不可确信。

资本流动颠覆了货币政策有效性

跨境资本流动的快速扩张还造成了中央银行实施货币政策的困难。今天，由于为克罗地亚家庭安排了日元住房抵押贷款，对于日本家庭来说，将他们的储蓄投资于美元只是更容易了而已。这些被采取的交易的便利性是 20 年前无法想到的。

事实上，2008 年欧洲住房泡沫之前，某种程度上，人们可以获得日元住房抵押贷款，或者瑞士法郎住房抵押贷款，就是为人所知的“套息交易”(carry trade)。这种交易指的是用买入的低利率货币为投资提供融资。尽管欧洲央行试图通过提高利率来控制西班牙和其他欧元区国家的住房泡沫，但是这些用于买房而借入的日元是不受影响的，因为他们支付的利息率是由日本银行决定的。

可是，作为欧洲央行紧缩货币政策的结果，较高的欧元利率扩大了欧元与日元的利差。相应地，刺激了资本逃离日元，买入欧元，从而提高了欧元对日元的汇率。日元走弱降低了借入日元的人们的债务，让更多的人用借入的日元为投资进行融资。换句话说，瑞士法郎和日元的套息交易量的增加破坏了欧洲央行政策在自己的市场上的有效性。

当 2014 年 9 月美联储宣布意在货币政策正常化时，美国已经接近充分就业，并且有些资产的价格出现了泡沫趋势。特别是商业不动产的价格已经回到了危机前的峰值，并且仍在上涨(如图 6.3 所示)。在这样的环境下，任何一个中央银行都会开始紧缩货币，以防止出现通货膨胀和资产泡沫。

可是，接下来的事情与美联储的预期非常不同。当 2014 年 9 月美联储宣布将实施利率正常化时，日本和欧洲依然处于扩大量化宽松与降低利率的进程中。结果，为了寻求更高的收益，大量资金离开这两个地区，流向美国。继 2008 年全球金融危机之后，为了寻求新兴市场的更高收益，已经离开美国的资金也开始回流。

资本流入推动了美元快速升值，同时，形成了美国长期债券收益下降的压力。所以，不是债券高收益钳制商业不动产泡沫，相反，国内外对美国债的热衷使国债收益保持在低水平，实际上助长了商业不动产的泡沫。现在商业不动产价格比 2008 年泡沫时期的峰值高出 26%。

同样，资本流入还使美元变成了世界上最坚挺的货币。于是，强势美元使面对进口竞争的出口商和企业日子过得艰难，进而扩大了美国经常项目业已令人吃惊的逆差规模，增大了来自工人和企业的贸易保护的压力。

美国想要并需要增强出口以及为商业不动产市场降温，但是，美国正在得到相反的结果，皆因跨境资本流入，而同时日本和欧洲存在着相反的问题。日本和欧洲都出现了大量的对外顺差，又承受着国内较弱的需求，这就是要将宽松货币政策放在首位的原因。但是，货币宽松促使投资资金离开，而有利于美国，从而弱化了货币，进而鼓励出口商更多的出口。

国家政策目标与资本自由流动的目标不一致

关于在这样的环境下，美联储或日本银行应当做些什么，没有经济学教科书提供指导。这是因为学院派经济学家关于所谓的"开放经济体"的绝大多数研究关注的是开放的商品贸易，很少关注开放的资本交易。换句话说，经济学领域从未将这个世界设想为全球化的金融市场，在这个市场中，任何地方的任何人在任何时间可以借入并投资任何货币。但是，今天，这个世界就在这里，并且第一次出现了这样的世界。世界经济真正进入了航海图上未载明的海域。

在这个世界里，中央银行确定的低利率水平，通过套息交易，结果却刺激了境外投资，而设定较高的利率，结果却吸引了全球储蓄的很大份额。当前，日本银行和欧洲央行发现自己就处在前一种情况下，处于负利率水平，而美联储处在后一种情况下，美元强势，但是，这并非是单个国家的特有问题。这是全球化的金融市场中的所有中央银行面对的问题。

无论是基于效益还是公平，没有经济学家会认为这样的世界是理想的。更重要的是，资本流动创造的汇率逆向变动已经造成全球不平衡接近惊人的水平，将逆差国家绝望的工人家庭推进了保护主义者阵营。如果没有人想要这样的后果，就要问问这是如何发生的?

这种情况的出现，是因为这些国家资本市场的开放将金融部门一起带进了单一全球市场，而政府和劳动力市场保持着严格的当地市场。冲突源自市场力量试图将世界上的各个经济体连接成一个单一市场，但是，单个国家的人民和政府还没有打算变成一个单一国家。

看看这种情况。假设日本和美国计划成为一个国家。于是，他们的关系就类似于加利福尼亚州和纽约的关系，无论贸易不平衡会变得多么巨大，没有人会花一秒钟思考二者的贸易不平衡问题。不同州之间的贸易不平衡，就像加利福尼亚州和纽约之间的贸易不平衡，并不是一个问题，因为人、资本和商品在二者之间是自由流动的。如果纽约经济繁荣，而加利福尼亚处在衰退之中，人们会离开加利福尼亚，到纽约寻找更好的工作机会。同样，如果加利福尼亚的投资机会比在纽约更具吸引力，资本就会从纽约流向加利福尼亚，以寻求更高的回报。

尽管人们的迁移并不是那么自由，但是，位于华盛顿的联邦政府可以运用其权力进行收入再分配，将收入流入的地区的收入（即贸易顺差地区）再分配到收入流出的地区（即贸易逆差地区）。这是可能的，因为加利福尼亚和纽约是美国的一部分。

由于加利福尼亚和纽约之间所有生产要素自由流动，两个州采取不同的货币政策则毫无意义。由于在两个州之间货币能够自由流动，二者之间的任何利差都会立即导致大规模套利，从而使利率均等化。

今天，资本在国家之间流动，好像他们正在变成一个国家。这就是投资者不关注美国巨大的经常项目逆差和中国经常项目顺差的原因。这还解释了在国家层面上货币政策正在失去其有效性，同样，纽约和加利福尼亚不可能有不同的货币政策。

可是，问题是日本和美国都不会计划合并成一个国家。二者都设定了移民限制，限制了劳动力在两国之间的自由流动。他们还有不同的价值体系、不同的语言以及不同的传统。换句话说，他们是不同的国家，而且将保持为不同的国家。

根本冲突源自这样的事实：国家都努力保持独立，尽管他们的金融市场运行似乎他们就要合并成一个国家。特朗普和其他人将今日之问题归责于自由贸易，但是，事实上，正是资本自由流动造成了巨大的全球不平衡。如果 2014 年 9 月之后，美元汇率没有像这样升高，那么，美国贸易保护主义的呼声和反对自由贸易的花言巧语会更加可控。在一定程度上，被允许的资本流动扩大了单个国家的外部不平衡，在未来的多年里，贸易摩擦和不平衡注定成为重要的政治问题。

别无选择的金融类型

既然金融市场参与者的工作就是将资金放在预期收益最高的地方，资本流动背后的他们不可能采取任何不同的行动，尽管现在的行动会恶化全球不平衡并增大保护主义者的压力。设定的高利率旨在为国内投资降温，但结果是吸引了更多海外投资基金，而低利率旨在刺激国内投资，但结果是将国内投资基金推向了海外，因此，他们的行动还破坏了自己经济体内中央银行政策的有效性。

在过去的 20 年里，实质上，全球投资者也没有关注贸易账户或经常账户不平衡问题。作为与日本大投行有关的一家研究机构的首席经济学家，笔者主要的工作就是向该银行的全球投资客户介绍情况。当笔者提到贸易不平衡是汇率的一个潜在重要决定因素时（基于自己参与的 1995 年之前的美日贸易摩擦，如第 5 章中所提到的），绝大多数年轻投资者用不相信的眼光看着我。他们不能想象仅占外汇交易总量大约 5％的贸易相关的交易会有如此影响力。

相反，他们感兴趣的主要是不同国家货币政策方向及其造成的利率差异，而不顾这样的事实：在发达国家，货币政策很大程度上失去了有效性（见图 2.9 至图 2.14 以及图 4.1），这些国家均处在被追赶阶段并正在承受资产负债表衰退的困扰。

真正具有吸引力的关注点是，不管他们居于何地，当他们做投资决策时，基本上都看同样的经济、市场和政策指标。因此，笔者从纽约投资者那里得到的问题与从新加坡、法兰克福、东京和伦敦投资者那里听到的问题没有不同。他们真正是资本收益均等化的全球大市场的有机组成部分。

过去 20 年，外汇市场参与者忽视了美国大规模的贸易逆差，并基于如此规模的持续逆差无关紧要的信仰，他们支持美元。可是，特朗普先生大选胜出以及他所代表的社会逆流是一个指标，显示了贸易逆差是重要的，并且货币交易者的观点存在着根本性错误。

尽管美联储推动的货币政策正常化会影响外汇市场参与者，后者会重新认识到贸易不平衡很重要，但是，自特朗普就职以来，事实是美元已经走平，甚至更弱。毕竟当美国总统开始谈论降低美元汇率、减少美国贸易赤字时，他们不想因做多美元而被抓住。

需要最优货币理论逆命题

在经济学中，关于最优货币区概念有丰富的文献。这些文献认为，如果两个区域资本、劳动力和商品自由流动，就应当采用共同货币。还指出，如果拥有了共同货币，人员、商品和资本也应该自由流动。在这些区域，比如欧元区，政府投入大量的时间与精力，保证人员、资本与商品自由流动，单一货币将为所有相关者提供重大收益。可是，在全球范围内，付出这样精力的政府忙于寻找例外条款，而不是制定规则。

当触及人员流动问题时，理论与现实就呈现出最大的不一致性，因为在绝大多数国家，移民依然是一个棘手问题。即使移民是完全自由的，但是，语言、种族、宗教和文化的差异会继续限制人员的自由流动。世界由 200 个独立的国家所构成，最主要的原因是存在 200 个不同的价值体系和民族特征。价值观不同所造成的障碍不可能被经济交往所克服。

期望有能力跨国家再分配收入的世界政府的出现，也不现实。只要各个国家还没有打算变成一个单一国家或者没有打算尽快将他们的主权交给一个“世界政府”，那么，贸易不平衡（表明了逆差国向顺差国的收入转移）就依然是一个重要的政治问题。

虽然每一个政府和国际货币基金组织寻求降低贸易不平衡，但是他们的努力常常与金融市场全球化趋势背道而驰。事实上，国际货币基金组织似乎是精神分裂症患者，一方面推动资本自由流动，另一方面与资本自由流动带来的贸易不平衡做斗争。资本自由流动与贸易关系紧张之间的矛盾是政治一体化的缺失造成的，这种矛盾将在今后的数十年里伴随着我们。

所以，今天世界经济面对的关键问题是最优货币区概念的逆命题。换句话说，如果一个或更多生产要素自由流动没能实现，其余的生产要素是否应当被允许自由流动？更重要的是，如果劳动力不被允许跨境自由流动，资本应当被允许自由流动吗？

给出这个问题的完整答案可能需要大量的研究。鉴于如此多的被追赶国家日益增长的贸易保护主义威胁，应当立即发起这项研究。政策制定者和学者必须重新检验资本市场不受限制开放的成本与收益，而不是闭着眼睛假设任何增进私人部门自由的事情都有利于经济体。虽然经济学专业领域已经证明了开放商品贸易增进相关经济体的福利，但是还没有证明当涉及多元货币以及其他生产要素未能自由流动时，资本交易的开放会有同样的结果。经济学专业领域还应当审视长期不平衡贸易的福利影响。

外汇市场的政府干预案例

今天，对于面对保护主义威胁的政策制定者们，等待这样的研究结果并不是一个选择：他们必须现在就采取行动，保护自由贸易（与世界和平）。在一定程度上，过去 30 年爆炸性的跨国资本流动造成了更大的全球不平衡和更强烈的保护主义要求，他们要考虑对跨国资本流动施加某些限制。

另外，如果资本流动是私人部门决定的，那么，他们要考虑在外汇市场上进行更加直接的政府干预。例如，为了阻止贸易保护主义，避免资本流动与金融崩溃的破坏性循环，他们应当考虑实施一些类似于 1985 年《广场协议》的举措，重新调整汇率。

正如前面所提到的，1985 年夏季，强势美元使美国面对普遍要求实施保护主义措施。当美元飙升到 250 日元时，只有少数美国企业依然能够与日本企业展开竞争。事实上，据说那时仅有两家美国公司(即波音和可口可乐)依然赞成自由贸易。其他所有企业都反对自由贸易。于是，自由贸易的忠实信徒罗纳德·里根总统不得不于 1985 年 9 月 22 日召集“5 国会议”*，签订《广场协议》，弱化美元，拯救自由贸易。

虽然市场最初是悲观的，但是，G5(后来的 G7)成功地将美元价值降了一半，达到了 1 美元兑 120 日元。到 1988 年，通过《广场协议》彻底消除了美国的贸易保护主义威胁。虽然美元于 1990 年很快回到了 160 日元，但是没有触及 200 日元，这表明强有力的政府行动具有持久的影响力。

在新自由主义学院派的眼里，《广场协议》式的政府干预被视为“政治不正确”，他们对政府采取的市场限制或干预持质疑的观点。但是，如果要保持资本流动自由，政策制定者还要有能力确保贸易平衡不会出现紊乱状态。说来奇怪，贸易保护主义者的标准仅仅是政策制定者要有工具，在当前资本自由流动的体制下以及对汇率采取不干预政策的背景下，将贸易不平衡保持在政治或社会可接受的范围内。

当然，确定正确的汇率构成并非一件容易完成的任务。毕竟这基本上是一个零和博弈，没有国家愿意受困于一个没有竞争力的汇率。某种程度上，当前发达国家所采取的“放任的”、市场决定的汇率制度是政策制定者逃避的结果，他们发现不可能在汇率问题上达成一致。但是如果贸易保护主义像潮水般涌来，政策制定者决不能将汇率交给一点都不关心贸易不平衡和就业损失的国际投资者和投机者来决定。

如果站在贸易流一边，中央银行干预是有效的

有些人认为，即使中央银行代表政府干预外汇市场，他们的行动注定是无

---

* 1985 年 9 月 22 日，美国、日本、联邦德国、法国以及英国(简称 G5)的财政部部长和中央银行行长在纽约广场饭店举行会议，达成五国政府联合干预外汇市场，使美元对主要货币的汇率有秩序贬值，以解决美国巨额贸易赤字问题的协议。签署的协议被称为《广场协议》。——译者注

效的，因为现在私人资本流动的数量已经远远大于中央银行可以调动的资金数量。但是如果中央银行站在贸易流一边并协调他们的行动，那么，这种干预的影响力可以远远超过被调动的实际资金数量的影响力。站在贸易流一边意味着买入顺差国的货币，卖出逆差国的货币。

中央银行是仅有的、不必担心盈亏的外汇市场参与者。当他们站在贸易流一边并开始推动汇率向着降低贸易不平衡的方向变动时，不得不关心货币损失的私人部门参与者就会害怕。毕竟私人部门参与者参与市场不是为了证明他们自己有多强大，而是为了挣钱。当看到中央银行管控了变化路径，许多私人部门参与者倾向于避免迎面碰撞，因为推动与贸易流一致的汇率变动方向的中央银行具有潜在的无限资源。这正是因为希望弱化本国货币的逆差国中央银行具有潜在的印制无限量本国货币的能力，并有能力为了压制本币价值在外汇市场上卖出无限量的本国货币。

为了避免这样的正面冲突，打赌逆差国货币升值的投资者就会平仓，即卖出逆差国货币，并买入顺差国货币。他们卖出逆差国货币的行为就放大了中央银行最初卖出逆差国货币的影响力，推动汇率朝着理想的方向变动。

这个方面最好的例子就是1985年签署《广场协议》后两年里发生的事情，五国(G5)中央银行成功地将高估的美元从240日元降到了120日元。可是当中央银行走到了贸易流对立面时，中央银行的干预趋于无效，或者很容易被市场力量压倒。

汇率调整过程中资本外逃的风险

如果中央银行站在贸易流一边采取行动，就能影响汇率。但是，如果中央银行的行动触发了资金外逃，其影响就会面对高成本。为了理解这个风险，设想美国政府开始公开推动美元走弱的情形。面对如此高调的政府行动，任何持有美元资产的人，包括美国投资者，会考虑抛掉这些美元资产，转换为外国货币标价的资产，一旦按照外国货币计算的美元资产变得便宜，他们就会买回美元资产。

如果这些投资者卖掉他们所持有的美国债券，债券价格就会被压低，债券收益提高，从而使美国金融市场和经济体承受更大的不愉快的压力。事实上，这种资本外逃可以导致债券收益快速上升，造成可怕的“大混乱”景象，这在第 6 章中已经提及，有些情况是美联储会不惜代价也要避免的。

资本外逃的情形基本上已经被市场参与者和学者们忘记了，大约在《广场协议》签订的一年半之后，30 年前的 1987 年 3 月实实在在地发生过资本外逃。那时，美元从 1985 年 9 月的 240 日元下跌到略高于 150 日元，美国当局对于汇率的调整幅度感到满意了。表示他们满意的是，1987 年 2 月 G7 搞了一个《卢浮宫协议》*，这个协议基本表明美元已经出现了足够的跌幅。日本政府也忙着让投资者确信 150 日元就是美元下跌的底线，(要知道)持有美元债券的日本投资者遭受了巨额的外汇损失。

但是，在日本财政年度结束日即 3 月 31 日的前几天，美元突然滑落到 150 日元以下，对于认为 150 日元标志着底线、控制自己未卖出美元和美元资产的日本投资者造成了冲击。他们感到被出卖了，他们抛掉美国债券，买入日本政府债券，自美元低于 150 日元的那天起，两国债券市场之间的利差迅速扩大(见图 9.2)。

---

* 1987 年 2 月美国、英国、法国、德国、日本、加拿大、意大利七国财长和中央银行行长在巴黎卢浮宫达成协议，同意采取联合行动，在国内宏观政策和外汇市场干预两方面加强紧密协调与合作，以阻止当时的美元币值下滑，保持美元汇率的基本稳定。——译者注

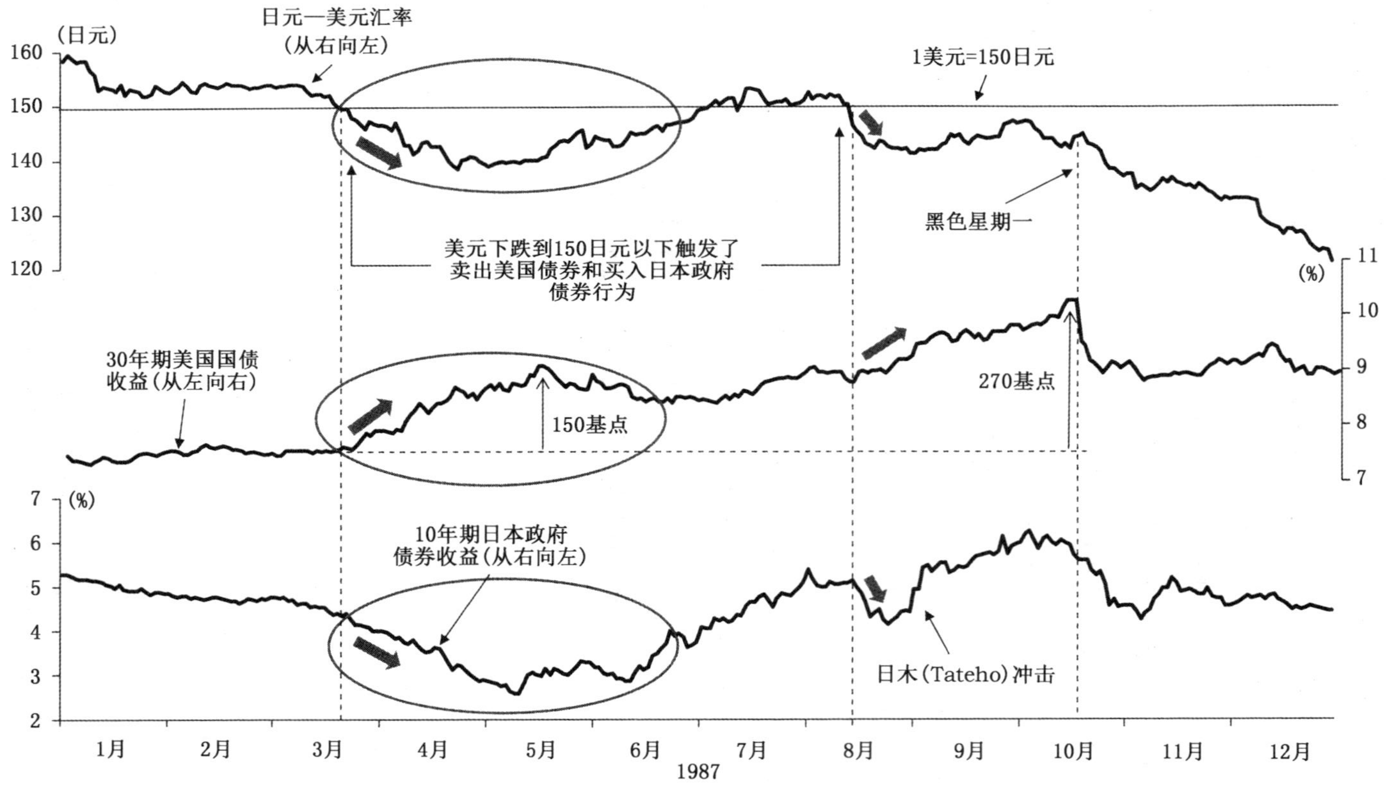

注：日木(TATEHO)冲击——日本化学制品公司日木公司在日本政府债券期货交易中遭受了重大损失，触发了日本政府债券市场的恐慌。

资料来源：美联储纽约分行，美国联邦储备委员会，日本债券交易公司。

图9.2 汇率调整过程中资本外逃的风险

美国政策制定者和市场参与者很少面向亚洲寻找答案，他们最初没有明白发生了什么，将美国债券收益的突然提高归责于害怕国内通货膨胀。基于笔者在日本的有利地位，笔者看到正在发生什么，快速打电话给美联储纽约分行的前同事，告知他们长期担心的资本外逃现在出现了，要知道自《广场协议》实施以来，美联储主席保罗·沃尔克一直担心这个风险。笔者告诉美国当局从以下几点看正在发生什么：(1)日元/美元汇率；(2)美国债券收益率；以及(3)美元滑落到150日元以下后，日本政府的债券收益率。

一旦美国当局认识到美元触发了这次债券价格变动，美联储主席就宣布，美联储准备提高利率，以保卫美元。自《广场协议》实施以来，第一次表示美国将保卫美元，所以，这个声明是有影响力的。到7月初，美元便回到了150日元。3月开始的美国债券收益与日本政府债券收益差距扩大的趋势也得到了逆转。

但是，8月份艾伦·格林斯潘成为美联储主席几天后，美元再一次跌落到150日元以下，政策制定者的可信度再一次丧失，并且美国债券收益重新提高，最终触发了1987年10月"黑色星期一"的股市崩溃。在黑色星期一，与6个月之前美元第一次跌落到150日元以下相比较，美国债券收益整整高出了270个基点。

这次事件表明，如果美国金融市场对资本飞速逃离美元是敏感的，那么，在汇率调整过程中，美国政策制定者必须小心谨慎。如果美国债券收益从目前的水平上升270个基点，不仅美国住房市场，而且商业不动产市场(资本化率极低)，还有股票市场(极端高估值)，都会遭受强烈的震荡。

"父债子还"

上述事件还提出了这样的问题：为什么20世纪80年代后期的日本投资者不在美元从240日元跌到150日元的过程中早一点抛掉美元，以及是否今日之日本和其他国家的投资者依然可以期待有这样的耐心。直到1987年3月，日本投资者控制自己,不去卖出美元,原因有二。第一,他们基本没有认识到国内股票投资的资本收益可以被用来吸收其他地方的损失。这些收益是通过交叉持有日本证券累积下来的收益,这种安排始于20世纪50年代。因为在1987年之前的30年,日本经济快速增长,股票价格飙升,到《广场协议》实施的时候,投资者已经积累了大量的未变现的资本收益。

但是,当美国政府公开推动美元走弱时,拥有未变现的资本收益并非日本投资者坚持持有美元资产的原因。这里,有一种完全不同的心理定势在20世纪80年代后期起到了作用,实际上,许多日本投资者告诉自己,不出卖美国资产,他们要偿还父辈对美国的欠债。

他们的"父债"指的是美国提供的帮助,战后美国施以援手,帮助了原来的敌人日本重建。事实上,在那些年里,笔者多次听到日本机构投资者这样的表述。不出卖他们手中的美元资产,并承担损失,他们帮助美国将汇率降低了接近40%,而对于美国经济和市场没有产生重大的干扰。不应该成为可能的事情变为可能,这是因为日本投资者看待他们的父辈犯下的战争债的独特方式。

可是,1987年3月末,当美元跌到150日元以下时,这些投资者发现他们不能再坚守情操。但美国依然是极其幸运的,这种情况发生在1美元兑150日元的汇率水平,而不是1美元兑180日元或200日元的汇率水平。

发生于1990年的东京股票市场崩溃吞噬了日本投资者未变现的收益。此外,现在是以市值估价的会计准则(mark-to-market accounting),而交叉持股已经出现惊人的下降,二者都是在美国的压力下出现的。20世纪80年代,在美国债券市场上,日本投资者承受了很大的压力。今天,中国和其他国家的投资者也起着这样的作用,他们一定会与日本投资者30年前的所想与所为存在很大的差异。

还应当指出的是,不是所有的20世纪80年代和90年代观察到的资本外逃都归因于日本投资者。1988年3月,大约在上述事件发生后的一年,再次有报道称,日本人出售美元资产又一次触发了美国债券市场的下跌,使美元走低。这一次日本投资者并没有出售美元资产,事实上,日本保险协会的官方声明起到了效果。最终发现，正是美国投资者担心日本同行即将出售美国债券，他们先发制人，抛掉了他们持有的美国债券。

今天，由于追求快速行动的对冲基金居于压倒地位，以及采用基于计算机的程式化交易，因此，无论正确与否，投资者先发制人的潜在可能性要远远大于 30 年前。这意味着如果特朗普政府要采取弱美元政策，就需要有这样的假设，即存在一定数量的资本外逃。换句话说，特朗普政府应当有能力弱化美元，因为美国是逆差国，但是，当这样做会促使资本逃离美元且导致更高的国内利率时，特朗普政府必须小心翼翼，不可彻底失控。

不完美，但比现在更好

尽管汇率变动会导致贸易均衡，但是在被追赶国家，依然会有来自工人的抱怨。这是因为被追赶国家的出口商品注定是越来越多的资本密集型和技术密集型商品，而来自追赶国家的进口商品则趋于劳动密集型商品。结果即使贸易平衡了，被追赶国家出现的结果是“进口劳动力”，因为进口商品含有更多的劳动力成分。可是，这依然会比当前的情况更好。几十年来，逆差国持续失去收入和就业岗位，皆因没有一个实现贸易均衡的机制。

值得称赞的是，经济学家指出，尽管贸易会改善相关国家的福利，但是，在一国范围内，有赢家，也有输家。他们还指出，既然赢家所得大于输家所失，只要赢家与输家分享他们所得的部分收益，那么，整个社会就会从贸易中受益。

尽管在理论上这是正确的，实际上，自由贸易中的赢家与输家之间损失共担安排并不容易做到，即使输家也能作为消费者获得一些收益。这个实际困难可能就是政治领袖从未实施损失共担安排的原因。可是，当前，由于如此众多的被追赶国家里强烈的反自由贸易情绪，政策制定者应当考虑一些举措，包括货币重新调整，以确保自由贸易的“输家”不被抛弃。

在第 5 章中已经讨论，对于处在刘易斯拐点后的被追赶国家的人们来说，轻松的日子已经结束了，那时，他们无需为提高自身的人力资本而付出努力。

同时，被追赶国家反贸易逆差和就业损失的社会潮流的爆发意味着，对于经济体仅在出口侧开放的新兴国家来说，轻松的日子也结束了，他们能够出口他们要出口的，而无需向进口商品开放国内市场，这样的日子很快就会终结。如果他们要继续享有被追赶国家市场的进入便利，就必须快速开放他们的市场，或者接受更高的汇率水平。

资本流“均等化”的两种类型与投资者的素质

很多事情还决定于相关投资者的素质，以及被直接投资或证券组合投资驱动的资本流动。如果投资者更多关注贸易不平衡问题，并且控制在贸易逆差国的过度投资，那么，前面所提到的逆向货币流动就可以得到控制。

区分直接投资和证券组合投资是重要的，因为尽管在某种程度上二者都“均等化”了跨境资本收益，但是，它们对汇率的影响是非常不同的。作为直接投资，把钱送到国外的投资者一定是开办非金融经营公司，他们已经非常认真地研究了东道国，包括东道国的贸易平衡状况，因为一旦他们在那里建立了工厂或开始经营，就不能轻易离开。

企业投资于海外，是因为资本收益更高，如前面的几章中所讨论的。但是，收益之所以更高，是因为真正的竞争原因，而不是因为高利率。这意味着直接投资引起的资本流动将趋向于推动竞争力日益增长的接收国汇率提高，而压低竞争力日益丧失的母国汇率。所以，这些投资引起的资本流动趋于在贸易流均衡的方向上改变汇率。

另一方面，证券组合投资者常常是买入逆差国的金融资产，只要这些金融资产能够提供更高的利息率。这样的资本流动趋于改变汇率的路径是扩大已经出现的贸易不平衡问题，如前所述。

证券组合投资者面对的另一个问题是，他们常常仅有有限的时间用来研究将要投资的国家，尤其是当他们与全球股市指数（比如 MSCI 指数）竞赛时。例如，如果某国股市突然繁荣推动了 MSCI 指数升高，与 MSCI 指数竞赛但没有该国的股票的基金经理人就会面临将该国股票纳入其证券组合的巨大压力。在没有弄明白该国所有问题的情况下，他们快速买进这些股票，已经很常见了。

当不可预期的事情发生时，这些不明真相的证券组合投资者倾向于从既损害市场又损害该国经济体的大规模恐慌中立即退出。虽然学院派经济学家倾向于假设投资者总是理性的，并知晓他们正在做什么，但是真实的市场充满了无知甚至更加糟糕的例子。连续不断的资产价格泡沫真正证明了投资者多么非理性。

无论是1982年的拉美债务危机，还是1997年的亚洲货币危机，都有一个前置条件：在拉美，复杂的西方金融机构将大量的美元贷放给拉美不善于管理的公共部门借款人；以及在亚洲，投资项目出现了大量的金融错配（为长期国内项目进行短期外国货币融资）。虽然保罗·沃尔克阻止了拉美债务危机的进一步恶化，如第8章中所提到的，可是，没有人能够阻止外部投资者在亚洲危机之时快速撤离，导致大规模的恐慌与混乱。这两场危机表明，对于新兴经济体来说，没有什么比注入丰富的现金更糟糕的了，但是，来自发达世界的无知的投资者在他们完全不了解的项目上投下了大量的资本。

例如，在1997年亚洲危机爆发时，许多西方投资者对亚洲普遍的结构性问题发出了强烈的抱怨，这些问题包括权贵资本主义（crony capitalism）和泰国破产法。但是他们的抱怨证明了，对于他们将要去投资的国家而言，他们没有做好功课。换句话说，他们表现出来的是，他们完全不适合到泰国投资，因为在去该国投资之前，他们有责任弄明白这些法律。

鉴于真实世界里投资者的素质，当局要考虑对这些机构投资者进行高风险权重管理，尤其是对那些持有逆差国的资产或这些国家货币标价的资产的机构投资者而言。这个举措的目的是提醒投资者，对这些资产的投资决策会助推全球不平衡的扩大，而全球不平衡的扩大最终会使他们血本无归。

风险权重指数还可以被用来控制已经在世界上许多地区颠覆了货币政策的套息交易。例如，俄罗斯中央银行通过强制实施银行持有的抵押品高风险权重管理，成功控制了外国货币标价的住房抵押证券市场。

这里的观点是，尽管直接投资和证券组合投资引起的资本流动都将“均等化”跨境资本收益，但是，前者是基于真正的竞争原因，趋于贸易流均衡的方向上改变汇率。而后者常常是基于利差的基础上的，驱动利率朝着相反的方向变动。后一种类型的资本流动是有问题的。

阻止不明情况的投资者的智利方案

接收证券投资引起的资本流入的新兴国家当局还应当考虑一下智利方案。智利是1982年拉美债务危机的受害者，当对拉美一无所知的美国银行发放大量的(石油)美元贷款给当地的公共部门借款人时，他们相信政府不会破产。当墨西哥于1982年8月破产时，美墨边境以南的所有借款人都被染上了传染病，突然失去了市场机会，导致持续10多年的毁灭性的衰退。

从这个残酷的经验中，智利正确地得出了结论：从没有做足功课的外国投资者那里接受资金是危险的。他们认识到，当事情朝着错误的方向发展时，对一个国家不具有充分知识的投资者会很快陷入恐慌，并集体逃离，造成市场和经济体毁灭性的混乱。

为了确保把钱带到国内来的这些人做足功课，智利对短期待在国内的证券投资资金流入施以高税率。根据资本的居留期限，税率逐渐下降。虽然这种税可以迫使外部投资者做足关于智利的功课，有助于增强智利经济的稳定性，但是，其后来又被废除了，显然背后有来自美国当局的压力。

15年后，智利方案的价值再一次得到了证明。在亚洲货币危机中，马来西亚实施了相似的税收。该税收快速稳定了经济和市场，但是却遭到了美国财政部的强烈谴责。美国财政部的一名高级官员宣称，由于这种坏政策选择，马来西亚在接下来的10年经济不可能恢复。事实上，该国是第一个复苏的国家，仅仅18个月后就从货币危机中脱颖而出，这也证明了在那样的经济发展阶段，自由的证券投资资本流动没有为马来西亚带来任何收益。

马来西亚的经验还表明，当要求一些国家允许证券投资资本自由流动时，国际货币基金组织和美国政府应当更加小心谨慎。对于华尔街来说，外国资本市场更加开放意味着更大的博弈场可以在其中博弈。但是，没有证据证明对于东道国的外资流动收益大于资产价格与汇率严重波动的负面影响。

正如前面所提到的，为了回应 20 世纪 70 年代末的高通货膨胀率，80 年代早期美国开始金融自由化。例如，两位数的通货膨胀率使旨在实现有管理的（低）利率的《Q 条例》遭到嘲笑，进而导致大批资金从受到利率管制的银行转移到不受管制的货币市场共同基金。相应地，迫使美联储废除《Q 条例》，以 1980 年的《货币控制法案》取而代之。

然而现在，几乎所有发达国家均处在被追赶阶段，并面临私人部门资产负债表衰退问题。这就置他们于状态 3 或状态 4，通货膨胀不可能成为问题。这意味着当经济体处在黄金时代和通货膨胀的压力之下时，取消金融监管的某些理由是成立的，但是，放在今天来看，就不再相干了。换句话说，取消 30 年前采取的某些金融自由化措施，可能就没有相反的后果，现在的情况是通货膨胀不再是重要问题。

是时候重新考虑资本市场自由化了

如果世界最终将变成一个单一国家，那么，金融全球化就行得通了。当前的动荡，包括社会逆流，源自金融全球化所处的时代，在这个时代，没有任何一个国家寻求全球政治一体化，也没有任何一个国家推动创设一个具有权威的全球政府进行收入再分配。

全球化的自由贸易构成部分不仅改善了这个地球上亿万人的生活，而且自 1945 年以来，摒弃了战争，对人类的和平与幸福做出了巨大的贡献。当世界试图做出另一种选择——贸易保护主义——的时候，20 世纪 30 年代出现的结果是毁灭性的全球大萧条和极其可怕的世界大战。虽然帮助自由贸易输家的措施是必要的，但是，从自由贸易中获得了巨大收益的国家不应该轻易地被放弃。

对于资本自由流动，不能说同样的话。全球化的这个构成部分常常会扩大全球不平衡，并增大逆差国家保护主义的呐喊，同时，颠覆了所有地区的国内货币政策。当废除了已经破坏经济稳定的资本自由流动时，像马来西亚这样的国家实际复苏了。既然根本无法确定自由资本流动，尤其是短期资本流动的各种类型，是否增加全球经济价值，为了控制所有刘易斯拐点后的被追赶国家的贸易保护主义，对何时允许以及何时不允许这样的资本流动的全面彻底的研究应当成为努力的一部分。在结论性的研究完成之前，面对在自由贸易与证券投资资本自由流动之间进行选择的政策制定者应当明确选择前者（自由贸易）。

由于投资者不尽如人意，加之经济与政治一体化不尽如人意，期望政策制定者是务实的，在他们解决资本流动、汇率和贸易不平衡问题的时候，不要抱住未经证实的理念不放，比如新自由主义理念。这意味着，在向不受约束的全球化或其他极端势力如保护主义投降之前，政策制定者为工人阶级家庭依然可以做一些事情。但是，如果对于资本流动和/或汇率不采取任何行动，如果允许贸易不平衡无限制地扩大，结果造成的反自由贸易的社会逆流在被追赶国家就会迫使政府选择贸易保护主义，这是所有可能的结果中最糟糕的。

第10章

关于经济学的再思考

发现宏观经济学的另一半之前，对于基于私人部门追求利润最大化的传统框架无法解释的现象，经济学家不得不想出各种解释。这些现象包括长期经济停滞与失业，提出的解释包括暗指结构性问题、预期(通货紧缩预期)、长期停滞以及“外部冲击”。在某种程度上，这些解释类似于哥白尼认识到地球围着太阳转而非太阳围着地球转之前天文学家给出的关于地球运动的解释。

结构问题还是资产负债表问题?

当传统宏观经济政策无法得到预期结果的时候，对于经济学家来说，共同的退守之道就暗指结构问题。可是，他们总是如此，之所以这样做，是因为他们没有认识到其他因素——比如资产负债表问题或投资机会缺乏问题——也可以造成相同的结果。

因为罗纳德·里根和玛格丽特·撒切尔让公众意识到了结构问题或供给

侧问题的重要性，所以，经济学家们倾向于关注结构问题。形成鲜明对比的是，资产负债表问题或投资机会短缺问题从没有在（大学里的）经济学系或商学院讨论过，直至最近（情况才发生了变化）。

无论是在 1990 年后的日本，还是在 2008 年后的欧洲，大量的经济学家和政策制定者跳上了结构改革的“花车”。但是，美国和英国的里根时代和撒切尔时代完全不同于日本和欧洲的后泡沫时期。在里根和撒切尔时代，美国和英国都面临着高通货膨胀和利率高启、持续不断的劳资纠纷以及大规模的贸易赤字问题。在当前的日本与欧洲，通货膨胀与利率均处于极端低位，劳资纠纷极少，贸易账户出现巨大顺差。更重要的是，西方在 2008 年之前，日本在 1990 年之前，经济体运行得很好，对传统宏观经济政策的响应也很好。这就很难主张经济停滞是因为存在长期的结构问题。

但是，因为主流权威近乎排斥性地专注于结构改革，在过去的 20 年里，日本在这项政策上浪费了大量的政治资本和宝贵的时间，在过去的 8 年里欧洲也做了同样的事情。同时，美国在全球金融危机后的前两年，政策制定者就已经明白国家实际上承受着资产负债表问题，而不是结构问题。现在美国做得比日本或欧洲好，因为美国没有把时间浪费在结构改革政策的辩论上。事实上，尽管在美国的许多经济学家充满自信的（如果不说是傲慢的）演说中，认为日本几年前就需要如此这般的结构改革，但是，没有陷入结构改革“陷阱”的国家仅有美国。

结构改革需要正确讲述

处于被追赶阶段的国家典型特征是投资机会缺乏，实际上这就是主张结构改革的观点。这是因为取消监管和其他结构改革政策可以提高本国的资本收益。可是必须弄清楚的是，结构改革需要解决的问题在经济体陷入资产负债表衰退之前就已经存在了。换句话说，结构改革是必要的，但这不是泡沫破灭和私人部门开始去杠杆之后解决经济增长突然失速的方案。对于这些更加紧迫的问题，需要的是财政刺激计划，而不是结构改革。

当政策在预期的时间里无法实现经济复苏时，为解决 2008 年后的停滞问题，兜售结构改革方案的政策制定者失去了公众的信任。于是，信任度的丧失使得局外人与极右政党取得了重大的政治收益，尤其在欧洲。

日本前首相小泉纯一郎(Junichiro Koizumi)有一个喜欢的口号："没有结构改革，就没有经济复苏"，所以，他的立场是对于实际上承受大规模资产负债表问题的国家而言，财政刺激计划是完全不适当的。在他的五年任期里，尽管在零利率条件下，日本私人部门储蓄仍平均为 GDP 的 9.5%。毫不奇怪，在他进行结构改革期间及之后，日本经济继续停滞。

自那时以来，10 年过去了，日本私人部门最终修复了资产负债表。对于日本政策制定者来说，剩下来的挑战就是如何避开后来的追赶者，这事实上就是结构改革问题。安倍经济学的第三支"箭"——结构改革——通过消除管制和开放市场举措，进而增加国内投资机会，旨在提高本国资本收益。

问题是，15 年前公众就被告知结构改革会带来经济复苏，但是，承诺的经济复苏从来都没能实现。因感到被背叛，故现在人们完全怀疑任何类型的结构改革。许多人对于听到这个术语已经感到厌倦了。

那么，缺失的是什么，缺失的就是关于为何需要安倍经济学第三支"箭"的正确讲述。新的讲述必须阐明这些改革是需要的，为了经济体更加创新友好、更加具有柔性，进而提高本国的资本收益，同时，使国家能够采取躲避行动，避开后来的追赶者。在第二"箭"财政刺激正在应对资产负债表衰退引发的重大后果(比如债务痛苦和随之而来的私人部门超额储蓄)时，如果日本希望摆脱停滞并保持发达国家的地位，那么，坚定不移地使用第三"箭"是至关重要的。

欧洲也需要相同的解释。必须弄明白，为了提高本国资本收益，并且为了避开后来的追赶者，结构改革是必要的，但是结构改革不是财政刺激计划的替代者，为了应对自 2008 年该区域陷入的资产负债表衰退，需要财政刺激计划。

萨默斯的长期停滞理论

2013年拉里·萨默斯第一次讨论长期停滞的时候①,美国已经处在资产负债表衰退之中,零利率条件下私人部门储蓄超过了GDP的7%。后来,他指出,西方国家的资本收益于20世纪70年代就开始下降了,2008年爆发全球金融危机之前已经存在很长时期。②

显然,自2008年以来西方经济体突然失去经济动能,因为继住房泡沫破灭,他们承受着严重的资产负债表衰退。经济学家艾尔文·汉森(Alvin Hansen)于1938年第一次使用"长期停滞"这个词的,他使用这个术语的时候,美国正处在最严重的资产负债表衰退,即大萧条之中,当时的失业率达到了19%。

可是,在汉森说这个话的时代,德国没有人谈论长期衰退。德国实施的加速的、持续的、大规模的财政刺激根除了衰退,德国的失业率从1933年28%的高位下降到1938年的仅有2%。在资产负债表衰退的过程中,汉森和萨默斯都提出长期衰退问题,并且到1938年战胜了资产负债表衰退的德国不再承受此类衰退,这表明了资产负债表衰退实际上就是"长期停滞"的主要驱动力。

然而,1970年之后资本收益下降,很可能是因为以下事实:到20世纪70年代中期西方经济体全部进入了刘易斯拐点后的被追赶阶段,那时,日本开始追赶他们。从这个时点开始,在这些国家越来越多的制造商发现海外资本收益高于国内。许多制造商决定从追赶国买入产品或在追赶国投资,当时日本就属于追赶国。于是,发达国家收缩的资本投资导致了生产力和工资水平增长速度下降。

在所有经济体经过较长时期跨越刘易斯拐点以及资本收益大体均衡之前,新兴经济体的特征就是从发达国家拿走投资机会。虽然中国已经跨越了刘易斯拐点,但是,印度和其他经济体还有很长的路要走。所以,当前的转型过程注

---

① 参见拉里·萨默斯关于长期停滞的网页:http://larrysummers.com/category/secular-stagnation/。

② 例如,2015年6月4日在巴黎的一次私人论坛上。

定还要继续很多年。

运用全球背景下的图3.3中的框架，上述特征可以得到解释。如果采取正确的经济发展政策，用相对直接的方式，绝大多数国家都可以让普通工人的工资达到量化宽松水平。这些措施包括为劳动力提供好的教育、创造必要的基础设施、根除腐败、鼓励企业家精神以及经济体开放。

但是，如果这些国家的工资增长超越了量化宽松水平，所有其他国家的工人工资必须达到他们的量化宽松水平，若如此，雇主在世界任何地方就不再能够找到廉价劳动力。这意味着，在工资达到量化宽松水平之前，每一个国家都期望收入增加，可是，在这一点上，工资的量化宽松(EQ)水平实际上就变成了现行工资(ED)水平，图3.1在全球背景下进行了描述。换句话说，这些国家只有等待工资恢复上升，直到所有其他劳动力市场宽松的局面消失。这个世界达到所谓的"全球劳动力市场成熟点"(Global Labor Market Maturity Point, GLMMP)还需要数十年，那时，所有国家都达到了工资的量化宽松水平。这意味着，被追赶国家的工人现在就开始提高他们的技能，而不是等待全球经济达到"全球劳动力市场成熟点"，那时，一般工资水平重新开始上升。

当心"外部冲击"伪命题

经济学家还喜欢使用"外部冲击"这个术语来描述2008年之后发生的事情。意思是事件源自经济体外部，所以，无法预测("冲击")，笔者认可"9·11"事件是其本人没有预测到的外部冲击(这就是在攻击发生时，他与美国商业经济学协会的许多经济学家还在纽约的世界贸易中心大楼里的原因)。但是，把雷曼兄弟破产和接下来的全球金融危机叫作外部冲击则是荒谬的。

雷曼兄弟破产前很多年，包含次级抵押贷款而且拥有腐败的评级机构给出的令人吃惊的高评级的担保债务凭证(CDOs)融资驱动的住房泡沫就已经广为人知了。一旦泡沫破灭，金融系统中杠杆融资的惊人数量意味着经济体必然陷入资产负债表衰退。在这个意义上，2008年后发生的事情内在于这个金融系统:并非是不可预测的外部因素诱发的。

危机爆发后,经济学家包括美联储前主席艾伦·格林斯潘都认为,这是一个“百年一遇的事件”,是无法预测的。其他一些人将其称为“完美风暴”或“外部冲击”。所有这些术语的意思是,对于预测失败,经济学家不应当受到谴责。

当听到著名经济学家做出这样的声明时,2008年遭受了巨大损失的一名年轻而睿智的巴西投资人决定离开投资领域。他想,如果艾伦·格林斯潘和其他著名经济学家都不能预测金融世界存在的危险,那么,他不要把自己暴露在不可预测的危险之中,宁可选择另一种职业。

关于寻找什么职业,经过几个月的迷茫之后,他想,如果在这个地球上有一个人看到了危机即将到来,那么,2008年就不是完美风暴。这表明,经济学领域大名鼎鼎的学者脑子里都是错误的模型。按照他独特的个人风格,进行了广泛的研究之后,他发现只有少数人看到了危机即将来临,在这个短小的名单中,笔者本人很荣幸地位列其中。可是,如此短小的名单恰恰证明了经济学领域长期以来走上了严重错误的方向。

这里的观点是,在理解不同政策行动会有怎样的回应时,“冲击”发生之前的经济环境是绝对重要的。在预测接下来会发生什么时,冲击本身的性质也是重要的。

如果纯粹是外部冲击,比如美国的“9·11”和日本的“3·11”[①],那么,一两年后经济体就会恢复。当然,这还要决定于事件的大小。但是当泡沫最终破灭时,高杠杆经济体需要经过多年才能复苏,因为百万张遭到损害的资产负债表必须修复。虽然一些外部事件触发了崩溃,但是,接下来的漫长而又痛苦的资产负债表衰退根本不是外部冲击问题。除了类似于“9·11”事件,经济学家不应当使用“外部冲击”术语来掩盖对冲击前经济体所发生的事情的无知。

---

① 2011年3月11日,海啸摧毁了日本东北部。

警惕"预期"暗示的伪命题

在经济学中存在着大量关于预期的文献，尤其是关于通货膨胀预期。事实上，在实现通货膨胀目标方面，中央银行屡遭失败已经是明摆着的了，但是，推动继续采用货币刺激政策的那些人认为，需要努力"锚定预期"。但是，人们的预期根本决定于他们看到了什么以及他们过去经历了什么。

在泡沫破灭后的日本，全国范围商业不动产价格跌落了 87%，一名 CEO 忙于用公司的现金流来偿还债务，修复企业的资产负债表。他还意识到这个国家的其他 CEO 也在干同样的事情。由于没有借款人从金融机构借出资金并将这些资金注入实体经济，对于这些企业经理人来说，显然，中央银行没有一定数量的流动性注入，经济体中循环的货币数量就不可能增大。无论如何中央银行都会增加经济体流通的货币数量，但是他们明白，货币宽松政策不能促进经济增长，也不能提高通货膨胀率。

在这样的环境下，中央银行宣布的 2%的通货膨胀目标是没有影响力的，因为 CEO 们认识到这样的目标是达不到的。既然逃离负资产是企业生存的关键，他们别无选择，只能继续去杠杆，直到他们的资产负债表得到修复。但是如果他们继续去杠杆，就不会有信用增长，就不会有通货膨胀。由于存在资产负债表问题，银行也不被允许放贷给企业。于是，中央银行通货膨胀目标之"箭"最终脱靶，又强化了 CEO 们对经济体的认识，同时，颠覆了推动实现这些目标的货币当局和经济学家们的可信度。

在这样的世界里，宣布中央银行已经将通货膨胀目标由 2%提高到 4%并没有降低 CEO 们关于未来真实利率的预期，因为初始 2%的通货膨胀目标就是不可信的。这就是真实的世界，对于预期无能为力。如果关注这个问题的任何人去问当中央银行给出了 2%的通货膨胀目标时 CEO 们为什么还要去杠杆，那么，他们一定是忘记了这个答案。[①]

这还意味着中央银行家（以及他们的经济学家朋友们，加之第 2 章中提到的一些市场参与者）与人民失去了联系。前者依然按照根据经济体处在状态 1 或状态 2 的假设进行操作，而后者正确地认识到经济体处在状态 3 或状态 4。毕竟他们是忙于修复资产负债表的那些人。情况就是这样，CEO 们与普通公众拥有正确的经济模型，而经济学家们没有。

相反，经济体处于黄金时代（状态 1 和状态 2）的时候，绝大多数 CEO 为了扩大生产力与生产能力而投资，忙于获取资金。金融机构也尽可能借出所有可得资金，从而货币乘数达到了最大值。在这样的世界里，中央银行要通过限制准备金供给来控制通货膨胀，因为准备金可得性是货币与信用增长的约束条件。这就是图 2.9 至图 2.11 中显示的西方国家 2008 年前和日本 1990 年前的三条线联动的原因。中央银行的可信度也非常高，尤其是当中央银行成功控制通货膨胀的时候。但是，在今天，发达国家发现自己已经不在那个环境中了。

许多经济学家，包括美联储的经济学家，依然担心通货膨胀预期下降会导致经济停滞，“像日本发生的那样”。但是，这只是 20 世纪 60 年代和 70 年代心理定式的延续，由于为了恢复价格稳定，不当的货币政策不得不用巨大的紧缩措施（始于 1979 年）加以根除，某种程度上根深蒂固的通货膨胀预期就是这样形成的。他们的观点是，如果不当的通货膨胀预期可以通过严格限制的货币政策加以清除，那么，不当的通货紧缩预期也可以通过高度适应性货币政策加以校正。

但是，1990 年后的日本和 2008 年后的西方经济体停滞不是因为不当的货币政策诱发的通货紧缩预期，而是因为私人部门资产负债表问题以及较高的海外资本收益，二者均与预期和货币政策不相关。如果不用财政政策和结构政策解决这些真正的问题，任何数量的货币宽松政策都不可能改善经济，也不可能提高公众的未来预期。

---

① 应当承认，不得不非常小心地提出问题，并且某种程度上要间接地提出问题，因为，没有 CEO 会承认他的或她的公司存在资产负债表问题。

这里的观点是，不要将“预期”看成政策制定者可以玩弄的某种变量，经济学家应当发现为什么人们会按照某种方式去行为。上述提出的日本CEO的例子表明，他们无视货币政策安排，不仅因为他们已经做出了某种程度的通货紧缩预期，而且因为他们指导自己所采取的债务最小化行动，由此知晓货币宽松政策的作用没有理由。一旦理解了人们行为的这些根本驱动力，与今天他们所做的相比较，将来经济学家们应当做出更少的预期暗示。

重新思考宏观经济学

宏观经济学仍然是一门年轻的科学。它始于凯恩斯，凯恩斯认识到经济体中存在着合成谬误问题，于20世纪30年代提出了总需求概念。与物理学和化学具有数个世纪理论发展的学科相比，仅有85年历史的宏观经济学就像一个蹒跚学步的孩童。例如，尼古拉斯·哥白尼于1530年就已经发现了太阳系的运行规律，艾萨克·牛顿于1687年就发现了万有引力。这些重大发现发生在凯恩斯之前的200～400年，而凯恩斯于1936年提出了总需求概念。作为一门年轻的科学，经济学仅能解释有限的经济现象。正因为年轻，使其容易产生狂热和影响力。

经济学领域的不成熟还被呈现出来的事实放大了。这些事实是，仅有少数经济学家预见到即将到来的大衰退，甚至没有经济学家预见到多长时间经济能够复苏。绝大多数经济学家没有预见到零利率、大规模的量化宽松以及无法在预期的时间内达到通货膨胀目标。

这些根本性的错误源自这样的事实：过去85年里发展起来的绝大多数宏观经济理论和模型都有这样的假设，即私人部门主体总是拥有具有吸引力的投资机会和干净的资产负债表(也就是说，他们追求利润最大化)。所以，如果中央银行降低真实利率的幅度足够大，他们就愿意借款。换句话说，这些经济学家的心理定式依然处在黄金时代，那时，经济体的典型特征是状态1和状态2。他们没有认识到今天绝大多数发达经济体不仅处在被追赶时期，而且经历着资产负债表衰退，也就是说，他们确定无疑地处于状态 3 和状态 4。

通过事先设定愿意借款的人总是存在的，经济学家的假定忽略了经济增长面对的两个最关键的挑战：国内投资机会的可得性，决定借款是否值得；以及存在具有干净的资产负债表的企业有能力并愿意承担这些投资风险。当公众绝望地等待经济学家提出政策建议，再一次让处于状态 3 和状态 4 的经济体增长时，经济学家的假定基本上排除了增长问题，因为他们的模型假设是经济体仍然处在状态 1 和状态 2。

传统模型难以控制的大逆转

有时还不明确地假设经济主体对价格与其他外部因素变化的反应总是连续的。正如昆士兰大学的布莱登·马克一图勒尔（Brendan Markey-Towler）指出的，传统经济学基于的是普遍可替代性的隐性原理，意思是相对价格变动总是能够创造出经济体中的反应。[①] 例如，如果商品 A 的价格相对于替代商品 B 的价格上升，消费者就会停止购买商品 A 的一定数量，而开始购买商品 B。从这个观点出发，假设价格变化——包括利率和汇率——总是导致经济体中的相应变化，自然地就会假设真实利率的充分下降总是能够鼓励愿意借钱的人举步向前（寻求借款）。

正是这样的思维方式导致经济学家保罗·克鲁格曼认为，如果 2%的通货膨胀目标不起作用，那么，货币当局应当选择 4%的通货膨胀目标。还导致一些中央银行家得出结论，如果零利率仍然不足，那么，就应当将利率引向负利率。诚然，这里的假设是，在具有普遍替代性的世界里，对他们的货币政策行动至少应当有一些回应。

可是，当企业和家庭经历了真实的或技术上的资不抵债，他们的反应是高度不连续的，他们从利润最大化突然转变为债务最小化。债务最小化也是紧急

① Markey-Towler, Brendan (2017a) *Foundations for Economic Analysis: The Architecture of Socioeconomic Complexity*, Ph. D thesis, School of Economics, University of Queensland.

措施,因为技术上资不抵债的企业面临灭顶之灾,除非能够很快摆脱负资产的状况。如果公司财务的真实状态为人所知,就没有供应商与其做生意,除非能够现金支付。摆在面前的可比性就是寻求破产保护。为了保护储蓄者,按照法律,银行也被阻止提供贷款,或延长资不抵债的借款人的贷款期限。企业许多优秀员工也会离开,投奔其他公司。

这意味着当个人和企业面临资不抵债时,普遍替代性原理就不可用了,因为他们突然停止借款,而且开始偿还债务,这恰恰是借款的反向行动。这种转变与中央银行将利率降低无关,正如 2008 年后所看到的情况。

问题是,在普遍可替代性总是有效的假设下训练出来的经济学家超乎想象地难以理解存在如此不相关联以及人类行为的大逆转。结果,他们的理论与模型常常不能吻合私人部门行为的突然转变和大逆转。

迷恋数学戕害了宏观经济学的可信度

当主流经济学家对数学模型变得迷恋(或狂热)时,对普遍可替代性的依赖就变得至关重要。今天,经济学领域的许多人不认为那些不用数学表达的东西(比如本书)是严肃的经济学。但是,要是数学公式有用(即,可微),模型必须假设普遍可替代性,这样,经济主体的行为变化保持平滑与连续。相应地,因为关注资产负债表或其他问题,当家庭和企业被迫做出突然变化甚或逆转他们的行为时,这些模型就毫无用处了。

像艾格森和克鲁格曼(Eggertsson and Krugman,2012)这样的经济学家认为,即使在费雪—明斯基—辜朝明(Fisher-Minsky-Koo)环境下,他们的模型表明货币宽松政策依然是有效的,并且通货膨胀目标与量化宽松政策应当起作用。[①] 事实上,三年后克鲁格曼本人承认,在真实世界里这些政策难以担当"博

---

① Eggertsson,Gauti B. and Krugman,Palu (2012) "Debt,Deleveraging,and the Liquidity Trap:A Fisher-Minsky-Koo Approach," *The Quarterly Journal of Economics*,127(3),pp. 1469—1513.

弈的局变人"[1]，这表明他们的模型与公式不完全与现实的可能性相吻合，普遍可替代性不仅消失了，而且泡沫崩溃之后，改变了信号。

鉴于事实，宏观经济学原理出生于历史上突然转向债务最小化的过程中，即大萧条过程中。数学无法解释人类行为的不连续，数学的运用是站不住脚的。很少经济学家能够预见到大衰退及其后续长期的、不愉快的事情，充分说明了在理解经济体的过程中，数学工具是没有用处的。

空间物理学中运用高等数学成功地将人类送到了月球。自大萧条和宏观经济学诞生以来，经济学中运用高等数学（并且教授们用之于贸易）不仅未能预测最大的宏观经济事件，而且未能预测 2008 年之后货币政策和财政政策有效性的重大变化。

空间物理学家可以将人类送上月球，因为，月球不会突然改变方向。经济学家无法预见大衰退，人们因事而动并且总是变化方向。有些变化的发生是相当突然的。把数学作为主要工具，经济学家常常将人视为像月球或金星那样的行星天体，而不被视为有思想、有反应的个体。

经济学中朴实语言的力量

经济学家们紧紧抓住数学不放，原因就像乔治·索罗斯所说的，"嫉妒物理学"[2]。事实上，数十年来索罗斯一直主张用他的反身性理论（The Theory of Reflexivity），经济学中重要的是视企业和家庭为有思想、有反应的主体。

同时，经济学家还有比物理学家更大的优势，他们分析人类的行为，也正是他们自己的行为。经济学家本身就是工人、消费者、储蓄者和投资者。经济学家甚至还可以直接问家庭和企业为什么他们去做正在做的事情。事实上，他们

---

① International Monetary Fund (2015) "IMF Survey: Top Researchers Debate Unconventional Monetary Policies," Maurice Obstfeld and Gustavo Adler, *IMF News* on November 20, 2015. www. imf. org/en/news/articles/2015/09/28/04/53/sores 111915a.

② Soros, George (2009) "Soros: General Theory of Reflexivity", *Financial Times*, October 27, pp. 11 www. ft. com/content/0ca06172-bfe9-11de-aed2-00144feab49a.

已经询问了日本 CEO，在零利率条件下，为什么他们要去杠杆。但遗憾的是，很少有人这样去做。

这意味着，经济学中没有什么是人类认知经验之外的东西。经济学中的每一个问题，包括家庭和企业行为问题，必须是用平时的语言可以解释的。正如阿尔弗雷德·马歇尔（Alfred Marshall）所说的，经济学是关于日常生活的科学。①

这是与物理学对立的。如不使用数学工具，物理学不能描述彗星或电子运动。问一颗彗星或一个电子，为什么做它们所做的事情，物理学家也得不到任何答案。

这意味着，用平直的语言详细说明数学的或其他类型的经济理论或模型中的假设或预期的个体消费者或企业的行为，审视理论与模型是否站得住脚，则应当是可行的。换句话说，通过平直的语言写出模型对家庭和企业的预期，则应当可以判断模型是把人类视为行星天体，还是视为有思想、有反应的个体。问题是，一旦貌似漂亮的数学模型被破译和翻译为平直的语言，将会发现许多数学模型实际上把人类视为彗星和电子。

当笔者与一位以优美数学模型而著名的教授辩论贸易摩擦问题时，他毫不在意地用平直的语言表达他的模型中发生的事情。从他的叙述中，"发现"了在他的模型中一名因进口商品而失去工作的工人会立即找到另一个相同报酬的工作。但如果是这种情况，就不会有贸易摩擦发生了。

贸易摩擦之所以存在，是因为进口国的人们失去工作和收入。在现实生活中，一名因进口而失去工作的工人将必须经过多年的再培训，才能重新获得早年所获得收入。在诸多的案例中，工人的收入不可能完全恢复到原有的水平。正是这样的困难导致贸易摩擦。可是，经济学家的模型说，不应该有贸易摩擦，因为不存在收入损失。这个"发现"事实上结束了辩论。

所以，经济学的实践者应当不断地检视模型期望家庭和企业做什么。经济

---

① Markey-Towler, Brendan (2017b) "Poetry and Economics: Maintaining our Link to Humanity," from Brendan Markey-Towler's blog, July 24. https://medium.com/@brendanmarkeytowler/poetry-and-economics-maintaining-our-link-to-humanity-532785047f0e.

学系的学生需要不断地要求教授用平直的语言解释在他们的数学模型中家庭和企业身上发生了什么。只有那时，他们才能自我判断模型是否站得住脚。

换一种说法，因为原理中半个世纪之久的数学迷恋以及数学表达的经济学是唯一的经济学“合法形式”的信仰，重要的现象落在了经济学的假设之外（比如资产负债表衰退与投资机会短缺完全被无视）。结果大学里讲授的经济学常常仅适用于黄金时代无泡沫、基本封闭的经济体，那里不存在资产负债表衰退与投资机会短缺问题。

但是，在这样的条件下，谁还需要经济学家？当经济体处在状态 3 和状态 4 时，才需要经济学家。例如，当存在第 1 章中提到的大量的反直觉的合成谬误问题，仅有训练有素的经济学家能够看透和分析时才需要经济学家。遗憾的是，今天，绝大多数经济学家仅被训练着去了解状态 1 和状态 2（或者，他们的模型仅在这些情况下有功能）。所以，公众越来越对经济学家和他们居于权威地位的朋友们感到失望。

更重要的是，基于资本、劳动力和生产力的增长趋势，绝大多数经济学家简单地臆断长期“潜在”增长率，并主张政策制定者应当努力将经济带回到那样的增长轨道。但是，这样的“潜在增长率”意味着，当脚踏实地的商人要么不能（因为关注资产负债表问题）要么不愿意（因为缺乏投资机会）去借钱并在本国投资时，一切绝无可能。这还表明，传统经济学中没有有意义的经济增长理论，经济学家假设忽略掉了公众期望他们回答的所有相关问题。

在这个历史岔路口上，经济学领域最大的关注应该是，支付或支持大学学费的父母、学生和纳税人将最终认识到大学“经济学”与现实世界毫无关系。当公众认识到大量的经济学教授对损失掉大西洋两岸 800 万个工作岗位的大衰退一无所知时，将会要求削减所有（大学）经济系的经费。

新经济学家集体，比如拥有 13 500 名会员的世界经济学协会以及新经济思想研究院完全意识到了经济学领域的贫乏，并努力工作，以使理论再一次与社会相关。东京大学佐和隆光（Takamitsu Sawa）教授也发出了警告[①]，如果经济学领域不切实际地沉迷于数学得不到纠正，那么，日本教育部[②]应当削减大学经济系的经费。遗憾的是，即使不是所有但许多经济学教授继续讲授同样的老掉牙的东西，似乎 2008 年从来没有发生过，且黄金时代即将到来。这意味着在公众认识到真相之前，整个经济学领域必须彻底改造。

经济学：改变时髦的历史

年轻的理论像年轻人一样，容易受到时尚影响。当宏观经济学处在 20 世纪 40 年代和 50 年代的形成年代里，绝大多数西方经济体已经跨越了刘易斯拐点，处于他们的黄金时代，并且没有追赶者。新产品不断被发明，人们对未来较为乐观。由于战争期间的天文数字的政府支出已经修复了大萧条导致的资产负债表损坏，他们的资产负债表也是强大的。公司部门的资金需求强劲，经济体处在状态 1 或状态 2。

尽管在第二次世界大战过程中，每个人都明显看到，凯恩斯主张的财政政策对于发达国家从大萧条中解脱出来起到了出人意料的效果，但是，凯恩斯从未认识到仅当私人部门最小化债务时，即当经济体处在状态 3 或状态 4 时，才应该使用财政刺激。由于凯恩斯及其继承者的这个致命的疏漏，战后经济学家狂热地相信财政政策可以解决绝大多数问题。

可是，私人部门资产负债表已经修复后，20 世纪 50 年代和 60 年代，政府试图运用财政政策对经济进行微调，却只能造成高通货膨胀、高利率和普遍的资源错配。1929 年后，美国人花去了整整 30 年修复他们的资产负债表，克服他们的债务痛苦(1959 年之前，美国长期与短期利率都没有回复到 20 世纪 20 年代的平均水平)，处于黄金时代的西方经济体的这些事实表明，通货膨胀成为更

① Sawa, Takamitsu (2016) *Keizaigaku no Susume: Jimbun-chi to Hihan-seishin no Fukken* (*Introduction to True Economics: Re-integration of Humanities and Critical Thinking*), Tokyo: Iwanami Shinsho, p. 52.

② 全称为教育、文化、体育、科学和技术部。

大的问题。到了20世纪60年代后期和70年代早期，通货膨胀的出现造成了凯恩斯经济学相关理论及其可信度的重大损失。

20世纪70年代后期，通货膨胀达到了两位数，成为全国关注的问题，人们的看法摇摆到另一个极端(人们不再喜欢凯恩斯)，人们喜欢米尔顿·弗里德曼。弗里德曼认为货币政策和小政府是绝大多数问题的解决方案。(弗里德曼及其信奉者)主张，通过控制货币供给，中央银行就能够控制通货膨胀。实际上，美联储于1979年10月采用了货币供给目标政策。虽然该政策没有像预期的那样起到平稳价格的作用，但是，学院派经济学家对货币政策的热情是如此高涨，甚至有人要重写历史，认为如果美联储更好地使用货币政策，大萧条可以避免。[①]

1990年的日本是第一个国家，接着就是2008年的西方国家，当时，私人部门在泡沫中失去了理性，大规模的资产负债表遭到了持续性损害。同时，发达经济体已经进入被追赶阶段，私人部门企业的资金需求下降。可是，经济学领域依然坚守黄金时代的心理定式和黄金时代的货币政策主张。

虽然那时所有发达经济体均已处在状态3或状态4，但是，许多经济学家主张更多的货币政策安排——尽管解决借款人消失诱发的衰退问题，财政政策是唯一的工具。雷曼倒闭不久，在2008年11月在华盛顿召开的G20紧急峰会上决定动用财政政策。可是，到了2010年，正统派又重新攫取权力并迫使当年G20多伦多峰会的参加国将财政赤字砍掉一半，有效逆转了全球经济，

后来，政策制定者很快认识到多伦多协议的错误，包括美联储前主席本·伯南克和加内特·耶伦。为了确保政府继续担当最后借款人角色，他们发出了关于“财政悬崖”的严厉警告。这有助于美国经济避免萎缩。日本财政大臣麻生太郎也认识到这个危险，于2012年后期将财政刺激作为安倍经济学的第二“箭”。他们的行动对日本与美国的经济提供了至关重要的支持，相应地，两国失业率下降到充分就业的水平，分别为2.8%和4.3%。

可是，欧元区的政策制定者圈子里没有这样的理解，千百万人依然忍受着

---

① Koo (2008), op. cit, Chapter 3.

失业与贫困的痛苦，因为从未考虑过经济体处于状态 3 或状态 4，《马斯特里赫特条约》要求成员国政府做与对抗资产负债表衰退相反的事情。真正具有讽刺意义的是，尽管德国是第一个发现在 20 世纪 30 年代与资产负债表衰退斗争中财政政策有效性的国家，但是，也正是德国向欧元区的每一个国家施加财政限制。英国经济学家和当代凯恩斯主义者琼・罗宾逊(Joan Robinson)有一个著名的观点，她说："我不把凯恩斯革命看成是一个伟大的文化成就。相反，是一个悲剧，因为来得太晚了。在凯恩斯完成对革命发生的原因解释之前，希特勒就已经发现如何治愈失业了。"①

若有充足的时间，经济体能够自我调节。停滞与痛苦的内部通货紧缩的 8 年之后，欧洲国家如西班牙和爱尔兰最终情况开始得到改善。但是，这个区域的资金流数据(见图 7.2 至图 7.5)继续显示出私人部门大规模去杠杆，没有沾沾自喜的理由。事实上，存在一种冲突。一方面，通过内部通货紧缩与工资降低，外围经济体的改善是有可能的；另一方面，通过大规模的量化宽松和负利率，欧洲央行试图推动通货膨胀。按照工业产值和人均实际 GDP 指标，(欧元区)绝大多数国家依然低于 2008 年前的峰值。

纳粹式的政党在欧洲已经站稳了脚跟，因为人民正在忍受资产负债表衰退带来的痛苦，但是，设计有误的《马斯特里赫特条约》阻碍了他们的左翼和右翼政府有所作为。事实上，整个大陆开始有点像 20 世纪 30 年代盟军治下的德国。

任何国家都有少数人持有恐惧外国人、极右、反移民的观点，但是，为了在美国、英国和法国获得重大支持，政治家和政党鼓吹这些观点的能力需要密切关注。如此表明，已拥有权力的右翼与左翼政党及其经济学家顾问的可信度出现了巨大的丧失。换句话说，外部人和极右政党的崛起加强了投票人对正统思维的不满。所以，让人民了解宏观经济学的另一半(即状态 3 和状态 4)，并知晓在下一个希特勒出现之前如何用财政刺激计划解决问题，已经是当务之急。

① Robinson, Joan (1972) "The Second Crisis of Economic Theory," *American Economic Review* 62(1/2), pp. 1—10.

在美国，唐纳德·特朗普正在推动基础设施建设支出，在非常低的利率条件下，私人部门储蓄依然接近 GDP 的 5%（见图 1.1），经济体处于这样的状况，这样做是正确的。美联储官员，包括副主席费雪，赞成特朗普的基础设施建设支出建议，因为他们明白美国经济依然需要政府作为最后借款人来发挥作用。这个国家的基础设施建设状态实在令人不满意，应当很容易发现社会收益率超过美国国债低收益率的公共工程项目。

遗憾的是，关于经济体的这种理解没有得到特朗普自己党派的共识，而这个党派控制着参众两院。茶党分子无论如何都会拼死反对增加政府支出。这意味着，在美国私人部门恢复借款之前，如果共和党否决总统提议，美国经济依然有可能掉下财政悬崖。

基于经济发展状态的恰当政策回应

更一般地说，经济学家必须对这样的事实保持清醒：在他们假设的世界里，货币政策是有效的，因为具有广大的投资机会，私人部门拥有干净的资产负债表，而这描述的仅仅是宏观经济图景的一半（状态 1 和状态 2）。在宏观经济图景的另一半中，私人部门正在最小化债务，因为存在资产负债表问题，或者存在国内投资机会匮乏问题（状态 3 和状态 4）。

基于经济发展阶段不同，经济主体的行为和宏观经济政策效果也会发生变化。相应地，经济发展的不同阶段对通货膨胀、增长以及货币政策或财政政策的恰当形式具有重大影响。

黄金时代的经济体基本都是处于通货膨胀状态的，因为工资、消费以及公司为提高生产力与市场能力的投资需求都很高。这意味着为了确保经济稳定，在这个时期中央银行在应对通货膨胀方面保持着高度警惕。

可是，在被追赶阶段，经济体基本上都是无通货膨胀的，因为工资增长停滞、消费者过分讲究、进口商品泛滥以及企业削减在国内的生产力和生产能力投资。如果即使在非常低的利率条件下，私人部门的资金需求也下降到储蓄水平以下，为了稳定经济，政府就必须动用财政政策并担当起最后借款人角色。

当泡沫破灭后，经济体也能够以很快的速度从状态1变为状态3或状态4。尽管政府和中央银行有办法刺激经济，使之在一两年内从状态3转变为状态4，但是，如果要从状态3回复到状态1，不说需要数十年，也需要数年。

唯有财政政策能够支持处于状态3和状态4的经济体，并且支持必须持续实施，直到私人部门已经重新借款。虽然在绝大多数发达国家存在大规模公债的条件下，这似乎是难以完成的任务，但是，当私人部门追求债务最小化且政府是仅有的借款人时，债券收益降到了极低的水平。极低水平的债券收益用市场方式告诉政府，如果未来国家需要建设公共工程项目，那么，实施公共工程项目建设正当其时。在极低的债券收益条件下，许多公共工程项目也能自负盈亏。

事实上，对于处于状态3和状态4的经济体的政策制定者来说，最重要的任务就是指派最优秀、最聪明的人成立一个独立委员会，界定并实施能够保证社会收益率超过超低政府债券收益率的社会公共工程项目。在黄金时代，独立的中央银行在稳定经济中起到了关键作用；在被追赶时代，取而代之的是后来创设的独立财政委员会，在稳定经济中，独立财政委员会必须起到核心作用。

这个委员会必须不断发现自负盈亏的项目，直至私人部门借款人回归。这样的项目将提高国家债务，但是不会增加未来纳税人负担，因为，它们是自负盈亏的。在经济体处于状态1和状态2时，利率非常高且很难发现自负盈亏的公共工程项目，这样的政策选择是不可取的。

就货币政策而言，当局应当认识到发达经济体处于状态3和状态4，意味着货币政策不仅不像黄金时代那样有效了，而且经济体自身也基本上无通货膨胀。在这样的环境下，中央银行为了达到通货膨胀目标，使出了浑身解数，比如使用量化宽松和负利率政策，不仅未能实现目标，而且使经济体背负了超额风险与资源错配后果，包括继之而起的小泡沫。另外，还留给当局一个灾难性的任务，即吸收目前灌满了银行体系的超额流动性。

由于在根本没有通货膨胀的环境下试图激起通货膨胀的损害远大于所起到的好的作用，故中央银行应当远离通货膨胀目标以及黄金时代的其他“遗产”。相反，中央银行应当引导在财政政策的方向上进行辩论，正如美联储前主席本·伯南克和加内特·耶伦提出“财政悬崖”所做的那样。他们必须让公众知晓，即使利率非常低，私人部门也不再吸收家庭部门形成的全部储蓄，这时，政府需要起到核心作用。

于是，他们会发现，为了实现货币政策正常化，清除银行系统中的超额流动性有了一条干扰最少的路径。在针对通货膨胀和资产价格泡沫不占先机之前，他们必须这样去做。

在和平时期的西方社会保持财政刺激的困难

这样的政策转变应当由中央银行发起，不仅因为中央银行是资金流数据收集主体，而且因为中央银行的可信度岌岌可危：中央银行不应当被迫采用诸如通货膨胀目标政策，当经济体处于状态 3 和状态 4 时，不能期望实现通货膨胀目标。必须劝说公众，他们的经济学知识完全来自黄金时代的教科书，被告知的是财政赤字是要避免的，要让公众知晓时代变化了。日常生活中面对借款人短缺的银行和机构投资者也应当为辩论做出贡献，告诉学者和政治家金融部门真正发生的事情。

换句话说，在大学开始明确教给学生宏观经济学的另一半之前，中央银行（及其银行与机构投资者的朋友们）必须带头参与辩论，因为被选举出来的领袖让公众相信经济体实际上处于宏观经济学的另一半，并且政府必须担当最后借款人角色以保持经济运行则是困难的。绝大多数人甚至没有尝试过这样去做，因为被贴上“政治分肥”的政治家标签的风险太大了。

结果，甚至那些理解需要快速、巨大而持久的财政刺激的领导人仅在经济体处在绝望的形势下，才提出建议。另外一些人则选择最少抵触的政策路径，这意味着他们将与反赤字的合唱队走到一起。

与货币宽松政策不同，即使私人部门依然降杠杆，政府支出总是能够增加 GDP，经济体会对这样的支出做出积极反应。然而，初始的积极信号将激起反财政政策合唱队要求财政整顿，那么，只能眼见着经济体回到资产负债表衰退。这将激发另一轮的财政刺激，当经济体呈现出又一轮积极信号时，又会被迫中断。所以，充其量，财政刺激是在上马、下马的方式中加以运用，从而不可能接近充分地将经济体拉出状态3和状态4。这就延长了衰退并导致拥有既有权力的政党和经济学家的公众信心的丧失。

同时，失去工作的那些人和企业就会变得日益绝望。如果感到纳粹式政府是打破在经济体处于状态1和状态2起作用的政策传统的仅有路径，那么，有些人甚至会造成人权的倒退。为了避免这样的后果，金融市场参与者（包括中央银行）日常生活中直面借款人短缺时，必须大声说出来，并且学校必须向学生讲授宏观经济学的另一半，以便在经济体处于状态3和状态4时，选举出来的领袖无需解释为什么需要财政刺激。

从2008年后的西方危机开始就完全理解需要财政刺激的保罗·克鲁格曼表达了他对笔者坚决反对额外的货币宽松政策的不信任。但是，让笔者目瞪口呆的是这样的事实：当80％～90％的问题源自借款人缺乏时，2008年后80％～90％的政策辩论集中在货币宽松政策上，而货币政策被错误地用于管控。

站在克鲁格曼的立场上，他较早地、正确地认识到，对于2009年初打开的初始总量为7 870亿美元的救助计划之外追加财政刺激，华盛顿没有政治胃口。这在1997年的日本同样如此，那时整个国家对于财政整顿的要求近乎狂热。国际货币基金组织与OECD也对日本施以强大的压力，要求日本削减预算赤字。

当时，在日本，笔者和助手藤田志（Shigeru Fujita）成为仅有的公开警告（以下事实）的两位经济学家：财政整顿将破坏经济复苏，这是非常罕见的，且要承担风险。[①] 但是，当他们的预测成为现实，出现了经济崩溃时，政策制定者便可以快速改变政策方向，因为已经有了笔者提供的另一条路线图。这里的观点是，经济学家必须继续告诉公众需要做什么，即使没有政治胃口。如果他们的

---

① Koo, Richard and Fujita, Shigeru (1997) Zaisei-saiken no Jiki wa Shijo ni Kike: Zaisei-saiken ka Keiki-kaifuku ka ("Listen to the bond market for the timing of fiscal reform"), *Shukan Toyo Keizai*, February 8, pp. 52—59.

预测成为现实，公众就会改变想法，这是经济学家最希望做的事情。

中国的哲学家和教育家辜鸿铭曾经说过，不是不受教育或未受教育的人造成问题，而是大量受半截教育的人造成问题。[①]（这里的）半截教育，他所指的是，自认为知道但实为不知的人。自然地，不是所有人在所有时代的所有问题上都受到教育。当政策制定者表现出在政策责任领域仅受过“半截教育”时，就会出现问题。

2017 年笔者曾经参加了在欧洲举办的一次会议，当时，一位中央银行行长说：“如果您的观点是正确的，那么，意大利和法国就应当是经济增长的冠军，因为他们都有巨大的公共部门。”他知晓笔者关于财政刺激的建议，但是，（他不知道）笔者的核心观点——仅当经济体处于状态 3 和状态 4，也就是当私人部门最小化债务时，这样的政策才应当被使用，（这说明）他仅仅受到“半截教育”。

在经济体陷入资产负债表衰退之前，公共部门或公共债务是与 2008 年后经济体的讨论不相关的。如果 2008 年之前法国和意大利处于状态 1 和状态 2，政府支出和债务的高水平对经济体是有害的。会议上，笔者试图指出，2008 年之后尽管接近零利率，私人部门已经从利润最大化转变为债务最小化，此时，为了满足《马斯特里赫特条约》的标准，降低赤字对于法国和意大利来说，就是错误的。

由于国内缺乏有价值的投资机会，因此借款人缺失，政府不仅必须实施（自负盈亏）财政刺激以稳定经济，而且应当进行税收和规管体制方面的供给侧改革，使国内投资机会最大化。由于国家被追赶，投资机会短缺，政府还必须明白问题不会很快消除；为了提高本国资本收益，长期的财政和供给侧应对措施是需要的。

这意味着政策制定者应当检讨每一项监管与税收政策，问一问是否最大化了人民的创造和创新潜力。他们还应当检讨教育体系的建构方式，判断其是否能帮助学生提高批判思考和独立思考的能力，如果能，他们就能创造新产品和

---

① Ku, Hung-Ming (1915) *The Spirit of the Chinese People*, Beijing, 1915, reprinted in Taipei, 1956, p. 106.

新服务，有助于处于刘易斯拐点后被追赶阶段的国家生存与繁荣。

政策制定者还应当认识到，早些年存在大量唾手可得的投资机会且没有追赶者，早年恰当的税收与监管体制不再恰当，此时，那些投资机会已经用尽，并且，国家必须拿出新产品和新服务，才能领先于追赶者。

对有能力创造新理念和新产品的人们的激励最大化需要新的社会共识——关于为什么在被追赶的时代这样的政策是需要的。公众必须被指明，黄金时代公正与理想的东西到了被追赶时代未必是公正与理想的。在某些情况下，政府还必须直接向前沿技术发展领域提供财政支出——实际上，就是担当起最后的创新者。

需要更好的借款人调查和资金流数据

一般而言，经济学领域应当要求所有国家的政府和中央银行收集借款人数据，类似于日本银行在《季度短观调查报告》中收集的那些数据（图 8.7 的上部分）。这样的数据可以告诉我们经济增长约束是在借款侧（状态 3 和状态 4），还是在贷款侧（状态 1 和状态 2）。如果这样的调查显示贷款人愿意贷款，而借款人不借款，那么，可以推断问题出在借款人（身上）。

作为这类调查补充的是利率与资金流数据，就像图 2.3、图 2.5 到图 2.8、图 2.16、图 2.17 以及图 7.1 到图 7.6 以及图 7.8 所示的数据。可以看到在借款人的资产与负债方面，他们正在做些什么。如果借款人不借款，或者尽管贷款利率很低，借款人实际上在偿还债务，那么，他们一定是问题的来源，这意味着应当动用财政政策来克服增长约束。

如果借款人调查显示贷款人不愿意放贷，可以得出结论：问题在贷款人一侧。金融部门的利率与资金流数据可以作为这个信息的补充，如图 8.8 至图 8.12 所示。人们就可以确定银行正在扩张贷款，还是吝惜资本。如果贷款利率高（即使政策性利率低），但是贷款依然收紧，问题可能出自贷款人。在这样的情况下，货币宽松与银行救助比如资本注入应当被动用，克服增长约束。

经济学领域还应当要求所有国家的政府和中央银行改善资金流数据的准确性和时效性。在一些国家，比如荷兰和奥地利，仅有年度数据可得。在其他一些国家(或地区)，比如台湾地区，数据出得太晚而无法使用，而在美国和德国，数据被大量修改。

正如在笔者之前的著作中所解释的，由于存在改进数据的巨大空间，这些数据的集成是大量的且高昂的负担。尽管当局投入所有资源汇编这些数据，绝大多数经济学家仍然无法或不愿意使用，尽管对于确定增长是受到贷款人抑制还是受到借款人抑制至关重要。现在，对于经济体所处在的宏观经济学的另一半界定的数据的重要性有了更好的理解，也许未来会有更多的经济学家使用这些数据。

总结与结论

在黄金时代里，私人部门投资机会充足，利率居高，经济学家关注的是强化货币政策能力，控制通货膨胀，而不待见财政政策。但是对于西方国家而言，黄金时代结束于 20 世纪 70 年代；对于日本而言，黄金时代结束于 20 世纪 90 年代。

一旦经济体处于被追赶阶段且在利率非常低，私人部门就常常成为净储蓄者，货币政策与财政政策的效果就反转了。尤其是一旦政府成为最后借款人，货币政策的效果就决定于政府借款规模，因为政府是有能力并愿意向金融机构借款并将借款注入实体经济的仅有的主体。所以政策制定者必须转换他们的关注点，从货币宽松政策转变到寻找可行的基础设施项目的独立委员会，这样，出于良好的愿望，政府能够担负起最后借款人角色。

经济学家也应当认识到，在当前被追赶阶段里，经济发展的早期阶段所具有的乘数和弹性完全没有了作用。这些指标也是变化的，在同一个阶段有时变化是惊人的，决定于经济体处在状态 1 和状态 2，还是处在状态 3 和状态 4。例如，即使经济体基本上处在黄金时代，资产泡沫崩溃也可以使经济体陷入没有私人部门借款人的状态 3 或状态 4。这基本上就是大萧条时期的美国以及 1997 年货币危机期间亚洲国家发生的情况。

在全球层面上，必须认识到，2016 年美国有足够多的“自由贸易”输家将贸易保护主义者唐纳德·特朗普抬进白宫。可是，实际上，他们是扭曲了汇率和贸易流的资本自由流动的受害者。既然正是自由贸易(加之核威慑)让人们抛弃了战争，带来了人类历史上的最大繁荣，就应当反对恶化贸易不平衡并滋长了保护主义压力的无约束的资本流动，保护自由贸易。这意味着对于贸易不平衡与汇率问题，政策制定者不可以无差别对待。

经济学家还必须研究非均衡自由贸易的效率与福利影响，探究这样的情况在经济上与政治上能够持续多久。在 200 多个国家构成的世界里，每一个双边贸易账户的平衡既不可能也不理想，但是，允许贸易不平衡增长而不受限制也是不可持续的政策，这意味着经济学家必须拿出措施，将贸易不平衡保持在可管理的限度内。

在被追赶国家已经出现了大规模反自由贸易的社会逆流，也意味着不向进口商品打开国内市场、想出口就出口的新兴经济体的轻松日子已经结束了。基于比较优势的出口拉动增长是好的，但是，如果要继续享有被追赶国家的市场进入便利，这些国家必须尽快打开自己的市场，或者接受汇率水平的提高。

经济学家还必须研究当其他生产要素没有自由流动时，跨境证券投资资本流动的效率与福利影响。与简单假设即凡是提高私人部门自由的皆可提高福利不同，他们必须确定在什么样的环境下这样的流动才应当是自由的，以及在什么样的环境下这样的流动应当受到约束。

在最基本的层面上，经济学领域必须认识到，除了工业化的早期阶段，那时的特点是唾手可得的投资机会过剩，对于(其他阶段)经济增长来说，借款人缺乏一直是比贷款人缺乏更大的问题。今天，发达国家的经济绩效差以及生产力成长水平低根源于这样的事实：为了不确定的未来，家庭继续储蓄，但是在国内，企业找不到资本收益率足够高的充足的投资机会去吸收这些储蓄。

与貌似有道理的关于“趋势增长率”的假设以及总有愿意借款的人的假设

不同，经济学家必须直面收益率足够高的国内投资机会短缺问题。关于投资机会的可得性与愿意借款的人的问题，再不应该想当然了。在处于资产负债表衰退或被追赶的国家里，这一点尤为正确，而处于资产负债表衰退或被追赶的国家是一组国家，实际上包括当今世界上的每一个发达经济体。

参考文献与参考书目

Asahi Shimbun (1988) "Endaka 'Seiho-Hannin-Setsu' ni Kyokai ga Irei no Hanron ('Accusation that life insurers are responsible for strong yen is absurd')," in Japanese, March 30, 1988, pp. 9.

Australian Bureau of Statistics. *Australian National Accounts.*

Banca d'Italia. *Financial Accounts.*

Banco de España. *Financial Accounts of the Spanish Economy.*

Banco de Portugal. *Financial Accounts.*

Bank for International Settlements. *Effective Exchange Rate Indices.*

__________. Residential Property Price Statistics.

Bank of England. *M4 and M4 lending excluding intermediate OFCs.*

__________. *Notes and Coin and Reserves Balances.*

Bank of Greece. *Financial Accounts.*

Bank of Japan. *Average Interest Rates Posted at Financial Institutions by Type of Deposit.*

__________. *Deposits, Vault Cash, and Loans and Bills Discounted.*

__________. *Flow of Funds.*

__________. *Loans and Bills Discounted by Sector.*

__________. *Monetary Base.*

__________. *Monetary Survey.*

__________. *Money Stock.*

__________. *Reserves.*

__________. *Tankan.*

Bernanke, Ben S. (2010) "What The Fed Did and Why: Supporting the Recovery and Sustaining Price Stability," *Washington Post*, November 10, 2010. www.washingtonpost.com/wp-dyn/content/article/2010/11/03/AR2010110307372.html.

__________. (2017) "Shrinking the Fed's Balance Sheet," from his blog at Brookings Institution, January 26, 2017. www.brookings.edu/blog/ben-bernanke/2017/01/26/shrinking-the-feds-balance-sheet/.

Board of Governors of the Federal Reserve System (1976) *Banking & Monetary Statistics, 1914–1970.* 2 vols. Washington D.C.

__________ (2009) "Prudent Commercial Real Estate Loan Workouts," *Supervision and Regulation Letters*, SR 09-7, on October 30, 2009. www.federalreserve.gov/boarddocs/srletters/2009/SR0907.htm.

__________ (2012) "Transcript of Chairman Bernanke's Press Conference," Washington D.C., April 25, 2012. www.federalreserve.gov/mediacenter/files/FOMCpresconf20120425.pdf.

__________ (2015) "Transcript of Chair Yellen's Press Conference, December 16, 2015." www.federalreserve.gov/mediacenter/files/FOMCpresconf20151216.pdf.

__________ (2016) *Monetary Policy Report*, submitted on June 21, 2016. www.federalreserve.gov/monetarypolicy/files/20160621_mprfullreport.pdf.

__________ (2017) "Transcript of Chair Yellen's Press Conference, June 14, 2017." www.federalreserve.gov/mediacenter/files/FOMCpresconf20170614.pdf.

__________. *Aggregate Reserves of Depository Institutions and the Monetary Base.*

__________. *Assets and Liabilities of Commercial Banks in the United States.*

__________. *Financial Accounts of the Unites States.*

__________. *Foreign Exchange Rates.*

__________. *Money Stock Measures.*

__________. *Selected Interest Rates.*

Cabinet Office, Japan. *Annual Report on National Accounts.*

__________. *Quarterly Estimates of GDP.*

Central Bank of Ireland. *Quarterly Financial Accounts.*

Central Statistics Office, Ireland. *Quarterly National Accounts.*

CNBC (2016) "Fed's Fischer: Markets Missing Mark on Future Rates," January 6, 2016. www.cnbc.com/2016/01/06/feds-fischer-uncertainty-has-risen-in-markets-unsure-of-n-korea-news-impact.html.

Cooper, Richard N. (1997) "Should Capital-Account Convertibility Be a World Objective?" in Peter B. Karen et al. (ed.), "Should the IMF pursue capital-account convertibility?" *Essays in International Finance 207*, Princeton N.J.: Princeton University International Finance Section, May 1998, pp. 11–19.

Deutsche Bundesbank. *Financial Accounts.*

__________. *Monetary Aggregates.*

Directorate General of Budget, Accounting and Statistics (DGBAS), the Executive Yuan, Taiwan. *Consumer Price Indices.*

__________. *Monthly Average Earnings.*

Draghi, Mario (2015) "Introductory statement to the press conference (with Q&A)," ECB's press conference in Frankfurt am Main, January 22, 2015. www.ecb.europa.eu/press/pressconf/2015/html/is150122.en.html.

Eggertsson, Gauti B. and Paul Krugman (2012) "Debt, Deleveraging, and the Liquidity Trap: A Fisher-Minsky-Koo Approach," *The Quarterly Journal of Economics*, 127(3), pp. 1469–1513.

European Central Bank. *Euro Area Accounts.*

__________. *Minimum Reserves and Liquidity.*

_________. *Monetary Developments in the Euro Area.*

Eurostat. Harmonised Indices of Consumer Prices.

_________. *Quarterly National Accounts.*

Financial Services Agency, Japan (2016) "FSA publishes the status of loans held by all banks as of the end of March 2016, based on the Financial Reconstruction Act," on August 12, 2016. www.fsa.go.jp/en/regulated/npl/20160812.html.

Fisher, Stanley (2016) "Reflections on Macroeconomics Then and Now," remarks at "Policy Challenges in an Interconnected World" 32nd Annual National Association for Business Economics Economic Policy Conference, Washington D.C., March 7, 2016. www.federalreserve.gov/newsevents/speech/fischer20160307a.htm.

Flora, Peter, Franz Kraus, and Winfried Pfenning (eds) (1987) *State, Economy and Society in Western Europe 1815–1975. Volume II. The Growth of Industrial Societies and Capitalist Economies.* Frankfurt am Main: Campus Verlag.

Frydl, Edward J. (1992) "Overhangs and Hangovers: Coping with the Imbalances of the 1980s," *Federal Reserve Bank of New York Seventy-Seventh Annual Report for the Year Ended December 31, 1991*, pp. 5–30.

Greenwood, John (2016) "Successful Central Banks Focus on Greater Purchasing," *Financial Times*, May 31, 2016. next.ft.com/content/f7a98fb2-241f-11e6-9d4d-c11776a5124.

Hellenic Statistical Authority, Greece. *Gross Domestic Product.*

International Monetary Fund (2010) "Press Release: IMF Executive Board Approves €30 Billion Stand-By Arrangement for Greece," on May 2010. www.imf.org/en/News/Articles/2015/09/14/01/49/pr10187.

_________ (2015) "IMF Survey: Top Researchers Debate Unconventional Monetary Policies," by Maurice Obstfeld and Gustavo Adler, *IMF News* on November 20, 2015. www.imf.org/en/news/articles/2015/09/28/04/53/sores111915a.

_________. *International Financial Statistics.*

Italian National Institute of Statistics. *Quarterly National Accounts.*

Iwata, Kikuo (2001) *Defure no Keizaigaku ("The Economics of Deflation")*, Toyokeizai, Tokyo.

Jakab, Zoltan and Michael Kumhof (2015) "Banks Are Not Intermediaries of Loanable Funds—and Why This Matters," *Bank of England Working Paper*, No. 529. www.bankofengland.co.uk/research/Documents/workingpapers/2015/wp529.pdf.

Japan Bond Trading Company. *Long-term (10y) JGB Yield.*

Japan Real Estate Institute. *Urban Land Price Index.*

Japanese Bankers Association. *Financial Statements of All Banks.*

Koo, Richard (2001) "The Japanese Economy in Balance Sheet Recession," *Business Economics*, National Association of Business Economists, Washington, D.C., April 2001.

_________ (2003) *Balance Sheet Recession: Japan's Struggle with Uncharted Economics and its Global Implications*. Singapore: John Wiley & Sons.

_________ (2008) *The Holy Grail of Macroeconomics: Lessons from Japan's Great Recession*. Singapore: John Wiley & Sons.

_________ (2015a) *The Escape from Balance Sheet Recession and the QE Trap: A Hazardous Road for the World Economy*. Singapore: John Wiley & Sons.

_________ (2015b) "China and the U.S.-led International Order" in *How Do Asians See their Future?* edited by François Godement, European Council on Foreign Relations. www.ecfr.eu/page/-/ECFR130_CHINA_ASIA_REPORT_pdf.pdf.

_________ and Shigeru Fujita (1997) "Zaisei-saiken no Jiki wa Shijo ni Kike: Zaisei-saiken ka Keiki-kaifuku ka ('Listen to the bond market for the timing of fiscal reform')," *Shukan Toyo Keizai*, February 8, 1997, pp. 52–59.

_________ and Paul Krugman (1999) "Gekitotsu Taidan: Nihon Keizai Endaka wa Akuka ('Big Debate on Japan's Economy: Is Strong Yen a Bad Thing?')", *Bungeishunju,* November 1999, edited by Yasuhara Ishizawa, pp. 130–143.

_________. (2016) "The Other Half of Macroeconomics and Three Stages of Economic Development," at the conference of World Economic Association, *Capital Accumulation, Production and Employment: Can We Bend the Arc of Global Capital toward Justice?* http://capital2016.weaconferences.net/files/2016/05/WEA-CapitalConference2016-Koo.pdf.

Ku, Hung-Ming (1915) *The Spirit of the Chinese People*, Beijing, reprinted in Taipei in 1956.

Kuroda, Haruhiko (2013). "Quantitative and Qualitative Monetary Easing," speech at a meeting held by Yomiuri International Economic Society in Tokyo, April 12, 2013. www.boj.or.jp/en/announcements/press/koen_2013/ko130412a.htm/.

Maddison, Angus, (2006). *The World Economy. A Millennial Perspective (Vol. 1). Historical Statistics (Vol. 2)*. Paris: OECD.

_________. "Historical Statistics of the World Economy: 1–2008 AD". www.ggdc.net/maddison/Historical_Statistics/vertical-file_02-2010.xls.

Markey-Towler, Brendan (2017a) *Foundations for Economic Analysis: The Architecture of Socioeconomic Complexity*, PhD thesis, School of Economics, University of Queensland.

_________ (2017b) "Poetry and Economics: Maintaining our Link to Humanity," from Brendan Markey-Towler's blog, July 24, 2017. www.medium.com/@brendanmarkeytowler/poetry-and-economics-maintaining-our-link-to-humanity-532785047f0e.

McLeay, Michael, Amar Radia and Ryland Thomas (2014) "Money Creation in the Modern Economy," Bank of England Quarterly Bulletin 2014 Q1, pp. 14–27 www.bankofengland.co.uk/publications/Pages/quarterlybulletin/2014/qb14q1.aspx.

Ministry of Employment and Labor, Korea. *Strikes Statistics*.

Ministry of Finance, Japan. *Budget*.

Ministry of Finance, Republic of China. *Finance Statistics,* in traditional Chinese.
Ministry of Health, Labour and Welfare, Japan. *Monthly Labour Survey.*
__________. *Survey on Labour Disputes.*
Ministry of Human Resources and Social Security, People's Republic of China. *Analysis on Supply and Demand of Employment Market in Some Cities,* in simplified Chinese.
Ministry of Internal Affairs and Communications, Japan. *Consumer Price Index.*
__________. *Report on Internal Migration in Japan.*
National Bureau of Statistics of China. *Consumer Price Index.*
__________. *Gross Domestic Product.*
National Statistics Institute, Spain. *Quarterly Spanish National Accounts.*
Nikkei Business (2015) "Tokushu: Nisen Mannin-no Hinkon (20 Million Japanese in Poverty)," in Japanese, *Nikkei BP*, Tokyo, March 23, 2015. pp. 24–43.
Oakley, David (2009) "A Bold Bid to Revive Lending," *Financial Times*, March 7, 2009. next.ft.com/content/9b3fd930-0a90-11de-95ed-0000779fd2ac.
OECD (2017) *PISA 2015 Results (Volume III): Students' Well-Being*, OECD Publishing, Paris, p. 71.
__________. *Unit Labor Costs and Labor Productivity.*
Office for National Statistics, UK. *Analysis of Real Earnings.*
__________. *Consumer Price Inflation.*
__________. *UK Economic Accounts.*
Piketty, Thomas (2014) *Capital in the Twenty-First Century.* Cambridge, M.A.: Harvard University Press
Population Division of the Department of Economic and Social Affairs of the United Nations Secretariat, *World Population Prospects: The 2010 Revision and World Urbanization Prospects.*
Real Capital Analytics. *Moody's/RCA CPPI.*
Real Estate Economic Institute, Japan. *Kinki-Ken no Manshon Hanbai Doko (Report on the Sales of the Condominiums in Kansai Area, Japanese only).*
__________. *Shuto-Ken no Manshon Hanbai Doko (Report on the sales of the condominiums in Tokyo Metropolitan Area, Japanese only).*
Robinson, Joan (1972) "The Second Crisis of Economic Theory," *American Economic Review* 62(1/2), pp. 1–10.
Rogoff, Kenneth S. (2016) *The Curse of Cash*, Princeton N.J.: Princeton University Press.
Sawa, Takamitsu (2016) *Keizaigaku no Susume: Jimbun-chi to Hihan-seishin no Fukken (Introduction to True Economics: Re-integration of Humanities and Critical Thinking)*, Tokyo: Iwanami Shinsho.
Soros, George (2009) "Soros: General Theory of Reflexivity", *Financial Times*, October 27, 2009, p. 11. www.ft.com/content/0ca06172-bfe9-11de-aed2-00144feab49a.
Statistics Canada. *Financial Flow Accounts.*
__________. *Gross Domestic Product.*
Statistics Korea. *Flow of Funds.*
__________. *Internal Migration Statistics.*

__________. *Korea Statistical Year Book.*
__________. *National Accounts.*
Statistics Portugal. *Portuguese National Accounts.*
Stevens, Glenn (2003) "Inflation Targeting: A Decade of Australian Experience", address to South Australian Centre for Economic Studies April 2003, *Economic Briefings*, on April 10, 2003. www.rba.gov.au/speeches/2003/sp-dg-100403.html.
Summers, Lawrence H. (2009) "Rescuing and Rebuilding the U.S. Economy: A Progress Report", remarks at the Peterson Institute for International Economics, Washington, DC, on July 17, 2009. https://piie.com/commentary/speeches-papers/rescuing-and-rebuilding-us-economy-progress-report?ResearchID=1264.
Summers, Lawrence H. Secular stagnation. http://larrysummers.com/category/secular-stagnation/.
Swiss Federal Statistical Office. *Consumer Prices Index.*
__________. *Swiss Wage Index.*
Swiss National Bank. *Minimal Reserves.*
S&P Dow Jones Indices. *S&P CoreLogic Case-Shiller Home Price Indices.*
The People's Bank of China. *Balance Sheet of Monetary Authority.*
__________. *Depository Corporations Survey.*
__________. *Money Supply.*
Uchihashi, Katsuto (2009) *Shinpan Akumu-no Saikuru: Neo-riberarizumu Junkan (The cycle of nightmares: the recurrence of neoliberalism)*, updated version, in Japanese, Japan: Bunshun Bunko.
United Nations, Department of Economic and Social Affairs, Population Division (2014) *World Urbanization Prospects: The 2014 Revision.*
__________ (2015) *World Population Prospects.*
U.S. Department of Commerce, Bureau of Economic Analysis. *Gross Domestic Product (GDP).*
__________. Personal Income and Outlays.
U.S. Department of Commerce, Census Bureau (2012), *2010 Census.*
__________. *Current Population Survey.*
Volcker, Paul A. (2001) "Jinsoku na Furyo-saiken Shori ga Hitsuyo daga Shori no Seigensokudo wa Daiji ('Prompt disposal of NPLs is needed, but so is setting a speed limit')," *Shukan Toyo Keizai*, June 23, 2001, pp. 58.
Wakatabe, Masazumi (2016) "Herikoputa Mane to wa Nanika (3) ('What Consititutes Helicopter Money?')", *Nikkei*, June 20, 2016.
Werner, Richard A. (2016) "A Lost Century in Economics: Three Theories of Banking and the Conclusive Evidence," *International Review of Financial Analysis*, 46: pp. 361–379.
Williams, John C. (2016) "The Right Profile: Economic Drivers and the Outlook," a presentation to Town Hall Los Angeles, February 18, 2016. www.frbsf.org/our-district/files/Williams-Speech-The-Right-Profile_Economic-Drivers-and-the-Outlook.pdf.

后　记

正如你从本书中窥见的，我把经济学看成日常生活的科学，这是相当认真的看法。我很认真地持有这个观点，因为我相信，如果一个时代的经济学家弄懂了真正发生的事情并提出正确的政策建议，许多人类的悲剧就可以避免。在这个意义上，经济学家理解周遭世界的优劣常常直接影响人们的生存质量。这激励着我写书，与普通公众一起分享我关于我们的经济体走向何处以及发展对我们的日常生活意味着什么的思想。这就是我作为日本最大投资银行相关的研究院①首席经济学家之余的日常工作。

写作这本书占据了我的大量时间，不能陪伴家人。衷心感谢妻子陈梅(Chyen-Mei)，她允许我像作家一样，花大量的时间写书。感谢我的女儿杰奎琳(Jacqueline)和我的儿子理查德(Richard)，他们都在美国，他们通过网络保持家人之间的谈话，这样，我的妻子就不会感到孤独。

如果没有两位能干的助手的帮助，这本书是不可能成就的。Masaya Sasaki 先生准备了所有图表，检查了数据，他已经成为资金流数据的本土专家，此外，他还做了许多其他方面的工作。Yuko Terado 小姐常常比我工作得还要卖力，管理我国内外的工作计划，确保我的健康；尽管职业环境需要使然，但她绝不妥协。对于他们辛苦的工作和贡献，我从未表达足够的感谢。

我还要特别感谢克里斯·格林(Chris Green)先生，在非常紧张的日程里，他编辑出本书样稿。这是我们一起合作的第三本书。他理解我的思想并编辑我的书，与这样的人合作，我感到幸运。最后，我想感谢国际清算银行的罗伯

① 2001年以来，野村研究院(Nomura Research Institute)作为法人实体，独立于野村证券。

特·麦考利(Robert McCauley)先生,他是我早前发表在世界经济学会会刊上的文章的评论人。

有人问我,你的灵感从何而来。我的回答是:星期日深夜,灵感来了,当时为了在“周一会议备忘”中写下有用的东西,以便讲给野村证券的同事们,我面临巨大的压力。我害怕承认,但是,在压力下我工作做得更好。我的理念在野村证券的交易员和经纪人那里得到了第一次检验,然后,面向全球职员进行检验。既然这些都是每天管理着数十亿美元的认真人士,他们从来不让我跑题,我思想中的任何不严谨之处通常都会在周一晨会结束后被揭穿。过去34年里,从野村证券同事与客户那里得到支持、鼓励和建设性批评是无价的,并使我保持对重大问题的关注。对他们的持续支持,我永远感激。

辜朝明

2017年10月